中国式民主

一种新型民主形态的兴起和成长

刘杰 等◇著

时事出版社

目　　录

历史篇

制度篇

体制篇

绪　论

民主是今天世界上最流行、或许也在政治理念和分析逻辑上最为混乱和对立的概念。一些人从纯粹抽象的理想主义出发理解民主，忽略掉一切前提性限制的预设而把民主描述为人类社会政治发展的“普遍价值”和终极价值；另一些人则更加简单和明了，民主在他们看来就是有竞争的公开选举，票决制就是民主的核心；还有一些人则更愿意相信，民主是一种现实的国家政治制度形态，民主对于人类社会既不是最初也不是最终的价值追求，民主当然需要票决但绝不仅仅限于票决，民主的实现形成是多样的，一个国家实行什么样的民主制度从根本上取决于本国人民的选择，对于民主好与坏的评价也只有放在国家的政治实践中才是客观的。

众所周知，现代民主是存在于国家层面的政治发展形态。在大多数时候，民主在实践中外化为一种政治制度。但是，仅仅从制度层面来理解民主政治是不够的或至少是浅层次的，难以从根本上把握民主的内在价值和逻辑理念。实际上，制度在本质上是特定价值理念和意识形态的外化形式，民主制度蕴涵的核心价值是民主的理念，而基于历史和现实条件的不同，对于民主理念的不同理解和认知造成了当今世界民主制度的多样化特色，没有也不可能存在一个具有普世价值并在所有国家行之有效的民主模式。在当今民主政治的实践中，不同国家更是基于不同的社会制度和意识形态而对民主有着不同的理解和制度安排，尽管在当今世界上占据强势地位的西方一再强调其民主模式具有普世性的传播价值，但实际上，无论是一些长期仿效西方民主模式的发展中国家，还是发生“颜色革命”

后的东欧中亚国家建立起来的民主制度与西方式民主都是显然不同的。这一点，是理解当代世界各国有着不同民主道路的基本前提。

20 世纪 90 年代冷战结束以来，随着西方在国际政治中强势地位的确定并不断致力于把自己的民主模式在世界范围内强制性推广，不同民主道路和制度国家之间的比较坐标及互动沟通方式日益发生着潜移默化的深刻变化。一方面，西方的全球扩张不仅意味着经济价值和经济运行规则的普遍主义趋势，也蕴涵着政治价值和政治制度的普世化取向，西方式的民主价值尽管受到各种政治力量的抵制，却仍然会在客观上对发展中国家的选择产生深刻的影响。但另一方面，西方式民主的傲慢和偏见决定了它的扩张必然是有限度的，更不可能无期限地持续进行。在比较的视角下，任何一种民主从本质上说都是特定的价值观念和意识形态的外化形式，不同民主制度蕴涵着不同的核心价值，而基于历史和现实条件的不同，对于民主理念的不同理解和认知决定了当今世界的民主道路和制度必然是多元的，没有也不可能存在一个具有普世价值并在所有国家行之有效的民主模式。

对中国而言，在中国民主政治的发展进程中，长期以来面临着一个无法回避的核心问题就是如何选择一条属于自己的、与国家建设和国家成长相适应的民主道路。回顾近代以来中国的民主发展史，自近代中国打开国门之日起，关于民主问题上的“体用”争论就从来没有平息过。直至今日，西方式民主对中国民主政治发展的理念渗透仍然是持之以恒的政治过程，以至于在国内一些人的理念中，西方式民主是毋庸置疑地值得顶礼膜拜的，在另一些人看来，对西方式民主基因的任何借鉴和吸纳都是对中国现行社会制度的可能颠覆。在争论的过程中，双方都在无意识中陷入了主观性臆断的思维误区，人们在感性的执着中难以对西方式民主做出理性的辨证认识。

关于中国式民主的一个基本的事实是：一个没有民主制度作为保障的国家要在政府和民众的共同推动下取得当今世界最好的经济发展成就是不可设想的，中国的发展已经并不断在进一步证明，中国的经济成长不是单一的市场化和要素流动的结果，蕴藏于背后的是更为深刻的民主制度保障。中国30年的改革开放最为引人注目的是市场化改革，但与市场化改革并重的是政治体制和社会建设的同步推进。在对中国式民主政治建设的巨大进步做出肯定性判断的基础上，对于中国式民主的质疑和扭曲根源就可以得到合理的解释。长期以来，英、美等西方国家始终是出于发达国家的制度性傲慢和意识形态偏见来看待中国的民主问题的，尤其是冷战结束后，英、美和西方世界在占据了国际政治和世界经济的强势地位的同时，刻意把自己塑造成民主和国际道义的化身，在虚幻的“华盛顿共识”下，西方世界坚信“历史已经终结”，只有西方的社会制度和价值观念才是唯一合理的。在傲慢与偏见的双重形态下，英美发达国家对其他国家和地区人权状况的评价简化为一条基本的标准，那就是只有按照西方的意志和西方的方式发展人权的国家才是可以接受的，任何与西方标准不一致的国家都不可避免地会受到压制和攻击。在这样的霸权标准下，坚持自己的社会制度并根据自己的国情推进民主政治建设的中国自然会被视为“异端”。虽然中国日益强盛的综合国力和不断提高的国际地位决定了英美等国不能像任意对阿拉伯国家实施制裁乃至军事干预那样对中国进行强制性的压制，但始终会利用一切机会来对中国的民主问题横加指责和攻击。

为此，当纯粹的价值抽象和理论臆断变得毫无实在意义的时候，人们必须回到事实的原点来探讨问题的真相，这就是中国的民主究竟是什么？它从哪里来又将向何处去？从这一原点出发，人们可以看到的基本事实是，中国自近代以来，始终在致力于探索一条与中国国情相适应的民主政治发展道路，经过一个多世纪的政治实践，中国在曲折的民主化进程中逐步形成了与本国国情相适应的民主制度。在今天，可以将中国式民主的基本特征大致归纳为：

第一，中国式民主是“社会主义”的民主。在中国发展民主政治，首先必须服从中国特色社会主义事业这一国家建设的整体需要，纳入社会主义事业发展的整体布局，没有这一前提性的限制，中国的民主政治就不可能形成自己的特色，也不可能沿着正确的发展方向去走出一条新型的民主道路。

第二，中国式民主是“中国特色”的民主。中国发展社会主义民主政治是在特定的国情条件下进行，任何形式的民主建设都不能离开中国的基本国情。中国是一个社会主义国家，同时又是一个发展中的正在和平崛起的世界性大国，这一现实不可避免地会在民主政治的发展中体现出来。同时，中国是一个具有悠久历史、同时却缺乏民主传统的国家，5000年的专制政治传统在中国社会的思想、观念、心理等方面都刻上了深刻的烙印，决定了中国的民主发展进程是在大多数人都没有民主意识的条件下开始起步的，中国发展民主必须是一个渐进的过程，必须不断探索与中国国情相适应的方式和路径。

第三，中国式民主是“发展中”的民主。这一方面体现为民主意识在中国的传播、普及和制度完善是一个长期的过程，不可能在一夜之间达到尽善尽美的程度，在民主政治的发展过程中甚至还会经历严重的曲折和失误，需要继续不断地探索和寻找在中国的现实条件下发展民主政治的最佳道路；也体现为中国今后很长时期内仍然是发展中国家，受到相对薄弱的经济基础的制约，中国的民主政治水平还有待于随经济发展水平而逐步提高。

第四，中国式民主是一党长期执政条件下的民主。当代中国的民主政治建设是在中国共产党领导下进行的，先有政党而后有民主制度是中国式民主最本质的特征。比较而言，西方国家普遍的特点是先有民主制度后有政党政治，执政党在既有民主制度的规范下进行活动，而中国的民主制度则是在共产党的领导下建立和发展起来的，没有中国共产党的领导就没有现行的民主政治发展。

在一般意义上，可以把中国式民主的基本内涵归纳为：中国共产党领导下、与中国国情相适应的、发展中的、社会主义性质的民主政治形态。这一新型的民主形态以共产党执政并领导民主政治发展的基本方向为前提，以人民当家作主为本质要求和终极理想，以民主与集中相结合为指导理念，以发展和完善人民代表大会制度为根本要求，以依法治国为基本方略，以坚持和完善公有制为主体、多种所有制经济共同发展、保障公民的合法私有财产不受侵犯为经济基础，以中国共产党领导的多党合作和政治协商为政党关系理念和基本政治制度理念，以发展党内民主为政治保障。具体说来，中国式民主蕴涵着如下几方面的核心价值和制度逻辑：（1）人民当家作主是中国式民主发展的出发点和落脚点；（2）民主与集中相结合是中国式民主发展的指导原则；（3）发展和完善人民代表大会制度是中国式民主发展的根本要求；（4）依法治国是中国式民主发展的基本方略；（5）坚持和完善公有制为主体，多种所有制经济共同发展，保障公民的合法私有财产不受侵犯是中国式民主发展的经济基础；（6）中国共产党领导的多党合作和政治协商制度是中国式民主发展的政党制度保障，也是与人民代表大会相辅相成、互为补充的基本制度形式；（7）进一步发展党内民主是中国式民主发展的重要组成部分。

在长期的政治实践中，中国的民主建设不仅取得了巨大的进步，同时还外化出诸多经验性的静态和动态特征，这些特征对于人们如何理性客观地认识中国式民主同样是富有深刻寓意的：

第一，中国式民主的最基本特征，是中国共产党在国家制度体系中的核心和绝对主导地位，党在坚持国家一切权力属于人民的理念下，对民主的制度建设和政治实践做出宏观安排。新中国是在中国共产党领导下建立起来的，政党先于国家存在的事实决定了中国共产党必然在民主政治建设中具有绝对主导地位，根据自己的民主理念和制度设想走出一条与中国国情相适应的政治发展道路。而且，中国共产党的领导地位不是强加于中国人民的，作为一个自成立以来在国民政府长期进行军事镇压之下成长起来的革命党，中国共产党之所以能够在成立后短短 28 年的时间中不断提升对民众的影响力和吸引力，进而最终在一场力量对比悬殊的战争中战胜国民党赢得国家政权，根源就在于中国共产党的制度和民主主张得到了更多普通民众的认同和支持，这也注定中国从一开始就必然会在民主政治建设上走出一条与西方截然不同的道路。

第二，在民主政治建设的路径和主体方面，中国式民主的显著特色在于政府、社会与人民在发展有中国特色的民主制度上的高度共识和协同行动。在西方的民主理念中，政府与人民之间是天然对立的，自从人民把天赋人权以契约的方式部分委托给政府来行使之日起，人民就不得不始终警惕政府随时可能滥用权力，反过来侵犯人民决不让渡的生命、财产等权利，正是为了防止人民委托权力的政府反过来侵蚀人民的主权地位，西方国家才设计出了以“三权分立”为核心、不同权力之间相互制衡的复杂而繁琐的制度架构。简言之，在西方的民主逻辑下，政府是最有可能侵犯人民的主权地位的，人民必须随时警惕这样的行为发生。而与之根本不同的是，在中国的民主理念下，党和政府与人民之间不是相互对立的关系，党、政府、人民共同致力于国家成长和民族复兴的同一目标，党和政府本身就是从民众中产生出来并以维护和实现人民利益为己任的。中国式民主的这一本质决定了它在理论上与现代民主精神的高度契合，在实践中始终致力于提升国家政治生活的民主化水平。

第三，中国式民主的重要表征之一还表现为对协调平衡推进民主建设的高度重视。换言之，中国从来没有把经济发展与民主政治建设对立起来，而是始终注重把二者视为一个整体加以平衡推进，二者同样受到高度的重视。在一些西方学者看来，中国改革开放以来走的是一条以经济发展为由压制民主的国家建设道路，这样的观点或者是基于对中国无知或者是出于意识形态偏见下的无端推论。事实上，过去30多年来，中国在经济不断发展的同时，从来没有失去对民主政治建设的重视，中国不仅明确规定人民民主是社会主义的生命，在政治发展的进程中，选举民主、协商民主、基层民主、党内民主等都得到了同步的推进，如此丰富的民主形式的同步推进，远远超越了西方票决制民主的单一化视野。

第四，中国式民主在本质上是一条内生的民主发展道路。中国发展民主从根本上说是通过国家自身的经济、政治、社会和文化发展来践行人民民主的目标，使人民享有充分的民主制度保障，广泛行使自己的民主权利。显然，这样的目标是符合人类社会民主政治发展的普遍目标和共同价值的，这样的方式和路径更是和平的和非扩张性的。它与西方强制性推行自己的民主主张的最大的不同之处，是希望外部世界尊重中国人民的自主意志，按照自身的国情和特点来推进自己的民主发展，根据自己选择的方式和路径来实现自己的民主建设目标，它从不试图为世界确立一种普遍的民主标准，更不试图强迫其他国家和地区的人民必须接受这样的标准。在今天这一多元文化并存的世界上，这样以自主和平等精神对待多元民主发展道路的立场显然是合理的，没有任何可以指责之处。

第五，以高度的自省精神推进民主政治建设。中国是一个具有高度自省精神的国家，对国家建设如是，对民主政治建设亦如是。尽管在过去30多年中，中国可以说在提升中国的民主化水平方面取得了显著的成就，中国的民主政治建设状况也处于有史以来最好的时期，但中国的党、政府和人民从来没有满足于已经取得的进步，而是不断地反思自己在民主发展中存在的缺陷和不足。中共十八大报告公开承认当前中国“一些干部领导科学发展能力不强，一些基层党组织软弱涣散，少数党员干部理想信念动摇、宗旨意识淡薄，形式主义、官僚主义问题突出，奢侈浪费现象严重；一些领域消极腐败现象易发多发，反腐败斗争形势依然严峻”。在执政党的政治报告中，正式承认在政治发展和民主建设方面存在不足是其他国家的执政党都没有的，这是中国独特的民主建设态度，也是在反思自身基础上进一步推动民主发展的动力和方向。

第六，以务实的负责任态度发展民主。尽管已经成为世界上第二大经济体，但中国清醒地认识到自己仍然是发展中国家，人均GDP仍然在世界100名以外，按照联合国制订的贫困标准，中国还有1亿多人生活在贫困线以下。这一现实决定了中国在发展国家民主时必须考虑这些现实的制约因素，不能超出自己的能力提出民主化承诺。事实上，改革开放以来，中国始终是有计划、有步骤地推进民主政治建设，致力于在不同的发展阶段根据态势的变化负责任地发展民主，既注重不断提高对人民的民主保障水平，又致力于维护国家的稳定和可持续发展。

第七，以试错的渐进式路径发展民主。改革开放以来，通过试错的方式逐步探索中国发展民主的道路，进而实现民主的渐进式发展是中国的重要经验。中国始终坚信，民主的发展不是一朝一夕的事情，任何期望中国可以在一夜之间全面改善民主状况的主张都是不切实际或者是别有用心的，因此，中国的选择是优先发展国家民主，在此基础上逐步改善其他领域的民主建设状况。民主发展的渐进性是过去30年中国民主建设的重要经验，今后仍将是民主政治建设的基本方式。

第八，以制订优先议程的方式发展民主。民主当然是一种人类社会共同追求的理想目标，但民主的发展更是基于一个国家经济社会发展水平来推进的实践行动，受到诸多现实因素的影响和制约。然而，作为一个发展中国家，中国的力量还远远不足以满足所有人对民主的要求，尤其是在发展经济民主、社会民主和基层民主等方面。中国清醒地认识到，在现实的条件下，不可能做到让每一个人都对国家的民主状况感到满意，在13亿人中找出几个对现状不满意、或者基于种种个人或片面原因而抱怨的人是十分容易的，中国在民主发展中需要确定优先项目，着力解决最现实、最紧迫的民主问题。

第九，在动态调适中发展民主。民主的发展需要平衡风险。中国的发展已经进入了一个转型期，不同群体和不同个人对民主有着不同的诉求，这些诉求不仅常常难以形成共识，甚至时而处于矛盾和对立的态势，当一些人试图追求不受限制的自由时，另一些人更加希望自己的基本生存得到起码的保障，这极大地增强了政府在民主发展上的选择难度，要求政府不仅成为民主的保障者，还要成为对立、冲突的调适者，防止任何一种借民主的名义损害他人和社会的行为。

第十，以自主选择的立场发展民主，在坚持民主发展的自主意志基础上推进多元民主形态的包容性发展。中国在民主问题上的一贯立场是根据自己的国情独立自主地进行民主建设，同时也始终以开放的心态加强与国际社会在发展民主方面的交流与合作，但由于西方国家始终对中国的民主发展持有偏见，推动包容性的民主发展将成为中国今后在世界民主平台上的重要任务。这一包容性具有双重涵义：其一是中国自身民主发展的包容性，对于中国这样一个经济发展起步相对较晚，政治发展进程中又先后经历了多次曲折的国家来说，以包容的心态积极借鉴国际社会在民主发展方面的有益经验是必要的，当然，这种包容性必须是审慎的、有区别、有选择的，必须与中国的基本国情相适应；其二是国际社会对不同国家民主发展道路和模式的包容性，既然人类是多元文明并存的大家庭，在民主道路方面当然也应该存在不同的选择，这应该是基本的而且应该受到尊重的共识，但在西方的民主话语强势及其根深蒂固的意识形态偏见难以改变的现实下，促使西方国家逐步培育对多元民主选择的包容性对中国而言是一项长期的艰巨任务。

在中国看来，中国式民主是一个开放性的命题，没有人认为它已经固化为一种封闭的状态，动态性本身就是中国式民主的基本特质之一，但同时，一个取得了世界上最好经济发展成就的国家没有任何理由对自己选择的民主发展道路缺乏自信。中国式民主在当今世界是现实的存在，不论是否喜欢它都在那里以自主、自信的方式不断地发展和深化。作为一个人类历史上文明持续存在时间最长的国家，中国不需要也没有理由让外部力量来教育自己应该选择怎样的民主发展道路，在当今世界上，没有任何一个国家像中国这样在国家的发展和成长过程中高度重视和强调民主，并且取得了最好的民主建设成就，这也即是中国应该并且能够对自己的民主道路保持充足自信的理由所在。

中共十八大以后，中国的国家建设进入一个新的转型时期，中国式民主政治建设面临着诸多新形势和新课题，中国共产党作为中国唯一合法的执政党，只有在不断发展和完善民主政治的基础上，才能进一步巩固执政地位，不断推进国家的现代化建设步伐。在今天的世界上，任何一种民主道路只有在具有本国特色、适合本国国情的前提下才可能是有存在价值和发展前景的，中国的民主政治建设不需要也不可能选择西方提供的现成方案。中国一再强调要坚定自己的道路自信、理论自信、制度自信，而树立自信的立足之本，是对自主选择的中国式民主的自信。

总论篇

第一章　什么是中国式民主？如何理解中国式民主？

中国式民主的前提和核心，在于它是在中国共产党领导下逐步构建起来的民主形态。中国共产党成立以来，致力于探索一条与中国国情相适应的民主政治发展道路。新中国成立后，尽管在发展民主政治的道路上有过曲折，但经过半个多世纪的执政实践，中国已逐步明确了民主政治发展的方向，与本国国情相适应的民主制度正日益得到不断的健全和完善。

一、中国式民主的成长轨迹

毫无疑问，中国是后发的民主国家，现代民主的理念和制度设计都经历了一个从引入到消化，然后积淀自身特质的过程。但同时作为一个拥有5000年文明传统的国家，中国在推翻皇权专制、逐步走向民主化的过程中并不能完全将新的民主制度与传统截然割裂，文明的基因不可消除地内化在民主化的每一步，对民主的发展道路和路径选择产生内在的制约和影响，尤其是事实上，在中国文明漫长的历史进程中，许多思想家也提出过许多与近代民主观念相近的观点，“民主”一词本身就来自于《尚书》中提出的“乃惟成汤，克以尔多方，简代夏作民主”，孟子有过“民为贵，社稷次之，君为轻”的千古名句。荀子则强调“君者，舟也；庶人者，水也。水则载舟，水则覆舟”。这些早期民主思想的元素，至今仍然构成中国式民主政治的价值理念。只不过，尽管在主张上与近代民主的理念有类似之处，但这些思想从根本上说体现的是统治者“为民之主”的意识，更多属于权术的范畴，与“以民为主”的现代民主观念是不同的。

进入近代民主革命时期，中国民主革命的先行者在致力于推翻封建专制统治、争取民族独立的过程中开始了对中国式民主政治发展道路的艰辛探索。

孙中山提出了“民生、民族、民权”这一蕴涵了政治、经济和社会要素的“三民主义”民主观，并设计了从军政、训政到宪政的渐进式民主政治发展路径，尤其是他提出的“五权分立”观念具有十分鲜明的中国特色。在他看来，西方式“三权分立”存在诸多弊端。如由于没有严格的考试制度，许多人得以因滥举或用私人而得居官位，同时，由于纠察权归议院掌握，常常使得行政权不能正常施行。为此，他在立法权、行政权和司法权之外设想了独立的考选权和纠察权。

李大钊则对民主的意义和价值、民主的形式和保障、民主的基础和条件、民主与社会主义的区别和联系等问题做了卓有成效的探讨，他的“商议性民主”观念将强调公民个人自由的自由主义和强调集体公共意志的共和主义结合起来，至今对人们深入理解中国式民主政治的发展道路具有启发意义。遗憾的是，在新中国成立以前，中国的民主政治建设缺乏相应的经济社会基础和政治制度保障，先行者们的设想难以实现。

中国共产党自诞生之日起，就鲜明地提出了争取民主的口号。早在1922年中共二大上通过的政治纲领就明确提出了“推翻国际帝国主义的压迫，达到中华民族的完全独立”，“打倒军阀，统一中国为真正民主共和国”的民主革命纲领。毛泽东作为新中国的缔造者，也是中国人民民主理论的奠基人，在他长期的革命和建设生涯中，他始终对民主问题给予高度的重视和强调。根据地时期，他把人民政权的性质归纳为“工农民主政权”；抗日战争时期，他出于阶级矛盾扩大为民族矛盾的实际提出了“人民民主主义的口号”；1939 年，他提出了著名的“新民主主义”概念，强调“现在，中国需要的民主政治，既非旧式的民主，又非社会主义的民主，而是合乎现在中国国情的新民主主义”。[1] 新中国成立前夕，他将新民主主义和人民民主主义结合起来，提出了“人民民主专政”理论，宣布“我们的这个社会主义的民主是任何资产阶级国家所不可能有的最广大的民主”，[2] 对中国如何构建和发展社会主义民主进行了初步的思考和探索。正是在这一理论的指导下，新中国逐步建立和不断完善了在坚持党的领导、人民当家作主和依法治国有机统一原则指导下，以人民代表大会为根本制度、以多党合作和政治协商制度为基本制度的社会主义民主政治的基本框架。

当然，在社会主义民主政治建设的实践中，中国也走过一些弯路。特别是改革开放之前，中国在经济上实行计划经济、同时形成了单位化的社会组织和动员体制，由于过多地从革命党而非执政党的思路强调阶级斗争和阶级对抗，导致中国的民主政治建设更多地强调了集中和专政，社会主义民主的制度建设步伐一度严重滞后，发展到“文革”时期，民主更进一步被异化和滥用为“大民主”，完全成为阶级斗争和专政的政治工具，大规模的政治动荡一度导致中国经济陷入崩溃的边缘，社会也处于严重的疏离状态。

改革开放以来，邓小平对民主政治与经济社会发展的关系进行了深入的思考，他在深刻反思“文革”失误的基础上，强调指出，中国人民今天所需要的民主，只能是社会主义民主或称人民民主，而不是资产阶级的个人主义的民主。在这一前提下，他强调中国特色的社会主义民主是各个领域和各个方面民主的全面发展和协调统一，社会主义的民主政治是人民在共产党的领导和支持下，通过各种民主制度和民主程序，在政治上实现当家作主，依法享有各项政

① 《毛泽东选集》第 2 卷，人民出版社，1991 年版，第 733 页。
② 《毛泽东著作选读》（下册），人民出版社，1986 年版，第 760 页。

治权力和基本自由，并随着经济、社会和文化的不断发展而日益发展，要逐步实现“党和国家政治生活的民主化、经济管理的民主化、整个社会生活的民主化”。① 在他看来，只有这样的民主，才是“工人、农民、知识分子和其他劳动者所共同享受的民主，是历史上最广泛的民主”。②

邓小平对中国民主政治发展理念作出的重大贡献，还体现在他对社会主义民主的法制建设和制度建设重要性的深刻把握上，他在反思“文革”期间民主遭到严重破坏的深刻教训时多次表示，由于我们长期忽视社会主义民主的制度化、法律化建设，没有确立宪法和法律的应有权威，并以此来维护和保障人民当家作主的各项权利，因此付出了沉重的代价。他强调指出：“我们过去发生的各种错误，固然与某些领导人的思想、作风有关，但是组织制度、工作制度方面的问题更重要。这些方面的制度好可以使坏人无法任意横行，制度不好可以使好人无法充分做好事，甚至会走向反面。即使像毛泽东同志这样的伟大人物，也受到一些不好的制度的严重影响，以致对党对国家对他个人都造成了很大的不幸。”③ 为了切实解决保证人民充分享有并依法行使各项民主权利这一重大理论与实践问题，邓小平找到的根本解决途径是：“为了保障人民民主，必须加强法制。必须使民主制度化、法律化，使这种制度和法律不因领导人的改变而改变，不因领导人的看法和注意力的改变而改变。”④ 邓小平的这一思想，为依法治国方略的确立提供了重要的理念指导。

江泽民进一步丰富和发展了邓小平的民主理论。他一再强调，“建设社会主义民主政治，是逐步发展的历史过程，需要从我国的国情出发，在党的领导下有步骤、有秩序地推进。社会主义愈发展，民主也就愈发展。我们要在实践中积极探索规律，不断推进有中国特色社会主义民主政治的发展，使它在21世纪展现出更加

---

① 《邓小平文选》第2卷，人民出版社，1994年版，第336页。
② 《邓小平文选》第2卷，人民出版社，1994年版，第168页。
③ 《邓小平文选》第2卷，人民出版社，1994年版，第333页。
④ 《邓小平文选》第2卷，人民出版社，1994年版，第146页。

蓬勃的生命力。”[①] 鉴于20世纪90年代以来美国等西方国家对中国实施“西化”和“分化”战略，江泽民对西方式民主战略及其后果进行了深入的思考并指出：“西方国家的一些人，总想把他们那套民主制度强加给我们，总想让我们实行西方式的民主。在这个问题上，我们同西方国家一直在进行尖锐的斗争。西方敌对势力打所谓的‘民主’牌，实质上就是要实现他们‘西化’、‘分化’中国的政治图谋。我们千万不能上这个当。我国有十二亿多人口，搞西方的那一套三权鼎立、多党竞选，肯定会天下大乱。在这个问题上，我们的各级领导干部特别是高级干部头脑一定要清醒。”[②] 他还对依法治国作了更为完整系统的表述，他指出：“依法治国，就是广大人民群众在党的领导下，依照宪法和法律规定，通过各种途径和形式管理国家事务，管理经济文化事业，管理社会事务，保证国家各项工作都依法进行，逐步实现社会主义民主的制度化、法律化，使这种制度和法律不因领导人的改变而改变，不因领导人的看法和注意力的改变而改变。”

在胡锦涛那里，发展中国式民主的理念集中体现在执政能力建设的政治实践中，在《中共中央关于加强党的执政能力建设的决定》中，第一次提出了执政党提高发展民主政治能力的基本思路：（1）推进社会主义民主的制度化、规范化和程序化，保证人民当家作主；（2）贯彻依法治国基本方略，提高依法执政水平；（3）改革和完善决策机制，推进决策的科学化、民主化；（4）加强对权力运行的制约和监督，保证把人民赋予的权力用来为人民谋利益；（5）按照党总揽全局、协调各方的原则，改革和完善党的领导方式。这些思路，实际上也奠定了今后一个时期中国社会主义民主政治的发展方向。

回顾中国共产党对中国民主政治道路的探索历程，可以看出，尽管中国在民主政治发展进程中经历了不少曲折，走了许多弯路，但中国共产党始终致力于把马克思主义民主理论与中国特色社会主

---

① 《江泽民论有中国特色社会主义》，中央文献出版社，2002年版，第300页。
② 《江泽民论有中国特色社会主义》，中央文献出版社，2002年版，第302页。

义事业有机统一起来，历来以实现和发展人民民主为己任。尤其是改革开放以来，中国的经济社会持续快速健康发展，社会主义民主政治更加完善，人民的政治、经济和文化权益得到切实尊重和保障，充分显示了社会主义民主制度具有的强大生命力和优越性。

二、中国式民主：核心价值与制度逻辑

民主既是一种价值，也是一种制度。在价值层面，不同的民主蕴涵着对民主的不同认识和理解，遵循着特定的理念、原则和立场；在制度层面，不同的民主制度显现出不同的体制结构、组织方式和程序规范。对中国而言，中国式民主政治是价值与制度的融合，在价值基础上实践制度，在制度的运行中调适价值。具体而言，它蕴涵着如下几方面的核心价值和制度规范：

第一，人民当家作主是中国式民主的本质要求和理想追求。实行人民民主，充分保障人民当家作主的权利是中国发展民主政治的出发点和归宿，也是与西方式民主强调的“人民主权”观念的最根本的区别所在。同时，人民当家作主不是一句空话，人民要真正成为国家、社会和自己命运的主人，实现在国家和社会生活中政治地位的根本变化，必须有正确的政治领导和完善的制度保障。这决定了人民当家作主在民主政治发展的实践中体现为党的领导、人民当家作主和依法治国的有机统一。在这三位一体的互动逻辑中，人民当家作主是社会主义民主政治的本质要求，共产党执政从根本上说领导和支持人民掌握和行使管理国家的权力，而党领导人民治理国家的基本方略是依法治国，在宪法和法律的范畴内实行民主选举、民主决策、民主管理、民主监督，保证人民依法享有广泛的权利和自由，尊重和保护人权，防止任何组织和个人拥有超越宪法和法律的特权。

第二，民主与集中相结合是中国式民主的指导性理念。与西方

单纯强调民主和自由不同的是，中国在发展民主政治的进程中高度强调要辨证地对待民主和集中的相互关系，强调民主基础上的集中和集中指导下的民主之间的辨证统一。民主和集中相结合理念在政治运行中具体体现为，国家政权机关经由民主选举的各级人民代表大会产生，在充分反映人民群众意志的基础上形成统一的意志和共同的目标，在执政过程中通过民主政治的实践把这种统一的意志和共同的目标转化为现实。实行这一原则，既可以充分体现领导和支持人民当家作主的共产党执政的政权本质，有助于最广泛地动员和组织人民群众依法管理国家和社会事务、管理经济和文化事业，又能使国家在实行统一意志和决策过程中避免干扰，恰当地处理好各种关系，避免议而不决、决而不行的现象，确保民主政治运行的广泛性、权威性、有序性和有效性的有机结合。

第三，发展和完善人民代表大会制度是中国式民主的根本制度理念。人民当家作主的理念在制度上体现为人民代表大会这一根本的政治制度，在人民代表大会的制度逻辑下，国家权力的主体始终是人民，人民通过直接或间接选举方式产生各级人民代表大会，人民代表大会作为国家和各地的最高权力机关对人民负责、受人民监督，以民主的方式制定法律法规，把人民的意志汇集并转化为国家意志。政府和法院、检察院等政权机构也由人大选举产生并对人大负责，确保行政权、审判权和检察权都在人民代表大会的监督和制约之下运行。这样的制度既保证了人民在国家中的当家作主地位和民主的广泛性，又避免了三权分立制度下不同权力机构之间相互推诿、政治运行效率低下的弊端，可以更好地集中力量办大事，协调一致地组织国家的现代化建设。

第四，依法治国是中国式民主发展的基本方略。依法治国是现代民主国家普遍采取的治国方略，但中国实行依法治国的核心是民主在中国共产党的领导下，依照宪法和法律的规定管理国家事务，保证国家各项工作都依法进行，逐步实现民主的制度化和法律化，使这种制度和法律不因领导人的改变而改变，不因领导看法和注意力的改变而改变。在依法治国的思路下，执政党和国家通过不断加强法治建设使党的主张通过法定程序成为国家意志，同时坚持有法可依、有法必依、执法必严、违法必究的原则，领导和支持人民当家作主。宪法和法律是党的主张和人民意志相统一的体现，任何组织和个人都必须严格依法办事，都不允许有超越宪法和法律的特权，所有的党组织、党员尤其是负责干部的言行，都不得同宪法和法律相抵触。值得一提的是，中国的依法治国方略还与以德治国的思路有机地结合在一起，强调法律和道德作为上层建筑的组成部分，都是维护社会秩序、规范人们思想行为的重要手段，法治以其权威性和强制手段规范社会成员的行为，德治以其说服力和劝导力提高社会成员的思想认识和道德觉悟。道德规范与法律规范应该相互结合，共同发挥作用。

第五，坚持和完善公有制为主体，多种所有制经济共同发展，保障公民的合法私有财产不受侵犯是中国式民主的经济基础。公有制是中国的基本经济制度，中国坚持毫不动摇地巩固和发展公有制经济，强调发挥壮大国有经济，国有经济控制国民经济命脉，对于发挥社会主义制度的优越性，增强我国的经济实力、国防实力和民族凝聚力具有关键性作用。但同时，我们也高度重视促进包括非公有制经济在内的多种所有制经济的共同发展，强调个体、私营等各种形式的非公有制经济是社会主义市场经济的重要组成部分，对充分调动社会各方面的积极性、加快生产力发展具有重要作用。在此基础上，中国十分重视把保障公民合法的财产权放在民主政治建设的重要地位，在新修订的宪法中明确规定“公民的合法的私有财产不受侵犯”，“国家依照法律规定保护公民的私有财产权和继承权”，从而在根本上落实了坚持和完善公有制为主体、多种所有制经济共同发展的经济制度理念，使中国的经济建设和民主政治发展得以有机地统一于国家现代化建设的整体发展进程之中。

第六，中国共产党领导下的多党合作和政治协商是中国式民主遵循的基本的政党关系理念，也是与人民代表大会相辅相成、互为补充的基本政治制度理念。中国共产党是宪法规定的唯一合法的执政党，这决定了中国不可能采取多党轮流执政的政党政治方式。中国的民主党派与中国共产党有着共同的奋斗目标，不是对立的关系，其他任何政党和政治力量也都没有足够的能力和代表性领导中国的民主政治建设。因此，中国必须坚持“长期共存、互相监督、肝胆相照、荣辱与共”的方针，加强同民主党派合作共事，更好地发挥我国社会主义政党制度的特点和优势，保证人民政协发挥政治协商、民主监督和参政议政的作用。

第七，进一步发展党内民主是中国式民主政治理念的重要组成部分。党内民主是中国特色的民主政治内涵，作为唯一的执政党，中国共产党强调发展党内民主不仅是增强内部凝聚力和战斗力、维护和巩固执政地位的客观要求，也对发展人民民主具有重要的示范作用。中国共产党成为执政党是历史的选择、人民的选择，但是，党的执政地位不是与生俱来的，也不是一劳永逸的。党为了要执掌好政权尤其是长期执掌好政权，不断发展社会主义民主政治，必须实行和发扬党内民主，尊重和保障党员的民主权利，以党内民主引导和推进人民民主，正如邓小平所指出，民主“如果在党内造不成，国家也造不成。我们党一定要造成这样的生动活泼的政治局面，我们党内一定要有充分的民主”。①

简言之，中国式民主是适应中国国情发展起来的，与西方的民主政治理念和制度规范有着根本的不同。中国是一个发展中的社会主义国家，过去100多年的历史经验充分表明，中国在封建专制制度下不可能真正实现经济社会的发展和国家的繁荣富强，更没有政治民主可言。只有新中国成立以来，人民民主的国家政权得以建立，中国人民才逐步摆脱了贫穷落后的状况，民主政治的发展才逐步走上了良性的轨道。当前，不断发展中国式民主不仅可以为国家的可持续发展提供制度保障，更可以为国家的现代化进程不断注入新的内涵和新的动力，使中国的国家建设实现经济建设、政治建设、文化建设、社会建设和生态建设五位一体的协调推进格局。

---

① 《邓小平文选》第1卷，人民出版社，1994年版，第307页。

三、中国式民主建设的新环境和新取向

中国式民主的建设不是孤立的政治发展进程，必须从世界政治经济发展的大格局中加以把握，重视借鉴世界各国政治文明的有益成果，从中国国情出发，在总结取得的历史经验和现实经验的基础上，努力探索中国特色的民主政治道路。进入新世纪新阶段，中国所处的国际国内局势发生了新的深刻变化，中国式民主政治建设面临着新形势和新课题，要求中国不断创新思维，努力探索发展民主政治的新途径和新道路。

近年来，国际体系呈现出动态性、多变性和过渡性等明显的外在特征。尤其是2008年全球金融危机爆发以来，中国面临的国际环境呈现出复杂的动态变化取向，影响国内稳定和发展的变数不断增多，但就宏观而言，国际社会仍然处于旧秩序向新秩序、单极化向多极化、霸权主义向国际关系民主化方向演进的曲折过渡时期。但从本质上看，“世界要和平，人民要合作，国家要发展，社会要进步，是时代的潮流”，在这一大势下，当前中国在探索民主政治发展道路上面临的国际环境总体而言是机遇大于挑战，有利条件多于不利因素。

这表现在：（1）和平与发展出现了新情况，但仍然是时代的主题，这就使中国在政治、经济、文化和社会“四位一体”协调发展和综合国力不断提高的基础上，拥有了广阔的空间和舞台为维护和平、促进发展发挥更大的国际作用；（2）世界的多极化趋势初露端倪，世界的力量组合和利益分配正在发生着新的深刻变化，随着世界多极化趋势的进一步发展，越来越多的国家在国际事务中的发言权和影响力将不断上升，国际关系民主化的趋势初显端倪；（3）大国标准和国际竞争方式变化，评价一个国家的国际地位和国际影响不再完全取决于该国的军事实力，而是是否拥有强大的综合国力，

以及能否承担自己的国际责任和国际义务，以积极的姿态为世界和平与发展作出应有的贡献；（4）在经济全球化的历史背景下，国家间相互依存程度进一步增强，任何一个国家的经济和社会发展都更加紧密地与世界的发展联系在一起，任何国家的成长战略都必须在宏观的国际环境中加以思考和确立；（5）国际机制的作用虽然还受到诸多限制，但通过有效的国际机制安排促进不同国家之间的对话与合作已经成为不可阻挡的历史潮流；（6）反恐怖主义为国际合作提供了新的战略基点，以打击恐怖主义为契机，不同社会制度和战略利益的国家在共同的目标下形成了全球性的反恐合作阵线。

在充分认识到当代国际形势变化为中国民主政治发展提供了前所未有的历史机遇的同时，也必须强调当前国际环境对中国的发展并不都是有利的。从当前的现实看，我们无论是主观还是客观上都面临着许多制约因素，机遇本身就蕴涵着巨大挑战，考验着我们对国际环境的适应能力和把握能力：（1）美国的单边主义战略取向进一步发展，在世界政治事务中常常不顾其他国家乃至盟友的利益单独行事，而且，美国出于维护其霸权地位的考虑，把中国的崛起视为潜在的战略威胁，从而给中国未来的国际环境带来了新的不确定因素；（2）世界的民族问题依然严峻，民族分裂活动没有得到有效遏制，这导致当前国际力量的对比态势进一步复杂化，特别是一些地区内的力量对比严重失衡，不利于国际秩序的重建和国际体系的和平与稳定；（3）西方国家的少数势力在价值优越感的促动下，不断加紧实施对中国的“西化”和“分化”战略，在民主、自由、人权、宗教、民族等问题上对中国频频发难，通过各种手段对中国施加巨大的政治压力，干涉中国的主权和内政事务，试图使中国屈服于西方的战略意图，把社会主义的中国纳入西方的全球战略轨道；（4）亚太地区局势存在着不稳定因素，中国在实现祖国统一大业的进程中受到外部因素的诸多干扰，进而也在一定程度上制约了民主政治的发展空间；（5）日新月异的科技进步在改变人们的生活、极大地缩短国家间空间距离的同时，也为任何一个上升的大国提出了严峻挑战，如果中国跟不上科技发展的国际步伐，就难以真正实现国家的富强和民族的复兴，实现民主政治的制度化、规范化和程序化。

在国内形势方面，随着中国实现人均国内生产总值6000美元的目标，中国进入了一个社会转型的新时期，社会经济结构正在发生着前所未有的巨大变化，社会群体不断分化、利益关系日益复杂、社会矛盾逐步突出，价值取向、群体结构、权利诉求、利益博弈日益呈现出多元化的特征。现实生活中众多而又复杂的社会问题，使中国既有可能进入新的黄金发展期，也可能掉进中等发达国家陷阱，进入社会矛盾凸显期，这更加需要中国善于运用民主与法治的方式处理各种社会矛盾、整合社会各阶层利益、增进社会共识。

在当前中国国内影响民主政治发展的众多环境因素中，四个方面的问题值得引起高度关注：（1）社会结构多元化。当前中国社会的成分构成早已超越了传统的阶级、户籍或职业界限，日益呈现出基于不同价值观念、收入水平、职业范畴、居住区域、兴趣爱好等形成的多元的结构态势和多向互动的变迁取向，我们在发展社会主义民主政治的进程中，客观上面临着不同社会群体和个人之间贫富差距拉大，弱势群体的合法权利难以得到切实维护等危及政治发展和社会稳定的严重问题；（2）政治参与主体多元化。随着社会成分的日趋多样化，传统的社会管理和社会建设结构发生了潜移默化的变化，执政党及其领导下的政府不再是唯一的政治主体，非政府组织、社会公益机构、社会中介组织、各种类型的社区自治组织正在大量出现，在不同的社会政治事务领域发挥着不同形式的重要作用，成为公民有序政治参与的重要载体；（3）利益诉求多元化。当前中国社会中不同社会阶层和群体之间的价值观念、利益需求和生存方式日益呈现出千差万别的取向，频繁的人口流动和多变的群体利益组合更加深了协调不同利益的难度，利益诉求多元化决定了人们对于民主理念认识和政治发展方式主张的多元化；（4）社会价值多元化。尽管我们必须始终坚持主流意识形态在中国民主政治发展中的领导地位，但也必须看到非主流的社会思潮和意识形态正在不断出现，公民的自主民主意识正在增强，理性思维日趋活跃，平等意识、自主意识、参与意识和法制意识迅速上升，这一切，加上现代传媒的高速传播和放大效应，导致执政党在社会主义民主政治发展中的“引路人”地位受到前所未有的考验。

应该看到，国际国内形势的重大变化是当代国际体系结构性变迁和当代中国经济和社会发展的必然结果，一方面有助于中国解放和发展生产力，增强社会的生机和活力，促进社会主义民主政治发展步伐的不断加快；另一方面也使中国社会中存在的矛盾更趋复杂，进一步发展社会主义民主政治构建的难度加大。在当前，中国的民主政治发展无论在理念创新还是制度建设方面都面临着一系列严峻的新挑战：

第一，执政党应如何界定自己在社会主义民主政治发展进程中的地位和作用，从而既能有效维护党对社会主义民主政治发展的领导，又能进一步健全民主制度，丰富民主形式，有效激励和保证全社会力量有序地参与到社会主义民主政治的发展进程中？发展社会主义民主政治目标的提出当然不意味着中国当前没有民主，也不意味着中国需要重新确定发展民主政治的基本理念和核心价值，而是中国特色社会主义建设事业的根本要求，是全面建设小康社会的重要目标。这就首先要求作为中国民主政治发展领导者的中国共产党必须适应国际国内环境的重大变化，在加快中国特色社会主义民主政治发展的进程中进一步准确界定自己的地位和作用，逐步改变包揽一切事务的做法，以制度化和法制化的方式充分发挥不同社会政治力量在发展社会主义民主政治进程中的作用，从而形成合力，有效保证执政党在统一战线中“统揽全局、协调各方”的领导地位，激励各种社会力量和社会组织共同推动社会主义民主政治的发展。

第二，在新的社会发展现实下，执政党推进社会主义民主政治发展的方式和方略应如何设计？如何探索出一条与中国国情相适应、同时又符合中国社会主义民主政治发展目标要求的新思路和新路径？发展中国特色社会主义民主政治体现了我们对中国未来发展道路和发展模式有了新的认识和思考，这要求执政党必须从这一新的认识高度出发，在深入研究社会主义民主政治发展规律的基础上进一步探索在新的政治、经济和社会条件下推进民主政治进程的新方式和新途径，努力开创民主政治建设的新格局，更新民主政治的发展理念、创新民主政治建设的工作方式、拓宽民主政治发展的视野和领域，形成全党和全社会共同推动社会主义民主政治发展的合力，不断提高党的各级组织发展社会主义民主政治的能力，切实把民主政治发展中面临的热点和难点问题作为重点，在解决思路和处理方式上真正有新的突破。

第三，面对各种非主流社会思潮的挑战，如何维护和巩固马克思主义主流意识形态在社会主义民主政治发展中的绝对主导地位？中国是社会主义国家，民主政治本质上是社会主义的民主政治，马克思主义、毛泽东思想、邓小平理论和“三个代表”重要思想是中国社会主义民主政治发展的指导思想，中国社会主义民主政治只有在中国共产党的领导下才能取得成功，这是我们长期以来发展社会主义民主政治的基本理念和普遍信仰。但近年来，由于中国社会经济状况的发展变化和西方敌对势力对我实施“西化”、“分化”的图谋，加以一些宣传部门在手段和方式上比较僵化，至今仍然沿袭着几十年不变的树典型、搞灌输、谈心得的模式，没有探索出一条适应社会变化现实的宣传思路，进而导致我们的主流意识形态面临着西方意识形态的严重冲击，一些群体、尤其是青少年群体对于主流意识形态的认知发生严重偏差，马克思主义意识形态存在着边缘化的危险，我们必须对这一严峻挑战加以高度重视并加以有效应对。

第四，民主政治的制度化、规范化和程序化水平如何得到切实的提高？中共十六大报告中突出强调“要着重加强制度建设”，应该说近年来社会主义民主政治的制度建设步伐也在不断加快，新宪法的修改、政府体制改革力度的空前加大、制度反腐和官员问责等一系列措施的出台都充分体现出中国民主政治的制度化理念已经深入人心。但另一方面也要承认，民主的制度建设对于中国而言无论在理论还是实践中都有待于进一步深化，如党与人大、政府、政协之间的权力关系如何加以准确规范，人民代表大会在实践中如何切实发挥最高权力机构的作用，政府部门权力过强的状况如何得到切实的改变，共产党领导的多党合作和政治协商制度如何在政治运作中发挥有效作用，基层民主如何在健全基层自治组织和民主管理制度等方面有新的突破，所有这些问题，都是我们在发展社会主义民主政治的进程中必须逐步加以妥善解决的。

第五，在执政党的内部民主建设上，如何进一步加强和实现党内民主？党内民主是中国共产党的生命力源泉，没有党内民主，我们党就不可能从一个最初只有十几个人的小党发展壮大成为拥有数千万党员的世界上第一大党，就不可能从一个革命党变成受到十三亿人民衷心拥护的执政党，执政地位就难以巩固。但客观上也要看到，尽管近年来中国共产党先后颁布了《党内监督条例》和《党员权利保障条例》，但党内民主问题并没有得到彻底解决，如普通党员表达民主意愿的渠道不够畅通，党员的民主权利难以得到切实保障，党员的意见表达机制不够健全，一些党员干部缺乏执政党意识，忽视执政党应有的责任感和使命感，先进性不强等等，都是我们不能回避的现实问题。

第六，在政治运作过程中，如何在不断发展政治民主的同时逐步发展经济和社会民主，进一步拓展人民依法直接行使民主权利的途径和渠道？近年来政府正在越来越多地把经济和社会领域的权力移交给行业协会、中介机构和社会团体来行使，尤其是对于经济活动的直接管理大幅度减少，这表现出中国的经济和社会民主发展的步伐正在不断加快。但总体而言，政府的行政权力过大状况还没有得到切实的改变，近期的“简政放权”改革虽然取消了许多项行政许可权，各级政府仍然拥有庞大的行政许可的权力。在政治参与方面，一些基层部门对于社会群体之间的利益协调能力不足，对社会矛盾激化、群体上访等问题的处理不够及时，在新出现的社会问题管理中“越位”、“缺位”、“错位”的现象还比较多，往往是应该由政府管理的事务没有政府机构承担责任，而应该交由社会自治的事务政府部门却把持不放。此外，一些政府部门对于民众有序、依法维权、理智维权的引导还不够，如何加强这方面的工作也是需要深入思考的问题。

第七，如何进一步提高决策的民主化和科学化程度？尽管在重大经济建设项目上进行科学论证和可行性分析的做法日趋普遍，但在政治和社会生活中的决策程序还不够严密，这导致政府部门“好心办坏事”的现象还难以避免，一些公共政策未经必要的专家咨询和社会调研就仓促出台，一旦难以实施又朝令夕改，进而导致公共决策由于程序的缺失而体现出一定的随意性和主观性。此外，关于民主政治运行的法律规范和程序保障也不够完善；政府决策的民主化和科学化相关的制度建设，如听证会制度、专家咨询制度、政务信息公开制度有待进一步加强并发挥实质性的作用。

第八，如何有效加强对权利运行的内部和外部监督？对于权力的制约和监督是当代政治民主的重要特征，在当前，我们提出了建立结构合理、配置科学、程序严密、制约有效的权力运行机制的目标，这就至少在如下几个方面为我们提出了一系列全新的课题：（1）切实改变下级权力机构只向上级负责而不对民众负责的责任倒置状况，建立健全上级监督与社会监督、内部监督与外部监督有机结合的系统监督机制；（2）切实改变不同监督机构之间相互之间信息沟通不畅、各自为政的现象，通过统筹部署的方式实现党内监督、行政监督、司法监督、监察监督和审计监督等“体制内”监督机制的整合和协同；（3）在行政监督、司法监督、监察监督和审计监督等对政府权力的监督方面，一方面强化各监督主体横向之间的制约和监督环节，另一方面，加强对于权力运行的动态监督，既要重视司法监督和审计监督等事后监督方式，也要加强人大监督、政协监督、行政监察等事前和事中监督的权限的和范围，尤其加强对于重大决策的执行监督；（4）增强政协、民主党派和群众团体等民主监督机构的监督功能，不再将其监督范畴局限于长期以来习惯法意义上的建议性和协商性监督层面；（5）有效发挥舆论监督这一近年来我国权力监督机制中发展最快的方式的作用，但由于大众传播媒介市场化程度的不断提高，它们自身的利益需求会影响它们进行舆论监督的价值导向，因此要防止舆论监督成为某些利益集团的操纵工具。

当前，中国发展民主政治的宗旨和目标是努力实现党的领导、依法治国和人民当家作主的有机结合，不断发展人民民主，以制度建设为核心，在民主政治的制度化、规范化和程序化水平的基础上，保证把人民赋予的权力真正用来为人民谋利益，使党始终成为中国特色社会主义事业的坚强领导核心。在这一宗旨和目标下，我们在社会主义民主政治的发展进程中，必须遵循一些基本的指导原则：

第一，党的领导、依法治国和人民当家作主的有机统一原则。社会主义民主政治建设是当前加强党的执政能力建设的有机组成部分。在这一过程中，党作为中国特色社会主义事业的领导核心，其执政理念决定了领导和支持人民当家作主是发展社会主义民主政治的本质要求。同时，我们党又必须在宪法和法律的框架内对权力运行机制进行规范，要求一切权力机构都必须依法行使权力，任何组织和个人都不允许有超越宪法和法律的特权。否则，社会主义民主政治建设就会偏离正确的方向，人民当家作主就会变成一句空话。

第二，民主集中制原则。民主集中制是中国共产党遵循的基本原则，也是中国发展社会主义民主政治的指导原则。在民主的基础上行使权力是权力运行的基本前提，没有以民主为前提的权力行使必然导致集权和专制，导致权力在运行过程中的异化和滥用。同时，集中力量办大事是中国式民主政治的优势之一，当前强调要加强对权力运行的监督和制约，从根本上说不是要降低权力运行的效率，而是要确保人民通过民主选举产生的国家权力忠实地代表人民的利益，热诚地为人民服务，自觉地接受人民的监督，无条件地服从人民的意志。唯有如此，民主政治建设才能确保有效地行使权力，才能有助于提高党的执政能力和国家的现代化事业不断发展。

第三，权力制约和监督原则。中国是中国共产党领导下的社会主义国家，中国的社会制度决定了不可能采取西方式的“三权分立”制度，但是，这并不等于中国不对权力进行有效的监督和制约。通过不断完善人民代表大会制度，通过决策监督和执行监督，机构监督和干部监督，党内监督和民主监督、舆论监督，司法监督、行政监察和审计监督等一系列监督制度的有机整合，中国完全有能力对权力运行进行有效的制约，使各种公共权力在运行过程中形成既相互协同、相互配合，又相互制约、相互平衡的态势，充分体现中国式民主政治的优越性。

第四，法治化和制度化统一的原则。在发展民主政治的进程中，中国首先需要认真地贯彻落实依法治国的执政方略，在依法治国的理念下实现共产党执政与领导和支持人民当家作主的有机统一，将权力运行纳入法制化的轨道，通过法律的形式将权力运行的体制结构和权力配置、权力运行的基本程序、权力运行中的监督和制约等加以明确的规范。但同时，民主政治的发展是一个复杂的过程，尤其是在中国当前的权力运行中还存在许多非法制化的、或者难以用法律来加以规范的“潜规则”和“惯例”，这就要求中国同时必须加强制度化的建设步伐，尽可能以制度化的方式使这些“潜规则”和“惯例”变得透明化和公开化，最大限度地缩小权力机构在运行过程中的自由裁量空间。

基于上述宗旨和指导原则，当前中国式民主的进一步深入发展呈现出一些新的导向：

第一，在民主政治建设进程中进一步贯彻落实“以人为本”的宗旨和理念。中国在民主制度的调整和改革中，始终从一切权力属于人民的理念出发，逐步实现从“权力本位”向“权利本位”的转变，从机制上和制度上根本防止权力的滥用和异化。尤其是近年来，中国强调“以人为本”民主理念的关键在于创新思路和理念，树立科学的民主观，把民主制度的建立健全提升到提高党的执政能力的高度来加以认识，在把握民主政治发展规律的基础上不断探索完善民主政治发展的新思路和新途径。

第二，完善党内民主、加强党内监督是两大紧迫问题。完善党内民主的关键是在加强制度化建设的同时，必须特别重视民主过程和民主程序的完善，只有党内民主在过程中得到切实保障，党内民主的制度才是真正有意义的，否则，党内民主制度可能在运行过程中变成表面文章，成为一些人操纵民主的借口。在当前，完善党内民主至少有3个方面的发展趋势：（1）完善党代会制度。不仅继续探索党代会常任制等制度创新机制，更为重要的是要改变党的代表实际上由各级党委“内定”的做法，真正把选举代表的权利交给全体党员，这是党代会发挥作用的基础和前提。（2）探索制约“一把手”的切实途径。这包括两个相互作用的方面：一方面，要限制“一把手”在干部选拔和任命方面的权力，“一把手”不应直接干预组织部门的工作；另一方面，通过完善的财务管理制度限制“一把手”的财权，建立严格的集体决定制度和违规惩罚制度；（3）切实保障普通党员的权利，尤其是知情权和选举权。

第三，积极探讨科学配置权力的方式和途径，努力解决集权与分权、权力与职责、权力与制约、权力与惩罚的有机统一问题。注重要在权、责、事、利、督等各个方面建立统一配套的制度。进一步完善社会主义民主政治的关键是进一步发展和完善人民代表大会制度。党的政治、思想和组织领导重心应放在对人民代表大会的领导上来。人大代表的推选和选举程序进一步完善，人大代表不再是一种政治奖励或政治安排的方式，那些真正具有参政议政能力的人士拥有了更多的机会和渠道进入各级人民代表大会。同时，各级人民代表大会的“钱袋权”逐步变得名副其实，预算和决算制度进一步严格规范，政府自主决定国有资产流向的权力和对财政经费的支配权受到严格限制。政府与法院、检察院之间的权力界限和相互关系进一步理顺，司法独立在程度和水平上正在不断提高。

第四，完善权力运行程序成为健全民主制度的重中之重，中国正加强权力运行的程序规范建设。要求各级权力机关增强程序意识，完善决策和执行程序，完善程序法体系，同时上一级权力机关加强对下级机关执行过程中的程序完善工作。高度重视权力运行的程序设计和规章制定工作，努力完善决策程序，不断推进建构执行程序，重要干部的选拔和任命程序方面有所突破。权力部门决策的科学论证和可行性分析以制度化的方式全面推广，决策前协商、决策咨询、集体决策、决策批准、决策监督、决策问责等一整套决策程序机制逐步形成。加快决策执行程序的建立和完善步伐，从根本上改变有法不依、执法不严，有令不行、有禁不止的现象。各权力机构内部的程序性规章制度应更加严密并对违反执行程序的行为加大处罚力度。进一步增加竞争性，以使重要干部的选拔和任命程序更加严密，民主推荐和民主选举的程序日益完善，把决定权更多地交给群众成为常态。思想库和智囊团成为完善民主政治的重要智力资源，也是决策程序化和科学化的重要保障，学术机构和各领域专家积极为政府决策和体制改革出谋划策，提供理论支持和政策建议。“决策前协商制度”进一步完善，政协思想库和智囊团的作用得到更好的发挥。

第五，健全和完善监督与制约机制，探索民主监督和社会监督的新方式和新途径。中国正在以党内“六大制度”为突破口，不断创新党内的权力配置方式和监督方式。党内的权力结构调整、权力配置和权力运行程序的设计都应围绕加强权力的监督和制约来进行。从长远看，根本的途径在于建立同级党组织之间的权力制衡和监督机制；在当前的条件下，中国积极支持和鼓励民主监督和舆论监督进一步发挥作用，努力形成党领导下的内部监督和外部监督、制度监督和法律监督、机构监督和个人监督、决策权监督和执行权监督、规则监督和程序监督等多管齐下的权力运行的监督和制约态势。信息公开是加强监督和制约的基本前提，各级党委和政府进一步加快党务和政务信息公开的步伐，尤其是加强电子政务建设，使权力的运行过程更加透明，从而增强权力机构规范权力运行的主动意识和权力制约的自觉性，普通党员和民众对权力运行状况有更加全面的了解，民众参与社会监督的积极性受到鼓励。包括党委在内的各级权力机构均逐步建立和完善了重大事项的问责制度，切实做到有责必问，有责必究，不仅对决策者和执行者进行问责，也对监督者进行问责。

思想篇

第二章　近代中国民主思想的缘起

民主在近现代中国的成长和发展，经历了一个长期的历史过程，更包括不同的维度。所谓长期的发展，众所周知，近代中国自从被卷入现代化过程以来，民主政治的成长一直是将中国导向现代中国的一个居于核心地位的政治发展目标，不论是主动的还是被动的，是主观的还是客观的，是意料之中的追求还是意外的结果。直到今天，中国建设民主政治的努力仍然在持续进行之中，故而民主成长在近现代中国表现为一个长期的历史进程。所谓不同的维度，是指民主的成长在不同历史时期有不同的侧重点、不同的层次结构和不同的策略逻辑。比如民主思想、民主制度，以及作为一种社会基础的民主和作为一种决策结构、治理方式的民主。历史的演转和逻辑的演进层层相因、次第演进，民主的维度也相互支撑、不可或缺。

从现实来看，近代中国民主思想的起源构成了中国民主演进的逻辑起点。不同于早发现代化国家的是，中国民主的成长不全是自然发生的过程，因而也不同于这些国家民主成长的一般逻辑：经济发展—社会结构—民主政治。中国民主的发展很大程度上得益于对异域民主思想的学习、借鉴和移植，导源于近代中国政治发展的现实危机。从这个意义上说，民主之于近代中国，具有很强的策略—工具色彩和过于理想化的色彩，它往往构成一种救治政治之弊的救世主张，甚至挽救国家危亡和民族危机的救国主张。因此，近现代中国先后出现了民主与议会（国会）、民主与政党（政治）以及民主与国家（国体）的结合。这种结合鲜明地表达了中国民主思想内在演变的逻辑、阶段与倾向。

马克思主义在中国的传播与流行，代表了中国民主思想演进中的一次重要的选择和转向。本章重点关注的是在马克思主义传入中国之前，近代中国民主思想——亦即中国早期民主思想的发生逻辑。中国早期民主思想构成了现代中国民主思想包括具有中国色彩的马克思主义民主思想观的基本底色和历史先声。同时，由于与古典中国政治思想和政治文化之间的异质性，中国早期民主思想与观念的发生就不能说是一个不值得关注的、自然而然的思想过程，而是构成一个重要的学术问题和现实问题。

一、议会与民主

近代中西交通以来，特别是鸦片战争已降，一系列重大政治事件的发生彻底改变了近代中国生存的时空条件，对于这种历史时空的转换，时人有着深切的感知和体会。所谓“三千年未有之变局”，所谓“过渡时代”之主张，都是这种历史时间观念转换的体现，一个新的时代来临了。另一方面，建立在中国中心主义、文化中心主义和夷夏之别的区分基础上的天下国家观念，也逐渐为海国、万国所表述的近现代国家关系格局所取代，中国逐渐沦为世界万国中之一国。时空条件和时空观念的转换，其直接后果之一就是改变了社会思想世界中的主题，一些原本不在传统思想关注范围内的、或者不受重视的现象和对象，开始进入近代中国思想世界，其中以西方列强为重点的“他者”形象尤其是西方国家的形象、制度和风俗逐渐受到重视，西方国家的议会制度便是其中一例。

西方国家的议会制度，展示了一种不同于中华帝国传统政治模式的新的政治运作机制，因为其不同，所以受到持续的关注。当然，中国社会对西方议会制度的关注最早是作为对西技或者西艺的关注的附属物而出现的。在林则徐主持编译的《四洲志》中这样描述美国的政治制度：

> 议立育奈士迭国（美国），以戈揽弥阿（哥伦比亚）之洼申顿（华盛顿）为首区，因无国王，遂设勃列西领（总统）一人，综理全国兵刑赋税，官吏黜陟。然军国重事，关系外邦和战者，必与西业（参议院）会议而后行，设所见不同，则三占从二。升调文武大吏，更定律例，必询谋佥同。……至共举之例，先由各部落人民共举，曰依力多（候选人），经各部落官府详定，进衮额里士（国会）衙门核定人数，与西业之西那多（参议员），里勃里先特底甫（众议院议员），官额相若。……设立衮额里士衙门一所，司国中法令之事，分列二等：一曰西业，一曰里勃里先好司。"好司"二字，犹衙门也。……其专司讼狱衙门，在洼申顿者一，曰苏勃林（最高法院），在各部落者曰萨吉（巡回法院），凡七；曰底士特力（地方法院），凡三十有三。各以本国法律判断。
>
> 各部落自立总领一人，总理部落之事，每部落一议事公所，其官亦分为二等：一曰西业，一曰里勃里先特底夫。即由本部落各择一个，自理其本部之事，小事各议条例，因地制宜，大事则必尊国中律例。

在号称"以西洋人谭西洋人"的《海国图志》一书中，魏源积极评价了这种政治制度：弥利坚国非有雄才枭杰之王也。涣散二十七部落，涣散数十万黔首，愤于无道之虎狼英吉利，同仇一倡，不约成城，坚壁清野，绝其饷道，遂走强敌，尽复故疆，可不谓武乎！……二十七部酋，分东西二路，而公举一大酋总摄之，非惟不世及，且不四载即受代，一变古今官家之局，而人心翕然，可不谓公乎！议事听讼，选官举贤，皆自下始。众可可之，众否否之，众好好之，众恶恶之，三占从二，舍独洵同，即在下预议之人，亦先由公举，可不谓公乎！

曾官至福建巡抚和总管同文馆事务大臣的徐继畬，在《瀛环志略》中这样描述美国联邦政制的发生：

顿（华盛顿）乃与众议曰：得国而传子孙，是私也。牧民之任，宜择有德者为之。仍各部之旧，分建为国，每国正统领一，副统领佐之（副统领有一员者，有数员者），以四年为任满（亦有一年、二年一易者），集部众议之，众皆曰贤，则再留四年（八年之后，不准再留），否则推其副者为正。副或不协人望，则别行推择乡邑之长，各以所推书姓名投匦中，毕则启匦，视所推独多者立之，或官吏，或庶民，不拘资格。退位之统领，依然与民齐齿，无所异也。各国正统领之中，又推一总统领专主会盟、战伐之事，各国皆听命。其推择之法与推择各国统领同，亦以四年为任满，再任则八年。①

广东名士梁廷枏（楠）在《海国四说》中这样表达其对“合省国”（美国）政制的观感：

余观于美利坚合众为国，行之久而不变，然后知古者‘可畏非民’之未为虚语也。彼自立国以来，凡一国之赏罚禁令，咸于民定其议，而后择人以守之。未有统领，先有国法。法也者，民心之公也。统领限年而易，殆如中国之命吏，虽有善者，终未尝以人变法，既不能据而不退，又不能举以自代，其举其退，一公之民。持乡举里选之意，择无可争夺无可拥戴之人，置之不能作威、不能久居之地，而群听命焉。盖取所谓‘视听自民’之茫无可据者，至是乃彰明较著而行之，实事求是而证之。为统领者，既知党

① 徐继畬：《瀛环志略》，上海书店出版社，2001年版，第276页。

非我树，私非我济，则亦惟有力守其法，于瞬息四年之中，殚精竭虑，求足以生去后之私思，而无使复当前之，斯已耳。又安有贪侈凶暴，以必不可固之位，必不可再之时，而徒贻其民以口实者哉！

程舒伟先生在其所著《议会政治与近代中国》一书中认为，第二次鸦片战争之后，特别是中法战争以后出现了一个介绍西方资产阶级议会思想和议会制度的浪潮，主要代表人物有马建忠、薛福成、郑观应、王韬等人。[①] 这些思想家在论及世界各国政制之利弊时，其基本叙述方式暗合了比较政治学和比较政治制度的视野与方法，逻辑相似、观念彷佛、见解略同，体现了一个特殊时代的影响和风貌。

马建忠在其《适可斋纪言纪行》中评论道：各国吏治异同，或为君主，或为民主，或为君民共主之国，其定法、执法、审法之权分而任之，不责于一身，权不相侵，故其政事纲举目张，粲然可观。……人人有自立之权即人人有自爱之意。同时亦指出其政治之弊：英之有君主，又有上下议院，似乎政皆出此矣，不知君主徒事签押，上下议院，徒托空谈，而政柄操之首相与二三枢密大臣，遇有难事，则以议院为借口。美之监国，由民自举，似乎公而无私矣，乃每逢选举之时，贿赂公行，更一监国，则更一番人物，凡所官者，皆其党羽，欲望其治，得乎？法为民主之国，似乎入官者不由世族矣，不知互为朋比，除智能杰出之士，如点耶诸君，苟非族类，而欲得一优差，补一美缺，戛戛乎其难之。

王韬在其所著《弢园文录外编》的《重民》一文中指出：泰西之立国有三：一曰君主之国，一曰民主之国，一曰君民共主之国。如俄，如奥，如普，如土等，则为君主之国，其称尊号曰恩伯腊[empire]，即中国之所谓帝也。如法，如瑞，如美等，则为民主之国，其称尊号曰伯理玺天德［president］，即中国所谓统领也。如

① 程舒伟：《议会政治与近代中国》，商务印书馆，2006年版，第20页。

英，如西，如意，如葡，如嗹等，则为君民共主之国，其称尊号曰京［king］，即中国所谓王也。……一人主治于上，而百执事万姓奔走于下，令出而必行，言出而莫违，此君主也。国家有事，下之议院，众以为可行则行，不可则止，统领但总其大成而已，此民主也。朝廷有兵刑礼乐赏罚诸大政，必集众于上、下议院，君可而民否，不能行，民可而君否，亦不能行也，必君民意见相同，而后可颁之于远近，此君民共主也。比较的结论是：君为主，则必尧、舜之君在上，而后可久安长治；民为主，则法制多纷更，心志难专一。究其极，不无流弊。惟君民共治，上下相通，民隐得以上达，君惠亦得以下逮。都俞吁咈，犹有中国三代以上之遗意焉。①

无独有偶，陈炽也指出：今各国有君主者，俄罗斯、土耳其是已；有民主者，美利坚、法兰西、瑞士诸国是已；有君民共主者，英吉利、德意志、义大利诸国及东洋之日本是已。所谓君主者，有上议院无下议院，军国大事概掌于官，而民不得预闻焉者也。所谓民主者，有下议院而无上议院，朝章国政及岁需之款，概决于民，而君亦几同守府者也。惟君民共主之国，有上议院，国家爵命之官也；有下议院，绅民公举之员也。院之或开或散，有定期。事之或行或止，有定论。人之或贤或否，有定评。国用有例支，有公积。例支以给岁费，公积以备不虞，必君民上下询谋佥同，始能动用。公积不足，则各出私财以佐之，此所以举无过言，行无废事，如身使臂，如臂使指，一心一德，合众志以成城也。即敌国外患纷至沓来，力竭势孤莫能支拄，而人心不死，国步难移，积土成山，积流成海，能胜而不能败，能败而不能亡。英人刱之於前，德国踵之於后，所以威行海表，未艾方兴者，非幸也，数也。圣人复起，无以易之也。

也许近距离观察西方议会政治的晚清使节的记述更有说服力。郭嵩焘在光绪三年十一月十八（1877 年 12 月 22 日）的日记中评述

① 王韬著、李天纲编校：《弢园文新编》，中西书局，2012 年版，第 23—24 页。

了英国议会制度与国势之间的关系：推原其立国本末，所以持久而国势益张者，则在巴力门（即 parliament）议政院有维持国是之义，设立买阿尔（mayor，市长）治民有顺从民愿之情。二者相持，是以君与民交相维系，迭盛迭衰，而立国千年终以不敝，人才学问相承以起，而皆有以自效，此其立国之本也。[①] 十多年之后，薛福成在其出使英、法、义、比四国期间的日记中写道：地球万国内治之法，不外三端，有君主之国，有民主之国，有君民共主之国（光绪十六年）。又谓：民主之国，其用人行政，可以集思广益，曲顺舆情，为君者不能以一人肆于民上，而纵其无等之欲；即其将相诸大臣，亦皆今日为官，明日即可为民，不敢有恃势凌人之意。此合于孟子"民为贵"之说，政之所以公而溥也。然其弊在朋党角立，互相争胜，甚且各挟私见而不问国事之损益，其君若相，或存"五日京兆"之心，不肯担荷重责，则权不一而志不齐矣。君主之国，主权甚重，操纵伸缩，择利而行。其柄在上，莫有能旁挠者。苟得贤圣之主，其功德岂有涯哉！然其弊在上重下轻，或役民如牛马，俾无安乐自得之趣，如俄国之政俗是也。而况舆情不通，公论不伸，一人之精神，不能贯通于通国，则诸务有堕怀于冥冥之中者矣。其结论是"夫君民共主，无君主、民主偏重之弊，最为斟酌得中。"（光绪十八年）[②] 这种比较政治的眼光在晚清国势日衰的现实刺激下，终于演化为设议院、开国会的政治主张。其基本逻辑正如郑观应则在《盛世危言》中所说的那样：故欲行公法莫要于张国势，欲张国势莫要于得民心，欲得民心莫要于通下情，欲通下情莫要于设议院。

近代中国思想界何以会对西方国家的政治制度中的议会制表现出浓厚的兴趣与持续的关注？其对西方议会制度的叙述与想象本身是否符合西方国家政治运行的现实？换言之，中西思想界对议会制

① 郭嵩焘：《伦敦与巴黎日记》，钱钟书主编、朱维铮执行主编：《郭嵩焘等使西记六种》，中西书局，2012 年版，第 140 页。

② 薛福成：《出使日记续刻》，钱钟书主编、朱维铮执行主编：《郭嵩焘等使西记六种》，中西书局，2012 年版，第 294—295 页。

度的理解是否存在语际差异？近代中国民主思想的起源怎样从对西方议会制度的认知和叙述中获得支持、或者受到制约？

我们看到，在以“海国”看待西方国家的时代，或者说在我们称之为“地主阶级改革派”的林、魏时代，政治思想家对西方国家特别是英美等国家的议会制度的描述是模糊不清的，其评价与歆慕也是缺乏坚固清晰的认知基础的，虽然不能否认其间有真知灼见。更进一步来说，及至早期改良思想家，随着对西方政治制度和政治运作过程的进一步认识和实际体验（包括晚清驻外使节的实地体验），议会制度开始与“君主之国、民主之国、君民共主之国”的政体划分紧紧联系在一起，被视为一国政治制度的基础和国家治理类型划分的核心标准（立国之本）。此一时期，在中国思想界也开始出现“设议院”的政治诉求，虽然应者寥寥，但石破天惊。

然而，近代中国思想界接纳议会思想的过程，其背后的政治价值诉求显然不完全等同于支撑西方议会制度的政治价值本身。议会制度在英美等国的运行，其背后有着人民主权、公民权利、宪政法治、代议制政府等庞大而缜密的价值支撑和理论支持；而在近代中国，“设议院”的政治主张背后的核心诉求乃在于“通上下之情”，亦即君民共主。西方的议会制度作为民主价值之实现的一种政治设计，在近代中国反过来是为君主制度和君主治国服务的。造成这种区别的最为重要的原因之一在于，在思想界引入议会思想的过程中，自觉或不自觉地借用了中国传统民本主义的思想资源。在这样的思想逻辑下，“民情”的沟通成为议会制度的优先政治价值。于是我们看到，无论是在早期的改革派那里，还是在后来的改良派那里，赞颂议会制度的焦点在于其能集思广益、沟通君民、合众成城；而对议会制度的不足或弊端的揭示则集中在其所谓“朋党争胜、挟私害公、心志不一”的方面。由此，从中央议院到地方议会组织，时人对于中国设立议院的各种设计往往依托于既有的各种传统制度，譬如：科举制度、官僚制度、乡里制度等等，可见当时议会制度的推崇者本意是试图将源自西方的议会制度嵌入中国既有的政治制度体系，其改良色彩远远超越其革命意涵。

二、政党与民主

从晚清政治思想发展的大致轮廓来讲，对议院及政党政治[①]的绍述大约出现于1895—1905年之间，而前此20年则有托古改制、中体西用、进化论等观念为之铺陈。[②]

大抵英政分立两党，一主时政，为新政府毕根士由一党；一专攻驳时政，为旧政府格男斯敦一党。(《郭嵩焘日记》，光绪三年)

焉知举总统，所见乃怪事。怒挥同室戈，愤争传国玺。大则酿祸乱，小亦成击刺。寻常瓜蔓抄，逮捕遍官吏。至公反成私，大利亦生弊。究竟所举贤，无愧大宝位。倘能无党争，尚想太平世。(黄遵宪《纪事》诗)

英国上、下议院，有公保两党，迭为进退，互相维制。公党者，主因时变通，稗益公务。保党者，主保守旧章，勿使破坏。公党者，主因时变通，稗益公务。保党者，主保守旧章，勿使破坏。两党胜负之数视宰相为转移，一出一入循环无穷，而国政适以剂于平。(薛福成，光绪十六年九月)

英国有公保两党，公党退，则保党之魁起为宰相；保党退，则公党之魁起为宰相。两党互为进退，而国政张弛之道以成。然其人性情稍静，其议论亦较持平，所以两党攻讦倾轧之风，尚不甚炽，而任事者亦稍能久于其任。"法国有左中右三党之中，而三党之中，所分小党甚多。又有君党、民党之别。其人皆负气好争，往往嚣然不靖。(薛福成，光绪十八年)

---

① 从观念史的角度来说，议院和政党均从西方政治中借来，而且相互倚重，并现于大约同一时代，因此二者厥为知识世界中的同位观念。

② 历史学家王尔敏在《晚晴政治思想史论》中有一个圆状图式，用以提示晚清思想的大致面貌。参阅王尔敏：《晚晴政治思想史论》，广西师范大学出版社，2005年版，第23页。

可见对西方政党政治，时人既有事实之描述，也有利弊之评价。然而作为一种政治之主张，在中国引入政党政治的诉求却是与设立议会的诉求内在联系在一起的。王尔敏先生指出，“议院之说已昌言于朝野，西国政党之制又已传至中土，尤以英国两党政治……又近似于中国新旧两派之官绅，遂为说者，构成一理论依据，而随议院之说出之”。①

有议院必有党，有党必有公私，固然其无足怪。然诸国明许以党，党亦明张其帜，明异其途，以待权衡于党之多少而可否之，而事无弗举。故西人党亦党，不党亦党；私亦党，不私亦党。中国自汉迄明，讳私讳党，讳而惎惎而轧轧而两败，以孤其国，何者？君子之党往往蹶于小人之党，小人巧营其党，使人主不觉，乃辄以党名倾君子，君子俯首帖耳，辗转牢阱罟获中，供其一逞。卒之小人又有小人之小人，叠起相乘，不至庙社邱墟不止。痛乎！西人之明目张胆主国是者，施之中国则鼠伏狐媚以售其奸，而豪杰之士，怨彻九幽也。治盗而薮盗，惎党而宠党，防民之术，庸有幸焉。洴澼子曰：有党党，有党国，小人党党，君子党国，西人之以党植国者党国，中人之畏党若螫者党党，党党贼国，贼义，贼群，若法之世家，俄之王党，胜朝之魏客马阮；党国国于党，国于义，国于仁，国于群，若国会若议院，若唐虞之二十二人三代之父老刍荛。②

盖议者善不善，不在乎党，独在乎法，其法善，则党无不善。其法不善，则党无有善。中国宋时朝廷之党皆君子也，而足以亡国；外国今日议院之党，未必皆君子也，而足以兴邦，其所分在立法耳。由存心而言，则不可有党；由意见而言，则不能无党。由私事而言，而不可有党；由公事而言，则不妨有党。……折中于是非可否之间，其事其言，庶几至当而不可议。此今日外国议院之法也。（《新政新诠初编·例言》）③

---

① 王尔敏：《晚清政治思想史论》，广西师范大学出版社，2005年版，第219页。

② 唐才常：“各国政教公理总论”，《唐才常集》，中华书局，1980年版，第88页。

③ 何启、胡礼垣：《新政真诠》，转引自王尔敏：《晚清政治思想史论》，广西师范大学出版社，2005年版，第221页。

论者既以为在现代政治之中，政党之发生为必然，而结合当时中国之国内外环境与政治危机考虑，最终有立党救国、立党救亡之说，以为“今者中国之存亡，一系于政党之发生与否，是政党问题者，实今日最重要之问题也。”[①] 政党问题所以重要，乃是因为“欲救今日之中国，一宜使人民自知政治上之权利，二宜使人民自负政治上之责任，三宜使人民自求政治上之知识，四宜使人民自养政治上之能力，五宜使人民自为政治上之团结，六宜使人民自当政治上之竞争”（罗普：《政党论》，《新民丛报》二十五号），而这就有赖于“强健而良善的”政党功能的发挥。

政党作为现代政治中一种普遍的政治现象，作为一种特殊的群体性的政治组织，在现代民主政治的存续和运转中起着不可替代的作用。《布莱克威尔政治学百科全书》将现代政治中政党的主要政治功能归结为：目标制定、利益表达、社会化和动员、精英形成与录用。[②] Stefano Bartolini 和 Peter Mair 将其简化为两类，即代表性功能和制度性功能。[③] 从这个意义上说，政党现象构成现代民主制度的一个基本要素、基本条件和基本工具。近代中国对政党的接纳，经过了区分传统“朋党政治”和现代“政党政治”这一重要关口，为现代民主政治中必需的群体组织与聚合初步扫清了思想障碍。但也正因为如此，近代中国政治思想界对政党的界定与期许打上了浓重的时代烙印和地域文化色彩。在近代中国政治语境中所理解的政党，和西方国家政治中的政党有所不同。这一点从近代中国政治思想家对政党的定义就可见一斑，以 20 世纪初中国思想界的政党界定为例：

天下者，党派之天下也；国家者，党派之国家也。……无党则国亡存之，无国则人亡存之。……宜知立党之意，为一国非为一人；

① 与之：《论中国现在之党派及将来之政党》，《新民丛报》第九十二期。

② ［英］戴维·米勒、韦农·波格丹诺：《布莱克维尔政治学百科全书》，邓正来等译，中国政法大学出版社，2002 年版，第 562 页。

③ ［美］拉里·戴蒙德、理查德·冈瑟主编：《政党与民主》，徐琳译，上海人民出版社，2012 年版，第 356、358 页。

宜知一党之成，为长久非为一时。（秦力山，《政党说》、《论非立大党不足以救将亡之中国》，《清议报》，1901年）

政党实力者，立宪政治之果也；而政党思想者，立宪政治之因也。（罗普：《政党论》，《新民丛报》，1903年）

使一国中各社会之人，抱同一政治目的，结为一团，而活动于一国之内，此其团体为何如团体，世界各国盖皆有之，即政党是也。（杨度：《金铁主义说》，《中国新报》，1907年）

政党者，一国政治之明星也，指南针也，司令官也；以其主义改良国政者也；以其智识、学问、言论、思想救国者也；少数之贤者政治者也；政治上和平之革命神也。（蒋智由：《政党论》，《政论》，1907年）

政党者，将计民之利，谋民之福，同时即以除民之害，捍民之患，而又必于其政见之实行者也。（郑浩：《政党论》，《政论》，1910年）

由此可见，晚清至民初的中国思想界对政党的理解，一方面来自于对西方政党形象、功能的描述或复制，另一方面又掺杂了自身的想象与期望。此二者之间存在着内在的紧张，这种紧张关系导致中国知识界在对政党的界定和定位上难以形成坚固的共识和统一的行动，往往言人人殊、自说自话。其荦荦大者，在于革命党和立宪派之间难以弥合的政治分歧，革命党不自认为政党，立宪派也不认革命党为政党，难以形成基于革命党、立宪派各自力量聚合基础上的两党政治。

关于政党的功能，主张立党救国的秦力山指出：故吾国吾民而坐视吾国之亡则亡，苟不忍吾国之亡，则必大声疾呼，号召国之志士，联为大群，不论为士为农为工为商，苟痛心疾首以四万万之水深火热为己忧者，皆听其入会，立一中国三千年来未有之大党，其而后中国之元气，乃聚而不散，一而不纷，风霜不能侮，刀火不能侵，暴君民贼不能制，异国异族不能灭，非中国历史上一大盛事乎？[1] 罗普则提

---

① 《清议报》第78册，中华书局，1991年版，第4908—4909页。

出政党的七大功能：长国民自由之风，保社会和平之局，振国民之精神，增国民政治上之智识，养国民政治上之能力，便利民生，高尚民心。杨绪萌先生将立宪派理论家的政党功能观归纳为两点：一是以政党为指示“一国前途之福神者也”；一是以政党为“一国人最高之导师”。如是者国家之前途、国民之教化，“除政党之外，更无他术焉”。[①] 因此，政党实际上兼任着改造政府、启蒙国民、建构民主政治的历史重任。此种政党形象及其定位，已远非西方国家民主体制下的一般（议会）政党可比。循此路径而欲建构的政党本身，也不可能是西方政党的形象，更不可能指望依赖这种政党去运作起西方意义上的两党政治或者多党竞争体制。

如果说近代中国议会诉求背后指向的政治价值在于“通民情”，那么政党诉求背后的政治价值与信仰，其核心就在于“聚民力”。长久以来，结党营私和朋党政治一直是被中国传统政治思想和价值所排击的政治之恶。传统中国政治中一直缺乏一种组织的力量和技术，在中国近现代政治思想家看来，这导致中国民众长期处于一种松散自在的状态，这种状态在承平时期也不利于民众抵抗来自于政府的暴政和侵掠，而在国家和民族的生存面临危机的时候尤为危险。在政党政治的宣传和鼓吹上，近代中国思想界一直小心翼翼地将政党与朋党区分开来，在政党问题上严公私之分，极力强调政党谋“国利民福”的方面和大公无私的一面，亦即强调政党的公共属性。这一点与西方政党发生发展的政治逻辑与路径有所不同。在西方早发现代化国家，因为经济发展、社会分化而有利益之分化，因而又代表社会不同部分之权益的政党出现，不同政党聚合不同利益并演化为不同之政见，起而相互竞争，迭起执政，而现代民主政治因之以成。反观近代中国，政党诉求背后存在不同的政治目的或者说期望：既希望藉政党以团结民众、向政府以伸舒民权，有又指望以政党而谋求改造政治、教化民众，从传统政治中开出一全新的政治格局来。

---

① 杨绪盟：《移植与异化——民国初年中国政党政治研究》（修订版），人民出版社，2009年版，第53—55页。

在引西方政党思想入中国的时候，在绍述西方议会政党之时，已然隐含着后来革命和革命党的政治逻辑。正因为如此，我们看到，在对西方政党政治的评价中，近代中国思想界努力突出现代政党“公而为国”的一面，而不容其攻讦倾轧、负气好争的一面，可见其对政党政治的诉求被严格限定在对政治秩序的偏好之下。而在组党的行动策略中，早在晚清民初之时，即已出现以知识精英教化民众，将“主义”与社会基础相结合的建党主张。清末民初政党与学会之间纠缠不断的联系颇能说明此一问题。

三、国家与民主

近代中国民主思想的发生，从引入西方议会思想开始，有议会则必有政党，故而又合乎逻辑地引入西方政党思想。议会和政党思想的引入，最终必然指向国体与政体问题，以及建设一个什么样的现代国家的问题。因而近代中国早期民主思想的起源，又内在地与近代中国从“天下国家”到现代民族国家的转变过程联系在一起。

无论是从思想移植还是行动实践来说，近代中国的政体与国体之变，都比引入西方议会思想与制度、以及西方政党思想与制度要困难得多。中国从传统的国家形式——无论称之为天下国家还是文化国家，或者专制国家——不得不进到现代通行的民族国家形式，现代国家建设的议题从其开启。在其第一阶段，首先面临的核心议题就是国权与民权的关系问题。换言之，近代中国国家建设首先是从近代中国面临的外部危机开始的，由外部因素引发国家的生存危机导致国家的内部治理危机，由救亡的问题引发国家的合法性问题。这种重塑国家合法性的历史过程，以大历史眼光视之，从属于近代中国追求民主的历史主题。在近代中国民主化过程中，（君主）立宪国家成为第一阶段的国家建设目标。王尔敏先生指出了这种民主追求和立宪国家之间的关系：民主政治的讨论，由设计而及于行动阶段，则为立宪问题，也就是绅民对政府的最具体的要求。因为立宪必分别规定出人民的权利和义务，政府的职司和责任，以为上下遵循的大法，履行立宪，也就是进国家于民主政治之境了。当然就大致的时序而言，立宪问题是最晚提出的，最后成熟的却是最有实效的。

转变传统帝国而为立宪国家，其实质在于君民关系的重新构造。这种重置从传统的民本主义和重民观念出发，类比西方民主思想，敷衍而成晚清民智、民权之说。而须得注意的一个背景是民智、民权说背后往往或隐或现地存有一个扩张国权的现实目的。

昔之不使民与国事者，今必与之共治；昔之使民安于愚弱者，今必使之极其明强。务使内之权力，在在足与外人相抵。夫如是，或可侥幸与各国相持。（汪康年：《中国自强策》，《时务报论说汇录》，光绪二十二年）

横览天下，自古至今，治国者惟有君主、民主以及君民共主而已。质而言之，虽君主仍是民主。何则？政者民之事而君办之者也，非君之事而民办之者也。事既属乎民，民有性命恐不能保，则赖君以保之、民有物业恐不能护，则藉君以护之。至其法如何，性命始能保？其令如何，物业方能护？则民自知之，民自明之，而惟恐其法令之不能行也。于是乎奉一人以为主，故民主即君主也，君主亦民主也。（何启、胡礼垣，《新政论议》，光绪二十年）

国有君，无民不能成；国有君权，无民权亦不能成。国民者，国之原质；民权者，君权之根基，非有民权即无君权也。……未见无民权而君可常保。……未见有民权而君遂降黜。（李振铎：《新民丛报》，光绪二十八年）

义务者，与权利相对待而有之词也。故民有可据之权利，而后应尽之义务生焉，无权利而责民以义务者，非义务也，直奴分耳。是故若右之术，惟立宪民主之国而后可行，立宪之民，有囊橐主权，而可以监督国家之财政者也，吾国挽（晚）近言政法者，往往见外国一二政利，遂嚣嚣然欲仿而行之，而不知其立法本源之大异。（严复译孟德斯鸠《法意》）

人人皆承天地之气以为命，即人人皆有自主之权以立命。权也者，我与王侯卿相共之者也，国也者，非独王侯卿相之国，即我群士群民共有之国也。既为群士群民共有之国，则为之上者，必无私国于己、私权于国之心，而后可以绵绵延延，巩祚如磐石。下亦必无不在其位、不谋其政之心，而歧视其国为乘銮服冕者之国，然后可以同心合作，上下一心。保神明之胄于一线，捄累卵之危于泰山。(毕永年：《存华篇》，《湘报》34 号，1898 年)

从 19 世纪晚期“君主之国、民主之国、君民共主之国”的政体分判，到 20 世纪初“专制国家”与“立宪国家”的对立，中国思想界立宪诉求显得越来越明确和强烈。以《东方杂志》为例，1904 年，该杂志载文指出，“今日中国政府，又将出现一新问题，其机已动，其端已见，其潮流已隐隐然而欲涌出者，厥惟何哉？盖立宪之问题是也。”① 针对嗣后在中国国土上发生的日俄战争，《东方杂志》评论说：大哉日俄之战，岂非天意所以示其趋向，而启中国宪政之萌芽乎？彼俄之见衄于日也，乃专制之败于立宪国也。故自波罗舰队之毕熠，而立宪专制之优劣以定，是天犹未厌中国也（《东方杂志》第二年，第十期)。自日本以区区岛国，崛起东海，驱世界无敌之俄军，使之复返其故都而后，世之论者，咸以专制与立宪分两国之胜负。②

而宪政的施行，首赖宪法的制定：“宪法为邦国之本，举君国之权威，人民之义务，立法司法之权限，行政参政之机关，胥受成于宪法，宪法实国家之精神，而治平之模范也”（《东方杂志》第三年，第四期)。中国苟终不欲立宪则无庸议矣，倘果欲立宪，则必先研究中国国体之性质及国民之习惯，以为规定宪法之基，然后再参考各君主国之宪法，以资借镜（《东方杂志》第二年，第十二期)。

由此可见，相对于近代中国议会思想背后“通民情、达民隐”

---

① 《论中国立宪之要义》，原载 1904 年 6 月 18 日大公报，录自《东方杂志》第五期。
② 觉民：《论立宪与教育之关系》，《东方杂志》第二年，第十二期。

的政治考量，以及政党思想背后“合大群、聚民力”的现实目的，立宪诉求背后的政治价值与信仰则可概括为“倡民权”。当然，倡民权本身的目的在于巩固国权，而欲固国权、倡民权，其前提条件则是开民智。此即严复在甲午后所呼吁的基本主张：“不为其标，则无以救目前之溃败；不为其本，则虽治其标，而不久亦将自废。标者何？收大权、练军实，如俄国所为是已。至于其本，则亦于民智、民力、民德三者加之意而已。果使民智日开，民力日奋，民德日和，则上虽不治其标，而标将自立。……然则三者又以民智为最急也。”（严复：《原强》，《直报》1895 年）

随着晚清中国政治危机的加深，正如前文所指出的，“君主之国、民主之国、君民共主之国”的政体三分法转而为专制与立宪的二分法所代替，朝野上下立宪的呼声越来越高。此前“犹抱琵琶半遮面”的“君民共主”的温和主张，正在逐渐为摒弃专制、再造国家的立宪设计所取代。而在立宪设计中，君主显然并不是重点，换言之君主立宪的重点在立宪，在民权与国权的互动与共振。于是，在立宪派那里，思虑的重点并不是如何维持君主之表面的或者实质的权力与地位之不坠，而在唤起国人所应有的自主之权。可以说，在晚清君主立宪的设计中，君主是被忽略的一方，而民智、民德与民权才是重点。这就为看似两极相对的革命派和立宪派的沟通提供了思想条件：在革命派那里，多做的一步不过是去掉了那个并不受重视也不应该存在的君主之虚号而已。这也可以理解在辛亥革命前后，立宪派向革命阵营的转化何以如此迅速且普遍。

从这一点来说，立宪知识分子、甚至包括保皇派从学理上对专制政治进行了与他们所获得的历史评价似乎并不完全相称的理论清算，其学理性分析和论证之有力与系统，甚至超出同时代的革命派行动者。他们曾经是时代思潮解放之巨子，然而从立宪诉求的操作策略来说，确又是行动的跛子。真正形式上较为完全的共和国家和立宪政治，主要是通过革命派的努力来造成的。这是历史的事实。

通民情、聚民力、倡民权，近代中国第一波民主思想运动从绍述西方诸国政治制度、风俗与习惯开始，向同时代的中国人敞开了一个新的世界和一批新的国家形象。从沟通君臣上下的议会诉求开始，过渡到对起初作为被统治对象的“民”的组织（政党）的关注，最终及于对传统帝国政治体制的根本性变革（立宪）。从一种异质的文化中移植而来，从一种好奇的转述、从一种观念形式，到最终成为改变近代中国政治面貌和格局的现实运动，第一波民主思潮基本上走完了它的轮回。

四、早期民主思想的特点及其评价

中国早期民主思想带有它自身的时代特征，在近现代中国民主思想发展中具有它自身的历史地位：

第一，具有分散性和不成熟性。民主作为一种异质的政治价值和政治理论，与中国传统政治文化格格不入。从其在近代中国的发生和起源来讲，早期民主思想首先不是作为一种完整的现代政治理论被引进的，而是附着于制度、现象和事件进入中国，并逐渐放大的。或者说，民主思想的因素是断断续续（非连续性）、点点滴滴（非系统性），甚至是不自觉地（非目的性）被引入中国的。这直接造成早期民主思想内多矛盾、不够成熟的特征。其最明显的一个表现是，无论是与同时代的西方民主理论还是与现代中国民主思潮相比，早期民主思想都显得凌乱无章，它不能称之为一种民主理论，更难以形成一种方向同一、聚合全社会的有力的政治民主化运动。

第二，借用中国传统思想资源。无论是作为一种思维惯性，还是作为一种引发新思想的策略，中国早期民主思想都借用了中国传统文化资源和思想资源来阐发民主思想和诉求。以议院制为例，为了证明在中国设议院的合法性，光绪二十三年梁启超作《古议院考》：问子言西政，必推本于古，以求其从同之迹，敢问议院，于古有征乎？曰：法先王者法其意。议院之名，古虽无之，若其意则在昔哲王，所恃以均天下也。其在《易》曰：上下交泰，上下不交否。其在《书》曰：询谋佥同。又曰：谋及卿士，谋及庶人。其在《周官》曰：询事之朝，小司寇掌其政，以致万人而询焉。一曰询国危，二曰询国迁，三曰询立君，以众辅志而蔽谋。其在《记》曰：与国人交，止于信。又曰：民之所好好之，民之所恶恶之，此之谓民父母。好民之所恶，恶民之所好，是谓拂民之性，灾必逮其身。其在《孟子》曰：国人皆曰贤，然后察之；国人皆曰不可，然后察之；国人皆曰可杀，然后杀之。《洪范》之卿士，《孟子》之诸大夫，上议院也；《洪范》之庶人，《孟子》之国人，下议院也。苟不由此。何以能询？故虽无议院之名，而有其实也。这种现代意义上的托古改制策略，一方面固然有助于新的民主思想、制度、观念的传播，另一方面却有意无意地扭曲了与中国政治思想传统本来异质的西方民主思想本身。在古今中西的对接上，中国早期民主观念的移植缺乏作为一个新观念系统的成长所应有的完整的、从容的、理性的和系统的批判、分析、辩难、共识的自然历史过程。作为其后果，一方面减少了新思想、新价值对传统中国政治及文化（相对于现代世界政治）之弊的冲击力，错失了全面、理性反思中国传统政治及思想之优点与不足的历史机会，着眼于行动和实践（立宪、革命）的宣传、传播策略损害了思想、价值成长本身。

第三，中国早期民主思想已经包含由调和而转激进（或者说由调适而转超越）的内在倾向。闾小波先生在《近代中国民主观念之生成与流变》一书中认为，20 世纪初和民初分别出现了浪漫与审慎、超越与调适的民主观念分岔发展。但这种观念分岔其实早已隐含在早期民主思想发生的过程中，只是隐而未彰。如果说，中国早期民主思想从西方议会制度与思想的传播起步，那么在相当长一段时间内，议会思想的鼓吹者都是传统君主制度的热忱的维护者和忠实的修正者，此一时期，政治调适的倾向较为明显。政党思想之引入近代中国，较议会思想稍晚，而且明显具有知识精英行动策略的特征，表明此一时期民主思想在近代中国的成长已经进入一个呼唤行动的时代。“立党救亡”思潮的兴起和对“强大政党”的期许，足证正是在君主立宪主张风起云涌的历史关口，已经悄然出现了一种以“中心政党”为特征的政治发展模式和民主建构模式的伏流。在晚清政党政治思潮中，兼有调和与超越的双重特征，君宪党人与革命党人的并存，是为其表现之一。更进一步，当对国体问题的讨论进入近代中国民主思想的核心范畴时，君主体制的合法性已经饱受质疑，超越性思维已经压倒调适性思维而成为舆论与知识世界的主流了。

不可否认的是，中国早期民主思想推进了近代中国政治发展的历史进程。尽管在思想运动和现实行动之间不能划等号，但民主思想和基于民主思想的政治行动之间存在着不能抹杀的内在关联。近代中国民主思想发展的历程，正是近代中国从传统政治知识体系向现代政治知识体系转化的历程，因此评估中国早期民主思想的现实效用，就有必要将其放在这种新旧知识体系转换的整体进程中来看。早期民主思想的特征与倾向、策略与选择，都深刻影响到嗣后中国民主成长的现实进程。现代中国民主发展起源于思想世界的移植，而现代中国民主作为一种实践则发端于对传统政治与文化制度的反动。对传统政治规则和文化制度的质疑，肇始于在中西交往中新的时空观、历史观和世界观的形成。在这种新的世界视野和国际关系格局下，从一种直观的功利主义的思路出发，传统政治制度和规则在与其同时代的西方竞争者的角力中力有未逮。于是起初则完善之（以人之所有补我之所无），继则变革之（以人之所习变我之所安），终则毁弃之（以人之所美攻我之尝美）。

民主思想在近代中国的引入，尤需放在这种时空转换的背景中去理解：故而民主思想之在中国，起初则表现为“民主的事物与现象”之绍述，诸如对西方诸国的选举、议会与政党之介绍，以示中西政治之有所不同；其次则表现为对民主之原则、义理与制度的阐发，亦即对民主之事物、现象所以如此和所当如此的说明，其背后实在于述说中国政治变革之需求；最后推原民主之在西方能大行其道且大验其效，而在中国则颠沛坎坷前景黯淡，于是民主的本质、条件（社会条件、文化条件）、出路则已在民主思想范畴之中矣。

民主之于中国传统政治，事实上本属一异域文明的事物，而今又被建构为一新时代的事物，因此民主很难与传统中国政治之间实现共存。维新学派曾经试图引入西方民主中的某些要素来改善中国传统政治之不足，但这种思路一方面导致对民主本身的阉割，最终致使民主的政治效应无法发挥；另一方面导致传统政治打开了一道罅隙，无法修复也无法回头，更无法借力民主而实现传统国家的治理。于是政治的无能与无法克服的弊端被归结为传统专制，一切向往的优点和理想的政治俱被归结为现代民主——一种新的政治形式。民主与现代性在知识世界中的结合，直接抽掉了传统政治存在的价值基础，一项道理渐渐明朗起来：现代民主需要一个“新的现代国家”，而不是一个传统的专制国家（政治体系）。

中国早期民主思想本身无法结出行动的果实，但我们并不能由此否认其为近现代中国谋求民主化变革的先声，更不能肆意截断其与嗣后中国若干次民主化浪潮之间的或多或少、或明或暗的逻辑联系。进入20世纪后，中国政治领域中民主化的呼声日高，民主既成为反对传统国家的一项现实理由和价值依据，那么建立新国家并实现民主与国家之间的成功结合就成为理所当然的时代任务和主题。这种理想中的新国家务必反对传统（专制）国家：传统政治以君主为尊，新国家则务求平抑一切特权者；传统国家以臣民为卑，新国家则务以人民为尊；传统专制政治不通上下之情，新国家则务以荡平等级、划一政治和官民交通为理想政治原则。于是先有民国之创立，后有人民共和国之肇立。民国和人民共和国，在毛泽东的论述中体现为一种前后相续的民主原则的继承和发展。[①] 在这里，我们一

① 毛泽东在1949年《论人民民主专政》中指出：一九二四年，孙中山亲自领导的有共产党人参加的国民党第一次全国代表大会，通过了一个著名的宣言。这个宣言上说：“近世各国所谓民权制度，往往为资产阶级所专有，适成为压迫平民之工具。若国民党之民权主义，则为一般平民所共有，非少数人所得而私也。”除了谁领导谁这一个问题以外，当作一般的政治纲领来说，这里所说的民权主义，是和我们所说的人民民主主义或新民主主义相符合的。只许为一般平民所共有、不许为资产阶级所私有的国家制度，如果加上工人阶级的领导，就是人民民主专政的国家制度了。参见《毛泽东选集》第四卷，人民出版社，1991年版，第1477—1478页。

再听到早期民主思想中的某些回声，如果我们不至否定早期民主思想有功于中华民国之缔造的话，我们也不至认定其与新中国之缔造毫无思想上之联系。

第三章　早期共产党人的民主思想

近代中西遭遇、军事失据引发中国传统政制安排、价值观念的全盘性危机。作为强大、进步的代表，民主挟西方胜利之雄威降临中国大地，引起了一场中国与西方、现代与传统的全方位论战，并由此形成了早期共产党人的民主思想。在陈独秀、李大钊等早期共产党人的著述中，我们可以看出早期共产党人民主思想的论述侧重的变化，也能够分析出他们对于西方理论与中国传统的态度与立场，同时，在马克思主义民主观的理论论战中，也形成了后来中国革命所倚重的各种观念。早期共产党人的民主思想是当前中国式民主的重要内容。

一、早期共产党人的民主思想传播

近代中国对民主思想的探索，是在民族危机日益加深、民族矛盾日趋激烈的时代背景下进行的。“五四”以前，民主作为实现现代化的价值理念，被认为是实现“救亡图存”的手段，也是求得国家富强、民族独立的工具。十月革命后，民主的思想在中国得到了新的解读，并通过陈独秀、李大钊等早期共产党人的宣传而得到广泛的传播。通过透视早期共产党人民主思想的演变，可以发现民主思想在中国的运行逻辑。

（一）民主的内涵：从制度到价值的转变

辛亥革命后，封建专制文化并没有得到彻底的清除，以康有为为代表的孔教会在思想领域兴起“尊孔复古”的潮流。总结中国在西方列强逼迫下“觉悟”的历史，借鉴西方的成功经验，陈独秀、李大钊等人掀起了新文化运动的潮流，高举“科学”与“民主”的大旗，开始传播西方的民主思想。早期共产党人从一开始就从多种不同的角度诠释了民主的意义。

“五四”以前对民主的理解，多数是集中在政治领域，民主作为一种政府形式，是指能够让多数人参与国家的管理。当时，还有不少人热心于讨论在中国实行民主政治的具体主张和方案，主要议题有：制定刚性宪法还是柔性宪法，实行总统制还是内阁制，实行联邦制还是单一制，采取中央集权主义还是地方分权主义，国会制宪还是国民制宪，先制省宪法还是先制国家宪法，人民只有选举权还是应有选举、罢免、创制、复决等权，如此等等。李大钊曾对民主有着强烈的追求与向往，他认为，民主是一种政治制度，“在这样的国家，政治体由民众的全体构成，不由民众的一部，治者兼为民众的属隶。”① 但在，民国始创，袁世凯复辟帝制，宪法成了一纸空文，内阁和议会成为专制的工具，人们开始意识到，民主不仅仅表现为一种政府形式。

随着由重政治到重社会的转变，民主的内涵也发生了变化。从1915年创办《新青年》到1920年转向共产主义之前，陈独秀的民主思想主要表现在个人的权利方面。陈独秀在《新青年》创刊号上发表的《敬告青年》指出：“国人而欲脱蒙昧时代，羞为浅化之民也，则急起直追，当以科学与人权并重。”② 此时的陈独秀在解释民

① 陈独秀：《吾人最后之觉悟》，引自中国社会科学院近代史研究所：《五四运动文选》，生活·读书·新知三联书店，1959年版，第591页。

② 《陈独秀著作选编》第1卷，上海人民出版社，2009年版，第162页。

主的时候很少直接提及民主，而是代用了“人权”。那么，人权指哪些内容呢？陈独秀认为：“思想言论之自由，谋个性之发展也。法律之前，个人平等也。个人之自由权利，载诸宪章，国法不得而剥夺之，所谓人权是也。”① 人权是每个人应有的法律所保障的自由平等权利，也是民主的价值。平等与自由是民主的核心，作为社会的个体，自由与人不可分割。即使在国家层面上，也必须以人民的利益为首位，保障人民的权利。“国家利益，社会利益，名与个人主义相冲突，是以巩固个人利益为本因也。”② “人民何故必建设国家，其目的在保障权利，共谋幸福，斯为成立国家之精神。……爱国者何？爱其为保障吾人权利谋益吾人幸福之团体也。”③ “民主国家，真国家也，国民之公产也。以人民为主人，以执政为公仆者也。民奴国家，伪国家也，执政之私产也，以执政为主人，以国民为奴隶者也。真国家者，牺牲个人一部分之权利，以保全体国民之权利也。伪国家者，牺牲全体国民之权利，以奉一人也。”④ 在提倡自由、平等的同时，陈独秀还主张科学。“近代欧洲之所以优越他族者，科学之兴，其功不在人权说下，若舟车之有两轮。”⑤ 这里的“科学”，不仅仅是学习西方的自然科学技术，更主要的是提倡反对封建迷信，尊重客观事实，注重用科学的方法去处理社会问题，用科学代替宗教，破除对传统的迷信，只有这样，才能实现人的个性解放和国家的富强与独立。民主除了被赋予“自由”、“平等”、“科学”等价值外，还被作为一种人生哲学。这种人生哲学被称为“平民主义”。李大钊认为：“‘平民主义’是一种气质，是一种精神的风习，是一种生活的大观；不仅是一个具体的政治制度，实在是一个抽象的人生哲学；不仅是一个纯粹的理解的产物，实在是濡染了很深的感情、

---

① 《陈独秀著作选编》第1卷，上海人民出版社，2009年版，第194页。
② 《陈独秀著作选编》第1卷，上海人民出版社，2009年版，第194页。
③ 《陈独秀著作选编》第1卷，上海人民出版社，2009年版，第146—147页。
④ 《陈独秀著作选编》第1卷，上海人民出版社，2009年版，第173页。
⑤ 《陈独秀著作选编》第1卷，上海人民出版社，2009年版，第162页。

冲动、欲求的光泽。”[①] 可见，新文化运动的倡导者所提出的民主，在内涵上主要体现民主的价值，从人的自由权利，深入到人们的价值观念、人生态度以及思想意识当中，人的精神领域生活中也充满了“科学”与“民主”的色彩，与作为建制的民主相比，此时更关注民主运作的社会条件和文化条件。

（二）民主的特征：阶级性

1919 年巴黎和会的失败彻底粉碎了中国人对西方民主的理念追求。俄国十月革命带来了福音，马克思主义是在批判西方资产阶级腐朽模式的基础上，进一步追求实践性。陈独秀等早期马克思主义者日益重视无产阶级的力量，他积极地参与到社会主义的讨论中，并在 1920 年 9 月发表了《谈政治》一文，标志着陈独秀向马克思主义的转向。陈独秀接受马克思主义后，意识到民主的阶级性，批判了披着“democratic”的资产阶级民主，论证劳动阶级必须运用革命的手段夺取政权，建立无产阶级国家。“有许多人喜欢拿国民的名义来号召，实在是自欺欺人，无论是国会也好，国民大会也好，俄罗斯的苏维埃也好，都只是一阶级一党派底势力集中，不是国民总意底表现；因为一国民间各阶级各党派的利害、希望各不相同，他们的总意不但没有方法表现，而且并没有实际的存在。”[②] “若是妄想民主政治才合乎全民意，才真是平等自由，那便大错而特错。资本和劳动两阶级未消灭以前，他两阶级底情感利害全然不同，从哪里去找全民意?”[③] 无论各国的国会、国民大会还是苏维埃政权，都是各阶级意志的表现。十月革命后，受马克思主义的影响，陈独秀在思想上倾向于无产阶级民主，他认为，要想实现真正的民主，必须开展阶级斗争，建立无产阶级的国家政权。“若不经过阶级战争，若

---

① 《李大钊文集》下册，人民出版社，1984 年版，第 569 页。
② 《陈独秀著作选编》第 2 卷，上海人民出版社，2009 年版，第 258 页。
③ 《陈独秀著作选编》第 2 卷，上海人民出版社，2009 年版，第 312—313 页。

不经过劳动阶级占领权力阶级地位底时代，德漠克拉西必然永远是资产阶级底专有物，也就是资产阶级永远把持政权抵制劳动阶级底利器……我承认用革命的手段建设劳动阶级（即生产阶级）的国家，创造那禁止对内对外一切掠夺的政治、法律，为现代社会第一需要。”① 同时，蔡和森、毛泽东等早期共产党人也阐述了以阶级斗争作为政治改革的手段的思想。

李大钊也指出，无产阶级专政只是建立更真实、更广泛的民主。在他看来，民主的演进是具有层级结构的，并且是循序渐进的。近代以来从中产阶级的平民政治到无产阶级专政的平民政治，再到纯正的平民主义，乃是民主由低级向高级发展的不同“层级”。他指出，平民主义的本意是“人民的统治”，但通常所说的平民主义乃是中产阶级的平民政治，有狭窄、虚伪的一面，半数的妇女被排出人民以外。现在正是处在由中产阶级的平民政治到无产阶级的平民政治的发展途中。他强调，民主的理想境界不是在推翻中产阶级统治后可以立即实现的，而是有一个过程。在“过渡时代”，即“无产阶级专政的时期”实行的是受到很大限制的民主，“在此时期，以无产阶级的权力代替中产阶级的权力，以劳工阶级的统治代替中产阶级的少数统治。这一时期的工人政治，实有‘统治’的意味，并且很严，以严重的态度实行统治别的阶级。”这只是手段，不是目的。应争取经过无产阶级专政达到“纯正的平民政治”②，对事物的管理，代替了人身的统治，随着阶级的灭亡，统治与服从的关系也随之灭亡。

（三）民主的动力：地方基层自治

通过对以往民主运动的反思，早期共产党人认识到，中国的民众习惯于唯令是从，以往的民主运动都是自上而下发起的，即使是

---

① 《陈独秀著作选编》第2卷，上海人民出版社，2009年版，第256—257页。

② 《李大钊文集》下册，人民出版社，1984年版，第570页。

在国家情况危殆时，一般民众也采取隔岸观火的中立态度。他们批判了个人的专制统治，批判了政党政治，把目光转向下层平民的身上，主张国民自治运动。

陈独秀主张学习英美国家依靠地方自治的成功经验，他在《实行民治的基础》一文中提出了依靠民众建设民主的具体方案。他认为，英美的民主政治不是由中央政府颁布一部宪法就能建成的，而是由全体人民从一小部分开始，慢慢地积累，从而创造出来的，这种英美的民主政治是从乡治、镇邑和县等基层的自治发展而来的。"美国的联邦是由那些有独立自治能力的小村合并起来的，历史上的进化是由一村一村联合起来的。美国的百姓是为找自由而来的，所以他们当初只要自治而不要国家。后来因有国家的需要，所以才组成联邦。"① 他认为，因此，中国实行民主也应该以民治做基础，通过小范围内人民的联合，一部分一部分地创造这种基础，这种联合的形式，包括地方自治和同业联合两种组织，地方自治包括乡村和城市，乡村的自治从村庄开始，城市的地方自治从街道开始。而同业联合是以地区内的不同职业为划分标准。

李大钊和陈独秀一样，认为民主政治不是政府主导的，而要依靠民众自我组织和自我解放的力量。他批评判英雄主义、贤人主导政治的陈旧观念，指出："盖唯民主义乃立宪之本，英雄主义乃专制之原。而立宪之所以畔夫专制者，一则置重众庶，一则侧重一人；一则使知自重其秉彝，一则多方束制其界性；一则与以自见其我于政治之机，一则绝其自见其我于政治之路。"② 自由与专制是不能同时共存的，李大钊要求民众认识到自己的主体意识，发挥自身的主观能动性，以"再造之我适于再造中国之新体制"③。

早期共产党人认识到，民主的实质是政治参与的扩大，他们主张民主需要广大民众的参与，强调民众自身在历史发展过程中的重

① 《陈独秀著作选编》第2卷，上海人民出版社，2009年版，第121页。
② 《李大钊文集》上册，三联书店，1984年版，第168页。
③ 《李大钊文集》上册，三联书店，1984年版，第175页。

要作用，民主仅仅依靠自上而下的力量，是难以发动的，只有依靠自下而上的群众力量才能得到广泛的传播。

应当承认，早期共产党人在民主思想的传播中是具有进步意义的。尽管今天中国人民的民主意识与陈独秀、李大钊等人所处的时代相比，已经不可同日而语，但他们主张的思想对我们今天的社会主义建设仍然有重要的借鉴意义。自由、平等仍然是民主的核心，民主的制度化建设是未来政治改革的重要议题，民众对民主的价值依然具有强烈的追求，推动民主化的进程的基础仍然需要依靠民众的力量，广泛地发动民众的政治参与，拓宽民众政治参与的渠道，听取更多民意的表达，政府要承担更多的民生关怀的责任，民主化的建设是一个任重而道远的系统性工程。

二、呼应西方：早期共产党人民主的西方回应

从早期共产党人对民主思想的传播中，可以发现，民主思想在五四运动中发生了重大的变化，即由主张资产阶级民主转变成主张无产阶级民主，这样的转变是当时国内国际条件下的必然结果。

20世纪初，西方开始了政治民主化的浪潮，民主成为当时的潮流。瑞士、英国的海外领地，法国、大不列颠和几个较小的欧洲国家在跨入20世纪之前就已经开始向民主国家过渡。它们在政治上建立新的制度取代君主专制制度，实行选举制度，并逐步扩大选举的范围，确立了首相和内阁对议会负责的政治制度。政治生活的变革也带来了公民权利的扩大。西方的民主制度深深地扎根于个人自由、公民权利、市民社会、法治政府等政治价值之上。人作为世界上最高级的生物，拥有维护自身尊严的权利，这种权利是从人一出生就已经拥有的，是上天赋予的，是基于人的自然属性而应当享有的权利。每个公民都拥有生命权、财产自由权、人身安全权以及思想、信仰、言论、出版、集会等自由的权利。为了更好地保障公民权利，

必须在国家权力和市民社会中设置边界，政府必须尊重人的尊严。人民有接受或者拒绝统治他们的人的自由，人民通过选举表达自己的政治偏好。如果政府官员侵犯了公民的个人权利，法官也有权审判他。政府存在的合法性，就是为了能够更好地保护公民的权利。

西方民主思想的传播，开始了中国民主理论的早期实践。中国人需要经过进一步的理论启蒙和实践，在实践中培养民众的民主意识，推动中国民主建设。早期的留学生把赴西方留学当做是学习西方文明的途径，他们希望通过学习西方文明能够将西方的理论适用于中国，并取得事半功倍的效果。早期共产党人，像陈独秀、李大钊等都曾有过留学经历。他们通过留学，对西方近代思想文化更加熟悉，与西方文化界的交流也使得他们能够更方便地掌握新思想、新文化的发展情况。以陈独秀、李大钊等人为代表的先进知识分子，在新文化运动中以《新青年》为阵地，明确提出“提倡民主与科学，反对专制和愚昧、迷信；提倡新道德，反对旧道德；提倡新文学，反对旧文学”，把斗争的锋芒直接指向维护封建制度的传统文化，动摇了封建专制统治思想的地位，人们的观念得到了新的洗礼，中国知识分子的思想在运动中得到了民主与科学的解放，民主与科学的思想得到了初步的弘扬。

早期的共产党人都曾经是热忱的资产阶级民主主义战士，他们接受西方民主思想，笃信只有向西方学习，实行民主制度和建立资产阶级民主共和国才能拯救中华民族。然而，在历次的效仿中，他们得到的一次又一次沉痛的失败教训，无论是君主立宪制还是民主共和制，在中国根本就行不通，西方的民主制度并不能有效地解决中国的现实问题。西方民主的理论和政治制度有若干历史前提，如16世纪以来的欧洲宗教改革是关键的一环，宗教改革无意中为后来的西方民主政治创造了前提条件。民主不仅仅是一套在理论上任何国家都可以通过最低限度的宪政建构来加以模仿的制度安排，例如制度化的选举等；作为一整套生活方式，民主深深地铭刻在西方的文化、社会和经济之中。而在中国，民主理论最初基本上是西方舶来品，通过当时海归宣传和阐述，将西方的文化传入中国，获得了知识分子的认可，一时鼓舞了人民为民主而斗争的士气，但对于千百年来没有民主传统的中国来说，仅通过对美国社会的图景式的描述和对民主概念式的向往是远远不够的。

五四运动前后，帝国主义在巴黎和会上露出了丑陋的嘴脸，中国外交的失败使中国的先进分子进一步认识到帝国主义的强盗本质，打破了在中国推行欧美制度的幻想。在苦苦探索中国未来道路的历史关头，俄国的十月革命为中国的民主革命带来了希望的曙光，帮助中国的知识分子开始用无产阶级的世界观和方法论重新考虑中国的现实问题。俄国的十月革命对中国的影响是巨大的，它给那些彷徨中的人带来了新的希望，也为后来中国共产党的产生提供了条件。中国的知识分子根据俄国十月革命的经验，认识到社会主义的思想已经成为不可逆的潮流，走十月革命的道路，宣传、学习马克思列宁主义，建立无产阶级政权，成为许多先进知识分子的共同目标，大批的知识分子转向成为马克思主义者。作为曾经幻想过要在中国建立资产阶级民主共和国的民主主义者，李大钊受到十月革命的极大鼓舞，奠定了走十月革命道路的决心。1918 年，李大钊先后发表了《法俄革命之比较观》、《庶民的胜利》、《布尔什维主义的胜利》等文章，对资本主义强暴横向进行了批判，“民主主义战胜，就是庶民的胜利。社会的结果，是资本主义失败，劳工主义战胜。原来这回战争的真因，乃在资本主义的发展。国家的界限以内，不能涵容他的生产力，所以资本家的政府想靠着大战，把国家界限打破，拿自己的国家做中心，建一世界的大帝国，成一个经济组织，为自己国内资本家一阶级谋利益。俄、德等国的劳工社会，首先看破他们的野心，不惜在大战的时候，起了社会革命，防遏这资本家政府的战争。联合国的劳工社会，也都要求平和，渐有和他们的异国的同胞取同一行动的趋势。这亘古未有的大战，就是这样告终。这新纪元的世界改造，就是这样开始。资本主义就是这样失败，劳工主义就是这样战胜。世间资本家占最少数，从事劳工的人占最多数。因为资本家的资产，不是靠着家族制度的继袭，就是靠着资本主义经济组织的垄断，才能据有。”[①] 同时，他还组织成立了马克思主义研究会，他强烈地拥护十月革命，积极地宣传马克思主义，他对马克思主义关于剩余价值学说、阶级斗争学说和历史唯物主义等都做了比较深入的研究和探索。他以革命的精神，与当时的反动派做了坚决的斗争，号召中国的工人要联合起来，适应世界的新潮流，“我们对于这等世界的新潮流，应该有几个觉悟：第一，须知一个新生命的诞生，必经一番苦痛，必冒许多危险。有了母亲诞孕的劳苦痛楚，才能有儿子的生命。这新纪元的创造，也是一样的艰难。这等艰难，是进化途中所必须经过的，不要恐怕，不要逃避的。第二，须知这种潮流，是只能迎，不可拒的。我们应该准备怎么能适应这个潮流，不可抵抗这个潮流。人类的历史，是共同心理表现的记录。一个人心的变动，是全世界人心变动的征兆。一个事件的发生，是世界风云发生的先兆。一七八九年的法国革命，是十九世纪中各国革命的先声。一九一七年的俄国革命，是二十世纪中世界革命的先声……须知今后的世界，变成劳工的世界。我们应该用此潮流为使一切人人变成工人的机会，不该用此潮流为使一切人人变成强盗的机会。凡是不做工吃干饭的人，都是强盗。强盗和强盗夺不正的资产，也是一种强盗，没有什么差异。”[②] 李大钊对工人阶级的教育，大大地加深了马克思主义在中国的影响。

三、批判传统：早期共产党人民主的中国映照

在民主思想的传播过程中，陈独秀、李大钊等人不仅学习西方的民主理念，同时对中国传统文化与民主的关系作了深入的思考，以自由、民主等为武器，批判了传统文化中的糟粕部分，从而开启

① 李大钊：《庶民的胜利》，《新青年》第5卷第5号，1918年。
② 李大钊：《庶民的胜利》，《新青年》第5卷第5号，1918年。

了传统文化被动转型的局面，这也是早期共产党人关于民主的中国映照。

（一）批判旧伦理、旧道德

旧伦理、旧道德是传统文化糟粕部分的集中表现，是阻碍社会进步的绊脚石。陈独秀、李大钊等人号召国人要打破旧伦理的束缚，建立自由、平等、人权为核心的新伦理、新道德。在陈独秀看来，中国的封建伦理思想强调尊卑、贵贱、等级，而以儒家思想中推崇的三纲五常的危害性最大，这种危害不仅表现在国民作为个体的人格缺陷，更成为封建统治者维护统治的合法性资源。“儒家三纲之说，为一切道德政治之大源：君为臣纲，则民于君为附属品，而无独立自主之人格矣；父为子纲，则子于父为附属品，而无独立自主之人格矣；夫为妻纲，则妻于夫为附属品，而无独立自主之人格矣。率天下之男女，为臣，为子，为妻，而不见有一独立自主之人者，三纲之说为之也。”① 传统的伦理道德只不过是使独立的个体成为外在的附属品而已。他指出：“伦理思想，影响于政治，各国皆然，吾华尤甚。儒者三纲之说，为吾伦理政治之大源，共贯同条，莫可偏废。三纲之本义，阶级制度是也。所谓名教，所谓礼教，皆以拥护此别尊卑明贵贱制度者也。”② 他认为，这种伦理思想是为了维护封建统治者的等级专制，千百年来，正是这种等级思想为封建专制提供了合法性基础。从袁世凯复辟的教训中，陈独秀认识到，封建伦理能够在中国维系几千年的统治而不动摇根基，儒家思想发挥了重要的作用，儒家思想就是维护封建统治阶级统治的工具。李大钊也指出，封建专制制度造成了中国的落后，而对儒家文化的迷信与盲从又维护了专制制度。在《民彝与政治》中，李大钊大胆地否定了儒家学说中的传统权威，他认为儒家思想束缚了人的个性发展，使

① 《陈独秀著作选编》第1卷，上海人民出版社，2009年版，第199页。
② 《陈独秀著作选编》第2卷，上海人民出版社，2009年版，第204页。

人丧失了自由思想和独立人格，只会成为依附于他人的统治工具，一定程度上，这也是社会进步的阻力。

尽管他们都在批判传统的伦理道德，但他们并不是全盘否定传统的思想文化。李大钊认为，每个时代都会有其主流的文化，孔子的思想也是带有时代烙印的，社会不同，道德也是不一样的。李大钊认为，孔子生活在封建专制的时代，他的思想也是那个时代的表现，必然会以儒家思想为当时的政治制度而著书立说。但随着时代的变迁，原有的一套伦理体系已经不再适合社会的发展，固守传统只能导致落后。在反对传统的伦理道德的同时，陈独秀、李大钊等人都主张实行自由、平等、民主的新伦理、新道德。

（二）批判旧文学

1917年，胡适在《新青年》上发表了《文学改良刍议》，反对旧文学，提倡白话文。后来，陈独秀撰写《文学革命论》一文，批判旧文学，主张文学革命。陈独秀认为，中国的新出路，不仅仅在于政治的革命，还必须进行文学革命，原因在于，此前政治革命的失败，一个很重要的因素是人们在文学艺术上的守旧。他针砭了旧文学的弊病，批判无病呻吟、为统治阶级服务的旧文学，“八家七子以来，为文者皆尚主观的无病而呻，能知客观的刻画人情者，盖少，况夫善写者乎?”① 他指出，旧文学最大的缺陷在于不接地气，脱离了群众的生活，不切实际。“现在的所谓国语文中，只能用作洋八股——宣传论说、骗钱小说等的工具，不能够用做文学的工具。有力量的文学，必须有很敏锐的直接刺激读者感官的本领。”对于那些自命为文学家的人，他指出：“他们的作品中找不出一点大众语言，大众生活，只是乱叫几个革命名词，或一些我我卿卿的肉麻语，这是什么文学！又是什么大众文学！不过是洋八股罢了！”真正大众的文学，应该“以日常生活为主要成分”，他号召从事文学工作的人

① 《陈独秀著作选编》第1卷，上海人民出版社，2009年版，第304页。

们，应该具备文学的真本领，“应该拿起笔来，用中国社会的实际语言，写中国社会的实际生活”，这样的文学家“才算是文学家，才算是革命文学家，才算是大众文学家”。[①] 陈独秀高举起文学革命的三面大旗：推倒雕琢的阿谀的贵族文学，建设平易的抒情的国民文学；推倒陈腐的铺张的古典文学，建设新鲜的立诚的写实文学；推倒迂晦的艰涩的山林文学，建设明了的通俗的社会文学。

李大钊也指出，文学革命，不仅仅是停留在改革文学的语言形式，用白话文代替文言文，而更要强调文学作品实质性内容的根本性变革。他进一步指出：“刚是介绍点新学说、新事实，叙述点新人物、罗列点新名辞，也算不得新文学”，“我们所要求的新文学是为社会写实的文学，不是个人造名的文学；是以博爱心为基础的文学，不是以好名心为基础的文学；是为文学而创作的文学，不是为文学本身以外的什么东西而创作的文学。”[②] 李大钊在接受马克思主义之后，强调作为意识形态之一的文学不应该是局限于个人狭隘的写作中，更多地应该反映社会现实，要能够反映时代的呼声，要用通俗易懂的文字，让更多生活在底层的人也能理解。

（三）批判旧教育

什么是教育？关于教育理论的问题，很多教育家在长期的探索中做了努力，但在20世纪初，中国的教育还比较落后。早期共产党人的主要贡献在于用马克思主义的观点对教育的本质做出了回答，进一步发展了马克思主义关于教育的基本观点。

1915年，陈独秀在《新青年》上发表《今日之教育方针》，系统地论述了他的教育思想。“盖教育有广狭二义：自狭义言之，乃学校师弟之所授受；自广义言之，凡伟人大哲之所遗传，书籍报章之

---

① 《陈独秀著作选编》第1卷，上海人民出版社，2009年版，第291页。
② 《李大钊文集》下册，生活·读书·新知三联书店，1984年版，第164页。

所论列，家庭之所教导，交游娱乐之所观感，皆教育也。”[①] 他认为，教育分为两个层面，狭义的教育指的是在学校接受的专业教育，而广义的教育是指影响人们日常生活的报刊、家庭教育，甚至游玩所带来的观感，都是一种教育。然而，他对当时的教育体制表示了极大的堪忧，利用政治干预教育，起用意志薄弱的人主持教育，即使学校能够遍布中国，教育经费增至数万亿元，接受这样的教育的青年会没有进取之心，这样的教育也是没有希望的。反思中国的教育现状，陈独秀指出，“我们中国，模仿西洋创办学校，已经数十年，而成效毫无。学校处数固属过少，不能普及；就是已成的学校，所教的非是中国腐旧的经史文学，就是死读几本外国文和理科教科书，也是去近代西洋教育真相真精神尚远。此等教育，有不如无，因为教的人和受教的人，都不懂得教育是什么，不过把学校毕业当作出身地步，这和从前科举有什么区别呢？。”[②] 近代中国在效仿西方教育制度中，并没有真正把握好教育的精神，针对这种现象，陈独秀认为，中国的教育必须向西方学习，归根到底，就是要把西方的科学与民主真正地融入到中国的教育中。

李大钊曾积极主张教育救国，他把教育看做是救国存亡的根本。他认为，要普及国民教育，必须对我国的封建奴化教育和资本主义国家的宗教教育进行批判。针对袁世凯企图恢复封建教育的做法，李大钊在《新青年》上发表文章，猛烈地抨击了尊孔的主张。教育的主张应该随着社会的变化而变化，一代圣贤的格言，并不总是适合每个不同时代的发展的。他主张对劳动阶级进行阶级意识的教育是最为重要，他们是社会中遭受资本家压迫的人，拿着低廉的工资，干着辛苦的工作，要鼓励他们为争取自由、平等和民主而努力。同时，关于教育内容的改革，他主张要充分调动学生的兴趣，发展各种形式的教育活动。他强调教育要与工农实践结合在一起，在学习理论知识后，要尽量学以致用，应当积极地参与到社会生活的实践

① 戚谢美、邵祖德：《陈独秀教育论著选》，人民教育出版社，1995年版，第30页。
② 戚谢美、邵祖德：《陈独秀教育论著选》，人民教育出版社，1995年版，第30页。

中，理论联系实际，用行动改造世界。

（四）批判宗教迷信

作为早期接受马克思主义的人，早期共产党人在吸收西方自然科学、社会科学的理性精神后，运用唯物论，在批判封建礼教、旧伦理、旧道德的同时，深入到批判宗教领域，破除对封建的迷信。针对社会上盛行的鬼神观念，陈独秀指出，“吾国鬼神之说素盛，支配全国人心者，当以此种无意识之宗教观念最为有力。”[①] 根深蒂固的鬼神迷信观念，束缚着人们的头脑，阻碍着人的个性解放和社会进步。他认为，世间并没有鬼神之说，人们对鬼神的认识只是自身头脑中的一种主观臆想，必须破除人们对宗教迷信的认识，树立科学的世界观和价值观。他在《偶像破坏论》一文中指出，“不过是迷信的人自己骗自己，非偶像自身真有什么能力”。[②] 在对鬼神进行批判的同时，陈独秀还进一步深入到对“君主”的分析与批判。君主并非像人们所想象中那样，具有人类所无法抗拒的能力，君主并非是天子，他的权力也不是上天或神授予的，君主“本身并没有什么神圣出奇的作用；全靠众人迷信他，尊崇他，才能够号令全国，称作元首，一旦亡了国，像此时清朝皇帝溥仪，俄罗斯皇帝尼古拉斯二世，比寻常人还要可怜”。[③] 为了破除人们对鬼神的认识，树立无神论，从1918年开始，陈独秀以《新青年》为阵地，发起了关于鬼神的争论。他在《有鬼论质疑》中，站在无神论的立场上，提出自己的八个疑问，指出鬼神论的自相矛盾之处，证明鬼神是不存在的。他主张要树立科学的世界观和价值观，建立与时代发展相适应的主流价值观。

与陈独秀相比，李大钊在反对宗教迷信的问题上更加激进，他

---

① 《陈独秀著作选编》第1卷，上海人民出版社，2009年版，第411页。
② 《陈独秀著作选编》第1卷，上海人民出版社，2009年版，第422页。
③ 《陈独秀著作选编》第1卷，上海人民出版社，2009年版，第423页。

指出中国的宗教不仅是封建统治阶级借以保护本阶级统治的工具，同时利用宗教压迫人民，对宗教的宣传只是为了压抑人的思想，麻醉人民，让人放弃对压迫者的反抗。李大钊认为，应该严厉地批判基督教，并把对基督教的批判与对资本主义的批判结合起来。他指出，基督教使人安于现状，并使人民甘于忍受，资产阶级就是利用基督教消除人的本性。

早期共产党人运用马克思主义学说，用科学的方法论揭示自然规律里面的各种物体的运动关系及其自身的因果联系，证明自然界并不是靠神或上帝的主宰，对有神论者进行了猛烈的抨击。他们认为，改造世界，需要依靠人，只有人才是社会的主体，才是历史发展过程中的主要因素，而上帝早被唯物主义者抛弃了。

传统文化与现代性的冲突是现代化过程中必然经历的过程，早期共产党人所处的背景是中国社会矛盾交加的时期，也是传统文化和现代化在不断冲突、不断磨合的时期，他们对传统文化的批判具有现实意义，也是对当时中国的现实反映。一定程度上，他们的批判对社会的发展起到了促进作用。

四、早期共产党人的民主争论

民主问题是20世纪中国面临的重要问题，围绕着民主问题，不同的派别之间进行了长期的激烈的论战，各个派别都站在自己的立场上，发表了对民主的看法，提出了关于民主的各项主张。

（一）马克思主义与无政府主义的论战

20世纪初，传入中国的理论多种多样，无政府主义是早于马克思主义传入中国的，一些早期的马克思主义者也曾经信奉过无政府主义。但在五四运动以后，工人阶级开始登上历史的舞台，他们主张学习马克思主义，走十月革命的道路，建立无产阶级政权，这种要求与无政府主义的主张是背道而驰的。从1920年下半年开始到1922年底，早期共产党人与无政府主义者围绕着民主与专政的问题展开了激烈了论战。

1. 关于组织机构的论战

无政府主义者认为，自由、合群、互助是人的本性要求，作为社会个体的人是不需要任何强制性的机构管理社会的，只有从人的本性出发，实现人与人之间的联合，这才是正当的。他们反对现存的国家政权及其组织机构，认为社会不平等正是由于这些暴力机构的存在造成的，它们的存在阻碍了人的个性发展，阻碍了社会的进步。从这种政治立场出发，他们坚持认为，群众自治组织才是保障社会主义革命不会演变成新的压迫的唯一途径。他们反对通过建立政党进行暴力革命，主张“劳工教育”和“劳工组织”才是革命成功的重要因素。尽管会有阶级压迫的存在，但是通过建立政党进行的暴力革命只是权宜之计，只是通过暴力压制暴力，这种手段只是换一种方式形成新的压迫和不平等。无政府主义者主张通过耐心地宣称无政府主义和教育民众唤起觉醒的意识，政府的作用是极其微弱渺小的，只有社会的力量才能真正地消除社会不平等。

而早期共产党人从苏联十月革命的成功经验中看到了暴力革命的重要性。陈独秀批评无政府主义的立场是不适应当时时代的发展的。陈独秀指出，当今世界最不平等的事情就是占人口少数的资产阶级利用国家、政治、法律等暴力机器，拥有技术、资源，统治、压迫占人口多数的无产阶级，赚取无产阶级的剩余价值。要消除这种不平等，只有无产阶级联合起来，形成新的凝聚力，自己站在历史的舞台上，征服压迫者。无产阶级要获得新生，必须以无产阶级政权来对抗资产阶级政权，通过建立无产阶级政党，以暴力革命的形式来获得自我的解放。他还特别指出，欧美国家的民主政治和代议制度在中国的实践都以失败而告终，就中国目前的情况而言，通过革命建立新的政权才是解决中国问题的关键。

2. 无产阶级专政的必然性问题

无政府主义者与马克思主义者对社会主义的认识存在着很大的差异。无政府主义者否定无产阶级专政，他们认为，无产阶级在推翻资本主义后，并不需要建立国家、制定法律，无产阶级胜利后，不再存在阶级的对立，而只剩下一个阶级——无产阶级，无产阶级专政将不再适用于社会主义。在社会主义阶段，由民众组成的公众会议会成为决策机关，人与人之间的相处不再依靠契约，而是建立在信任的基础上。

陈独秀对无政府主义者提出的主张持否定的态度，他认为，即使无产阶级取得了胜利，在相当长的一段时间内，资产阶级也不会退出历史的舞台，因为资产阶级有着深厚的根基，他们不会轻易地自动消亡。无产阶级取得胜利后，实行无产阶级专政是在历史过渡时期的必然过程，国家、政治、法律等暴力机器是为了维护社会稳定的工具，这些强权是为了消除社会上产生的恶。

（二）无产阶级民主与资产阶级民主的论战

十月革命激起了中国的知识分子对社会主义的美好向往，陈独秀、李大钊等人是最早一批接受第三国际的领导，组织中国共产党活动的人。张东荪也是五四运动后宣传社会主义的著名人物。然而，他致力于将西方的各种新思潮传入中国，却并不是马克思主义者，也不认同苏联的社会主义。以张为代表和以陈李为代表的人展开了对中国未来的发展趋势是选择资产阶级民主还是社会主义民主的论战。

论战发生在中国共产党成立前后，马克思主义者在共产国际的指导下开始从事实际政治活动，陈独秀、李大钊等人认定中国应该走苏联的道路，通过革命建立起无产阶级专政的社会主义制度。而张东荪认为无产阶级专政是反民主的，只有基尔特社会主义才是真正的民主的社会主义。因此，论战的焦点在于中国的未来发展趋势是实现基尔特社会主义还是苏俄式社会主义。温和派社会主义者和马克思主义者在民主问题上发生了正面的冲突。以张东荪为首的社会主义者认为，中国应实行基尔特社会主义。张东荪在1920年11月发表文章《由内地旅行而得之又一教训》中指出，救中国只有一条道路，就是要发展实业，创造财富，增加国家财力。而马克思主义者把这种主张视为是在鼓吹中国走资本主义道路。

以陈独秀、李大钊为代表的马克思主义者，在20世纪初对苏俄的政治、经济和意识形态采取完全赞同的态度。他们按照马克主义的理论诠释了无产阶级专政。历史上的资产阶级民主只是为少数人服务的，陈独秀否定了资产阶级民主，并批判它造成了阶级的剥削与压迫，使无产阶级戴上了沉重的枷锁。根据马克思主义的观点，要想实现真正的民主，就必须建立无产阶级的国家政权。

这场持续两年多的论战，最终以马克思主义的胜利和张东荪等人的失败而告终。

（三）关于党内民主的论战

国民革命结束后，托洛茨基抨击了斯大林和共产国际的错误指导造成了革命的失败。陈独秀了解到托洛茨基的主张后，思想上受到很大的感染，一定程度上接受了托洛茨基的主张。在中东铁路事件发生后，陈独秀与当时的中共中央展开了激烈的论战，也对党内民主问题作了较为集中的论述。1929年8月，陈独秀在《关于中国革命问题致中共中央信》中，详细指出了民主的重要性以及官僚集权的危害性。“德谟克拉西，是各阶级为求得多数意见之一致以发展其整个的阶级力所必需之工具；他是无产阶级民主集权制之一原素，没有了他，在党内党外都只是集权而非民主，即是变成了民主集权制之反面官僚集权制。在官僚集权制之下，蒙蔽，庇护，腐败，堕落，营私舞弊，粉饰太平，萎靡不振，都是相因而至的必然现象。”① 他认为，党内的同志在理论上有不同的意见，是可以公开讨论的，这也是正常的现象，而不应该乱扣帽子。随着论战的升级，陈独秀成为党内的“左派反对派”。在被国民党政府逮捕后，陈独秀对民主作了马克思主义的论述：“吾人第一须知民主之定义，即为由大多数人民管理即统治国家，无所谓全民主治之说……最新之工农苏维埃政制，乃民主制之最后最高阶级，亦仅只达到以多数人民统治国家已耳。过此已往，必待剥削制度消灭，因之阶级消灭，统治者与被统治者之界限消灭，夫然后乃有真正全民平等之一境。”②

早期共产党人关于民主问题的论战，是对民主问题不断深入探究的过程。论战中的部分观点，或由于时代的局限，已经不再适合时宜。然而对民主问题的论战反映出的共产党人对民主的孜孜不倦的追求，直到今天，依旧是民众的价值追求。

① 《陈独秀著作选编》第4卷，上海人民出版社，2009年版，第389—391页。
② 《陈独秀著作选编》第5卷，上海人民出版社，2009年版，第68页。

第四章　毛泽东的民主思想

作为20世纪中国最为重要的政治家和思想家之一，毛泽东的革命与建国历程形成了丰富的民主思想。他有基于整体救赎的民本民主思想，群众路线和人民当家作主就是其反映；他有基于敌我矛盾划分而形成的阶级民主思想，人民民主专政、人民内部矛盾、敌我矛盾就是其反映；他有基于对官僚制的警惕而形成的民治民主思想，大民主就是其反映；他有基于公平效率的平等民主思想，三三制原则和民主集中制就是其反映。这些民主思想是一种杂糅，既来自革命实践，又来自马克思主义理论，更来自中国传统思想的浸淫。无疑，毛泽东的民主思想构成了中国式民主的重要内容。

一、民本民主与整体救赎

毛泽东的民主观念与西方民主观念并不相同，它既不同于程序民主，也不同于实质民主，而是中国传统民本思想的现代转化，亦即民本民主。当然，这种民本民主与实质民主有相通之处，也有不同之处。

从民主理论的发展来看，西方主流实际上有两个理论：一个是程序民主，一个是实质民主。现在西方政治生活中的自由主义民主，就是从熊彼得理论中移植发展起来的程序民主。程序民主实际上就是民主的程序化，在政治逻辑上，它表明这样一种信仰，政治是必要的恶，但为了防止这种恶带来的伤害，有必要建立起一整套对权力的分割和制衡，坚持法治和定期公开透明的选举。从政治学的角度来看，在自由和权力之间，程序民主表明，一方面承认自由的实现有赖于权力的保护，另一方面又对权力本身抱有怀疑。而实质民主则与中国的传统政治哲学有更大的相似性，它表达出权力主体在行使权力的时候必须以为民所想为目的，而相对不怎么关心是如何实现这一目的的。从中国政治文化来看，中国人的政治哲学深受传统的影响，实质民主与我们文化中的民本思想息息相关，这一点对于理解毛泽东的民主思想很重要。

中国人的民本思想根深蒂固，民本与民主也被转换理解。2002年，美国杜克大学社会系做了一个有名的社会调查，调查目的是研究亚洲人对于"民主"这个概念的理解，对于中国老百姓的调查结果发现只要不到12%的人表达的是程序民主，6.5%的人认为民主是对独裁的制衡，23%左右的人认为民主就是自由，而多达55%的人则将民主理解为政府在做决策的时候应该多听意见，时刻想着为人民服务，坚持为人民服务。[①] 用日常的话来讲，就是"权为民所用，利为民所谋"。这种"民主观"从西方政治思想的角度来看，或许不是民主，而是无害的威权，或者可以说是程序专制。但对于中国人，这一观念贯彻整个政治史。早在先秦诸子百家时代，民本思想就已经成为儒家政治思想中的核心，孔子曾提出"节用而爱人，使民以时"，发展到孟子，则有了著名的"民为贵，社稷次之，君为轻"。而贾谊则提出"至古而至于今，与民为仇者，有迟有速，而民必胜"。唐太宗在教导子时，也形象地说："舟所以比人君，水所以比黎庶，水可载舟，亦可覆舟"。到了明清之际的动荡年代，思想家在反思君主制度的时候同样诉诸古代的民本思想，比如天下为主，君为客，要求君主时刻牢记自己的责任是以天下万民为事。

在中国政治思想传统中，无论是统治者还是思想家，都强调在

---

① 杜克大学的调查，我的了解来自网络，http://blog.sina.com.cn/s/blog_4ab5ef0a0100g0s9.html

政治权力的行使上，必须重视人民的主体地位，必须考虑民众的所思所想，这种朴素的民本思想，在中国政治哲学和现实逻辑中，处于核心位置。

毛泽东的思想有着鲜明的传统色彩。西方研究毛泽东思想起源基本上围绕着两个路径：一是马列主义，或者更大范畴上的西方思想；二是中国传统文化的影响。毛泽东的民主思想，深受这二者的影响。对于他的民本民主观，具体而言，表现为群众路线观和人民当家作主的观念。

应当指出，共产党在其诞生之初就强调群众的重要性，1922 年 7 月召开的党的二大通过的《组织章程决议案》就指出："党的一切运动都必须深入到广大的群众里面去。"1928 年 6—7 月召开的党的六大也做出了"党的总路线是争取群众"的重要论断，1929 年 9 月，由陈毅起草、经周恩来审定的《中央给红四军前委的指示信》中三处提到"群众路线"，即筹款工作要"经过群众路线"，没收地主豪绅财产要"经过群众路线"，红军给养及需用品问题也要"渐次做到由群众路线去找出路"。毛泽东在著名的古田会议决议中首次提到群众路线：党的工作要"在党的讨论和决议之后，再经过群众路线去执行"。1943 年，毛泽东为中共中央起草的《关于领导方法的若干问题》中，首次归纳和概括了"群众路线"，即"在我党的一切实际工作中，凡属正确的领导，必须是从群众中来，到群众中去，这就是说，将群众的意见集中起来，又到群众中去作宣传解释，化为群众的意见，使群众坚持下去，见之于行动，并在群众行动中考验这些意见是否正确。然后再从群众中集中起来，再到群众中坚持下去"。在《论联合政府》一文中，毛泽东进一步阐述了党的群众路线的核心内容，他指出："我们共产党人区别于其他政党的又一个显著的标志，就是和最广大的人民群众取得最密切的联系。全心全意地为人民服务，一刻也不脱离群众；一切从人民的利益出发，而不是从个人或小集团的利益出发；向人民负责和向党的领导机关负责的一致性；这些就是我们的出发点。"

群众路线的内容可以总结为两个层面。本体论层面，要求相信群众的历史力量，承认群众的主体地位。方法论层面，要求在工作中亲近群众，依靠群众，发动群众。1943 年毛泽东为中共中央起草的《关于领导方法的若干问题》一文中，群众路线要求承认群众在工作中的主体地位，干群关系只是要求干部的知识优势，他们必须理解并且归纳群众的意见（将群众意见集中起来），之后反馈到群众中（化为群众的意见），然后检验是否这些针对群众意见的解决方法是否正确，再作进一步的判断和修正。1945 年《论联合政府》的论述中再次强调了共产党在领导风格上的平民色彩，体现出来就是干部的高尚和无私，做到全心全意为人民服务，同时，强调了必须向人民和党的领导机关负责，但此处暗示了对于这种风格的监督不仅来自人民，也来自党。

人民当家作主也是毛泽东和中国共产党坚持的原则。早在 1940 年的《新民主主义论》一文中，毛泽东就一针见血地指出，谁能最大范围地联合群众，谁就能取得最后的胜利，并且明确中国的未来就是要建立一个新民主主义的共和国。在 1945 年的《论联合政府》中，毛泽东在阐释共产党的政策时，指出当时的中国不应该建立在只由大地主、大资产阶级专政之上，呼吁对农民阶级、城市小资产阶级、知识分子以及其他民主分子的承认。而到了 1949 年，内战基本结束，国民党的失败已成定局之时，毛泽东在《论人民民主专政》中认为“人民民主专政的基础是工人阶级、农民阶级和城市小资产阶级的联盟，而主要是工人和农民的联盟，因为这两个阶级占了中国人口的百分之八十到九十”。

人民当家作主可以分为两部分理解：人民和当家作主。毛泽东的人民观一直受到阶级观的影响，所以“哪些是人民”在其一生中一直是变动的。而如何当家作主则是技术问题，这在毛泽东的政治思想中也是包含了很多复杂的内容。但是，总体而言，对于政治中人民的主体地位，毛泽东是从未怀疑的。

就群众路线和人民当家作主这两点来看，后者的实现是以前者为先决条件的。但是为什么在具体的实现上，后来的历史却总是让人失望呢？美国著名毛泽东研究专家史华慈在 20 世纪 80 年代的文章《毛泽东晚年思想——整体救赎与全面挫折》中的分析，对于我们反思这个问题很有帮助。

人民群众作为一个整体，有无穷的力量和智慧，但是他们本身无法发挥这种潜力，只有坚持党的领导和理论的武装以及组织，这种巨大的力量才能得到发挥。这一点在延安时代实现过，那时候，党和群众的关系是鱼水关系，在艰苦的环境中，党员干部严格的纪律性保证了群众的信任，而这种基于信任的一体关系使得群众团结在党的周围。不管是对敌人还是改造社会，这种团结都是胜利的先决条件。但在国家建设中遇到的困难却使得延安经验（所谓延安经验指党在抗日阶段在延安团结抗日力量，处理党与群众关系以及党的建设方面的成功经验）的移植上面临一个重要的困难，那就是技术问题。经典马克思主义认为共产主义的实现必须建基于资本主义生产力的发达程度上，中国接受的马克思主义是经过列宁改造的。在社会建设上，斯大林苏联建设的成功给了毛泽东很大的信心，即社会主义能先于工业发展而建立，以及工业化本身能在不发达国家通过“社会主义手段”而建立。但是苏联建设经验中的巨大副作用和代价，在毛泽东看来，中国完全能避免，这反而是延安经验的优势，抗日年代，延安对于当时中国知识分子的吸引让他有资格自信。也就是说，延安经验本身使得党可以吸引资产阶级的知识分子，爱国情怀足以弥合党与他们在政治立场上的分歧。

史华慈认为正是这种自信主导了1956年“双百”方针（百花齐放，百家争鸣）的提出，这种自信部分还来自于之前社会主义改造时的迅速和成功，所以在1956年时，毛泽东认为阶级斗争已经结束，党在接下来的国家建设上在尊重资产阶级知识分子的知识优势的同时可以逐渐吸收他们，因为随着社会主义优势的体现，他们最终会放弃落后的资产阶级意识。而在国家建设中这个阶段出现的问题，比如农业集体化时农民的愤怒，则被认为是官僚主义的问题。但随着“双百”运动的深入，出现了一些“毒草”，这就是对党毫无疑问的挑战。这也为日后的“反右”埋下了伏笔。

史华慈还发现在毛泽东的思想中存在着一种张力，张力的一边是发动民众，这就是群众路线中的要求；而另一边则在人民当家作主上对于“人民”的划定。这也就是毛泽东思想中的民本民主根深蒂固的矛盾。史华慈认为，毛泽东对于这个问题的解决依旧是坚信自己延安经验的正确性，一方面，将农民的愤怒归结于干部在作风上的无礼，并拉开了一场整风运动。另一方面，在逐渐扩大的对党和政府的攻击以及执政权的挑战变得越发公开的情况下，开始清除这些“毒草”，“双百”运动本身已是对资产阶级知识分子“人民”地位的承认，但民族大义看来终究不能填补政治立场的鸿沟。

从马克思的思想来看，早在《德意志意识形态》一文中，这种在共产主义建立后的管理问题就已经埋下了伏笔。马克思认为政治是阶级剥削的体现，同时它又建立在落后的生产关系上。此外，意识形态又建基于资产阶级的社会存在。社会改造之后，中国已经没有了资本主义的生产方式，那么政治问题实际上应该已经成为了一种管理问题，也许需要点时间，从资本主义时代过来的民众早晚也会从思想上接受先进的社会主义思想。马克思主义的信仰是毛泽东信心的科学依据，但这个时间需要多久呢？对于官僚主义本身的问题，马克思学说中并没有给出太多的解决方案，而传统政治思想的影响使得毛泽东身上有种强烈的责任感或者说使命感，这就是史华慈文章中“救赎”一词的由来，这种责任感和对马克思主义以及过去奋斗年间的成功经验的信心混合在一起，使得毛泽东一方面对于国家建设的进度和其中出现的问题有更低的容忍度，另一方面，对于问题的解决本身，又总是倾向于高估危险。

而对于人民群众的信任，组织一直是毛泽东成功的重要武器，但是政权夺取和国家建立本身是两个不同的阶段，第一个阶段的运动性要求组织必须以效率为目的，此外，敌人的存在足以保证组织本身的纯洁性。而建设国家的大量技术型问题要求一个高度分工的组织，而封闭的政权本身如何能在日久天长的和平中继续严格要求自己呢？毛泽东看到的依旧是群众的监督作用。对于群众的信任和上面提到的强烈责任感结合以及对官僚的不信任使得毛泽东在思想和行动上更愿意与群众在一起，这一点在史华慈文章的最后得到强调。

二、阶级民主与敌我矛盾

毛泽东的民主观有深刻的阶级特色，阶级观是他的民主观的核心。民主这个词在西方词源学来讲是一个合成词，由“人民”和“统治”两部分组成，阶级民主侧重于解决人民问题。“谁是人民”？一般而言指按照宪法规定的依法享有政治权利的人民；然而在毛泽东时代，人民却并非一个稳定的概念，它还受到对人民的某种区分标准的变化而变化。此外，人民和干部官员之间的关系也深刻地影响着阶级民主的实现。在阶级民主中，民主在实现上的方法论与人民民主专政是紧密联系的，人民民主专政的含义是在人民内部施行民主管理，对敌对势力和阶级实行专政统治。因此，阶级民主的背后是敌我矛盾的区分。

阶级民主由两部分组成，人民内部矛盾由民主的方式解决，而敌我矛盾由专政的方式解决。毛泽东的阶级民主观深受矛盾辩证存在观念的影响。毛泽东在1937年的《矛盾论》一文中系统地阐释了自己的观点，概括而言，观点由五部分组成：第一，外因通过内因起作用，内因是变化的根本。第二，矛盾存在的普遍性与特殊性。第三，矛盾分为主要矛盾和次要矛盾，并且在一定的条件下可以互相转换。第四，矛盾诸方面存在着同一性和斗争性，对立的统一是有条件的、暂时的、相对的，对立的互相排斥的斗争则是绝对的；有条件的相对的同一性和无条件的绝对的斗争性相结合，构成了一切事物的矛盾运动。第五，矛盾斗争在形式上分为对抗性斗争和非对抗性斗争，并且在一定条件下可以相互转换。

毛泽东显然深刻理解了马克思的辩证统一理论：一方面，他不仅强调认识矛盾，也强调解决矛盾，这符合马克思对哲学家应该解决问题的要求。另一方面，矛盾也是马克思哲学中辩证法的主要形式，被看做是理解历史发展的核心之一，而毛泽东的一生显示出他深受这一哲学影响。

矛盾论也是中国传统思想的重要内容，八卦和《易经》所传达的阴阳转化显示了时间观中对于变化的信仰以及对变化本身所需条件的重视，唯一永恒的只有变化，然而变化本身没有绝对性，因为它总是依赖一定的条件，这种条件是事物表象下的规律。这种规律又支撑着事物走向统一，因为规律本身是一种联系，中国人的哲学传统一直信仰宇宙是一个秩序井然的统一整体，反映出来的最理想状态就是“天人合一”。

矛盾论在政治群体上的反映就是区分了人民和敌人。作为一个有资格问鼎政权的政党，1945 年毛泽东在《论联合政府》中阐释的观点无疑有重要的意义。在“中国共产党的政策”一章中，毛泽东指出，“中国共产党领导的阶级包括广大的农民阶级，城市小资产阶级，知识分子以及其他民主分子的无产阶级”，并且认为“真正适合中国人口中最大多数的要求的国家制度”，应该得到“广大的城市小资产阶级，民族资产阶级，开明士绅和其他爱国分子的同意”。虽然必须考虑当时环境的策略性动机，但这些广泛的联合和领导的对象实际上几乎包括了国民党阵营之外的绝大部分中国阶级。而敌人，自然是国民党反动政权和支持其统治的大地主、大银行家、大买办阶级。但在划分的标准上，毛泽东似乎更强调的是动机而非资本，因为他在文章中小心翼翼地区分了国民党阵营中的爱国分子。

进而在 1949 年著名的《论人民民主专政》一文中，对于“谁是人民”这个问题，毛泽东不再遮掩，非常清楚地回答道：“在中国，在现阶段，是工人阶级，农民阶级，城市小资产阶级和民族资产阶级。”敌人则是“帝国主义的走狗即地主阶级和官僚资产阶级以及代表着这些阶级的国民党反动派及其帮凶”。全国胜利的临近使得毛泽东有底气清晰地区分敌友，这一阶段的敌人划分标准既包含了政治属性（国民党）又包含了经济属性（地主阶级），新国家的政权必须建立在政治和经济的双重属性之上。

1957 年，在《关于正确处理人民内部矛盾的问题》一文中，毛泽东再一次清晰阐释了人民和敌人的范畴，人民就是“在现阶段，在建设社会主义的时期，一切赞成、拥护和参加社会主义建设事业的阶级、阶层和社会集团的人”，而“一切反抗社会主义革命和敌视、破坏社会主义建设的社会势力和社会集团，都是人民的敌人”。这个阶段国家建设成了一切工作的重心。1956 年，毛泽东认为阶级斗争已结束，所以阶级敌人也不存在了，唯一可能的敌人就是反对国家建设的敌人，而这类敌人的出现显然有更大的随机性而非根深蒂固的阶级敌人那样的必然性。

人民与敌人的划分进而形成了不同的对待态度，此即人民民主专政。1949 年的《论人民民主专政》，毛泽东将人民民主专政定义为对于敌人的“独裁、压迫、制裁”，而人民内部的民主制度，则包括“言论、集会结社、选举等项的自由权”。两方面综合，即“对人民内部的民主方面和对反对派的专政方面，互相结合，就是人民民主专政”。可见，专政和民主是辩证统一的，民主和专政的实现是以清晰的敌我划分作为指导的。

在 1957 年的《关于正确处理人民内部矛盾的问题》一文中，毛泽东再次谈到了专政这个问题，专政的第一个作用是“压迫国家内部的反动阶级、反动派和反抗社会主义革命的剥削者，压迫那些对于社会主义建设的破坏者，同时，还压迫那些破坏国内秩序的坏分子”。此外，专政的第二个作用在于“防御国家外部敌人的颠覆活动和可能的侵略”。同时人民内部的民主指的是有公民权利的人民依靠民主集中制原则实现的民主，而“集中”则意味着对潜在无政府主义的警惕。

敌我区分一直是毛泽东阶级观的核心。早期的敌我区分标准似乎关注于经济基础和对待社会主义公有制的态度，当然，前者是根本，但毛泽东尊重每个人的爱国主义，如果是敌对阶级的潜在开明和爱国分子，只要悬崖勒马，洗心革面，那么也是可以接受的。所以我们能看到在建国前的一系列文章中，因为“爱国”这个因素的影响，中国共产党的阶级基础相比那些严格的马克思主义学说则广泛得多，这主要是由于当时的中国无产阶级规模太小，力量太弱。当然，部分原因还在于，毛泽东相信，人性是可以教化的。

1956 年“双百”运动开展之时，社会主义的改造已取得了成功，公有制经济占据了国内主要地位，这个成绩的迅速取得，不仅证明了社会主义的优越性，也证明了百姓的认可。当然，也足以证明资产阶级的认可，运动本身也是对资产阶级的一场检验，然而到了后期却让毛泽东失望，可见，经济基础的改变却并未能改变这些顽固的“资产阶级腐朽意识”。然而，此时，毛泽东对于不同阶级思想分歧的解决方式，依旧是温和并且正确的，因为，国家已经“空前团结统一”，阶级矛盾已经消失，国家当下的主要矛盾是生产力和生产关系的矛盾、上层建筑和经济基础的矛盾。资产阶级也许在意识上不够先进，但没有了经济基础的他们不能在实质上对国家造成冲击。此外，正如前面提到过的，毛泽东相信他们的爱国情怀，“资产阶级分子和从旧社会来的知识分子的绝大多数是爱国的，他们愿意为蒸蒸日上的社会主义祖国服务，并且懂得如果离开社会主义事业，离开共产党所领导的人民，他们就会无所依靠，而不可能有任何光明的前途。”毛泽东的最后一句话表明了他的自信，同时，他也相信理性的力量，“我们不应当用压制的方法不让他们表现，而应当让他们表现，同时在他们表现的时候，和他们辩论，进行适当的批评。”对于批评，哪些可以接受，哪些不可以接受呢？原则有六条：1. 有利于团结全国人民的批评。2. 有利于社会主义改造和建设的批评。3. 有利于巩固人民民主专政的批评。4. 有利于巩固民主集中制的批评。5. 有利于巩固共产党领导的批评。6. 有利于社会主义的团结和全世界爱好和平人民的团结的批评。其中，有两条是最重要的，那就是不能挑战社会主义道路和党的领导。党对于领导权的控制，建立在社会主义建设和道路的正确性之上，这是党能接受批评的信心之所在，只要国内建设呈现出乐观的态势，这种自信就不会盲目，但是当建设面临困难时，情况就不同了。

实际上，在建国后，毛泽东就反复提到了这个危险，那就是党内干部群众的腐败堕落。也许，从马克思主义的角度来看，就是

"异化"。在《论十大关系》中，他明确提到要反对不关心群众痛痒的官僚主义，要全党牢记奋斗年间的艰苦，反对把个人物质利益看得高于一切。但对于干部中出现的官僚主义，他认为是引起民众罢工游行的原因，但本质上，这属于"人民内部矛盾"，可以克服。同时，他对于民众罢工和知识分子批评的容忍表明了对于官僚本身的不信任。

阶级民主的关键点在于敌我区分。社会改造之后，明显的敌人已经不再存在，至多只是扰乱社会秩序的坏分子，而这些人并不具有阶级规模。在由矛盾论支撑下的阶级斗争观如果继续发展，就和毛泽东思想中的继续斗争观密切相连，20 世纪 50 年代中期末进入的社会主义建设阶段，面临的敌人是潜在的，只是笼统地称为"阻碍社会主义建设的人"。社会主义建设分为总路线和执行，前者是方向问题而后者是执行问题，对于矛盾本身，毛泽东在大跃进之前都比较自信乐观，因为矛盾如果能克服，本身也是前进的动力，而建设中出现的矛盾也只是技术层面的矛盾，解决的过程也是积累经验和自我提高的过程，我们可以在那个阶段树立榜样的历史中找到案例。然而，这种基于建设成功推行而形成的自信，迅速地随着建设本身的复杂和艰巨而变得脆弱。毛泽东作为伟大政治家，对于自身的自信毫不怀疑，如同史华慈所言，"建构自身构想的能力"，那么错误只能来自于外部。更明确地说，自 20 世纪 50 年代后期，官僚制度本身的腐化，对于群众的信任，和过往奋斗中发动群众的成功经验使得毛泽东越发对于官僚制度失望，同时面临下属同事的阻力又让他更愿意绕过官僚制度本身。这时，他基本还认为官僚和群众，以及在国家建设中产生的矛盾是人民内部矛盾，即使机关中出现了反革命，也可以坚持不杀的方针。然而，当这种矛盾越发呈现出阻碍国家建设的态势时，那便不是次要矛盾了。我们会发现，当官僚制度被视为"敌人"，"文化大革命"也就不远了。

三、民治民主与反官僚制

民治民主这个概念可以从政治参与的角度来理解。民主从参与的角度来看同样可以分为两大类，即强调公民参与的民主理论和限制公民参与的民主理论。前者的支持者包括卢梭、约翰·穆勒，而熊彼得等思想家则强调现代社会的分工有必要限制公民参与，将政治交给职业政治家。公民参与一般可从三个角度来理解，即工具性、发展性和沟通性。工具性讲的是政治参与有助于维护公民的合法利益，发展性则假定政治参与有助于提高公民的综合能力，而沟通性则强调政治参与有助于社会信任的形成和共识或者共同利益的凝结。

民治指人民自己管理自己的事务，政府为人民服务，而非政府统治人民，政府表现的是一种工具性。所以民治民主，可以理解为人民以民主的方法自己管理自己，而政府在这个过程中提供便利的环境和条件。

对于民治民主的形成，在马克思的哲学和政治观中都可以找到清晰的线索。哲学层面上，马克思对于黑格尔唯心观的修正，强调了应该从唯物观的角度理解国家、市民社会和家庭三者之间的关系，明确指出是由市民社会决定国家，而非国家决定市民社会，“家庭和市民社会是国家的真正组成部分，是意志所具有的现实的精神实在性，它们是国家的存在方式，家庭和社会本身把自己变成国家，它们才是原动力”①。在政治观上，巴黎公社的出现给了马克思很大的鼓舞，他认为公社体制是无产阶级实现民主的最初形态，是无产阶级获得解放的一次尝试，是打破国家并将政权还给市民社会的成功。列宁也肯定了民治民主的必要性，他认为社会主义民主就是人民自己管理自己的事务，并且要多吸收人民参与到国家管理的事务中来，

---

① 《马克思恩格斯全集》第3版，人民出版社，2012年版，第145页。

强调社会主义制度为人民参与到国家事务的管理提供了制度保障，无产阶级的民主制能够把资产阶级压迫下的人民解放和吸引过来。

毛泽东在吸收马列主义思想的同时，在民治民主之上也形成了自己的特点，此即“大民主”思想。

大民主这个概念并非毛泽东所提出。1956年10月，东欧社会主义阵营爆发波匈事件，毛泽东派他的秘书林克向时任新华社国际部主任王飞、副主任李慎之了解当时的国际情况。李慎之在分析情况时提到：“现在小民主不少，大民主不够”。根据李慎之的回忆，当时的本意是指在国家事务层面上也要坚持民主的决策，多听意见。而毛泽东则在1956年11月15日的中国共产党第八届中央委员会第二次全体会议上谈道：“有几位司局一级的知识分子干部，主张要大民主，说小民主不过瘾。他们要搞的‘大民主’就是采用西方的资产阶级的国会制度，学西方的‘议会民主’、‘新闻自由’、‘言论自由’那一套，他们这种主张缺乏马克思主义观点，缺乏阶级观点，是错误的，不过，大民主、小民主的讲法很形象化，我们就借用这个话。”①

反右斗争之后，毛泽东赋予了“大民主”四大的形式和“大批判”的内涵，即“大鸣、大放、大字报和大辩论”；在1957年10月9日的中共八届三中全会上，毛泽东指出，“1957年中国革命创造了一个最生动最民主的群众斗争形式，就是大鸣大放大辩论和大字报。革命的内容找到了适合自己发展的形式，从此无论大是大非，小是小非的问题，无论是革命的问题，建设的问题，都可以用辩论的形式去迅速解决问题。”同时，在《关于正确处理人民内部矛盾的问题》中，毛泽东又专门提到了“大民主”与“小民主”的区别，他说：“匈牙利事件、波兰事件出来，有些人很高兴，来一个大民主嘛！他们所谓的大民主，就是几十万人上街去，似乎高兴这件事。他们搞不清楚，所谓大民主，即群众的民主运动，都是对付敌对阶

① 中共中央毛泽东主席著作编辑委员会：《毛泽东选集》第五卷，人民出版社，1977年版，第319页。

级的。另外有少部分人，他们是带着敌对情绪的，希望用大民主把人民政府整一下，此外有一些人属于幼稚的，不懂得世界上的具体情况，以为欧洲的民主自由很好，以为我们的民主很小。”

可见，这个时期毛泽东认为“大民主”是西方那一套民主制度，对于资产阶级的民主，他基本上是反对的，但对于这个词语的内涵，除了上文提到的形式上的区别之外，他还赋予其规模和对象上的内涵，即大民主还意味着更大的群众规模，大民主与人民民主专政结合，镇压的对象是敌对阶级和敌对分子。

苏共二十大后，赫鲁晓夫对于斯大林的清算引发了社会主义阵营的大地震，紧接着的波匈事件使得社会主义阵营内部的修正主义，在毛泽东看来，开始成为中国社会主义事业建设的一大威胁，因此，反修防修开始成为党和人民必须重视的任务。20 世纪 60 年代初，经过了大跃进的巨大代价，毛泽东的威信受到了很大的损伤，坚持反修防修越发受到高层和干部官员的抵制，毛泽东自己也沮丧地谈道：“我多次提出主要问题，他们接受不了，阻力很大。我的话他们可以不听，这不是为我个人，是为将来这个国家，这个党，将来改变不改变颜色，走不走社会主义道路的问题。我很担心，这个班交给谁我能放心?”[①]“我没有私心，我想到中国的老百姓受苦受难，他们是想走社会主义道路的。所以我依靠群众，不能让他们走回头路。”[②]

可见，这一时期直接使得毛泽东将当下社会主义建设的敌人指向了党，党不仅被官僚主义的习气所腐坏，同时，他开始怀疑党的主要路线出现了问题，最后演化为发现党内居然出现了掌权的走资派。这是“文革”爆发的主要因素。

“文化大革命”中的大民主，体现出这样几个特征：1. 民粹主义色彩。最直接的表达就是红卫兵们对于破“四旧”，破坏国家机关，攻击教师、干部等的热情，这种民粹价值表现出对于人民群众的狂热信仰，甚至认为所谓“群众利益”和“社会主义的伟大事

① 《毛泽东传（1949—1976）》，第 2 版，中央文献出版社；2011 年版，第 1389—1390 页。
② 《毛泽东传（1949—1976）》，第 2 版，中央文献出版社；2011 年版，第 1389 页。

业”是终极价值，毛泽东对于群众的极端信任是这种狂热信仰的力量源泉，所以，“文革”中打倒的是阎王，解放的是小鬼。2. 造反有理，即打破现行的一切规则、机构，因为这些东西不仅代表了当下走资派和修正主义分子的险恶用心，也抑制了人民群众的创造性，所以必须砸烂。3. 激进和不妥协的情绪表达。“文革”中的红卫兵在后期越发难以控制，吸引追随者靠的只是更激进的手段、口号和主张，这也造成了许多无辜者的牺牲。

“文革”中这种大民主的极端化在许多学者看来有不同的解释。美国学者施拉姆认为，“文革”在目的上来讲是防止党的堕落，避免党被官僚主义、修正主义和资产主义从内部瓦解掉。毛泽东当时已逐渐年老，他希望通过大民主这种武器来发动群众，检验党内干部群众的忠诚，并且挑选出自己的接班人，保证自己的政策能推行下去。而莫里斯·梅斯纳则从历史角度分析“文革”的爆发，认为从历史的角度来讲，这是“五四运动”的延续，“五四运动”本身代表了中国在面对现代化和脱离旧时代的阵痛，而“文革”在目的上指向的依旧是国家的富强。毛泽东作为“五四运动”的经历者，在建设国家的过程中面对这些他认为的“阻碍”，比如党内的走资派、修正主义者，希望用一种一劳永逸的方法去解决问题，这导致了“文革”的出现。

理解“文革”以及“文革”中这种极端化的大民主的产生，还可以从两个角度来理解，核心都是毛泽东，但一个是作为历史中的毛泽东，一个是作为领袖的孤独的毛泽东。

历史赋予毛泽东除了责任心，还有悲情感，这一点非常重要。在《论联合政府》中，毛泽东在回顾共产党建设28年和取得革命胜利的艰辛中也提及了中国自1840年鸦片战争以来的屈辱，这部分内容读来颇为感人，他提及的那些革命先烈的名字，严复、梁启超、孙中山，在论及他们最后的失败时，并没有归结于他们个人，而是泛化为中国人在摆脱失败时必走的弯路。如果不理解这种悲情感是理解不了毛泽东在坚持自己路线的那种固执和不妥协的，历史将他放在这个时代，这个位置也许就注定了这种结局。在文章中，他提到了中国的未来是苏联路线，但后期面对苏联的霸权，毛泽东又毫不犹豫地坚持中国人的自立更生，在国家建设这个第一目标上，支撑毛泽东信仰的还有民族自尊这个更高的原则。而在内政中间，如果仔细分析毛泽东在20世纪50年代中期开始到“文革”这阶段的重要讲话，可以看到他对于党内“异端”不断提升的警惕和敌意，对于任何一个组织来讲，叛徒总是比敌人更可恶，特别是在这种需要整个民族团结奋斗的伟大事业之时。

作为领袖，毛泽东是孤独的，这种孤独除了上面提到的责任心、悲情感交织带来的执着，还有他对于自己的自信，他不相信官僚本身。整个中国历史，任何一个兴盛王朝的衰落都是源于官僚自身的腐坏，到了近代，中国饱受列强的侵略，官僚也要负主要责任。对于任何伟大革命者，都希望能在奋斗中找到超越历史的方法，这个方法对于毛泽东就是马列主义的理论和共产党奋斗的经验，“统一战线、武装斗争、党的建设”是党的三大法宝，它们支撑了中国共产党走过长征、抗日和内战。前面的分析提到的延安经验无疑是三者结合的最好体现，然而，打江山易，守江山难。和平年间，毛泽东仍然发现了这种腐坏和堕落。20世纪50年代中期开始，他就反复提醒警惕官僚主义，然而那个时候尚不足以威胁社会主义的建设，更为关键的是，社会主义建设的方向还是对的，错误的只是干部官员在工作中的作风。但大跃进之后，毛泽东发现本来是干部们在执行上的失误却使得自己的路线遭受到了质疑，而这种修正主义的路线越发有向资本主义靠拢的趋势。到底什么是资本主义？不同时代的毛泽东对这个词有不同的理解，但基本上来讲，资本主义社会是这样一种社会：贫富差距巨大，社会冷漠，社会不平等，道德沦丧等等。在向往的社会和现实之间本来存在的鸿沟现在被党内的修正主义分子和走资派进一步扩大，身边的同志已经错误了，自己作为党内的领袖已是孤独作战，所以，他只能转向群众。

但仍要强调的是，“文革”这个时期虽然导向的是极端化的大民主，但依旧是“民主”，大批判和“四大”的方式虽然激烈，但在出发点上，还是希望以口头和被批判者的自我批评为结束，只是后期逐渐走向无政府主义才让毛泽东警惕，他不得不求助于唯一还纪律严明忠诚的军队，以保证局势不得迈向极端，然而即便如此，运动中爆发出来的人性之复杂还是让他吃惊，尽管他认为作恶的是那些别有用心的人，但是作为整体的群众却并非他想的那么善良和纯净。

四、平等民主与公平效率

平等民主的核心在于平等。从政治哲学的角度来看，平等是作为一种价值而存在。它表达的是均匀分配的原则，但并不意味着一致或相同。平等在现实中实现之复杂性和困难性体现在“什么方面平等”不能达成一致，平等一般包括形式平等——个人在社会中应享有的形式上的身份平等，法律平等——法律面前人人平等的原则，政治平等——主要体现在政治权利上的无歧视原则，机会平等——每个社会成员都应该有起点和上升机会上的平等。此外，还有结果平等，它通常表现为社会平等，指的是在收入，财富和其他社会物品的平均分配。

平等民主强调的是在政治主体参与政治的过程中身份上的平等以及在政治决策过程中的平等民主。从思想起源上来讲，马克思思想很大部分上就建立于对社会中平等的追求。可以这样说，平等是马克思思想的一个核心，“一个人，或至少是一个国家的一切公民，或一个社会的一切成员，都应该有平等的政治地位和社会地位”。①列宁也指出：“平等不仅是最完全的实现自由资本主义和商品生产所必须的条件的思想表现，而且，对于从农奴制中成长起来的农业所具有的经济关系来说，小生产者的平等还是具有最广泛、最完全、最自由和最迅速的发展资本主义农业的物质条件。”②

---

① 《马克思恩格斯全集》，人民出版社，第3版，2012年9月版，第102页。

② 中共中央马克思恩格斯列宁斯大林著作编译局《列宁选集》，人民出版社，第3版，2012年9月版，第465页。

如何最大范围地团结一切力量，同时在团结的过程中对组织进行有效的管理，是党在发展中必须面对的难题。毛泽东对于这个问题的思考，有很多精辟的见解，在具体实践上，就是“三三制”原则和民主集中制。

“三三制”的背景是抗日时代的延安，其目的在于团结一切抗日力量。1946年3月6日，中共中央就抗日政权的问题明确指出，华北、华中抗日民主政权是统一战线性质的政权，政权的组织结构必须实行“三三制”：共产党员、非党左派进步分子和中间派分子各占三分之一。实施的方针是“以反对日本帝国主义，保护抗日人民，调节各抗日阶层的利益，改良工农的生活和镇压汉奸、反动派为出发点”①。1940年3月和7月，在延安中国共产党高级干部会议上，毛泽东强调了建立“三三制”原则对于建立民族抗日统一战线的重要性，他指出“在政权问题上，我们主张统一战线政权，既不赞成别的党派的一党专政，也不主张共产党员的一党专政，而主张各党、各派、各军的联合政权，这即是统一战线政权”，同时，又说，“无论任何人，只要不投降不反共，均可参加政府工作”。②

到1941年为止，陕甘宁边区参加选举的选民平均达到了总人口的85%。11月，边区会议在延安召开，大会选举产生了边区人民政府，通过了《陕甘宁边区施政纲领》，这被普遍视为“三三制”民主政权的诞生。同一时期，在晋察冀边区、晋西北根据地和晋冀鲁豫根据地都分别推广了“三三制”原则，可以说，这一民主的政治原则在抗日期间有力地团结了抗日力量，为日后共产党的壮大和抗日战争的胜利打下了基础。

民主集中制是党的根本组织原则，这在《新民主主义论》中已被毛泽东明确，但早在1927年6月中共中央政治局通过的《中国共产党第三次章程决议案》的第二章“党的建设”中，就已规定“党的指导原则为民主集中制”。

① 《毛泽东选集》第二卷，人民出版社，1991年第2版，第670页。
② 《毛泽东选集》第四卷，人民出版社，1991年第2版，第880页。

从词义上理解，“民主集中”这个词似乎很矛盾，因为它好像表明二者是一个统一不可分割的整体，在党的七大通过的《党章》第十四条指出，民主的集中制即是在民主基础上的集中和在集中指导下的民主。但在实施中，这二者之间真的那么和谐吗？显然不是，最为突出的矛盾就是民主的集中和专制的集中之间的矛盾，后者指代的是在集中过程中背后的权力因素，是权力压迫下的集中；不符合真实的民主集中在思想上希望的基于相互说服、理解和包容的集中。

在毛泽东的平等民主观中，“三三制”原则和民主集中制之间是辩证统一的关系，二者实际上是公平和效率的统一关系。

首先，“三三制”原则使得抗日时代的新民主主义宪政的建立成为可能。毛泽东在《新民主主义论》中指出，新民主主义的民主政治，就是联合当下中国的一切先进阶级和爱国阶级，团结一切力量反对日本侵略者，对国内的反对派和汉奸走狗实施专政。而这个爱国阵线的政权组成不能只是共产党所有，还必须承认其他党派和进步人士的地位，所以，“三三制”原则使得统一战线的建立有了制度上的保障。其次，“三三制”原则是在新民主主义政治纲领的指导下建立的，集中体现了新民主主义纲领的精神，极大地宣传了共产党民主进步的政治精神，同时，调动了农民、党员和其他进步人士的参政热情，大大增强了党员对于抗战的信心，从而克服了抗日期间的艰苦，为日后胜利的取得奠定了物质和心理上的基础，并且提供了极好的政治经验。第三，“三三制”原则还对国内的政治民主化做了很好的表率，对于实现中国日后的民主政治起到了很好的推动作用。在抗日战争胜利后，毛泽东在《论联合政府》中，又一次提到了当时建立民主、平等的联合政府的必要性。第四，“三三制”原则本身有很强的时代性，作为抗日民主政权建设的一种类型，它当然有自己不可磨灭的时代特征，所以也不可避免有一定的局限性。但这种原则本身的精神，即在处理党的领导工作的时候，在处理其余党派和进步人士的关系的时候，必须做到尊重和平等，这对于日后的工作仍有很强的指导意义。

至于民主集中制，同样有以下几个特点：首先，民主集中制以民主为基础、为根本，没有民主这个大原则，也就不存在民主集中制，同样，民主集中的集中也制约了民主，但在理论上，它是善意的制约，在强调民主的同时避免滑向低质量民主，保证公平但又避免低效甚至无效。其次，作为组织原则的民主集中制，对于党内部的团结和生命力是必不可少的，民主与集中二者的关系是辩证统一的，它是自由和纪律的统一，决策过程中的民主有利于增强行动时候的统一，而集中保证的纪律则有利于保证民主的实现。第三，民主集中制在哲学关系上，集中是根本，而民主是为了更好的集中。马克思主义相信实践是检验真理的唯一标准，只要积极行动才能得到真理，所以，民主是高质量集中的前提，但集中却是民主本身的目的。

“三三制”原则如果从“团结一切抗日力量”这个目的上来看，取得了不小的成功。在 1945 年除国民党之外的各大党派中，共产党不仅是最为强大的力量，而且在道义上，相比于国民党，共产党更得人心，这不得不说，有制度上的功劳。同时，党的高效也必须归功于民主集中制。然而在效率与公平之间的这种脆弱平衡，在党获得胜利之前有一个决定性的因素，那就是党的外部始终存在着一个敌人，生存的目的足以保证这种平衡。

“三三制”从产生到最后的执行一直服务于“团结其余力量”这个目的，而这个目的不能脱离抗战中后期抗日局势的艰难这个大环境去看，民主集中的高效也不能脱离新民主主义革命这一运动目标去理解。国内政权的取得使得“三三制”没有了存在的基础，但决定性的因素不仅是政治权力本身，还有前面一直提到的毛泽东以及党本身对于马克思思想科学性的坚信不疑，那么其余党派显然只是作为协商更为合适，社会改造成功以后，阶级关系已不存在，在国家建设这个大方向下，唯一值得商榷的现在只剩下方法，所以在根本上，“三三制”已无存在的必要性。

而民主集中制，在建国后，越发发现已不如过去那么运转良好，而不同的环境条件，民主和集中之间是摇摆而非确定的，毛泽东曾经提到，“我们的目标，是想造成一个又有集中又有民主，又有纪律又有自由，又有统一意志，又有个人心情舒畅，生动活泼，那样一种政治局面”[①]。这就是民主集中的理想状况。在“三三制”和民主集中之间，都有一条清晰的逻辑，那就是极高的政治觉悟。这要求这样一种人，他不仅对于人民利益有很清楚的理解和表达，并且对组织和群众有极高的忠诚度，而且在组织和群众之间有稳固的共同情感和炙热并且平等的同志友谊，所以在组织做出了统一的决定以后，他能放弃自己的利益并且尊重和严格执行决定。

这实际上暗含了一个政治思想中的永恒逻辑，就是人性是可以向善的。毛泽东对于这一点的信仰自始至终，同时我们可以从三个层面去分析这一点。

第一，传统的哲学思想。中国传统思想中对于人性向善的信仰最有力的支持当然来自儒家学说，其中，最为明确的是孟子。孟子认为人性本善，不善者在于外在条件的制约使得善不能表现出来，而孔子则将人性本质的差别归因于后天生活环境的不同，而在起初上，人性都是差不多的，所以儒家本身是相信人性善，并且人性在一定的条件下可教化。

第二，马克思主义学说。马克思主义学说的人性观是在他的历史哲学中构成的，这一点在《德意志意识形态》中得到确定，人类初期同样无所谓善恶，但在生产中分配的不公导致了一部分人拥有了支配另一部分人的能力，从此，阶级开始出现，国家是作为对统治阶级的保护，而意识则本质上由这种不平等的社会关系为核心的社会存在决定，同时，统治阶级为了维护自身的地位会塑造意识形态。因此，马克思主义的学说同样支持人性可塑造。

第三，革命年间的奋斗经历。如果说，前面两者对于毛泽东的信仰形成是隐性的话，那么自身的经历显然才是直接因素。从1921年到1949年，一个默默无闻的小党到最后夺取政权，经历了北伐、国民党白色恐怖、长征和抗日战争以及最后的内战，作为领袖，毛

---

① 中共中央毛泽东主席著作编辑委员会：《毛泽东选集》第五卷，人民出版社，1977年版，第400页。

泽东显然有极强的意志力，这种意志力支撑了他走过这28年。同样，这种内在的意志力对于一个纪律严明的组织来讲也是必不可少的。所以，过去的奋斗经历很自然会影响毛泽东对于人性的理解。

“三三制”和民主集中制在运行上一方面依赖于外界的环境，另一方面在哲学上对于人性有极高的要求。而毛泽东在其经历和哲学观上的信仰使得他以一种乐观的态度估计了人的主观能动性，这或许也是理解日后历史的一条逻辑。

第五章　邓小平的民主思想

邓小平的民主思想体系的最大贡献，是提出“没有民主就没有社会主义，就没有社会主义的现代化”，如同“贫穷不是社会主义”一样，从另一个角度诠释了什么是社会主义，揭示了社会主义和现代化建设的政治属性，是对社会主义和现代化本质内容的深入探讨，是对马克思主义民主政治理论出发点的回归，将人们对于社会主义和现代化的认识，带出了长期的将阶级斗争等同于马克思主义的认识困局；同时将经济社会发展战略与政治发展战略统一起来，为社会主义现代化指出了方向。邓小平对民主政治理论的探索，是对中国特色社会主义民主政治的继承与发展，他并没有割裂新民主主义革命以来的毛泽东思想中的民主政治传统，而是保持了党的领导与发扬人民民主，实现人民当家作主等中国特色社会主义民主的一致性，体现了党的民主政治理论的自我完善。邓小平勇于创新，不但将民主政治从传统的群众运动模式中解放出来，提出社会主义民主与法制建设内在的统一性，还提倡资本主义与社会主义民主的和平共存，通过一国两制的方式，推进国家统一大业，大大改善了中国特色的社会主义民主政治的国际政治环境。这些独具特色的民主政治思想大大提高了中国特色社会主义民主政治的活力和适应性，是对社会主义民主理论的重要贡献。

一、社会主义和现代化的民主价值取向

邓小平是极具创新精神的理论家，对于民主政治的问题向来持有非常灵活的实事求是的看法。1941 年，他在《党的抗日民主政权》的文章中，在论及“三三制政权”的内容、性质等问题时，深刻阐述了马克思主义民主观念和民主精神，对于党内缺乏民主习惯以及“以党治国”等错误观念和现象，进行了大胆抨击和尖锐批评，强调指出党对政权的正确的领导原则，是指导与监督，而不是包办，不是党权高于一切，体现了我们党在当时历史条件下对于民主问题的基本认识。在 1957 年经历了多地的调研之后，邓小平对民主问题提出过一个朴实的看法，认为应该鼓励人民自由抒发意志，要防止大民主导致国家与社会的玉石俱焚的集体泄愤效应，“大民主是可以避免的，这就要有小民主。如果没有小民主，那就一定要来大民主。群众有气就要出，我们的办法就是使群众有出气的地方，有说话的地方，有申诉的地方。……总之，要让群众能经常表达自己的意见，在人民代表大会上、政协会上、职工代表大会上，学生代表大会上，或者在各种场合，使他们有意见就能提，有气就能出。有小民主就不会来大民主，群众把气出了，问题尽可能解决了，怎么还会有大民主呢?”[①] 虽然大民主与小民主的发明权不是邓小平的，但是可见邓小平没有机械地将民主仅仅局限为选举领导人，而是扩大为自由地表达意见，遵照群众的正确意见解决社会问题。对于那些给党内外曾造成惨痛损失的弹压言论的做法，邓小平也一再发出过严厉批评和警告：“一听到群众有点议论，尤其是尖锐一点的议论，就要追查所谓‘政治背景’、所谓‘政治谣言’，就要立案，进行打击压

① 《邓小平文选》第 1 卷，人民出版社，1994 年版，第 273 页。

制，这种恶劣的作风必须坚决制止。”[①]“提倡知无不言，言无不尽，说老实话”，[②]强调“不抓辫子、不戴帽子、不打棍子”的“三不主义”，倡导民主集中制，主张“要注意听取群众的呼声，同群众商量办事”。

“文革”以后，邓小平重新思考中国社会主义建设的历史起点，对于社会主义民主政治有了更加深入的思考，逐步形成了一个完整、科学的理论体系。中国社会从1958—1978年二十年时间，实际上处于停滞和徘徊的状态，国家的经济和人民的生活没有得到多大的发展和提高。从1966年开始的所谓“文化大革命”使中国政治动乱、经济停滞，打乱了中国社会主义现代化的步骤，而恰恰在这一历史时期，西方发达资本主义国家借助新一轮科技革命的推力，社会经济快速平稳发展。社会主义的中国与资本主义的西方生活差距不但没缩小，反而进一步拉大了。社会主义的优越性如何体现？当邓小平从“文化大革命”的磨难中走出来时，就不能不面对这一民族灾难，痛苦地进行反思。邓小平多次强调：是“文化大革命”这场灾难促使人们思考，促使人们认识我们的弊端在哪里。二十年的经验尤其是“文化大革命”的教训告诉我们，不改革不行，不制定新的政治的、经济的、社会的政策不行。邓小平继承和发展了经典作家的基本思想，深刻揭示了社会主义与民主的关系，及民主在社会主义现代化事业中的重要地位。1979年3月，在党的理论工作务虚会上，邓小平发表“坚持四项基本原则”的重要讲话，旗帜鲜明地指出：没有民主就没有社会主义，就没有社会主义的现代化。当然，民主和现代化一样，也要一步步地推进，社会主义愈发展，民主也愈发展。[③]这是邓小平对于社会主义、社会主义现代化与民主政治关系的深入思考的结果。

第一，没有民主就没有社会主义。在邓小平看来，社会主义是

① 《邓小平文选》第2卷，人民出版社，1994年版，第145页。
② 《邓小平文选》第1卷，人民出版社，1994年版，第330—333页。
③ 《邓小平文选》第2卷，人民出版社，1993年版，第168页。

全面的，民主是社会主义题中应有之义。在社会主义社会，民主不仅仅是一种手段，也是社会主义本质的内在要求和根本属性，是社会主义现代化的根本目标和基本任务，也是中国特色社会主义事业顺利发展的政治保证。“文革”十年被邓小平称为是一场“浩劫”，它对社会主义造成了难以挽回的损失。“大民主”最终发展为持续十年的“大动乱”，颠倒了社会主义民主的逻辑，忽视了民主必需的规则和程序，严重扭曲了民主精神，造成社会主义民主的倒退。社会主义与民主是密不可分的。社会主义如果没有民主或者民主发展不充分，就不能体现社会主义本质的要求。而社会主义的发展又是社会主义民主存在和发展的基础。只有坚持和发展社会主义民主，才能调动广大人民群众的积极性，大力发展社会主义生产力，巩固和发展安定团结的社会局面，以推进社会主义现代化建设的快速发展。

第二，没有民主就没有社会主义现代化。民主是社会主义现代化建设所必需的相关重要条件。我国要实现社会主义现代化，必须坚定不移、毫不动摇地走民主的道路。因为按照马克思主义的观点，政治与经济、国家与社会始终存在着复杂的难以分开的关系，对于中国这样一个人均资源极度匮乏的国家，发展经济、反贫困的现代化问题，不仅是经济问题也是一个政治发展问题。经济与社会问题如果不能很好地解决，最后都会归结为政治问题。所以在某种程度上，经济社会发展战略离不开政治发展战略，社会主义现代化绝不能把民主政治排斥在外，没有民主化的现代化是残缺不全的现代化。邓小平将社会主义现代化与民主紧密联系起来，实质上揭示了社会主义的经济社会发展战略具有的深刻政治意义。

第三，社会民主是解放思想的重要条件。邓小平在十一届三中全会之前，1978 年 12 月的中央工作会议上的讲话《解放思想，实事求是，团结一致向前看》，从一个全新的角度提出了民主的问题。他指出：“民主是解放思想的重要条件”，准确判断并抓住了当时中国政治生活的焦点。在这篇讲话里，邓小平重点阐述了民主政治与解放思想的辩证逻辑。他指出：当前这个时期，特别需要强调民主。因为在过去的一个相当长的时间内，民主集中制没有真正实行，离开民主讲集中，民主太少。如果好的意见不敢讲，对坏人坏事不那么敢反对，这种状况不改变，怎么叫大家解放思想，开动脑筋？所以，必须创造民主的条件，才能充分调动广大干部群众的积极性，凝聚社会政治资源，共同为实现现代化目标而奋斗。正是从这个视角看，“调动积极性是最大的民主”①。我国政治体制的种种弊端，不管其具体表现如何，所产生的最大消极影响，都是严重抑制了广大人民群众的积极性。在原有僵化的政治体制下，人民群众的创造才能被严重束缚，主人翁作用没有发挥的机会。进行政治体制改革，就是要对具体的领导制度、组织制度、工作制度、决策程序、权力运行机制等进行变革和完善，为人民当家作主创造必要的实现形式，提供必要的制度保障，使人民不仅有权管理国家和社会事务，并且使人民能行之有效地行使好管理权力。对于社会主义国家执政党来说，社会主义既是一种意识形态和奋斗目标，同时也是一种生存和发展的社会环境。为此，邓小平要求领导干部“在党内和人民内部的政治生活中，只能采取民主手段，不能采取压制、打击的手段。”②我们首先要清理自己的错误，对群众的一些行为要谅解一些，处理要适度，涉及面不要太大。③ 所以，只有充分发扬社会主义民主，真正做到倾听民声、反映民意、集中民智，才能够使政府的决策做到科学化、民主化。从此意义上看，民主的重要性也就不言而喻了。

二、社会主义民主政治的自我完善

政治发展战略不能离开一定的传统环境和结构。传统是一种记忆，传统也是一种规制，即使是反传统，也仍然需要借用传统的资

① 《邓小平文选》第3卷，人民出版社，1993年版，第242页。
② 《邓小平文选》第2卷，人民出版社，1994年版，第144页。
③ 《邓小平文选》第3卷，人民出版社，1993年版，第330页。

源。改革开放后中国的政治体制改革和政治发展是在基于社会主义传统的政治制度自我完善和发展的框架内展开的。邓小平的民主政治思想就是对党的第一代领导集体的民主政治思想传统的继承与发展。虽然由于历史和社会政治体制的局限，毛泽东的社会主义民主政治理论和实践存在着很大的缺陷，主要表现在：社会主义改造完成后，社会主义民主制度在中国得以建立，但并没有及时完成政治发展的重点转移，仍把阶级斗争看作是贯穿社会主义整个历史阶段的主线，没有及时地把重心转移到经济建设上来，严重危害了社会主义民主政治的发展。毛泽东还在实践中将民主局限为一种手段，是作为调动群众积极性的手段，是作为达到集中的手段，对民主是社会主义建设的一个基本目标的认识还不够明确，因此忽视、轻视法治，倾向"人治"，最终导致他晚年错误地发动"文化大革命"。

但是毛泽东毕竟是在对中国社会主义民主政治发展道路进行思考，也是在总结新民主主义革命经验的基础上，创造性地把马克思主义学说同中国革命的具体实践相结合，逐步形成了人民民主专政理论。在此理论的指导下，最终成功地在中国初步确立了社会主义基本制度。对此邓小平在 1985 年强调："我们建立的社会主义制度是个好制度，必须坚持。我们马克思主义者过去闹革命，就是为社会主义、共产主义崇高理想而奋斗。现在我们搞经济改革，仍然要坚持社会主义道路，坚持共产主义的远大理想，年轻一代尤其要懂得这一点。"[①] 因此邓小平设计的 1978 年以来改革开放道路是在中国特色社会主义的大格局、大结构、大制度已基本成型的条件下展开的，因而，其行动范式主要不是"破与立"，更多的是"开发与开放"：开发各类资源，创造改革与发展的新结构、新动力、新机制；开放各种系统，创造各种力量成长及其交互作用所需要的新机遇、新平台与新空间。[②] 邓小平的民主政治改革方案正是通过成功展开的

① 《邓小平文选》第 3 卷，人民出版社，1993 年版，第 116 页。

② 林尚立：《党与人民的关系决定中国的未来——基于中国自我革新能力的考察》，载《当代世界》2013 年第 3 期。

党和国家的基本原则和社会主义基本制度“自我完善”的行动与努力，把自身的创新力安放在一个承前启后的稳定、有序的空间之中，从而实现了对于中国特色社会主义道路的成功探索，即改革意味着在强调党的领导和中国政治制度的合理性的前提下，正视党和国家领导制度运行中存在的体制、机制与功能配置上的不合理性，进而消除这其中的不合理，从而不断完善和巩固国家基本政治架构和整个政治制度。①

第一，民主政治发展的前提是坚持四项基本原则。邓小平的民主政治理论是对人民民主专政理论的坚持与发展。1949 年党的七届二中全会明确提出，建立无产阶级领导的，以工农联盟为基础的人民民主专政的国家政权。中华人民共和国的成立，使人民民主专政由理论变为现实。在建国之初，毛泽东在《论人民民主专政》中系统地阐述了民主与社会主义的关系，总结我们的经验，集中到一点，就是工人阶级（经过共产党）领导的，以工农联盟为基础的人民民主专政。② 邓小平进一步发展了人民民主专政理论。1979 年 3 月，他明确提出坚持四项基本原则，明确指出：“我们的政治体制改革是有前提的，即必须坚持四项基本原则。”“社会主义道路、无产阶级专政、共产党领导、马克思主义毛泽东思想。”③ 这不仅明确了我国现代化建设的政治前提，而且也明确了我国民主政治建设的政治前提。“坚持四项基本原则的核心，是坚持共产党的领导。没有共产党的领导，肯定会天下大乱，四分五裂。历史事实证明了这一点。”“我们人民的团结，社会的安定，民主的发展，国家的统一，都要靠党的领导。”在民主与党的领导的相互关系上，邓小平认为，如果离开党的领导，“抽象地空谈民主，那就必然会造成极端民主化和无政府主义的严重泛滥，造成安定团结政治局面的彻底破坏，造成四个

① 参见林尚立：《有效性中累积合法性：中国政治发展的路径选择》，载《复旦学报（社会科学版）》2009 年第 2 期。

② 《毛泽东选集》第 4 卷，人民出版社，1991 年版，第 471 页。

③ 《邓小平文选》第 2 卷，人民出版社，1994 年版，第 161 页。

现代化的彻底失败。”[①] 对党的领导的坚持实际上就是在强调稳定。

第二，民主政治建设是社会主义制度的自我完善。任何民主都要体现为一定的国家政治制度体系。国家的政治制度体系，既是对人民权利的维护与保障，同时也是人民管理国家事务的基本途径与机制。人民民主专政国家制度的确立为新中国政治制度的基本框架的确立提供了逻辑起点和制度基础。作为一种国家制度，中国特色的社会主义民主主要体现为建立起了人民代表大会制、中国共产党领导的多党合作与政治协商制度、民族区域自治制度以及基层群众自治制度等组成的制度体系。这些制度规范了当代中国最基本的权力主体和权力关系，确立了中国社会主义民主政治制度的基本框架。邓小平作为这些制度的重要的创建者之一，在推动社会主义民主政治发展中，非常重视维护、完善这些基本政治制度。

首先，对于人民代表大会制度的坚持与完善。在强调政治体制改革必须坚持人民代表大会制度的同时，邓小平还强调了完善人民代表大会制度，把它作为政治体制改革的重要任务提出。在1980年的《党和国家领导制度的改革》的讲话中，邓小平在阐述改革任务时指出，“对党和国家领导制度的改革，……现在正在考虑逐步进行的还有如下重大改革”，而在这些“重大改革”中，邓小平明确提出，“要改善人民代表大会制度”。[②] 人民代表大会制度作为国家的根本政治制度，构成了当代中国民主政治制度的政治前提和逻辑起点，全面反映了中国的政治生活。一切权力属于人民是人民代表大会制度首要的基本原则。中国共产党作为属于人民之一部分的工人阶级先锋队，作为中华民族的先锋队，在当代中国政治体系中居于当然的领导地位。人民代表大会制度完善与否，直接关系到人民民主专政制度的地位和作用。

其次，对于多党合作与政治协商制度的坚持与完善。从某种意义上说，现代国家政治就是政党政治，民主原则必须并且必然通过

---

① 《邓小平文选》第2卷，人民出版社，1994年版，第161页。
② 《邓小平文选》第2卷，人民出版社，1994年版，第339页。

对政党政治的特殊规范得以体现。当代中国在革命实践中所形成的中国共产党领导的多党合作与政治协商制度正是社会主义民主对中国政党政治的特殊规范的集中体现形式。邓小平继承和发展了毛泽东的统一战线思想，非常重视中国共产党领导的多党合作与政治协商制度。“文革”结束后，他亲自担任了中国人民政治协商会议的第五届委员会主席，并结合新的历史条件，重申和创造性地提出了民主党派是一部分社会主义劳动者和爱国者的政治联盟，多党合作是我国政治制度的一个特点和优点，长期共存与互相监督是多党合作的基本方针等一系列重要的理论观点和方针政策。不仅如此，邓小平还继承了党的统一战线的传统，强调了我国共产党领导的多党合作制度与西方国家的多党制有着本质的不同，社会主义中国只能实行共产党领导的多党合作制度，而不能搬用西方的多党制。早在1980年，邓小平就在中央召集的干部会议上说，资本主义国家的多党制有什么好处？那种多党制是资产阶级互相倾轧的竞争状态所决定的，它们谁也不代表广大劳动人民的利益。我们国家也是多党，但是，中国的其他党，是在承认共产党领导这个前提下，服务于社会主义事业的。对于某些人要求将政协搞成上议院，搞两院制的要求，邓小平坚持毛泽东的人民民主理论，旗帜鲜明地反对，“我们并不反对西方国家这样搞，但是我们中国大陆不搞多党竞选，不搞三权分立，两院制。”[①] 1986年前后，面对资产阶级自由化风波和政治体制改革的即将全面启动，他尤其强调政治体制改革必须坚持党的领导，不能照搬西方民主和西方的多党制，既经受住了资产阶级自由化风波的严峻考验，又保障了政治体制改革始终在党的领导下进行，使我国政治体制改革获得了坚强的政治保证。

再次，对于民族区域自治制度的坚持与完善。民族之间的政治关系历来是一个多民族国家最为重要的政治关系之一，因此民主的民族关系是民主政治的必然要求。邓小平作为以毛泽东为核心的中国共产党第一代中央领导集体的重要成员，直接参与和领导了新民

---

① 《邓小平文选》第3卷，人民出版社，1993年版，第220页。

主主义革命、社会主义革命和社会主义建设进程中的民族工作，为毛泽东民族理论的形成和发展做出了贡献。在新民主主义革命时期，他就有在广西壮族自治区左右江少数民族地区建设苏维埃政权、在陕北回族聚居区建设回族自治政权的领导民族工作的实践经验。早在西南主政时期，邓小平就强调了民族问题的重要性。他指出："少数民族问题解决得不好，国防问题就不可能解决好。"[①] 改革开放后，邓小平从国家制度结构的角度坚持了毛泽东的民族区域自治理论。邓小平指出，必须以马列主义、毛泽东思想为指导，处理民族问题。他说："在世界上，马列主义是能够解决民族问题的。在中国，马列主义与中国革命实践相结合的毛泽东思想，也是能够解决这个问题的。"[②] "要反对两种民族主义，主要是反对大民族主义。我们不能首先要求少数民族取消狭隘的民族主义，而是应当首先老老实实取消大民族主义。两个主义一取消，团结就出现了。"[③] 邓小平还将民族区域自治作为和中国共产党领导的多党合作与政治协商制度一样的中国特色社会主义制度的特点和优势来对待。他强调了在我国实行民族区域自治制度的必要性。他指出："解决民族问题，中国采取的不是民族共和国联邦的制度，而是民族区域自治的制度。我们认为这个制度比较好，适合中国的情况。我们有很多优越的东西，这是我们社会制度的优势，不能放弃。"[④] 邓小平不仅强调了实行民族区域自治制度的必要性，还对如何发展和完善这一制度提出许多具体指导。例如邓小平高度重视少数民族的经济发展问题时指出："中国的资源很多分布在少数民族地区，包括西藏和新疆地区。如果这些地区开发起来，前景是很好的。我们帮助少数民族地区发展的政策是坚定不移的。"在谈到西藏问题时，他强调说："如果以在西藏有多少汉人来判断中国的民族政策和西藏问题，不会得出正确的结论。关键是看怎样对西藏人民有利，怎样才能使西藏很快发展起来。

① 《邓小平文选》第1卷，人民出版社，1994年版，第161页。
② 《邓小平文选》第1卷，人民出版社，1994年版，第163页。
③ 《邓小平文选》第1卷，人民出版社，1994年版，第163页。
④ 《邓小平文选》第3卷，人民出版社，1993年版，第257页。

不仅西藏，其他少数民族地区也一样。我们的政策是着眼于把这些地区发展起来。”①

最后，对于基层民主自治的坚持与完善。重视基层民主建设是邓小平的一贯思想。早在1962年7月，针对当时我国农村某些地区出现的包产到户的生产责任制，邓小平强调，对这个问题，要发扬民主，究竟农村的生产关系采取何种方式，必须从发扬基层民主、调动群众的积极性出发。邓小平在领导我们党进行“拨乱反正”的过程中，十分强调要加强基层民主制度建设，切实保证基层人民群众的民主权利。他指出，要切实保障工人农民个人的民主权利，包括民主选举、民主管理和民主监督。不但应该使每个车间主任、生产队长对生产负责任、想办法，而且一定要使每个工人农民都对生产负责任、想办法。在改革开放中，邓小平也注重加强基层民主制度建设，以保证人民群众的民主权利。1987年3月，他在接见外宾时指出：“要使人民有更多的民主权利，特别是要给基层、企业、乡村中的农民和其他居民以更多的自主权。”他在1987年6月还指出，“调动积极性是最大的民主，至于各种民主形式怎样搞法，要看实际情况。比如讲普选，现在我们在基层，就是在县、乡两级和城市区一级、不设区的市一级搞直接选举，省、自治区、设区的市和中央是间接选举”。这些对于进一步完善基层民主制度，扩大基层民主权利，都有着十分重要的指导意义。

在邓小平关于基层民主政治建设内容的理论中，基层群众自治是基层民主制度的一项重要内容。基层群众自治作为基层民主制度的一项重要内容，在邓小平的关心下，80年代后期，我国先后通过并颁布了《村民委员会组织法》和《城市居民委员会组织法》，对村（居）民委员会的主要职权做出了明确规定。职工代表大会制作为企业实行民主管理的基本形式，也是邓小平高度重视的内容。邓小平在《中国工会第九次全国代表大会上的致词》中重申了企业应当实行民主管理和建立职工代表大会的制度。他指出：“为了实现四

① 《邓小平文选》第3卷，人民出版社，1993年版，第246页。

个现代化，我们所有的企业必须毫无例外地实行民主管理，使集中领导和民主管理结合起来。”邓小平的讲话，推动了职工代表大会制度的恢复和发展。

三、民主的制度化、法律化

社会主义民主政治的发展，除了要不断自我完善，也需要在吸取历史教训的基础上，勇于改变自我，果断改正自己的错误，打破旧的发展模式，改变落后、迟滞状态以适应发展的需要，从而实现全面的进步与发展。邓小平确定的新时期中国特色社会主义民主政治的途径就是要革新过去的群众运动的做法，将民主与法治结合起来，推行民主政治的制度化和法律化。1980 年，改革刚刚扬起风帆，有人又要大批封建主义和资本主义，邓小平愤怒地告诫：“不要对什么人搞过去那种政治批判，不要把斗争矛头对着干部和群众。”民主和法制“两手抓”思想是邓小平依法治国理念又一个集中体现。“民主和法制，这两个方面都应该加强，过去我们都不足。要加强民主就要加强法制。没有广泛的民主是不行的，没有健全的法制也是不行的。……民主要坚持下去，法制要坚持下去。这好像两只手，任何一只手削弱都不行”。①

第一，邓小平对于民主政治的制度化建设的努力。新中国成立后，我们党也试图逐步建立和完善相关的政治制度，保障人民行使当家作主的权利。但由于我们党习惯于过去长期做群众运动的传统影响，当时的主要领导人普遍对制度建设的重要性认识不够。随着形势的发展变化，再加上受一部分领导人主观情感因素的影响，出现了破坏社会主义民主和法制的事情。对此，邓小平较早地进行了反思。1962 年，邓小平在七千人大会上，就说过“这几年，我们搞

① 《邓小平文选》第 2 卷，人民出版社，1994 年版，第 189 页。

了很多大运动，差不多是把大运动当作我们群众路线的唯一的形式，天天运动，这是不好的”。[①] 但是在当时这种声音在党内并没有受到足够的重视。在经历了十年“文革”之后，邓小平在总结我国社会主义民主政治建设的历史经验和教训的基础上提出，并不能用搞运动的办法，只能用踏踏实实、稳步前进的办法去解决原有的制度的改革和新的制度创新的问题。“在社会主义社会中解决群众思想问题和具体的组织制度、工作制度问题，同革命时期对反革命分子的打击和对反动制度的破坏，本来是原则上根本不同的两回事”。[②] 在1978年的中央工作会议上，邓小平明确指出，“必须使民主制度化、法律化，不因领导人的改变而改变，不因领导人的看法改变而改变。”[③] 在1980年，起草《关于建国以来党的若干历史问题的决议》期间，邓小平在谈到正确评价毛泽东晚年错误的时候，指出：“单单讲毛泽东同志本人的错误不能解决问题，最重要的是一个制度问题。”[④] 在1980年8月代表中央所作的《党和国家领导制度的改革》讲话中，邓小平深刻地指出：“我们过去发生的各种错误，固然与某些领导人的思想、作风有关，但是组织制度、工作制度方面的问题更重要。这些方面的制度好可以使坏人无法任意横行，制度不好可以使好人无法充分做好事，甚至走向反面。”因此，与人的思想相比，“领导制度、组织制度问题更带有根本性、全局性、稳定性和长期性。这种制度问题，关系到党和国家是否改变颜色，必须引起全党的高度重视。”[⑤] 之后，邓小平在回答意大利记者提问时，再次强调要避免和防止再发生诸如“文化大革命”这样的事情，“这要从制度方面解决问题”。“我们现在正在研究避免重复这种现象，准备从改革制度着手。”[⑥] 也就是说，要加强民主制度化、法制化建设，靠制度、

① 《邓小平文选》第1卷，人民出版社，1994年版，第314页。
② 《邓小平文选》第2卷，人民出版社，1994年版，第336页。
③ 《邓小平文选》第2卷，人民出版社，1994年版，第146页。
④ 《邓小平文选》第2卷，人民出版社，1994年版，第297页。
⑤ 《邓小平文选》第2卷，人民出版社，1994年版，第333页。
⑥ 《邓小平文选》第2卷，人民出版社，1994年版，第348页。

靠法制来防止人治。

在注重制度建设方面，邓小平有两个非常独到而有远见的看法：

第一个就是从肃反封建主义影响的角度去考虑制度的改革。我国专制主义制度的历史相当长，也没有建立过完备的资产阶级民主制度，个人专权、以言代法的封建专制传统多，民主法制传统少。虽然社会主义制度已经确立，但传统的封建主义的影响不会立即消失，甚至还会长期存在。1980年5月，邓小平说："我们的人民、我们的党受封建主义的害很重，但是一直没有把肃清封建主义的影响作为一个重要任务来对待。现在，党内为什么有人搞特权？这和封建主义影响分不开。废除领导干部职务终身制、领袖终身制的问题，我们这代人活着的时候，非解决不可。党内生活、社会生活都要肃清封建主义的影响。各种制度，都要从肃清封建主义影响的角度去考虑，逐步加以改革。"① 随后，在著名的《党与国家领导制度改革》的讲话中，邓小平再次强调："肃清封建主义残余影响，重点是切实改革并完善党和国家的制度，从制度上保证党和国家政治生活的民主化、经济管理的民主化、整个社会生活的民主化，促进现代化建设事业的顺利发展。"②

邓小平第二个重要决定，是通过相关制度的建设，坚决废除领导干部职务终身制、领袖终身制，建立有活力的干部制度。党和国家的领导干部是直接管理党和国家事务的主体，党和国家的领导制度和干部制度改革是政治体制改革的中心环节。因而党和国家的领导制度和干部制度是否科学健全，结构是否优化，职责与权限是否明确，管理与决策是否制度化和法律化，监督和反馈机制是否完备，功能是否充分发挥，直接关系到党和国家的事业，关系到现代化的性质和速度，影响到党与人民群众的关系。在社会主义国家中，如何解决好接班问题，有过不少的教训。苏联及东欧各社会主义国家也未能解决好这个问题。在中国，毛泽东也未能从实践上解决好这

---

① 《邓小平思想年谱》（1975—1977年），中央文献出版社，1998年版，第159页。

② 《邓小平文选》第2卷，人民出版社，1994年版，第336页。

个问题。十一届三中全会后，党和国家的领导制度和干部队伍已不能适应社会主义现代化建设的要求。于是，解决这样一个事关现代化全局的战略任务历史性地落到了邓小平身上。邓小平看到：一方面，回到领导岗位的老干部年高体弱，精力不济，干部队伍呈老化；另一方面，“四人帮”虽被粉碎，但林彪、“四人帮”派系的人还存在相当势力，仍然存在他们重新翻过来的危险；此外，反对党的政治路线和思想路线的也还大有人在。此时，迫切需要一批年富力强、政治可靠，有专业知识的干部进入各级领导班子。为解决这一问题，邓小平开始向党内老同志发出呼吁。他说：“第一个目标是始终保持党和国家的活力。这里说的活力，主要是指领导层干部的年轻化。领导层干部年轻化，明年党的十三大要前进一步，十四大再前进一步，十五大完成这个任务。……要制定一系列制度包括干部制度和教育制度，鼓励年轻人。”[①] 1982 年 2 月，中共中央和国务院建立了老干部离退休制度，中共中央和国务院首先从企业中开始试行领导干部任期制，并逐步推广到党政机关职能部门。此外，还建立了辞职、免职、奖惩等制度。这些都为废除干部领导职务终身制提供了有益的经验。邓小平十分重视干部的新老结合与交替，为了积极而稳妥地实现领导干部的年轻化，根据邓小平同志的建议，1980 年 8 月，中共中央、国务院作出《关于设置顾问的决定》，规定在县级以上单位设置顾问，作为废除领导职务终身制的过渡性机构。1982 年 9 月，党的十二大决定设立中央顾问委员会。在中顾委第一次全会上，邓小平明确阐明了中顾委的性质和作用：“中央顾问委员会是个新东西，是根据中国共产党的实际情况建立的，是解决党的中央领导机构新老交替的一种组织形式。目的是使中央委员会年轻化，同时让一些老同志在退出第一线之后继续发挥一定的作用。”中顾委成立十年间，协助党中央为维护党的团结和社会稳定，推进改革开放和现代化建设，做了大量卓有成效的工作。1992 年 10 月，鉴于党的干部离退休制度已全面建立并正在顺利执行，实现新老干部合作与

① 《邓小平文选》第 3 卷，人民出版社，1993 年版，第 179 页。

交替已取得预期的进展，也鉴于中顾委已历时两届，基本上完成了作为一种过渡性组织的任务，党的十四大通过决议，决定今后不再设立中顾委。1989 年 11 月在中共十三届五中全会上，邓小平辞去中央军委主席职务。邓小平身体力行地废除干部领导职务终身制，在第二代中央领导集体向第三代中央领导集体顺利过渡中对于保持党和国家的稳定起了关键作用。

第二，邓小平对于社会主义民主法制化的贡献。邓小平在总结社会主义国家民主政治建设的历史经验和教训的基础上，对如何推进我国社会主义民主政治的发展进行了深入的思考。他指出，必须重视和健全社会主义法制，依靠法制来保障民主政治健康有序地发展。民主和法制“两手抓”思想是邓小平依法治国理念又一个集中体现，也是邓小平民主政治理论的又一个重要特点。他提出，“不要社会主义法制的民主，不要党的领导的民主，不要纪律和秩序的民主，绝不是社会主义民主。”① 社会主义民主，是同社会主义法制相辅相成的，社会主义法制是不可分的。因此，社会主义民主必须制度化、法律化。在如何通过加强法制来保障民主健康发展方面，邓小平进一步指出，现在我们的民主制度还有不完善的地方，要制定一系列的法律、法令和条例，使民主制度化、法律化。要切实做到“有法可依，有法必依，执法必严，违法必究”。这也就要求我们全党同志和全体干部都要按照宪法、法律、法令办事，学会使用法律武器同反党反社会主义的势力和各种刑事犯罪分子进行斗争。为了确立法制的权威，邓小平特别有针对性地强调了两个方面。建立法律权威第一个方面就是，任何人都没有超越法律之上的权力。“公民在法律和制度面前人人平等，党员在党章和党纪面前人人平等。人人有依法规定的平等权利和义务，谁也不能占便宜，谁也不能犯法。不管谁犯了法，都要由公安机关依法侦查，司法机关依法办理，任何人都不许干扰法律的实施，任何犯了法的人都不能逍遥法外。”②

① 《邓小平文选》第 2 卷，人民出版社，1994 年版，第 359 页。
② 《邓小平文选》第 2 卷，人民出版社，1994 年版，第 332 页。

邓小平尤其强调了干部及其家属这个群体。他说，“越是高级干部子弟，越是高级干部，越是名人，他们违法事件越要抓紧查处。”① 建立法律权威的第二个方面，就是党必须在宪法和法律范围内活动。邓小平强调，“党委领导的作用第一条就是应该保证法律生效、有效，没有立法之前，只能按政策办事，法立了以后，就要坚决按照法律办事。”②“党要管党纪的问题，法律范围的问题应该由国家和政府管，党干预太多，不利于在全体人民中树立法制观念。”为了加强法制，邓小平还提出除了要抓司法干部队伍素质以外，还要进一步增强法制观念教育，提出“法制教育要从娃娃开始，小学、中学都要进行这个教育，社会上也要进行这个教育”。③ 正如美国学者戴维·W. 张所说，邓小平在和平改革领导制度方面取得很大的成功。“从制度上保证党和国家生活的民主化、经济管理的民主化、整个社会生活的民主化，促进现代化建设事业的顺利发展。”这些都为依法治国基本方略的提出奠定了理论基础。

四、谨慎推进政治体制改革

中国和国外的历史经验反复证明，现代国家建设中社会的有效治理与民主政治发展的诸多因素的紧张关系会凸显在后发国家的现代国家建设中。现实中，由于社会治理的失控，导致发展中国家的民主化往往不能成为现代国家建设的一个过程，反而可能是国家毁灭的过程；民主化经常表现为多民族国家的解体和消失。即使有些后发国家通过民主化改革，建立了民主体制，仍然会面临民主巩固的艰巨任务。国家建设的落后和国家能力的匮乏往往使脆弱的民主

① 《邓小平文选》第3卷，人民出版社，1993年版，第152页。
② 《邓小平思想年谱》(1975—1977年)，中央文献出版社，1998年版，第122页。
③ 《邓小平文选》第3卷，人民出版社，1993年版，第163页。

体制徒具形式，甚至回复到前民主体制，这也使二战以后许多发展中国家即使选择了民主体制，但还是纷纷走向新权威主义体制。美国学者亨廷顿甚至认为，“今天的非西方国家可能实现了政治现代化或者实现了民主多元化，但是它们却不可能兼有两者”。因此，处理好民主化与现代国家建设中的社会治理是所有后发国家进行国家建设的核心政治问题。而中国这个超大规模的社会，在人口规模、疆域面积、国家的治理手段、社会的组织形式、国家与社会（狭义的社会）关系等方面都表现出规模巨大和错综复杂的特征。这一特征决定了在中国，现代国家建设与政治发展的一系列重大问题，如政治权力运作过程的变化、统治与治理的有效性、资源的提取与分配、合法性基础的转换以及革命、骚乱与群体行动的动因等等的现代国家建设问题会更加棘手与突出。[①] 邓小平不是从浪漫主义的价值出发，而是从现实主义的历史和经验出发，来看待中国的社会主义现代化问题，在有效性中逐步积累民主政治的合法性。也就是说，从满足人民日益增长的社会需要的战略角度出发，改革那些阻碍和不利于经济建设和社会建设的规则和议程结构，将政治体制改革作为社会主义制度自我发展和不断完善的内在需要，这是邓小平总结建国以来历史经验和改革开放以来新鲜经验的重要结论。

邓小平提出深化政治体制改革的主要目的在于，从根本上革除我国政治体制和一些具体制度中存在的各种弊端，更好地为发展社会主义民主政治清除体制性障碍。早在1980年邓小平就提出对党和国家领导体制进行改革，1986年又明确提出“政治体制”的概念，并且设计了政治体制改革的基本蓝图。邓小平指出：“现在看，不搞政治体制改革不能适应形势。改革，应该包括政治体制改革，而且应该把它作为改革向前推进的一个标志。现在经济体制改革每前进一步，都深深感到政治体制改革的必要性。不改革政治体制，就不能保障经济体制改革的成果，不能使经济体制改革继续前进，就会阻碍生产力的发展，阻碍四个现代化的实现。”这些论述深刻地阐述

---

① 袁峰：《合作治理中的协商民主》，载《理论与改革》2012年第10期。

了深化政治体制改革对于推动经济体制改革，发展社会生产力，加快推进社会主义现代化，尤其是发展社会主义民主政治都具有不可替代的动力作用。政治体制改革的目的，总的来讲是要消除官僚主义，发展社会主义民主，调动人民和基层单位的积极性。要通过改革，处理好法治和人治的关系，处理好党和政府的关系。通过政治体制改革完善社会主义民主制度，推进社会主义政治文明的发展。

第一，邓小平主张的政治体制改革既不是空洞的形式上的游戏，更不是对政治体制合法性的再造，而是将政治体制改革的有效性置于重要地位，认为政治体制改革应该同经济体制改革相互依赖、相互配合。1987 年 3 月，邓小平在阐述评价政治体制的标准时，鲜明指出："我们评价一个国家的政治体制、政治结构和政策是否正确，关键看三条：第一是看国家的政局是否稳定；第二是看能否增加人民的团结，改善人民的生活；第三是看生产力能否得到持续发展。"忽视了改革的有效性，空洞的形式化改革，只会延误政党发展的宝贵时机。例如苏共对于自身体制上存在的问题，其实早有察觉，并非视而不见，早在苏共二十大上就提出要对斯大林模式进行改革。但是，由于缺乏正确的理论指导、总体的规划和科学的实验，赫鲁晓夫改革未能从根本上打破斯大林模式，反而被苏共以"犯有主观主义和唯意志论错误"的名义解除其领导职务。结果一直到戈尔巴乔夫自杀式的"休克疗法"之前，苏联仅仅做了一些表面上的形式主义的改革，尽管期间也有勃列日涅夫时代的短暂的繁荣，但是诸多历史遗留问题实质上并未解决，赫鲁晓夫时代改革失败以后苏联共产党形式上的自我游戏，耗空人们对体制自我发展的期待，最终为苏共的失败和苏联解体埋下了祸根。另一方面，因为从政治合法性出发所启动的政治发展往往是强政治动员的政治发展，很容易放大政治的压力，在社会质量、制度牢度和国家整合都有限的条件下，其可能带来的风险要大大高于从政治有效性出发启动的政治发展。从政治有效性出发启动的政治发展，也是能够有效地关照到政治合法性的，对于中国这样的社会来说，这条路径显然更稳妥、更有效一些。政治发展显然不能罔顾结构的压力。由于受其资源禀赋、人口压力、赶超战略和新旧利益的制约，中国的发展进程充满着紧张冲突的性质，表现为人口超大规模与人均资源极度贫乏的尖锐对立、资本主义全球化与中国核心制度逻辑的深刻矛盾。改革开放以来的经验证明，中国的改革开放就是围绕着创造有效的发展而展开的。党的领导得以维护和坚持，不是通过权力向党集中来完成的，而是通过有效改革和完善党的领导来坚持；通过中央的宏观调控体系的完善和调控的有效来坚持；通过党自身的建设，尤其是通过党的先进性和执政能力建设来坚持；通过党的意识形态对社会的有效作用和积极适应来坚持。发展的成效不仅是国家的进步与民众的幸福，而且深刻地影响民众对党和国家的信心以及对社会主义制度的信念，也深刻地影响整个世界对中国的认知和判断。这种建立在有效性基础上的认知和判断又能直接影响到国内的民众对党和政府的认识和认同。这样，经过30年有效变革中的制度积累，党的领导不仅在新的政治、经济与社会格局中得到巩固，而且逐渐形成了与新的格局相契合的新的领导体系。改革开放以来在有效的民生政治的推动下成长起来的民主和法治的机制，是在现有体制内协调发展起来的成果。

第二，社会主义民主政治必须有序推进。邓小平关于民主政治的又一个重要论点是“民主是我们的目标，但国家必须保持稳定”。这个重要思想集中体现在《压倒一切的是稳定》这个谈话中。他强调，“中国正处在特别需要集中注意力发展经济的进程中。如果追求形式上的民主，结果是既实现不了民主，经济也得不到发展，只会出现国家混乱、人心涣散的局面。我们要发展社会主义民主，但匆匆忙忙地搞不行，搞西方那一套不行。民主是我们的目标，但国家必须保持稳定。”他强调，“中国一定要坚持改革开放，这是解决中国问题的希望。但是要改革，就一定要有稳定的政治环境。”“中国的问题，压倒一切的是需要稳定。没有稳定的环境，什么都搞不成，已经取得的成果也会失掉。”他提出，“在政治体制改革方面，最大的目的是取得一个稳定的环境。……中国的最高利益就是稳定。”“我们搞四化，搞改革开放，关键是稳定。”“中国要实现自己的发展目标，必不可少的条件是安定的国内环境与和平的国际环境”。[①]因此要充分研究推进民主政治建设的路径、步骤和节奏，尽量避免民主政治建设所引发的大规模的政治动员。民主政治建设是在改革开放与现代化建设的经济与社会基础的互动中开展的。这其中既有政治发展的基础与资源，也有政治发展的挑战与问题。发展社会主义民主是一个渐进过程。民主的发展必须与其存在的客观条件相适应。邓小平强调："我们要发展社会主义民主，但匆匆忙忙地搞不行。中国国家这么大，情况太复杂，改革不容易。因此，决策要慎重，方法要细密，步骤要稳妥，不论干什么工作，都要先从一两件事上着手，不能一下子大干，那样就乱了。”[②] 所以，民主政治建设要根据主客观条件的成熟程度，一步一步地来，不能急于求成，匆忙行事。要把现行的社会经济体制和经济发展水平、现实的政治力量作为民主政治建设的基础。邓小平指出："我们现在提出政治体制改革，是根据我国的实际情况决定的。”“像我们这样一个大国，人口这么多，地区之间又不平衡，还有这么多民族，高层搞直接选举现在条件还不成熟，首先是文化素质不行。”“改革要成功，就必须有领导有秩序地进行”。与此同时，他进一步指出政治体制改革的内容和步骤也必须依据中国的实际情况，因为“每一个社会主义国家的改革又都是不同的，历史不同，经验不同，现在所处的情况不同，各国的改革不可能一样。但是，共同的一点是要保持自己的优势，避免资本主义社会的毛病和弊端”。这些重要论述充分体现了坚持从中国实际出发，既积极又稳妥地推进社会主义民主政治建设的科学思维方法和正确的发展路径。

第三，邓小平主张改变权力过分集中的体制。邓小平一贯主张把权力合理地下放到地方和基层，充分发挥基层单位的积极性。在1978年的中央工作会议上，他提出“经济民主”的问题，核心就是，“应该让地方和企业、生产队有更多的经营管理的自主权”。

---

① 《邓小平文选》第3卷，人民出版社，1993年版，第286页。
② 《邓小平文选》第3卷，人民出版社，1993年版，第156页。

1986年11月，他又提出，农村改革是权力下放，城市经济体制改革也要权力下放，下放给企业，下放给基层。我国的改革实践已充分证明，只有将权力合理地下放到企事业、生产队，让这些基层单位有充分的经营管理的自主权，他们的积极性才能充分调动起来，广大劳动者的主人翁作用也才能充分发挥出来。这不仅提高了经济活动的效益和效率，也贯彻了人民当家作主的根本要求。关于精简机构，邓小平指出，机构臃肿是权力下放的障碍。只有精简机构，简化手续，提高效率，权力下放才可行。邓小平把精简机构和权力下放联系在一起，作为政治体制改革的重要内容提出，既表明他对精简机构的高度重视，也表明他对权力下放的深层次认识。1982年，邓小平深刻指出，“精简机构是一场革命”，“如果不搞这场革命，让党和国家的组织继续目前这样机构臃肿重叠、职责不清，许多人员不称职、不负责，工作缺乏精力、知识和效率的状况，这是不可能得到人民赞同的，包括我们自己和我们下面的干部。这确是难以为继的状态，确实到了不能容忍的地步，人民不能容忍，我们党也不能容忍”。新时期以来，邓小平有过两次“革命”的表述：一次是众所周知的“改革是第二次革命”；另一次就是这里提到的“精简机构是一场革命”。由此可以看出，他对精简机构的高度重视。

第四，党内民主是社会主义民主政治的重要和主要内容之一。以党内民主推进社会主义民主政治建设是我们党历史经验的科学总结。党内民主风气的好坏，直接关系到党和国家政治生活的全局，关系到党和国家事业的兴衰成败。新中国成立之初，我们党积极探索社会主义民主政治的发展道路，取得了很大成绩。但从20世纪50年代后期开始，由于国内外形势的急剧变化，加上党内个人崇拜现象的滋长，党内民主受到严重削弱，这成为导致“十年浩劫”的一个重要原因。邓小平反复强调：如果党内民主生活搞不好，我们就没有资格谈什么社会主义民主、人民民主，更不可能建设好社会主义民主。相反，党内民主生活搞好了，民主制度健全了，就会对全国、全社会范围的民主建设产生极大的影响，起到巨大的推动作用。党的十三大报告明确提出：“以党内民主来逐步推动人民民主，是发展社会主义民主政治的一条切实可行、易于见效的途径。”关于党内民主与人民民主建设一致性的思想，是邓小平在社会主义政治民主建设上的一个重要理论贡献，极大地丰富了社会主义民主政治建设理论。邓小平认为，发展党内民主是调动广大党员积极性，促进党的团结统一的需要。必须大力发展党内民主、维护党员党内平等地位，由于历史和现实的种种原因，“党内确实存在权力过分集中的官僚主义。……许多重大问题往往是一两个人说了算，别人只能奉命行事。”“不论是担负领导工作的党员，或者是普通党员，都应以平等态度互相对待，都平等地享有一切应当享有的权利，履行一切应当履行的义务。上级对下级不能颐指气使，尤其不能让下级办违反党章国法的事情；下级也不应当对上级阿谀奉承，无原则地服从、‘尽忠’”。[①] 只有这样，才能实现党员各项民主权利，调动广大党员参与党的生活和党的建设的热情和积极性，克服命令主义、官僚主义和分散主义、小团体主义，进行正确的集中，凝聚全党的意志和信念，促进全党的团结和统一，巩固和发展党的执政地位。

第五，邓小平的民主政治理论是对社会主义民主政治理论的一种自我提高。社会主义作为对资本主义制度的一种批判和否定，是对资本主义制度的矛盾和弊端及其解决方法认识的产物。因此社会主义民主建设必须是建立在对资本主义民主制度本质的高度认识的基础上的批判发展。这是没有历史经验可循的，也没有教科书可以教的。资本主义民主政治制度虽然在不断暴露着它的弊端，但是仍然具有自身的生命力，不会立刻退出历史的舞台，社会主义民主政治制度必须要学会与之共存。不但如此，而且还要根据自身的特点以及实际情况来具体甄别和借鉴，对于其在发展过程中所暴露出的问题以及现象，也不要一概而论地抛弃，而是要在仔细研究、论证的基础上再进行取舍。不能把民主的诸多内涵和形式与资本主义划等号。邓小平认为，如果要与资本主义作比较的话，社会主义应该比资本主义更民主，在民主政治建设上比资本主义做得更好。邓小

① 《邓小平文选》第2卷，人民出版社，1994年版，第331页。

平在没有任何借鉴的情况下，摸索前进，提出了一国两制的政治理论。这是“我们根据中国自己的情况提出来的”，[1] 是实事求是的产物，是邓小平丰富的政治经验和政治智慧完美运用的体现。既尊重历史，又尊重现实，从各方实际出发，兼顾各方利益，不仅和平解决了祖国的统一问题，也是解决国际争端的一个新思路。这一理论补充和发展了马克思主义的民主政治理论，为中国如何在与资本主义的民主政治制度和平共处的条件下开展社会主义现代化，开辟了道路，体现了中国特色的社会主义民主政治理论的适应性和自主性。

① 《邓小平文选》第3卷，人民出版社，1993年版，第59页。

第六章　中国式民主思想的当代发展

改革开放后，以邓小平为核心的中国共产党第二代领导集体，把工作重心从“以阶级斗争为纲”转移到“以经济建设为中心”上来，全面启动了社会主义建设，掀开了中国社会主义发展新的一页，20世纪80年代的中国在经济发展、政治发展以及精神文明建设上都取得了令世人瞩目的成绩，从而把社会主义在中国的发展重新引上“正轨”。然而，20世纪80年代末90年代初，“国内发生严重政治风波，国际上东欧巨变、苏联解体，世界社会主义出现严重曲折，我国社会主义事业的发展面临空前巨大的困难和压力，我们党和国家处在决定前途命运的重大历史关头”①，社会主义该何去何从，该如何建设，成为摆在执政党中国共产党面前的重大时代挑战。以江泽民为核心的中国共产党第三代领导集体和以胡锦涛为核心的第四代领导集体，坚持以经济建设为中心，坚持改革开放，从容应对来自各方面的困难和风险，全面深入地推进社会主义现代化建设，开创了中国特色社会主义事业新局面，最终创建了中国特色社会主义的宏大理论体系，从而为在中国进行社会主义建设确立了理论指导思想。随着中国特色社会主义理论体系的提出和逐步完善，中国特色社会主义民主政治理论也日趋成熟，形成了适应时代发展的民主政治行动纲领。

---

① 胡锦涛：《在学习〈江泽民文选〉报告会上的讲话》（二〇〇六年八月十五日），载中共中央文献研究室、中共中央政策研究室编：《〈江泽民文选〉学习导读》，中央文献出版社，2006年版，第8页。

一、当代民主思想发展的时代背景

1989年6月，在国际风云急剧变幻，国内政治风波刚刚平息，内外压力空前巨大的严峻时刻，以江泽民为核心的新的中共中央领导集体，继往开来，承担起了在中国全面推进社会主义建设事业的历史重任。在这一关键的历史时期，在建设中国特色社会主义的实践中，以江泽民为核心的中国共产党第三代领导集体，继续探索“中国特色社会主义”的时代课题，继承和发扬了中国共产党第二代领导集体实事求是的马克思主义务实作风，加深了对什么是社会主义、怎样建设社会主义和建设什么样的党、怎样建设党的认识，积累了治党治国新的宝贵经验，形成了“三个代表”的重要思想。关于社会主义民主政治的思想无疑是这一新的丰富理论体系中的重要内容。在民主政治的思想上，江泽民在总结历史经验和教训的基础上，系统地阐释了中国特色社会主义政治发展的理念，提出了当代中国政治发展的目标取向和路径选择，为推进社会主义民主政治的发展提供了理论指南。

以胡锦涛为核心的中共中央第四代领导集体，面对新世纪全球化和信息化发展的挑战，提出了“科学发展观”，并于中国共产党的十七大上，首次提出中国特色社会主义理论体系，提出了“民主是社会主义的生命”的论断，继续推动社会主义民主政治理论不断发展，推动着中国共产党的民主政治思想朝着更加现代化、制度化和具体化的方向不断发展。

具体来说，中国共产党第三代领导集体与第四代领导集体所处的时代背景主要表现在以下几个方面：

（一）社会主义市场经济体制的全面确立和全方位推进

1992 年春天邓小平的“南方讲话”和 1992 年 6 月江泽民在中央党校省部级干部进修班上发表的“6·9”重要讲话（《深刻领会和全面落实邓小平同志的重要谈话精神，把经济建设和改革开放搞得更快更好》的讲话，从九个方面阐述了如何深刻领会和全面落实邓小平谈话的精神。在谈到计划与市场问题时，他列举了关于对计划与市场和建立新经济体制问题上的几种不同的提法，并说，我个人的看法，比较倾向于使用“社会主义市场经济”这个提法①），奠定了 1992 年 10 月 12—18 日在北京召开的中国共产党第十四次全国代表大会的主题：《加快改革开放和现代化建设步伐，夺取有中国特色社会主义事业的更大胜利》。这份报告的一个重大突破就是把社会主义经济体制改革的目标定为“社会主义市场经济”，取代了此前被普遍使用的表达方式“社会主义经济体制”，报告明确提出了“我国经济体制改革的目标是建立社会主义市场经济体制”，并指出“社会主义市场经济体制是同社会主义基本制度结合在一起的”。② 江泽民在中国共产党十四大上所做的报告，全面廓清了从 1978 年邓小平开启改革到 1992 年邓小平南巡这一期间内的意识形态争论，这对中国社会主义事业的发展至关重要，因为，此后“争论结束了，道路扫清了，速度加快了”③。

1993 年 11 月中共十四届三中全会通过的《关于建立社会主义市场经济体制若干问题的决定》，明确提出要建立社会主义市场经济体制，社会主义市场经济体制是同社会主义基本制度结合在一起的。

---

① 江泽民：《关于在我国建立社会主义市场经济体制》（一九九二年六月九日），载《江泽民文选》第 1 卷，人民出版社，2006 年版，第 198—205 页。

② 江泽民：《加快改革开放和现代化建设步伐，夺取有中国特色社会主义事业的更大胜利》（一九九二年十月十二日），载《江泽民文选》第 1 卷，人民出版社，2006 年版，第 226 页、227 页。

③ ［美］罗伯特·劳伦斯·库恩：《他改变了中国，江泽民传》，谈峥、于海江等译，世纪出版集团、上海译文出版社，2005 年版，第 182 页。

进入21世纪，以胡锦涛为核心的中国共产党第四代领导集体继承了第三代领导集体经济体制改革和建设的思想，党的十七大报告进一步提出了要“加快转变经济发展方式，完善社会主义市场经济体制”的发展任务，“大力推进经济结构战略性调整”，提高经济增长的质量和效益，“更好发挥市场在资源配置中的基础性作用”。[①]

根据马克思主义的基本原理，经济基础决定上层建筑，政治模式的渊源在于它赖以生存的经济因素。因此，20世纪90年代以来，中国纵深不断推进的经济体制改革势必会带来整个社会结构的变迁，从而影响上层建筑，并要求上层建筑与之相适应。正如有的学者所言：“改革的本质是关于人们利益关系的变迁。”[②] 20世纪90年代，随着社会主义经济体制改革的深入发展，社会利益结构发生了巨大变迁，人们的利益意识开始觉醒。与此同时，市场经济中崇尚自由和追求平等的民主精神与原则，开始对人们的政治生活产生广泛的渗透和影响，并导致民主意识的增强，“公民已经意识到，他们必须积极主动地表明并追求其利益。因此，他们已经成为消息更灵通、自我意识更强，也更活跃的中国公民。”[③]

社会主义市场经济体制的全面确立与全方位推进，开启了“市场经济—利益分化—利益诉求—政治参与—民主发展”的“‘经济—政治’内在逻辑所铸就的社会生态链。已经走向市场经济社会的中国，不能不继续推进民主政治的发展”[④]。因此，执政党关于民主政治的思想也必然会进行相应的适应性调整。

---

① 胡锦涛：《高举中国特色社会主义伟大旗帜，为夺取全面建设小康社会新胜利而奋斗》（二〇〇七年十月十五日），载中共中央文献研究室：《十七大以来重要文献选编》（上），中央文献出版社，2009年版，第17页。

② 李强：《中国社会分层结构的新变化》，载李培林、李强、孙立平等著：《中国社会分层》，北京：社会科学文献出版社，2004年版，第16页。

③ ［美］李侃如：《治理中国——从革命到改革》，胡国成、赵梅译，社会科学文献出版社，2010年版，第302页。

④ 浦兴祖：《以人大民主为重点，继续推进中国民主政治的发展》，载《复旦学报》（社会科学版），2005年第5期。

(二) 西方民主政治的大范围实践及其效应延展

民主是现代政治文明的成果，民主政治是人类政治生活的共同理想和共同目标。尽管马克思、恩格斯从本质上揭露了资本主义的种种弊端和罪恶，但是他们仍然认为资本主义民主政治是一个巨大的历史进步。

发展社会主义民主政治是中国共产党“始终不渝的奋斗目标”①。随着20世纪80年代中国改革开放和社会主义现代化建设事业的不断发展，人们对社会主义民主政治建设的要求愈加迫切。然而，由于1989年的“苏东波”事件，两极格局解体，一些社会主义国家纷纷改行西方资本主义国家的政治制度和经济制度，从而使得世界范围内的社会主义事业遭受重创。在世界范围内，社会主义民主政治与资本主义民主政治相比之下似乎显得弱小。西方民主所奉行的自由民主思潮也大行其道。

21世纪初，随着全球经济一体化的加速、欧盟的东扩以及美国重返亚太战略的确立与推进，西方自由民主理念主导的“民主化”的浪潮也在全世界范围延展。

与此同时，2001年中国的入世，使得中国经济、政治、文化等方面也越来越成为世界经济、政治、文化不可分割的一部分，在与世界日益一体化的碰撞和交流中，也势必越来越感受到西方民主浪潮的冲击和挑战。作为一个开放的负责任的文明大国，中国绝不可也绝不会无视于这场民主浪潮的洪流，其应对就是大力发展社会主义民主政治。

(三) 一党执政、多党参政的中国政党制度

从传统中国走向现代中国，推动中国实现现代化的过程中，“政

---

① 江泽民：《高举邓小平理论伟大旗帜，把建设有中国特色社会主义事业全面推向二十一世纪》(一九九七年九月十二日)，载《江泽民文选》第2卷，人民出版社，2006年版，第28页。

党承担了艰巨的任务，建立民族国家政权的过程与革命的过程同社会淘汰性选择政党和政党制度的过程在很大程度上合二为一”[①]。经过长期艰苦的历史选择，中国共产党通过以党建军、以党建国的方式，结束了中国半殖民地半封建的社会形态，奠定了中国现代化发展的历史前提，开启了中国国家成长的第一步，成为领导中国现代化建设事业的领导力量，并在此过程中，逐步确立了中国的社会主义制度。因此，在社会主义的政治逻辑下，中国共产党的领导成为中国社会主义革命和建设的核心与首要政治前提。

回顾历史，在推动中国社会主义现代化建设事业发展的过程中，中国共产党展示了主导和影响中国社会的巨大力量。20 世纪 40 年代末 50 年代初，面对封锁的国际环境和国内经济建设的艰巨任务，以毛泽东为核心的中国共产党第一代领导集体领导中国经济取得了巨大成就，但在尽快实现社会主义现代化的迫切心情驱使下，50 年代中后期却走上了经济上激进发展、政治上高度集权的发展模式，以致走向“文化大革命”的危险境地，险些葬送社会主义。1980 年 8 月 18 日，邓小平以“党和国家领导制度的改革”为突破口，带领中国共产党第二代领导集体重启社会主义经济建设和政治建设的进程，创立了有中国特色的社会主义理论，科学回答了如何建设和发展社会主义的问题，使中国的社会主义建设得到了巨大发展。

2007 年 11 月 15 日中华人民共和国国务院新闻办公室发布了《中国的政党制度》白皮书，明确指出：“中国实行的政党制度是中国共产党领导的多党合作和政治协商制度，它既不同于西方国家的两党或多党竞争制，也有别于有的国家实行的一党制。这一制度在中国长期的革命、建设、改革实践中形成和发展起来，是适合中国国情的一项基本政治制度，是具有中国特色的社会主义政党制度，是中国社会主义民主政治的重要组成部分。”[②]

---

① 王邦佐：《中国政治文明与中国政党制度》，载王邦佐：《政治学与当代中国政治研究》，上海人民出版社，2005 年版，第 215 页。

② 《〈中国的政党制度〉白皮书》（2007 年 11 月 15 日），新华网 http：//news. xinhuanet. com/politics/2007 – 11/15/content_ 7085239. htm。

但是，对中国有如此巨大影响力的中国共产党，如若不能在思想上政治上组织上完全巩固，不能经受住各种风险，不能始终走在时代前列，那么这影响的不仅仅是中国共产党的执政地位，更重要的是这将给中国社会主义现代化建设事业带来不可估量的后果。破解这一困局的出路是什么？那就是坚决彻底地推进党的民主集中制，加强党内民主建设，确保党的决策的科学化和民主化。

可以说，正是国内社会主义市场经济体制的全面确立和全方位推进，国际上“自由民主”政治浪潮的挑战，以及一党执政、多党参政的中国政党制度，推动着中国的社会主义民主政治建设朝着更高程度和更深层次不断发展。

二、当代民主思想的主要内容

（一）以党内民主带动人民民主

如何推动中国的民主政治建设，一直是人们关注的焦点。就这个问题，政治学界形成了几种不同的观点：第一种是自下而上推动的学理设计，即以基层民主主要是村民自治推动人民民主的发展；第二种是自上而下改革的发展思路，即通过从中央到地方渐次推进的政治体制改革以实现国家生活的民主化；第三种是以党内民主示范和带动人民民主的思路。虽然，实践中这几种不同的路径都在不断发展，但是党和政府比较赞同的路径是第三种。

在党的文件中最先提出这一问题的是1987年党的十三大：“以党内民主来逐步推动人民民主，是发展社会主义民主政治的一条切实可行、易于见效的途径。”① 十四届四中全会通过的关于党的建设

① 《沿着有中国特色的社会主义道路前进》（1987年10月25日），载中共中央文献研究室：《十三大以来重要文献选编》（上），中央文献出版社，2011年版，第43页。

的几个重大问题的决定，重申了十三大的这一论述，“发扬党内民主必然推动人民民主，这也是建设社会主义民主政治的一条重要途径”①，此后这一思想不断完善。《在庆祝中国共产党成立八十周年大会上的讲话》中，江泽民就已经明确指出：“通过发展党内民主，积极推动人民民主的发展。”② 在党的十六大上，江泽民从社会主义政治文明建设的高度对此作了新的全面的论述，指出“党内民主是党的生命，对人民民主具有重要的示范和带动作用”③，在党的历史上第一次提出“党内民主是党的生命”，从而把党内民主的重要性提到了前所未有的高度。

十六大以后，胡锦涛承继了江泽民关于“党内民主是党的生命”的战略命题，并结合新的实际，在党的十七大上继续强调“要以扩大党内民主带动人民民主，以增进党内和谐促进社会和谐”。④ 而且，中国共产党对由党内民主带动人民民主的路径选择是深信不疑的，十七届四中全会再次提出：“党内民主是党的生命。……坚持以党内民主带动人民民主。”⑤ 2012 年 11 月 8 日，在党的十八大上，胡锦涛再次代表中国共产党领导集体阐明了这一基本观点：“党内民主是党的生命。要坚持民主集中制，健全党内民主制度体系，以党内民主带动人民民主。”⑥

可见，无论是中国共产党第二代领导集体、第三代领导集体，

---

① 《中共中央关于加强党的建设几个重大问题的决定》（中国共产党第十四届中央委员会第四次全体会议 1994 年 9 月 28 日通过），中央文献研究室编：《中共十三届四中全会以来历次全国代表大会中央全会重要文献选编》，2002 年版，中央文献出版社，第 319 页。

② 江泽民：《在庆祝中国共产党成立八十周年大会上的讲话》（二〇〇一年七月一日），江泽民：《江泽民文选》第 3 卷，人民出版社，2006 年版，第 288 页。

③ 江泽民：《全面建设小康社会，开创中国特色社会主义事业新局面》（二〇〇二年十一月八日），人民出版社，2002 年版，第 50 页。

④ 胡锦涛：《高举中国特色社会主义伟大旗帜，为夺取全面建设小康社会新胜利而奋斗》（二〇〇七年十月十五日），载中共中央文献研究室：《十七大以来重要文献选编》（上），中央文献出版社，2009 年版，第 22 页。

⑤ 《中共中央关于加强和改进新形势下党的建设若干重大问题的决定》（二〇〇九年九月十八日中国共产党第十七届中央委员会第四次全体会议通过），中共中央文献研究室：《十七大以来重要文献选编》（中），中央文献出版社，2011 年版，第 148 页。

⑥ 胡锦涛：《坚定不移沿着中国特色社会主义道路前进，为全面建成小康社会而奋斗》（二〇一二年十一月八日），载《人民日报》，2012 年 11 月 18 日。

还是其第四代领导集体，对于通过党内民主发展人民民主始终抱有强烈的信心，并认为这是发展社会主义民主政治的正确路径。因为“中国的‘党治国家’政制决定了‘党国同构’的权力组织体系，即我们常说的‘党和国家领导体制’（这也就意味着，国家生活（即国家的政制）的民主化有赖于党内民主，或者说党内民主是国家民主的前提”[①]，“党在国家政治体系中的核心领导地位，决定了……党内民主化的程度对国家政治生活民主化的程度具有直接的决定性的影响。”[②]

因此，通过党内民主带动人民民主，绝不是忽视人民民主和基层民主的发展。相对于党内民主和基层民主，人民民主是目的。中国实行的是社会主义制度，人民民主是社会主义制度的本质要求。它“从价值上讲，就是人民整体掌握国家权力，当家作主；制度上讲，就是以人民代表大会制度为根本制度的民主制度体系”[③]。

民主是社会主义的本质属性，“社会主义民主的本质是人民当家作主，国家一切权力属于人民”[④]，中国共产党“历来以实现和发展人民民主为己任”[⑤]，共产党执政就是领导和支持人民当家作主。第三代领导集体首次论述了“共产党执政，就是领导和支持人民掌握管理国家的权力，实行民主选举、民主决策、民主管理和民主监督，保证人民依法享有广泛的权利和自由，尊重和保障人权”[⑥] 的思想，

---

① 杨光斌，李冬：《以“党内民主带动人民民主”还是“以党内民主带动国家民主”》，载《探索与争鸣》，2012 年第 10 期。

② 甄小英，李清华：《以党内民主推进人民民主》，载《求是》，2003 年第 12 期。

③ 林尚立：《政党与国家建设：理解中国政治的维度》，载陈明明主编：《复旦政治学评论》（第十一辑），上海人民出版社，2012 年版，第 11 页、13 页。

④ 江泽民：《高举邓小平理论伟大旗帜，把建设有中国特色社会主义事业全面推向二十一世纪》（一九九七年九月十二日），载《人民论坛》，1997 年第 10 期。

⑤ 江泽民：《全面建设小康社会，开创中国特色社会主义事业新局面》（二〇〇二年十一月八日），载中共中央文献研究室：《十六大以来重要文献选编》（上），中央文献出版社，2011 年版，第 24 页。

⑥ 江泽民：《高举邓小平理论伟大旗帜，把建设有中国特色社会主义事业全面推向二十一世纪》（一九九七年九月十二日），载中共中央文献研究室：《十五大以来重要文献选编》（上），中央文献出版社，2011 年版，第 27 页。

指出共产党执政的目的就是为了保证人民当家作主，成为国家和社会的主人。因此，“我国实行的人民民主专政的国体和人民代表大会制度的政体……，必须坚持和完善”①。江泽民同志“三个代表”的重要思想中所提到的“我们党要始终代表中国最广大人民的最根本利益”②，正是人民民主本体性地位的体现。

胡锦涛更是把人民民主提高到“人民民主是社会主义的生命”的高度。而且，他还指出：要“扩大人民民主，保证人民当家作主。人民当家作主是社会主义民主政治的本质和核心”③。“人民民主是我们党始终高扬的光辉旗帜。改革开放以来，我们总结发展社会主义民主正反两方面经验，强调人民民主是社会主义的生命，坚持国家一切权力属于人民，不断推进政治体制改革，社会主义民主政治建设取得重大进展，成功开辟和坚持了中国特色社会主义政治发展道路，为实现最广泛的人民民主确立了正确方向。……必须继续积极稳妥推进政治体制改革，发展更加广泛、更加充分、更加健全的人民民主。”④

当然，基层民主也是社会主义民主政治的重要内容，中国共产党也从没有放弃发展基层民主。无论是党的第三代领导集体，还是党的第四代领导集体都一贯重视发展基层民主。

1997 年 9 月，江泽民在十五大报告中指出：“扩大基层民主，保证人民群众直接行使民主权利，依法管理自己的事情，创造自己

---

① 江泽民：《高举邓小平理论伟大旗帜，把建设有中国特色社会主义事业全面推向二十一世纪》（一九九七年九月十二日），载中共中央文献研究室：《十五大以来重要文献选编》（上），中央文献出版社，2011 年版，第 26 页。

② 2000 年 2 月 25 日，江泽民在广东省考察工作时，首次提出“三个代表”的重要思想；2001 年 7 月 1 日，在庆祝中国共产党成立八十周年大会上，江泽民发表讲话全面阐述了“三个代表”的重要思想。

③ 胡锦涛：《高举中国特色社会主义伟大旗帜，为夺取全面建设小康社会新胜利为奋斗》（二〇〇七年十月十五日），载中共中央文献研究室：《十七大以来重要文献选编》（上），中央文献出版社，2009 年版，第 22 页。

④ 胡锦涛：《坚定不移沿着中国特色社会主义道路前进，为全面建成小康社会而奋斗》（二〇一二年十一月八日），载《人民日报》，2012 年 11 月 18 日。

的幸福生活，是社会主义民主最广泛的实践。”①

2012年11月8日，胡锦涛在中国共产党第十八次代表大会上，也再次表明中央发展基层民主的决心和信心：“发展基层民主，保障人民享有更多更切实的民主权利。人民依法直接行使民主权利，管理基层公共事务和公益事业，实行自我管理、自我服务、自我教育、自我监督，对干部实行民主监督，是人民当家作主最有效、最广泛的途径，必须作为发展社会主义民主政治的基础性工程重点推进。”②

可见，中国共产党关于“以党内民主带动人民民主”的发展路径选择，并不是要否定人民民主和基层民主，人民民主、基层民主和党内民主都是社会主义民主政治的重要组成部分。

（二）加强党内民主制度建设

由于中央高度赞成通过党内民主带动人民民主的社会主义民主政治发展路径，而且，由于党内民主本身就是一种“制度形式”，是“一系列制度安排”③，因此，关于党内民主及其制度建设就成为社会主义民主政治建设的重中之重。在党的十六大报告中，江泽民提出了要从制度上建立健全党内民主：“要以保障党员民主权利为基础，以完善党的代表大会制度和党的委员会制度为重点，从改革体制、机制入手，建立健全充分反映党员和党组织意愿的党内民主制度。”④

具体来说，党内民主制度建设主要包括以下五个方面的内容：

---

① 江泽民：《高举邓小平理论伟大旗帜，把建设有中国特色社会主义事业全面推向二十一世纪》（一九九七年九月十二日），载中共中央文献研究室：《十五大以来重要文献选编》（上），中央文献出版社，2011年版，第28页。

② 胡锦涛：《高举中国特色社会主义伟大旗帜，为夺取全面建设小康社会新胜利而奋斗》（二〇〇七年十月十五日），载中共中央文献研究室：《十七大以来重要文献选编》（上），中央文献出版社，2009年版，第23页。

③ 杨光斌，李冬：《以“党内民主带动人民民主”还是“以党内民主带动国家民主”》，载《探索与争鸣》，2012年第10期。

④ 江泽民：《全面建设小康社会，开创中国特色社会主义事业新局面》（二〇〇二年十一月八日），《江泽民文选》第3卷，人民出版社，2006年版，第570页。

第一，关于党员民主权利的制度建设。提倡重视党员的民主权利，即“尊重党员主体地位，保障党员民主权利，推进党务公开，营造党内民主讨论环境”[①]，“落实党员知情权、参与权、选举权、监督权”[②]。表现在制度建设上，就是“发展党内民主必须切实保障各级党组织和党员的民主权利。要疏通和拓宽党内民主渠道，……要制定党员权利保障条例，明确党员正确行使权利的原则和保障党员行使权利的措施”[③]，“建立和完善党内情况通报制度、情况反映制度和重大决策征求意见制度”[④]。同时，还要“建立党委新闻发言人制度，办好党报党刊和党建网站。拓宽党员意见表达渠道，建立健全党内事务听证咨询、党员定期评议基层党组织领导班子成员等制度。……扩大党内基层民主，发挥党的基层组织在保障党员民主权利方面的作用”[⑤]，“完善党员定期评议基层党组织领导班子等制度，推行党员旁听基层党委会议、党代会代表列席同级党委有关会议等做法，增强党内生活原则性和透明度”[⑥]。

第二，关于党的民主会议制度，即“完善党的代表大会制度，实行党的代表大会代表任期制，选择一些县（市、区）试行党代表大会常任制”[⑦]，“建立各级党代表大会代表提案制度，落实和完善

---

① 胡锦涛：《高举中国特色社会主义伟大旗帜，为夺取全面建设小康社会新胜利为奋斗》（二〇〇七年十月十五日），载中共中央文献研究室：《十七大以来重要文献选编》（上），中央文献出版社，2009年版，第39页。

② 胡锦涛：《坚定不移沿着中国特色社会主义道路前进，为全面建成小康社会而奋斗》（二〇一二年十一月八日），载《人民日报》，2012年11月18日。

③ 《中共中央关于加强党的建设几个重大问题的决定》（中国共产党第十四届中央委员会第四次全体会议1994年9月28日通过），中央文献研究室编：《十四大以来重要文献选编》（中），中央文献出版社，2011年版，第8—9页。

④ 江泽民：《全面建设小康社会，开创中国特色社会主义事业新局面》（二〇〇二年十一月八日），《江泽民文选》第3卷，人民出版社，2006年版，第570页。

⑤ 《中共中央关于加强和改进新形势下党的建设若干重大问题的决定》（二〇〇九年九月十八日中国共产党第十七届中央委员会第四次全体会议通过），中共中央文献研究室：《十七大以来重要文献选编》（中），中央文献出版社，2011年版，第149页。

⑥ 胡锦涛：《坚定不移沿着中国特色社会主义道路前进，为全面建成小康社会而奋斗》（二〇一二年十一月八日），载《人民日报》，2012年11月18日。

⑦ 胡锦涛：《高举中国特色社会主义伟大旗帜，为夺取全面建设小康社会新胜利为奋斗》（二〇〇七年十月十五日），载中共中央文献研究室：《十七大以来重要文献选编》（上），中央文献出版社，2009年版，第39页。

党代表大会代表任期制，建立健全代表参与重大决策、参加重要干部推荐和民主评议、列席党委有关会议、联系党员群众等制度和办法，做好代表联络工作，保障代表充分行使各项权利，充分反映党员意见和建议。”① 事实上，早在2002年的十六大上，江泽民就提出要“扩大在市、县进行党的代表大会常任制的试点”②。党的十八大上，胡锦涛又继续对健全党的民主会议制度提出了更高更细致的要求：“完善党的代表大会制度，提高工人、农民代表比例，落实和完善党的代表大会代表任期制，试行乡镇党代会年会制，深化县（市、区）党代会常任制试点，实行党代会代表提案制。”③

第三，关于民主执政的制度。“决策民主化是发展党内民主的重要内容，也是实现决策科学化的前提。要建立健全领导、专家、群众相结合的决策机制，逐步完善民主科学决策制度”④。决策民主化表现在党内，就是要“进一步完善党内内部的议事和决策机制”⑤，“完善党的地方各级全委会、常委会工作机制，发挥全委会对重大问题的决策作用。严格实行民主集中制，健全集体领导与个人分工负责相结合的制度，反对和防止个人或少数人专断。推行地方党委讨论决定重大问题和任用重要干部票决制。建立健全中央政治局向中央委员会全体会议、地方各级党委常委会向委员会全体会议定期报告工作并接受监督的制度”⑥，“提高科学决策、民主决策、依法决

---

① 《中共中央关于加强和改进新形势下党的建设若干重大问题的决定》（二〇〇九年九月十八日中国共产党第十七届中央委员会第四次全体会议通过），载中共中央文献研究室：《十七大以来重要文献选编》（中），中央文献出版社，2011年版，第149—150页。

② 江泽民：《全面建设小康社会，开创中国特色社会主义事业新局面》（二〇〇二年十一月八日），《江泽民文选》第3卷，人民出版社，2006年版，第570页。

③ 胡锦涛：《坚定不移沿着中国特色社会主义道路前进，为全面建成小康社会而奋斗》（二〇一二年十一月八日），载《人民日报》，2012年11月18日。

④ 《中共中央关于加强党的建设几个重大问题的决定》（中国共产党第十四届中央委员会第四次全体会议1994年9月28日通过），中央文献研究室编：《十四大以来重要文献选编》（中），中央文献出版社，2011年版，第8页。

⑤ 江泽民：《在庆祝中国共产党成立八十周年大会上的讲话》（二〇〇一年七月一日），《江泽民文选》第3卷，人民出版社，2006年版，第287页。

⑥ 胡锦涛：《高举中国特色社会主义伟大旗帜，为夺取全面建设小康社会新胜利为奋斗》（二〇〇七年十月十五日），载中共中央文献研究室：《十七大以来重要文献选编》（上），中央文献出版社，2009年版，第39—40页。

策水平，加强党委决策咨询工作，做好重大问题前瞻性、对策性研究，广泛听取党员、群众、基层干部意见和建议，发挥咨询研究机构、专家学者、社会听证在决策过程中的作用。落实重大决策报告制度，健全决策失误纠错改正机制和责任追究制度。完善集体领导与个人分工负责相结合的制度，提高运用民主方法形成共识、开展工作的本领，注意听取不同意见，防止个人或少数人说了算。"[①] 十八大上，胡锦涛尤其强调要继续"强化全委会决策和监督作用，完善常委会议事规则和决策程序，完善地方党委讨论决定重大问题和任用重要干部票决制"[②]。

第四，是关于党内民主选举制度的规定，要求"改革和完善党内选举制度"[③]，"改善党代表大会代表结构，提高基层一线代表比例，增强代表广泛性。扩大党代表大会代表对提名推荐候选人的参与"[④]，"改进和规范选举程序和投票方式，改进候选人介绍办法"[⑤]，"改进候选人提名制度和选举方式。推广基层党组织领导班子成员由党员和群众公开推荐与上级党组织推荐相结合的办法，逐步扩大基层党组织领导班子直接选举范围，探索扩大党内基层民主多种实现形式"[⑥]。十八大上，胡锦涛要求继续完善和推进党内选举制度："完善党内选举制度，规范差额提名、差额选举，形成充分体现选举

① 《中共中央关于加强和改进新形势下党的建设若干重大问题的决定》（二〇〇九年九月十八日中国共产党第十七届中央委员会第四次全体会议通过），载中共中央文献研究室：《十七大以来重要文献选编》（中），中央文献出版社，2011 年版，第 150 页。

② 胡锦涛：《坚定不移沿着中国特色社会主义道路前进，为全面建成小康社会而奋斗》（二〇一二年十一月八日），载《人民日报》，2012 年 11 月 18 日。

③ 江泽民：《全面建设小康社会，开创中国特色社会主义事业新局面》（二〇〇二年十一月八日），《江泽民文选》第 3 卷，人民出版社，2006 年版，第 570 页。

④ 《中共中央关于加强和改进新形势下党的建设若干重大问题的决定》（二〇〇九年九月十八日中国共产党第十七届中央委员会第四次全体会议通过），载中共中央文献研究室：《十七大以来重要文献选编》（中），中央文献出版社，2011 年版，第 149 页。

⑤ 《中共中央关于加强和改进新形势下党的建设若干重大问题的决定》（二〇〇九年九月十八日中国共产党第十七届中央委员会第四次全体会议通过），载中共中央文献研究室：《十七大以来重要文献选编》（中），中央文献出版社，2011 年版，第 150 页。

⑥ 胡锦涛：《高举中国特色社会主义伟大旗帜，为夺取全面建设小康社会新胜利为奋斗》（二〇〇七年十月十五日），载中共中央文献研究室：《十七大以来重要文献选编》（上），中央文献出版社，2009 年版，第 40 页。

人意志的程序和环境”[①]。

第五，关于党管干部制度中的民主原则，即“坚持民主、公开、竞争、择优，形成干部选拔任用科学机制。规范干部任用提名制度，完善体现科学发展观和正确政绩观要求的干部考核评价体系，完善公开选拔、竞争上岗、差额选举办法”[②]。

（三）社会主义民主是一种法治民主和有序民主

社会主义民主是一种法治民主和有序民主，而绝不是无序的混乱的民主，社会主义民主要逐步实现制度化、法律化、规范化和程序化。

党的十五大报告明确指出：“发展民主必须同健全法制紧密结合，实行依法治国。……逐步实现社会主义民主的制度化、法律化。”[③] 在报告中，还提出要坚持和完善人大制度、多党合作制度和政治协商制度，以及民族区域自治制度：“发展社会主义民主，制度更带有根本性、全局性、稳定性和长期性。坚持和完善人民代表大会制度，保证人民代表大会及其常委会依法履行国家权力机关的职能，加强立法和监督工作，密切人民代表同人民的联系。要把改革和发展的重大决策同立法结合起来。……坚持和完善共产党领导的多党合作和政治协商制度。坚持‘长期共存、互相监督、肝胆相照、荣辱与共’的方针，加强同民主党派合作共事，巩固我们党同党外人士的联盟。继续推进人民政协政治协商、民主监督、参政议政的规范化、制度化，使之成为党团结各界的重要渠道。……全面贯彻

---

① 胡锦涛：《坚定不移沿着中国特色社会主义道路前进，为全面建成小康社会而奋斗》（二〇一二年十一月八日），载《人民日报》，2012 年 11 月 18 日。

② 胡锦涛：《高举中国特色社会主义伟大旗帜，为夺取全面建设小康社会新胜利为奋斗》（二〇〇七年十月十五日），载中共中央文献研究室：《十七大以来重要文献选编》（上），中央文献出版社，2009 年版，第 40 页。

③ 江泽民：《高举邓小平理论伟大旗帜，把建设有中国特色社会主义事业全面推向二十一世纪》（一九九七年九月十二日），载中共中央文献研究室：《十五大以来重要文献选编》（上），中央文献出版社，2011 年版，第 26 页。

党的民族政策，坚持和完善民族区域自治制度。”① 十五大报告还提出了要扩大基层民主，健全城乡基层民主选举制度和民主监督制度。

2002年，中国共产党十六大报告把社会主义民主政治理论的发展又向前推进了一大步，提出了：“发展社会主义民主政治，最根本的是要把坚持党的领导、人民当家作主和依法治国有机统一起来。”这就要求中国共产党“领导和支持人民当家作主，最广泛地动员和组织人民群众依法管理国家和社会事务，管理经济和文化事业，维护和实现人民群众的根本利益”，要求“要着重加强制度建设，实现社会主义民主政治的制度化、规范化和程序化”。十六大报告还首次在中国共产党的代表大会报告中提出了“扩大公民的有序政治参与”：“健全民主制度，丰富民主形式，扩大公民有序的政治参与，保证人民依法实行民主选举、民主决策、民主管理和民主监督，享有广泛的权利和自由，尊重和保障人权。”并继续要求坚持完善人大制度、多党合作制度和政治协商制度，以及民族区域自治制度：“坚持和完善人民代表大会制度，保证人民代表大会及其常委会依法履行职能，保证立法和决策更好地体现人民的意志。优化人大常委会组成人员的结构。坚持和完善共产党领导的多党合作和政治协商制度。坚持‘长期共存、互相监督、肝胆相照、荣辱与共’的方针，加强同民主党派合作共事，更好地发挥我国社会主义政党制度的特点和优势。保证人民政协发挥政治协商、民主监督和参政议政的作用。……坚持和完善民族区域自治制度，巩固和发展平等团结互助的社会主义民族关系，促进各民族共同繁荣进步。”② 当然，扩大基层民主，健全基层自治组织和民主管理制度、完善公开办事制度和民主监督制度，也是十六大制度化和有序民主政治理论的重要内容。

---

① 江泽民：《高举邓小平理论伟大旗帜，把建设有中国特色社会主义事业全面推向二十一世纪》（一九九七年九月十二日），载中共中央文献研究室：《十五大以来重要文献选编》（上），中央文献出版社，2011年版，第27页。

② 江泽民：《全面建设小康社会，开创中国特色社会主义事业新局面》（二〇〇二年十一月八日），载中共中央文献研究室：《十六大以来重要文献选编》（上），中央文献出版社，2011年版，第24—25页。

2007年，党的十七大报告更是明确提出，社会主义民主政治建设包括“健全民主制度，丰富民主形式，拓宽民主渠道，依法实行民主选举、民主决策、民主管理、民主监督，保障人民的知情权、参与权、表达权、监督权”，要求“从各个层次、各个领域扩大公民有序政治参与，最广泛地动员和组织人民依法管理国家事务和社会事务、管理经济和文化事业”。十七大报告还从加强人大常委会制度建设，推进人民政协的政治协商、民主监督、参政议政制度建设，把政治协商纳入决策程序、完善民主监督机制、提高参政议政实效，加强政协自身制度建设，民族自治地方依法行使自治权，以及发展基层民主、扩大基层干群众自治范围、健全基层群众自治机制，完善基层民主管理制度等更加具体的民主制度入手，全面推进社会主义民主政治的制度化和有序化。①

随着社会主义民主政治的不断发展，中国共产党十八大提出了要“扩大社会主义民主，加快建设社会主义法治国家，发展社会主义政治文明”，“完善中国特色社会主义法律体系，加强重点领域立法，拓展人民有序参与立法途径”。报告中还提出：要“更加注重健全民主制度、丰富民主形式，保证人民依法实行民主选举、民主决策、民主管理、民主监督；更加注重发挥法治在国家治理和社会管理中的重要作用，维护国家法制统一、尊严、权威，保证人民依法享有广泛权利和自由。要把制度建设摆在突出位置，充分发挥我国社会主义政治制度优越性”。在具体的民主政治制度的建设上，更是提出了不断向前推进和具体化的建设规划，如在人大制度建设上，“支持人大及其常委会充分发挥国家权力机关作用，依法行使立法、监督、决定、任免等职权，……加强对‘一府两院’的监督，加强对政府全口径预算决算的审查和监督。……在人大设立代表联络机构，完善代表联系群众制度。健全国家权力机关组织制度，优化常委会、专委会组成人员知识和年龄结构，提高专职委员比例，增强

① 胡锦涛：《高举中国特色社会主义伟大旗帜，为夺取全面建设小康社会新胜利为奋斗》（二〇〇七年十月十五日），载《人民日报》，2007年10月16日。

依法履职能力”。在完善基层民主制度上，“要健全基层党组织领导的充满活力的基层群众自治机制，以扩大有序参与、推进信息公开、加强议事协商、强化权力监督为重点，拓宽范围和途径，丰富内容和形式，保障人民享有更多更切实的民主权利。全心全意依靠工人阶级，健全以职工代表大会为基本形式的企事业单位民主管理制度，保障职工参与管理和监督的民主权利。发挥基层各类组织协同作用，实现政府管理和基层民主有机结合。”同时，还提出了健全社会主义协商民主制度、深化行政体制改革，以及建立健全权力运行制约和监督体系等。①

由此可见，社会主义民主政治绝不是无序的混乱的，而是建立在制度化、规范化和法律化基础之上的有序民主。其核心关切就是“政治参与要分层次地进行，即保证政治参与应当具有这样三个相关性：第一，利益的直接相关性；第二，信息的相对充分；第三，责任的相关性。……那么，掌握直接相关性、信息充分性和责任相关性的原则，就可以既保证人民群众对国家政治生活参与的权利，又可以防止参与的无效与混乱”，② 从而保证社会主义民主政治的健康发展。

（四）大力发展协商政治

选举民主与协商民主是人类处置政治关系而形成的两种政治形态。十八大报告首次正式确立了协商民主的地位，提出“社会主义协商民主是我国人民民主的重要形式”，要求“健全社会主义协商民主制度”，强调“要完善协商民主制度和工作机制，推进协商民主广泛、多层、制度化发展。通过国家政权机关、政协组织、党派团体等渠道，就经济社会发展重大问题和涉及群众切身利益的实际问题

① 胡锦涛：《坚定不移沿着中国特色社会主义道路前进，为全面建成小康社会而奋斗》（二〇一二年十一月八日），载《人民日报》，2012 年 11 月 18 日。

② 房宁，杨琳：《民主的中国经验》，载《瞭望新闻周刊》，2010 年第 1 期。

广泛协商，广纳群言、广集民智，增进共识、增强合力。坚持和完善中国共产党领导的多党合作和政治协商制度，充分发挥人民政协作为协商民主重要渠道作用，围绕团结和民主两大主题，推进政治协商、民主监督、参政议政制度建设，更好协调关系、汇聚力量、建言献策、服务大局。加强同民主党派的政治协商。把政治协商纳入决策程序，坚持协商于决策之前和决策之中，增强民主协商时效性。深入进行专题协商、对口协商、界别协商、提案办理协商。积极开展基层民主协商”。[①]

事实上，协商民主一直是中国共产党人的一贯做法。改革开放以后，第一次把协商民主当作一种民主形式的是江泽民。在1991年“两会”党员负责人会议上，江泽民第一次明确指出：“人民通过选举、投票行使权利和人民内部各方面在重大决策之前进行充分协商，尽可能就共同性问题取得一致意见，是我国社会主义民主的两种重要形式。”[②]

胡锦涛在庆祝中国人民政治协商会议成立60周年大会上的重要讲话，进一步重申了选举和协商这两种民主形式：“人民通过选举、投票行使权利和人民内部各方面在重大决策之前进行充分协商，尽可能就共同性问题取得一致意见，是我国社会主义民主的两种重要形式。”[③]

2005年中央颁布的《中共中央关于进一步加强中国共产党领导的多党合作和政治协商制度建设的意见》[④] 和2006年颁布的《中共

---

① 胡锦涛：《坚定不移沿着中国特色社会主义道路前进，为全面建成小康社会而奋斗》（二〇一二年十一月八日），载《人民日报》，2012年11月18日。

② 转引自贾庆林：《健全社会主义协商民主制度，为全面建成小康社会广泛凝聚智慧和力量》，载《求是》，2012年第23期。

③ 胡锦涛：《在庆祝中国人民政治协商会议成立六十周年大会上的讲话》（二〇〇九年九月二十日），载中共中央文献研究室：《十七大以来重要文献选编》（中），中央文献出版社，2011年版，第209页。

④ 《中共中央关于进一步加强中国共产党领导的多党合作和政治协商制度建设的意见》（二〇〇五年二月二十八日），载中共中央文献研究室：《十六大以来重要文献选编》（中），中央文献出版社，2011年版，第672—683页。

中央关于加强人民政协工作的意见》[①]，都对政治协商的内容、形式和程序作出了明确规范。2007 年 11 月 15 日，国务院新闻办公室发表《中国的政党制度》白皮书，第一次确认了选举民主和协商民主的概念，并强调“选举民主与协商民主相结合，是中国社会主义民主的一大特点。在中国，人民代表大会制度与中国共产党领导的多党合作和政治协商制度，有着相辅相成的作用”[②]，这是中国政府第一次公开使用“协商民主”的概念，也是第一次把协商民主与选举民主概括为社会主义民主的两种重要形式。2012 年中共中央办公厅下发的《中共政协全国委员会党组关于〈中共中央关于加强人民政协工作的意见〉贯彻落实情况的报告》正式明确提出协商民主：“人民政协这种民主形式融协商、监督、合作、参与于一体，极大丰富了我国社会主义民主的内涵，成为协商民主的重要渠道。”[③]

可见，党的十八大之前，一直是把协商民主当作社会主义民主的一种形式来界定的。然而，十八大首次提出要健全“社会主义协商民主制度”，从而“赋予协商民主以制度层面的价值”[④]。而且，报告还科学地回答了社会主义协商民主的本质属性——人民民主的重要形式，明确了协商民主制度和机制的架构，协商民主的内容和目的。从中我们可以看出，协商民主不仅关注决策的结果，更关注决策的过程，从而拓宽了社会主义民主的深度；它不仅关注多数人的意见，还关注少数人的意见，从而拓宽了社会主义民主的广度；不仅关注国家层面和政党层面，还关注基层社会层面，从而增加了社会主义民主的丰富度。它成为选举民主制度的重要补充，成为新时期党和政府推进社会主义民主政治发展的重要方式。

---

① 《中共中央关于加强人民政协工作的意见》（二〇〇六年二月八日），载中共中央文献研究室：《十六大以来重要文献选编》（下），中央文献出版社，2011 年版，第 259—266 页。

② 《〈中国的政党制度〉白皮书》（2007 年 11 月 15 日），新华网 http：//news. xinhuanet. com/politics/2007 - 11/15/content_ 7085239. htm。

③ 中共中央办公厅转发《中共政协全国委员会党组关于〈中共中央关于加强人民政协工作的意见〉贯彻落实情况的报告》，载《人民日报》，2012 年 8 月 21 日。

④ 齐卫平：《协商民主是一种政治形态》，载《文汇报》，2013 年 2 月 26 日。

三、当代民主思想发展的特点

回顾十三届四中全会以来，中共中央领导集体关于推进社会主义民主政治的理论路径和相关论述，我们清晰地感到当代民主思想发展的三个特点。

一是人民民主是社会主义的生命，是社会主义民主政治的本质、核心与目标，是中国共产党始终不渝的奋斗目标，体现人民民主的最直接的制度形式——人民代表大会制度是社会主义中国的根本政治制度。这是由“中华人民共和国的一切权力属于人民，人民行使国家权力的机关是全国人民代表大会和地方各级人民代表”所决定的。无论是江泽民提出的“三个代表”的重要思想，还是胡锦涛提出的“科学发展观”；无论是通过党内民主带动人民民主，还是积极发展基层民主；无论是强调社会主义民主是有序民主，还是提出要大力发展协商民主，都是围绕着发展人民民主来进行的，都是为了实现人民当家作主。因此，当代民主思想与毛泽东时代、邓小平时代的民主思想是一脉相承的。

二是把人民民主与党内民主结合起来，尤其强调党内民主对人民民主的示范和带动作用，全力探寻并确定实现人民民主的可行路径。与各自所处的历史环境相契合，毛泽东时代虽然也强调党内的民主集中制，但其侧重点在于集中；邓小平时代也强调党内的民主集中制，其侧重点在于改变高度集中的党内领导制度；而当代民主思想的发展明显与大力发展社会主义民主政治相一致，虽不放弃民主集中制的集中一面，但更加强调和突出党内民主的重要作用，把党内民主看作是党的生命，也更加注重推进党内民主的具体制度建设，从而把有关党内民主的理论发展到一个新的高度，并从积极效用上高度评价了党内民主的重要性。

三是着力推动社会主义民主政治的制度建设及其制度化、规范化、程序化和有序化。以江泽民同志为核心的中共中央第三代领导集体和以胡锦涛同志为核心的中共中央第四代领导集体，继承了邓小平对“文化大革命”时期缺乏制度化建设的严重后果的价值判断，认识到“发展社会主义民主，制度更带有根本性、全局性、稳定性和长期性”，明确提出“依法治国”的理念，继续不遗余力地推进社会主义民主政治的法制化、规范化和程序化。与此同时，还致力于扩大公民有序的政治参与，全力建设稳定的现代民主政治。

历史篇

第七章　民国初期民主建设的挫折

随着辛亥革命的爆发，传统中国古老的君主制政体顷刻土崩瓦解，一个形式上全新的民主共和国出现在中国大地。一系列不同于传统帝国政治形态和政治过程的政治现象、政治行为与政治准则也随之出现。作为新国家的象征，议会制度、政党政治以及拟建中的立宪国家从晚清立宪派和革命派的政治想象中不同程度地、或多或少地被付诸实践。一场具有历史意义的民主试验拉开大幕。然而，仅仅数年之后，袁世凯于1914年非法取消国会，议会政党顿失其活动舞台和制度环境。此后北京政府虽有若干次恢复国会之举，然而议会政党与国会民主之价值，已经“绝鲜有人称述”。“当国民政府的军队开入北京时，中国国会民主的实验便告结束。”①

一、议会民主的挫折：国会与制宪的失败

所谓“新”者，相对于晚清帝国政治之旧而言，亦相对于传统中华帝国政治之旧而言，一种新的政治现象和政治原则在思想上和实践中的出现。凡此种种新事物、新现象、新原则的出现，曾经给民初中国带来彻底改换政治，刷新晚清乃至传统帝国政治之弊，“揖

① ［美］费正清主编：《剑桥中华民国史》第一部，章建刚等译，上海人民出版社，1991年版，第297页。

美追欧，旧邦新造”的新希望。此种新气象中，若以政治制度而论，则以中央政府组织中的国会制度为象征。民初国会的成立及其曲折的制宪活动，以及国会本身的历史命运，深刻反映了民国初年中国民主政治试验的基本轨迹。

从近代中国民主思想传播的角度来看，国会或者议会思想的引介以及在中国政治系统中引入议会制度的主张，一度成为近代中国政治改革的焦点所在，甚至可以说，在中国实践议会制度的主张曾经一度成为挽救中国危亡的基本方案。因为在思想家的宣传中，议会及其制度设计可以通上下之情，有效联通作为政治权威和政治核心的君主与臣民，实现某种政治上的协作并达到社会团结、凝聚国力的目的。然而从民初的政治实践来看，得之不易的国会制度显然既无助于改善中国政治涣散、权力倾轧的旧弊，也无助于抑制军人弄权、军阀割据的新病。从中西方民主发展的历史和经历来看，原本在理论上可以作为民主建构过程中的有利条件和有效前提之一的议会制度，在民初的中国竟然徒劳无功，事实上并没能成为促进民主成长的基石与先声。换言之，国会制度的发生与实际运作，不是为中国民主生长开了一个好头，相反助长了无视制度和漠视法律的恶劣先例，从而使中国民主的自然发展遭遇重大挫折与重要转向，个中原因不能不引人深思。

国会之不能有效运作，有两大表现：其一，是国会作为一种政治机构处于一种无权的地位；其二，是作为国会工作之重要成果的宪法与法律不受各种政治势力之尊重与遵守。关于前者，王世杰、钱端升著的《比较宪法》中列举了一个事实，在《天坛宪法草案》的起草和审读中，“全部草案的三读会，仅于一日中完成。袁世凯下令撤销国民党议员的议员资格，距草案三读会完成不过三日；当时国会地位的危迫，可以想见。”① 关于后者，王世杰、钱端升指出，本来，“自大总统选举法成立而后，中国制宪事业，倘仅从形式上说，或可告一段落；因为《临时约法》、《国会组织法》与《大总统

① 王世杰、钱端升：《比较宪法》，商务印书馆，1999年版，第415页。

选举法》三种法律，相互补足，实已构成一种与现代一般宪法相似的正式宪法[①]”，然而考察袁世凯逼迫乃至解散国会的具体过程，我们可以发现，原本民主政治的议事规则被以表面上符合民主的形式破坏殆尽，民主的、仿民主或伪民主的形式和手段一再被用来破坏民主政治的实质。议会民主这种新生的政治形式，一再被形式化、工具化乃至权谋化，至于最终完全无法限制权力及其拥有者使之以一种光明正当和有所制约的方式来行使或行事。议会民主，当起脱离了其经济、社会基础和政治文化氛围之后，当其囊括进去的玩家越来越局限于一群权力争夺者之后，就完全抽空了自己的内容而沦为哪怕是那些起初利用它的政客也不待见的空文，更不论早已在局外冷眼旁观的国民与社会。

国会之不能有效运作，当然有国会自身的原因，然而更重要的原因乃在国会之外。原因之一在于，国会作为一种政治机关，其与政治体系的契合程度较差。国会的有效运作，其前提之一在于政治系统本身的有效性，即政治体系本身必须是稳定、有序和有效的，其背后就是政治权威的存在与关于政治价值的广泛共识。作为一种全新的政治制度设计，民初国会的运作可以运用的资源极少，既与传统政治决裂，则很难运用传统政治资源；既为一种新制度，然而运作这一制度的行为者与这一制度试图约束的行为者却大多脱胎于传统政治体系。这是一种政治制度与政治系统的错位。也许可以作为一个例证的是，在某种意义上民初国会的政治功能的发挥甚至不如清末政治框架下的资政院与资议局。1907 年 9 月清政府颁布《设资政院谕》，10 月又颁布《着各省速设咨议局谕》。1909 年 10 月 14 日，除新疆暂缓之外，全国 21 行省都选举出了咨议局。1910 年 9 月全国资政院正式成立。“咨议局和资政院一经设立，便履行起立法和监督机关的职能。如资政院对军机处的弹劾、对预算的审核；江苏、福建、吉林、山东等省咨议局对本省不法官吏的纠举和弹劾等，无

① 王世杰、钱端升：《比较宪法》，商务印书馆，1999 年版，第 414 页。

不表明其独立品格。”① 晚清政治虽衰败无力，毕竟有名义上代表政治统一之中央政府以及作为权威象征之君主存在，是故在短期之内，作为一种新制度的资议局与资政院之设置乃有变革传统政治的创新功效。而在民初政坛，国会与政府、国会与政治强人、国会与军事力量之间的政治关系混乱不清，国会的成立、运作及其成效，事实上依赖于政治与军事力量的支持与否，国会这一本应生产政治合法性的政治机关，反而无法依靠自身的程序和价值性力量保证其自身的合法性与有效性。国会寄希望于其他政治机关、政治力量之尊重，而一般社会则寄希望于国会本身，因而被社会一般大众视为新政治文明之象征的国会及其制宪工作，一旦遭遇挫败，则不但国会本身、并且连同议会民主制这种政治形态就不免广受质疑。

原因之二在于议会的代表性不足。国会究竟是谁之代表、如何代表？这个问题在以孙中山为代表的革命党、以及后来转而拥护革命的原立宪党人的理论推演中似乎都不成问题，但是在民初政治的实际中却始终没有解决。理论上，国会应该代表国民；实际上，在一般社会与国会之间，在一般社会与国会制宪工作之间存在着巨大的鸿沟。从晚清以来政治思想的演进来说，议院之设立本为革除中国传统政治之旧弊，因而即使在支持君主立宪的早期维新派思想家那里，也对行选举开议院期许颇深。1894 年，何启、胡礼垣在《新政论议》（《中国宜改革新政论议》）一文中主张，“故王者欲保世滋大，国祚绵长，则必行选举以同好恶，设议院以布公平”，“夫天下公器也，国事公事也，公器工同，公事公办，自无不妥，此选议员开议院之谓也”，“夫行选举设议员者，非以政徇人，而欲人人而济之也”。更值得注意的是他们对议员选举的制度设计：“县设六十议员，是谓县议员；府设六十议员，是谓府议员；省设六十议员，是谓省议员。县议员于秀才中选择其人，公举者平民主之……府议员于举人中选择其人，公举者秀才主之……省议员于进士中选择其人，公举者举人主之……公举法：凡男子二十岁以上，除喑哑盲聋以及

① 王铁群：《近代中国宪政民主的轨迹》，载《炎黄春秋》，2012 年第 7 期。

残疾者外，其人能读书明理者，则予以公举之权……兴革之事，官有所欲为，则谋之于议员，议员有所欲为，亦谋之于官，皆以叙议之法为之，官与议员意合，然后定其从违也。从违既定，乃由县详府；府议员意合，则由府详省；省议员意合，则详于君；君意合，则书名颁行；意不合，则令其再议。若事有不能衷于一是者，则视议员中可之者否之者之人数多寡，而以人多者为是，所谓从众也。推之，凡军国大政，其权虽出于君上，而度支转饷，其议先询诸庶民，是真为政者矣。”但是等到议会制度真的在中国政治中实施，设想与现实之间的差距就完全体现出来了。正如张朋园先生的研究所指出的那样，“一言以蔽之，民元议员多数来自富有之家庭，属于上层社会”，“实则民初的国会选举，有民主政治的外观，尚少民主政治的实质。大众人民在这次空前的大选中是茫然的，对政治感兴趣的只有极少数的精英分子。”①

原因之三在于议会制度的经济基础与社会基础的薄弱。根据马克思主义政治学基本原理，经济基础决定政治上层建筑，“生产关系的总和构成社会的经济结构，即有法律的和政治的上层建筑竖立其上并有一定的社会意识形式与之相适应的现实的基础。”19 世纪 70 年代产生了中国民族资本主义经济，从 19 世纪 70 年代经甲午战争到 1911 年，中国民族资本主义经济经历了从产生到初步发展的两个阶段。在中国民族资本主义经济产生的 20 年里，民族资本家总共才办了 100 多家厂矿，资本在万元以上的只有 54 家，总资本额才有 400 多万元；② 到 1911 年清朝覆灭时，“大约有六百个中国人自己兴办的使用机器的制造业和矿业企业，已经铺设的铁路约 5600 英里长，中国人在这些现代的商业冒险事业中的投资总额大概达到 1.6 亿元，这个数目相当大，但只合农业投资的百分之六、七”。③ 正是

① 张朋园：《中国民主政治的困境：1909—1949 晚清以来历届议会选举述论》，吉林出版集团有限责任公司，2007 年版，第 103、110 页。

② 严中平：《中国近代经济史统计资料选辑》，科学出版社，1955 年版，第 9 页。

③ ［美］费正清、刘广京：《剑桥中国晚清史》（下），中国社会科学出版社，1985 年版，第 478 页。

从这个视角出发，不少学者将中国资本主义发展的缓慢视为近代中国民主成长的不利条件之一。在他们看来，与西方相比，中国资本主义萌芽的发展始终受到重重障碍，发展不仅缓慢而且微弱，自然也就难以孕育出这些民主的支持性条件。[①] 在马克思主义政治学理论体系中，政治是有其经济基础以及由其决定的阶级基础的，民主也是有其阶级本质和阶级基础的。作为民主的一种制度形式，议会制度的运作也离不开其必要的阶级基础和社会基础。正如我们所看到的，民初国会和议员恰恰缺乏这种阶级基础和社会基础。作为其结果，国会不仅可以南北分立、互不统属，议员亦可以贪图私利、沦为出卖节操的“猪仔议员”。以国会为舞台的社会的、政治的精英，成为一种游离于社会主要阶级和阶层的浮游之物，不仅难以视之为阶级的、社会的、民权的代表，就连晚清思想世界所期望的“通上下之情”的政治沟通的目的都难以达到。

二、政党政治的挫折：一种政党类型的失败

与议会制度的失败紧密相随的是民初政党政治理想的破灭，其表现是某种适合于议会政治的政党类型和政党体制的失败。这种主要以议会为活动舞台的政党类型，我们称之为议会型政党；这种旨在与议会制度相匹配的政党制度，我们称之为议会型政党体制。议会型政党在民初的勃兴及其最后的失败，以及议会型政党体制在民初的难产与挫败，成为民初民主政治建设受挫的重要内容和重要表现。

“集会结社，犹如疯狂，而政党之名，如春草怒生，为数几至近

① 邓亦武：《从中西对比看近代中国的民主基础》，载《衡水学院学报》，2007 年第 9 期，第 3 页。

百。”[①] 据统计，从辛亥革命后到民国 2 年间，全国出现的“党”、“会”之类的政治团体多达 320 个。[②] 民国初年的政党数量繁多，据不完全的统计，自武昌起义至 1913 年底，新成立的公开的团体就有 682 个，其中政治类的团体 312 个，主要集中在京、津、沪、南京、广州等地，而京、沪两地又占了 1/2 以上。[③] 这种组党结社的表面繁荣，与短短数年后政党政治的衰败形成鲜明对比。

当民初政坛组党结社的热情冷却，政党政治的民主方案已成为昨日黄花之际，我们需要反思的是是什么原因导致了这场光鲜一时的政治实践的彻底失败？当然，这种原因显然来自于多方面，一些是政党自身的原因，一些原因则是政党本身无能为力的。前者我们称之为主体性原因，后者我们称之为结构性原因。

结构性原因之一：特殊的时空条件所决定的政治任务与议会型政党类型之间的错位。民国初肇，晚清以来的政治危机并未随着帝国政府的垮台和中华民国表面上的成立而自然消解，权威危机和权力危机依旧乃至更甚。这一点甚至在当时热衷组党实验的若干重要政党及其子党的宗旨、党纲或主张中也有所体现。比如，1912 年 3 月 18 日成立的国民协进会的政治纲领：主张巩固和发展共和政治，确立统一主义、增进国家统一，发展实业、振兴国家和社会实力。1912 年 5 月 9 日成立的共和党，政治纲领主要有三项：第一，保持全国统一，取国家主义；第二，以国家权力扶助国民进步；第三，应世界大势，以平和实力立国。1912 年 2 月组建的统一共和党，其宗旨是巩固全国统一，建设完美共和，顺应世界大势，谋求国家进步。其政治纲领主要有：厘定行政区域，以谋求中央统一；注重民生，采用社会政策，发达国民商工业，采用保护贸易政策等。1912 年 8 月 25 日组建的国民党，宣称政治纲领为：“保持政治统一，发展地方自治，厉行种族同化，采取民生政策，保持国际平和”；其政

---

① 善哉：《民国一年来之政党》，载《国是》，1913 年第 1 期。

② 王树槐：《中国现代化的区域研究——江苏省》，转引自关海庭主编：《中国近现代政治发展史稿》，北京大学出版社，2000 年版，第 98 页。

③ 朱建华：《中国近代政党史》，吉林大学出版社，1990 年版，第 247 页。

党宗旨为“巩固共和，实行平民政治”。即之可见，民初时代与国情所提出的首要任务在于真正实现国家的统一与整合，巩固和发展共和政治。而这种国家的统一与民主共和的巩固，其核心与根本保障在于解决权威与权力问题。所谓权威问题，客观上要求政治道德、价值的认同与权威的集中，即只有一个公认的权威中心，而不是分散的、地方层次的或者大大小小的政治权威存在；所谓权力问题，其实质是解决中央与地方、国际与国内诸问题，核心在于中央政权与地方实力派之间权力关系问题。但在事实上，民初的这种权威与权力问题，无法依赖处于初级阶段和低水平的政党政治来解决。民初的议会型政党以及政党政治无力产出权威性价值产品，亦无助于事实上分散的政治权力之整合。在一般政党习见的宗旨、政纲与其实际政治能力与效应之间，存在着巨大的、无法逾越的鸿沟。

结构性原因之二：另一种政党类型对议会型政党政治的挑战。事实上早在辛亥革命之前，就存在着革命党与立宪派政治团体之间的对峙。其时立宪党人主张在君主体制下设议员开国会，主张在君主立宪体制下实现政党政治，以挽救国家之危亡，缓和渐迫之危机，这就是晚清“立党救亡”思想的重要来源。在晚清政府不得已而解除“党禁”之后，立宪党人纷纷结社组党，一时极声势之盛，成为民初政党政治实验的先声。其基本的行动逻辑是：“救国为前提，立宪为目的，国会为手段，政党为向导。”然而同时代与立宪党人对峙的革命党人，却力持“革命党非政党”说，甚至以“诛政党”相号召。1911 年 10 月下旬，章太炎在槟榔屿《光华日报》连载批判立宪党人的长文《诛政党》，其言乃谓“天下之至猥贱，莫如政客。挽近中夏民德污下，甚于皙人，故政之猥贱尤甚。欧美政党，贪婪竞进，虽犹中国，顾尚有正鹄。政府有害民之政，往往能挟持不使遂行，自及秉政，他党又得议其后，兴革多能安利百姓，国家赖焉。汉土则独否。盖欧美政党，自导国利民，至中国政党，自浮夸奔竞。所志不同，源流亦异，而漫以相比，非妄则夸也。”他将中国的党人分为七类，认为“综观七类，操术各异，而竞名死利，则同为民蠹害，又一丘之貉也”[①]。及至民国初肇，形势日新，革命党人迅速转变立场，于是有“革命军起，革命党消”之说以及改革命党为议会政党之政治行动。即此可知，革命党非议会党，议会党也非革命党，在革命党与议会政党的此消彼长中，事实上一贯存在着两种政党类型的选择与紧张关系。一旦议会体制和政党竞争乱象纷呈，则革命党的政党类型必然起而代之。民初议会政党表面繁荣，实际上一直处于一种狭窄的政治空间之中，正是因为革命党或者新革命党的替代选择一直存在。早在1911年12月底，孙中山即批评说：“吾党偏怯者流，乃唱为‘革命事起，革命党消’之言，公然登诸报纸，至可怪也。此不特不明乎利害之势，于本会所持之主义而亦瞢之，是儒生阘茸之言，无一粲之值。”1923年10月10日，孙中山再次总结说，“光复时有一种谬说，谓‘革命军起，革命党消’，此说倡自热心赞助革命之官僚某君，而本党之党员黄克强、宋渔父、章太炎等咸起而和之，当时几视为天经地义。自改组国民党，本党完全变为政党，革命精神遂以消失。”[②]

结构性原因之三：议会型政党始终未能获得广泛的（议会外）群众支持。1916年陈独秀指出：“吾国年来政象，惟有党派运动，而无国民运动也。……不出于多数国民之运动，其事每不易成就；即成就矣，而亦无与于国民根本之进步。”[③] 美国政治学家亨廷顿指出，政党“只要能够把政治参与纳入自己党的组织构架之内，扩大政党参与对党的领袖们就是有利的。一个获得大规模支持的党显然要比一个仅获得有限支持的党来得强大。……没有组织的参与就堕落为群众运动，而缺乏群众参与的组织就堕落为个人宗派。强大的政党要求有高水平的政治制度化和高水平的群众支持。‘动员’和‘组织’这两个口号，精确地指明了增强政党力量之路。能一身而二

---

① 章太炎：《诛政党》，槟榔屿《光华日报》，1911年10月26、28、31日。

② 孙中山：《在广州国民党党务会议的讲话》，《孙中山全集》第八卷，中华书局，1981年，第578页。

③ 《一九一六》，《青年》第1卷，第5号。

任的政党和政党体系可使政治现代化与政治发展二者并行不悖”。[①]至于何以不能获得群众认同及支持，有学者从中西政治文化对比的角度分析中国传统政治文化造成的一般民众对政治参与的疏离、冷漠倾向和顺服性格，也有学者从政党策略的角度指出议会政党只注重党势之扩张，而不重主义之贯彻云云。其实最根本的原因仍在于支撑议会型政党的社会经济基础尚未成熟，社会及政党之间的有效关联尚未形成。真正的一般社会如工、农、商界则难以产出自己的政党组织形式，而议会中浮夸奔竞的政党的聚合离散，则又基本无关乎社会民情的变迁。

民初政党政治失败的主体性原因在于议会型政党本身的弱点。这种弱点集中体现为：政党组织的涣散与纪律的废弛以及频繁的跨党、脱党、兼并、聚合、离散的政党组织活动所造成的政党不稳定状态；政党之间的低水平竞争。所谓政党不稳定的一个表现是，民初政党为求党势之扩张，接纳党员有很大的随意性。“各党领导人对党员人数的关注要远远超过党员的质量”[②]，各大政党争相拉拢政治要人入党。因此民初重要政治人物中，一个人同时加入数党的现象并不罕见，甚至跨尽各党者，亦有其人。诸如黄兴、黎元洪、伍廷芳、熊希龄、汤化龙、张謇、陈其美诸人，少者兼有六个党籍，多者甚至兼有十一个党籍。所谓党争的低水平，首先表现为各党之间的宗旨、政纲、主张雷同，缺乏良性党争的政治基础。进而，议会中的党争很大程度上表现为私利之争、意气之争。此即所谓有私见之争而无政见之争也。私见之争“皆属人问题，而非属政纲问题也。如同盟会重社会主义，共和党重国家主义，院中从未因此二大主义乃争论”。相反，现实的党争大都是这样的：各党中先有意见，提一议案，先联属党员，私自运动。本党提出之议案，虽知无益，亦必通过；他党提出之议案，虽知有益，亦必反对。民初不良党争的第二个重要表现是各政党之间有倾轧、有苟合，独无宽容，缺乏对议

① ［美］亨廷顿：《变化社会中的政治秩序》，生活·读书·新知三联书店，1989年版，第371页。
② 闾小波：《中国政治发展史》，高等教育出版社，2003年版，第156页。

会制度和政党政治规则的共识与尊重。“今日我国政党唯以鏖灭他党为唯一之能事，狠鸷卑劣之手段无所不至”①，“互相攻讦谩骂，不绝于天地，如共和党骂同盟会大言欺人，负功骄恣；同盟会骂共和党，亡国大夫，保皇余孽”②。这种党争“以国家为孤注”，除了撕裂共识，败坏议会民主之政声，毁坏民国之前途之外，实于国家无益。

三、新国家的失败

本来，人们对于拥有“亚洲第一共和国”之美誉的中华民国，抱有绝大之期望与热忱。然而尚未等到这种新的国家形式给民国社会带来安定、进步与福祉，历史就匆匆进入了一个政治上以军阀割据为特征的时代。在袁世凯时代（1912—1916 年）和随后的北京政府时代（1916—1928 年），一直存在着严峻的国家危机和社会危机。早在 1912 年，李大钊就曾撰文指出，“国基未固，百制抢攘，自统一政府成立以迄今日，凡百士夫，心怀兢惕，殷殷冀当世贤豪，血心毅力，除意见，群策力，一力进于建设，隆我国运，俾巩固于金瓯，撼此大难，肩此巨艰，斯固未可以简易视之”，由此提出了“边患、兵忧、财困、食艰、业弊、才难”六大隐忧，以为“凡此种种，足以牵滞民国建设之进行，矧在来兹，隐忧潜伏，创国伊始，不早为之所，其贻民国优者正巨也”。这些隐忧并未随着民初议会制度的建立和政党政治的运作而得以消弭，在新的国家形式下反而有恶化的趋势。至 1918 年，孙中山发出这样的感叹：“夫去一满洲之专制，转生出无数强盗之专制，其为毒之烈，较前尤甚。于是而民愈不聊生矣！”（《建国方略·自序》）。

---

① 梁启超：《敬告政党及政党员》，《庸言》民国 1 年第 7 号。
② 《顾兆熊来稿》，《国民杂志》，第 1 年第 3 号，1913 年 6 月 15 日。

国家建设是近代中国政治变迁的主题，从晚清的“变政”和“自改革”，直到20世纪的辛亥革命，中国政治一路向着宪政国家的方向坎坷前行，无论这种宪政国家是君主立宪还是民主共和，这种立宪国家的旧梦与新梦都曾经是欲改造中国政治的先行者们的某种共识性想象。并且，理论上正如孙中山所说，民主共和的立宪国家，较之君主立宪国家，显然是人类政治文明发展的更高阶段，中国为什么不直接采取这种高级阶段的民主共和制度，而还要纠缠于已经过时的君主立宪呢？遵照这样的逻辑推理，则民主共和的宪政国家，在辛亥革命以后已成既定事实，似乎不应该在未来中国政治变迁中遭遇有效性与合法性问题才对。然而，1912—1928年间的中国政治史却无情地击碎了民初中国的宪政梦。我们这里要追问的一个核心问题是：为什么这种崭新的国家形式，不能解决甚至缓和晚清以来中国政治的危机尤其是国家的权力危机与权威危机？

近代中国自晚清以来，在内忧与外患的交相压迫下，政治权力系统的有效性与政治权威的合法性资源不断受到挑战和蚕食。所谓政治权力系统的有效性，主要是指崛起于晚清统治危机中的各种地方实力派对中央政权的潜在威胁和逐渐增长的离心倾向，以及与之相伴随的帝国财政危机的增长。所谓政治权威的合法性挑战，主要来自于晚清自改革派—洋务派—维新派—20世纪立宪派一系从内部对帝国传统政治权威（理论、信仰、象征、资源）的逐渐深入的挑战，以及来自于体系之外的革命党人对传统帝制的不屈不挠的反对与颠覆，二者最终在辛亥革命前后合力埋葬了传统的以君主为中心象征的政治权威形式。从整个辛亥革命的过程来看，除了君主制度这一象征退出中国历史舞台之外，并未对依然存在的政治权力结构形成革命性的冲击，更不论本应伴随新政治体制而得到更新的社会基础。从这个角度来说，民国的建立并未改变已存续多时的时代任务——重建政治权力系统的有效性和政治权威的合法性。是二者得以解决，则新国家可谓成功；是二者不能解决，则新国家必然失败。

解决这两个问题，存在着不同的现实路径：其一，是从解决权力问题出发，先整合国家的政治权力系统，再解决政治权威失坠的问题；其二，是从新政治权威、政治价值和政治准则出发，在对权威与价值的尊奉中、在对政治准则的信守中化解政治权力问题。这两种路径从理论上说都可能成功，但在民初的政治实践中，又都归于失败。前一种方案表现为民初的国家主义路径，后一种方案我们且称之为价值主义路径。

在立宪国家的框架下，袁世凯最初采取的是第一种思路，并且在权力问题的解决上取得了有限的成功，这部分归功于其出身的旧背景及其对军事力量的掌控。按照孙立平先生的说法，袁世凯在以下四个反面做出了努力：削弱以至消除以原南京临时政府为代表的政治势力，建立全国统一的政治中心；强化总统权力，用总统制取代内阁制；削弱和取消议会的作用；加强对地方的控制。[①] 但是问题在于，袁所据以解决权力问题的措施、手段与偏好，与新的国家形式所规定的游戏规则、政治道德之间，未能形成有效的关联与互动。袁一再利用其传统资源和手段，比如个人忠诚、门生关系、庇护机制等来维持以其为中心的权力关系格局或者推行有限的改革措施；在某些方面，甚至其加强权力有效性的手段本身，就是以损害新的游戏规则和政治准则为条件和代价的，譬如其对议会的控制与对政党的利用。这样，袁就不可能获得新的国家制度的合法性支持，因而也无力从中引申出一套强化政治权威合法性的方法体系。这样，不论出于何种动机，当袁世凯不得不反身向后重新利用传统的帝制资源以固其位的时候，他便立刻重新遭遇到他曾经作为其中重要成员的晚清政府无力面对的同样挑战，而这种挑战在已然存在的民国体制下给他带来的局面和结果必定要糟糕得多。

以袁世凯为代表的北洋军阀对现代政治文明及其游戏规则的不熟悉、不熟练以及不尊重，与民初作为其政治对手的国民党内的议会派形成了鲜明对比。以宋教仁为代表的民初国民党议会派是议会民主和政党政治的坚定信仰者，在面对民初突出的权力问题和权威

---

① 许纪霖、陈达凯主编：《中国现代化史（1800—1949）》，第一卷，学林出版社，2006年版，第247—249页。

问题的时候，他们采取的是第二种方案。在真诚地宣扬和四处传播其议会民主和政党内阁理念的同时，宋实际上成为民初将同盟会改组为合法议会政党的最为热心的支持者、领导者和组织者。在宋教仁等人的行动方略中，最大限度地去除同盟会传统秘密组织的革命党色彩，防止出现任何形式的权力专制（一党专制或者总统专制）成为其基本原则。为此，在民初政体和政府组织方案上，同盟会内部事实上存在严重分歧：孙中山力主总统制，宋教仁则力持内阁制。盖以宋的本意，所谓内阁制，就是“由内阁实行责任，凡总统命令，不特阁员副署，并由内阁起草，使总统处于无责任之地位”。这种责任内阁，是“纯粹的政党内阁”，换言之，责任内阁所依托的理想的政党体制，最好是两党制。由两党进行合法的政党竞争，“进而组织政府，则成志同道合之政党内阁”；“退而在野，则使他党执政，而己党处于监督地位”，两党“相摩相荡”，由是民国之基础得以巩固，共和之国体得以巩固。

问题在于，掌握道义和真理的议会派，只能决定自己的行动逻辑，使之尽可能符合现代政治文明的一般通则，但这种一般通则却不足以规范和约束由旧体制脱胎而来并把持优势军事实力的官僚派。在1912—1928年，这种从中央到地方的官僚派和军事实力派，从未真正融入和真诚接受民主共和体制下的政治规则。更令人绝望的是，一般平民世界对这种新政治规则始终处于一种无知者或旁观者的地位。胡汉民指出，“同盟会未尝深植基础于民众，民众所接受者，仅三民主义中狭义的民族主义耳。……民众以为清室退位，即天下事大定，所谓‘民国共和’则取得从来未有之名义而已，至其实质如何，都非所问。”因此，在民初维护民国国体和法统的若干斗争中，习见议会党人和官僚、军阀之斗争①，民众实则未曾起到民国之“国

① 马君武曾在宋教仁追悼会上说：“宋先生之死，实死于官僚派之手。官僚派无整顿中国之能力，见有能整顿中国者，辄以残忍卑劣之手段暗杀之。若国民一任其所为，民国将万无可望。故今后之竞争，乃官僚与民党之竞争。宋先生死后，中华民国是否与之俱死，当视能否战胜官僚派为断。今当竭尽心力与官僚派竞争，坚执平民政治，以竟宋先生未竟之志。”《民立报》，1913年4月14日。

民”所应有的政治作用。

“袁氏为人诡而多术，颇不易合。……联合之目的，并非在争权术，藉其势力以发展支部于各省。数年之后虽欲不听命于我，安可得焉?”“所谓联络者，欲其不为我敌，且将改为我用。然断无推心置腹听客之所为，……吾党之与相合，当在不即不离之间，断无委身其中之理。”[①] 这是民初梁启超企图联合袁世凯对抗旧革命党人的真实心态。但梁后来终于省悟自己“很有点痴心妄想，想带着袁世凯上政治轨道，替国家做些建设事业”。从民初政党政治的实践中来看，由原革命党人改组而来的国民党在议会政治中居于优势地位，脱胎于原立宪党人的议会政党无法与之抗衡而自动形成两大政党“相摩相荡”的竞争局面，因而联合官僚派以自重就成为以梁启超为代表的原立宪党人的现实策略。此即某些学者所谓“立宪派本身没有专制的力量，无法独立实行开明专制，因此不得不因人成事，希望依靠军事强人袁世凯的支持来实现自己的建设和革新”[②]。这种联合与利用，对民元前后持开明专制思想的梁启超来说是顺理成章的。这种合作，在袁，不过装点门面；在梁，不过是利用袁的力量以为打压国民党的手段。但梁、袁二人，所志不同，操守亦异，合作的结局可想而知，实践证明“导袁于正轨”不过是一厢情愿的空想。袁之帝制自为，足证梁之失败。梁败，袁亦败。这种合作于民初国家建设来说，没有真正的赢家。

四、经验与启示

对于民初议会政治实践的反思，从同时代人就开始进行了，比如以孙中山为代表的资产阶级革命派，在二次革命、护国战争、护

---

① 丁文江、赵丰田：《梁启超年谱长编》，上海人民出版社，1983年版，第600页。

② 张永：《民国初年的进步党与议会政党政治》，北京大学出版社，2008年版，第385页。

法运动失败后的总结与反思。这种反思，就其要点来说，主要包括：第一，建设一种新型的政党。这种政党应当集主义的贯彻和组织的能力于一体。所谓主义的贯彻，或者说是一种革命的纲领、宗旨和精神，政党如果要想在面对近代中国政治危机之时有所作为，那就既必须提出鲜明的政治纲领并保有其一贯的革命精神，而这一点正是民初政党所缺乏的。所谓组织的能力，是指这种新型政党必须拥有较之于民初议会政党而更为严明的纪律、更为稳固的组织结构，以及更为强大的宣传能力、政治沟通能力和动员民众的能力。第二，在这种政党的绝对领导下，中国政治革命和社会革命的进程，同时也是中国政治民主化的进程，应当经过军政、训政、宪政三个不可逾越并循序渐进的阶段。正是建立在民初议会民主模式失败的结果和对此种结果的历史反思的基础上，一种或者超过一种党建国家或“党治国家”的民主建构模式开始确立其历史合法地位。

孙中山的反思旋即带来了其革命政策与策略的重大转变，国民党的改组以及“三大政策”的三民主义将近现代中国革命运动推向了一个新的阶段。不过，由于孙中山的逝世以及国民党嗣后对孙中山遗产的并不彻底的继承，相比之下，中国共产党对民初议会民主模式的反思要更为深刻。在继承孙中山政治反思的积极成果的基础之上，中国共产党进一步注意到近代中国社会各阶级的问题，这既是对民初议会制度、政党政治“空转”的历史反思，也是对孙中山先生反思之不彻底性的进一步修正。如果说，孙中山先生的反思意在恢复或再造一个被民初混乱而失败的议会政治所遮蔽的“真民国”，那么中国共产党的革命则诉诸了一种建立在阶级分析前提下的“人民共和国”的新政治理想。从民初议会民主的想象，到孙中山先生理想中的党治国家形态下的宪政目标，再到人民民主专政的新国家形态，民主在近现代中国的成长经历了一次又一次质的变化。

时间过去了将近百年，即使在今天，我们仍然有必要一再回顾民初那段失败的民主实验，其价值不容否认，其教训不容忘记。如果将这一段议会民主模式的实验，放到从晚清民主思想的起源开始，到今天中国仍在孜孜不倦地建设和追求的中国式民主的整个历史进程之中去反思，我们得到的启示理应比我们的先辈要更多、更为深刻和更为清晰。民初民主实验的挫折告诉我们，民主在中国政治语境中存在着不同的维度，徒以制度和模式的复制来建构中国民主，而忽视时空条件、经济与社会基础、政治文化与传统等因素对中国民主建设所造成的种种限制性条件，必然使中国民主的成长遭遇挫折。中国民主的成长有其特殊性的一面，在建构中国民主的过程中，必须注意民主不同维度之间的序列关系和支撑关系，具体地说，就是必须重视“民主四维”之间的结构性关系。

政治学家亨廷顿曾经断言，“现代民主是西方文明的产物，它扎根于社会多元主义、阶级制度、市民社会、对法治的信念、亲历代议制度的经验、精神权威与世俗权威的分离以及对个人主义的坚持，所有这些都是在一千多年以前的西欧开始出现的”①。当近代中国思想世界达成某种共识要在中国发展民主时，显然缺乏这样的历史传统和基础。因此，现代中国民主的成长只能从思想世界的移植开始，只能从民主的价值之维开始。换言之，现代中国的民主发展只能先造成一个具有行动导向的民主共识。正是这种原初的特殊性，使得一百多年来中国的民主进程体现了一个基本原则：一方面是民主之义，一方面是民主之用，民主之义的演绎与民主的实践与效用紧密结合在一起，民主之根深植于民主之用。现代中国的民主成长并不是一个单独的、甚至自主的政治目标，而是与现代中国政治变迁的时代主题密切勾连。正是在这个意义上，嗣后中国民主的发展历程中次第呈现出民主的国家之维、社会之维和制度之维。因此，百多年来中国民主的发展，先后参与并成为反传统专制政治、现代国家建设、社会建构和公共治理的原因和条件，并从上述政治发展主题中获得其前行和累积的动力。

从民主的价值维度来说，政治思想史家的研究表明：在1895—1925年间所谓政治思想的转型时代，中国思想世界对民主思想的接

---

① 详见塞缪尔·亨廷顿所著《第三波——二十世纪后期民主化浪潮》一书的“序”，刘军宁译，三联书店，1998年版。

纳与建构出现了较为明显的“高调民主观”倾向。[①] 转型时代民主想象的陈义甚高，与接踵而来的1927年之后22年国民党党治国家之间既有因果关系，更有巨大落差。党治国家的最初设想乃由始终坚持民主理想的孙中山所提出，这本身就能说明在民主观念和国家形态之间存在重要相关性：高调民主观所坚持的集体主义、民之公意等主张，既提出了政治组织的客观需求，也提出了政治整合和代表的顺理成章的任务。这就为政党由其是中心政党在中国政治民主中的地位提供了注脚。然而，这种理论上的党治国家的历史合理性，却未能在现实中贯彻下去，换言之，正如姜义华、高华等学者所指出的，党治国家在现实中使形式上的民主共和政体出现了严重变形。这种变形集中表现在：宪法虚文化、议会边缘化、国家全能化；[②] 并使党治国家自身出现了难以应对的政治困境。仍然是在批判传统政治、建立现代国家的框架下，人民共和国对民国的超越，在理论上表现为“人民民主”对孙中山“民权”政治设计的继承、修正和超越；在实践上表现为中国共产党领导的人民民主专政国家形态对国民党党治国家形式的跨越。近代中国以来建构现代国家的努力，终于汇聚为这种国家形式，乃是通过两点来完成的——这两点指向一个共同目的，那就是实现民主与现代国家形式的有机结合：其一是可以称之为国家制度的三大政治制度的建立，亦即人民代表大会制度、中国共产党领导的多党合作和政治协商制度、民族区域自治制度；其二是通过国家对社会的改造，巩固国家的经济、社会、阶级基础。

---

① 张灏在在《中国近代转型时期的民主观念》中指出，以卢梭、马克思为代表的高调的民主观认为，民主是为实现一个道德理想而设的制度，这种制度构想里面含有强烈的集体主义精神与乌托邦色彩。中国知识分子大约而言是倾向于高调民主观，而对于低调的民主观则甚少措意。张先生指出，根据这些民主观念的倾向，我们可以理解为何在转型时代民主思想大量散播以后接着而来的是一个政治权威主义笼罩的时代。详见张灏：《幽暗意识与民主传统》，新星出版社，2006年版，第229—230、230—231、236页。

② 姜义华：《现代性：中国重撰》，北京师范大学出版社，2008年版，第124—126页；另见高华对国民党党治国家模式的分析，许纪霖、陈达凯主编：《中国现代化史》第一卷，学林出版社，2006年版，第351—372页。

人民民主的现代国家即为人民确认了广泛的政治、经济、社会、文化等方面的公民权利，则此种种权利与社会经济、物质条件以及政策条件的遇合必然产生出种种利益来。随着一个时代的结束和另一个时代的开启，一种“以利益为基础的社会”开始兴起。正如郑永年教授所指出的，这种以利益为基础的社会并非经济发展的自然结果，而是党及其领导人有意识追求的结果。[①] 这种以权利为先导、以利益为支撑、以权力格局为指向的社会建构，成为中国民主发展的第三期重点，民主的社会之维开始现实地呈现出来。社会民主兴起的核心，在于社会主体的生产，包括从权利个体到社会组织的生产。对于中国民主的发展来说，有两类社会主体值得重视：一是个体成长，亦即社会个体作为一个权利—利益—权力的行动者的出现；二是基于个体成长之上的社会组织的发展，这使得一定范围和层次的集体行动成为可能。随着社会个体与社会阶层及其组织基于自主性增长的社会行动，一种渐渐区别于国家的私人领域开始出现，并在一定程度上改写着国家的政治空间。这种具有相对自主性的社会领域的出现，使得“社会”论述与民主论述的持久结合成为可能，这丰富了现代中国民主化的基本维度。概言之，社会主体向政治主体或者现实或者潜在的转变不可避免，在这个过程中，社会获得了发展的动力，而民主收获了行动的主体。[②]

中共十六大之后，中国政治发展进入了一个新阶段，这个阶段以“制度建设和制度创新”、或者说以“社会领域和政治领域前后相继的制度建设”为基本特征。此一波制度建设有一个极鲜明的特征，那就是其紧随社会主体的生成之后，直接应对的是社会主体成长所带来的治理难题。众所周知，作为民主之行动主体的出现，可能带来治理的困难——尤其是在制度体系供给不足的背景下。这就是亨廷顿提出的经典命题——政治参与、政治制度化与政治不稳定

---

① 郑永年：《全球化与中国国家转型》，郁建兴等译，浙江人民出版社，2009 年版，第 72 页。

② 这在一定程度上将修正早期民主思想选择中轻个体、重集体与国家的取向。社会主体的生成显然为民主的各种形式——选举、协商、群众路线提供了条件。

间的关系，由此出发给发展中国家的一个建议是“强大政府论”和强有力政党论。然而，作为任何政治体系的目标之一的治理（governance）以及作为其后果和表现的秩序（order），其内涵虽然包括、但远远超出政治稳定的范围。就当代中国来说，治理困难来自于：以社会发展为目标（由国家和执政党推动并经由市场）而孕育的社会主体，在单独和自在的意义上并不能保障其合乎规范（秩序）的行为，也不能保障其合乎（社会整体）发展的行为，这就不免给政治秩序和社会发展带来挑战。这种挑战，客观上为民主与治理主题的结合创造了条件；而民主与治理的结合，最终为民主与制度的有效结合（策略）提供了契机，换言之，民主的制度之维的重要性和必要性急剧上升。故而此一波制度建构，与建国之初根本制度的创立、以及改革之初法律化、制度化的补课，既有联系，更有区别。联系指的是传承关系，区别则在是中所谓制度建构依托于社会—政治主体间沟通、互动行为[①]，不能是一种等待中或者悬置中的制度，而须是一种现实运转的制度；不能是一种单项孤立的制度，而须是一种有机连接的制度；不能是一种叠床架屋的制度，而须是一种层层相因的制度。从其内容来说，则执政党民主执政的制度化、国家公共权力运作的制度化、社会合作治理的制度化均纳入其中。

从历史眼光来说，民主四维辗转相因、每转益进、每进愈下。从高悬的抽象价值和理想，到新型的现代国家形式，到具有自主性的社会行动，再到公共治理的结构与制度。现代中国民主的存在亦从精英的思想与行动而逐渐下行囊括普通的公民、团体、社会组织，逐渐与普罗大众的生活世界息息相关。民主四维若相循环，赖此四维，民主乃张；四维既张，国家乃治，民主始安。

① In social life, order describes regular, stable and predictable forms of behavior. 参阅［英］安德鲁·海伍德：《政治学核心概念》影印版，中国人民大学出版社，2011 年版，第 30 页。

第八章　中共根据地时期的民主试验

延安是根据地时期中国式民主的发源地和实验基地。早在1937年5月，中国共产党在全国代表会议期间就确立了把陕甘宁边区“造成抗日和民主的模范区”的边区建设总方针。1938年7月2日，毛泽东告诉到访的世界学联代表团：“边区这些政治改革，有一个良苦用心，那就是使陕甘宁边区成为民主政治的模范区，成为民主共和国的标本。”按照这样的构想和目标，中国共产党人在经济文化面貌最为落后的陕甘宁根据地进行了大规模的民主实验和民主探索，那时中国共产党人还处于局部执政时期，住着窑洞、睡着土炕、啃着窝头，而且民众的文盲率高达99%，对现代民主的了解还知之甚少。但是，就是在这样一种落后艰苦的条件下，中国共产党人居然把根据地的民主开展得有声有色，轰轰烈烈，使得新民主主义纲领与各项政策首先在这里得以贯彻和实施，并取得了成功，为中国式民主政治开辟了一条新路。经过中国共产党人的民主普及、民主动员与民主训练，陕甘宁根据地迅速成为全国民主政治的示范区。

一、实行普选制和民主选举

民主政治从何开始呢？陕甘宁边区政府认为，首要的是进行普选，把边区参议会和政府建立在民主选举的基础之上。根据地民主实践与民主实验的第一大举措便是实行普选制和民主选举，把人民的选举权与被选举权放到首位。为此，中共提出“民主政治，选举第一”，“民主的第一着，就是由老百姓来选择代表他们出来议事管事的人。”① 从边区到乡镇政权，一律实行“普遍、直接、平等、无记名投票”的选举制度；特别强调通过竞选“叫人民选择，可以提高人民对政治的认识及兴味，可以促进政治的改进”。从1937年到1945年，陕甘宁根据地先后进行过三次全面性的民主选举，第一次是在1937年，第二次是在1941年，第三次是在1945年。其他抗日根据地也都根据自己的情况开展了普选和民主选举。

当时大多数民众对于民主认知匮乏，在一些偏僻山区，一些老百姓仍然过着“不知有汉、遑论魏晋”的生活，他们并不知道什么叫做民主，对民主参与更是冷漠。为此，中国共产党在根据地开展了声势浩大的民主教育与民主宣传活动，普及民主知识，增强民主观念。根据地以《新华日报》、《解放日报》为主要阵地，大力传播民主的价值和民主的知识。如《解放日报》1943年3月14日的社论《抗战与民主不可分割》，《新华日报》1943年9月15日的社论《民主第一》，同年9月22日的社论《培养起民主的风气》，1945年2月17日的社论《民主的才是合法的》等，从各个方面说明，中国必须实行民主。1944年2月2日《新华日报》发表社论——《论选举权》，对选举权进行了通俗简单的解释与介绍。文章指出，公民有否选举权，是评判一个国家是否民主的主要的标准，真正的民主国家，人民都享有普选权：“选举权是一个民主国家的人民所必须享有的最低限度的、起码的政治权利……如果人民没有选举权，不能选举官吏和代议士，则这个国家决不是民主国家，决不是民治国家……凡是真正的民主国家，就必须让人民享有选举权。不仅人民都要享有同等的选举权，而且人民都享有同等的被选举权。不仅不应该以资产多寡、地位高下、权力大小为标准，而且也不该以学问优劣、知识多少为标准。唯一的标准就是能不能代表人民的意思和

① 林伯渠：《陕甘宁边区政府为改选和选举各级参议会的指示信》，载延安《新中华报》，1941年2月2日。

利害，是不是为人民所拥护，因而也就只有让人民自己去选择。如果事先限定一种被选举的资格，甚或由官方提出一定的候选人，那么纵使选举权没有被限制，也不过把选民做投票的工具罢了。”1945年9月27日《新华日报》发表社论——《民主的正轨：毫无保留条件地还政于民》，文章再次强调民主国家主权在民的原则。文章指出：“一个民主国家，主权应该在人民手中，这是天经地义的事；如果一个号称民主的国家，而主权不在人民手中，这决不是正轨，只能算是变态，就不是民主国家……一个国家是不是实现了民主，执政当局是不是有诚意实现民主，就看他是不是把人民应有的权利，毫不保留地交给人民。”明确指出：“不能因国民程度不高而拒绝民主，应用民主政治教育人民。”“争民主是全国人民的事情”。

针对基层民众对民主和选举认知的匮乏，中共还成立了选举委员会、举办选举训练班，对民主与选举进行知识普及以及宣传动员，努力把民主变得通俗易懂，成为日常生活的一部分。晋察冀边区的负责人刘澜涛说：“不管我们民主选举范围如何宽广，不管选举边区参议会、县议会是如何重要，但一切工作的基础‘在群众、在乡村’！没有充分的群众的政治动员、组织动员与工作动员，没有深入刻苦切实的乡村工作，那么一切漂亮美丽的决议和指示，将和革命博物馆的古代文献一样，徒供人们的参观游览而已。只有决议和指示，深入到下层群众中去，乡村去，且为广大群众在实践中所了解所体验，并愿坚决为其彻底实现而斗争，那么这个决议和指示，才能发生伟大的革命效力，才能变为‘物质’的力量。”① 为了宣传与普及民主和选举知识，中国共产党认真地组织和宣传，挨家挨户地进行群众动员。延安女子大学、陕北公学和抗大的部分学员被分派到边区各县宣传组织选举。各边区还印行了大量的小报和宣传品对选举进行知识普及与通俗化。如仅晋察冀边区就出了各种报刊100余种，像阜平的《大家选》，曲阳的《民选》，定县的《民主洪流》

---

① 河北省社会科学院历史研究所、河北省档案馆等编：《晋察冀抗日根据地史料选编》上册，河北人民出版社，1983年版，第293页。

等等。此外，各根据地还组织了成千个村剧团、宣传队和歌咏队，走村窜街，用群众喜闻乐见的方式宣传选举的重要性，如晋察冀边区编出戏剧《选村长》进行巡回演出，形象地告诉了农民选上自己合意的人会带来什么好处。1942 年的《陕甘宁边区各级参议会选举条例》以和农民炕上谈天的形式不厌其烦地引导农民，陈述选举的意义以及投票时必须注意的细节。“竞是争的意思，各党派各团体想自己提的候选人当选，都向选民宣布，要求选举他的人。竞选的好处就是摆出许多货色（候选人）叫人民选择，可以提高人民对政治的认识及兴味，可以促起政治的改进，可以将民主更加发扬。怎样竞法？拿什么东西来竞？不是靠枪靠势力，而是靠自己的主张。比如某乡选举乡议会，那里有国民党有共产党，共产党要想自己的人当选，于是共产党的该乡支部，就提出竞选政纲，说我们共产党主张在本乡如何如何，要我党的人当选了，一定能做到。同时向人民介绍我党提的候选人的能力与品质。当然国民党或其他党派、团体，都也提出人和政纲来，都搁在人民面前，叫人民选择。人民是不会受骗的，看得准确的，选出的总不会坏，竞选的人如果失败了，那只怪你的货色不中客意。准备你的货色，下次再来吧！”①

针对当时反对民主的“国情特殊论”，以及“人民缺少知识，无法实行民主”等这些反民主论调，中国共产党和边区政府进行了说理充分的批驳。1944 年 5 月 17 日《新华日报》发表《民主即科学》一文，指出真理不分国界，民主适宜一切国家。文章说：“科学为求真理，而真理是不分国界的……民主制度比不民主制度更好，这和机器工业比手工业生产更好一样，在外国如此，在中国也如此……”针对“稳定压倒一切”论，1946 年 5 月 17 日《新华日报》发表社论：《谁使中国不能安定？》，文章指出：独裁专制者希望的“安定”，“并不是全中国的安定，并不是全中国人民的安定，而仅

① 韩延龙等：《中国新民主主义革命时期根据地法制文献选编》第 1 卷，中国社会科学出版社，1981 年版，第 240 页。

仅是他们坐在压迫人民的宝座上的‘安定’。他们那个小集团可以统治全国、为所欲为的‘安定’”。文章指出：“中国人民早已知道什么是拨乱反治的办法了，那就是——停止内战！取消特务！废止国民党的一党专政！”

那个时候，为了迅速提升自身的民主知识和民主水平，中国共产党甚至提倡认真对待以美国为首的西方国家的民主经验。1943 年 4 月 15 日《新华日报》发表短评《民主主义的利刃——美国的民主传统》，文章指出：“不论程度之深浅，美国是始终保有一种传统精神的国家，那传统就是民主。从华盛顿总统直到林肯总统，美国历次的战争，都是为民主而打的；美国目前所参加的世界反法西斯侵略战争，也就是为民主，应当是为民主。”毛泽东强调中国人尊重美国人的民主理念，鲜明地提出：“我们并不害怕民主的美国影响，我们欢迎它。”他甚至要求“每一个在中国的美国士兵都应当成为民主的活广告。他应当对他遇到的每一个中国人谈论民主。美国官员应当对中国官员谈论民主”。

为了切实搞好选举，做成根据地的民主样板与模范，中国共产党在陕甘宁根据地制定了一套完整的选举办法，颁布了边区各级政府和参议会的选举条例、施行细则、组织法等各项具体法规，对选举资格、选举方法等都做了明确规定。与第二次国内革命战争时期的苏维埃时期选举相比，享有选举权利的人在范围上明显扩大了。1937 年 5 月公布的《陕甘宁边区选举条例》第 2 章《选举资格》第 4 条规定：“除卖国者、罪犯和神经病人外，凡居住在陕甘宁边区区域的人民，在选举之日，年满 16 岁的，无论男女、宗教、民族、财产、文化的区别，都有选举权和被选举权。”[①] 这一规定首先使广大的边区妇女第一次获得选举权和被选举权。在选举方式上，采取普遍、直接、平等法、无记名的投票选举制度。1941 年 1 月的《陕甘宁边区各级参议会选举条例》在选举资格上，增加了无“党派”差

① 全国县级直接选举工作办公室编：《中国选举法资料选编》，1981 年 5 月，第 105 页。

别的规定。[①] 这样享有选举资格的人覆盖到了除汉奸、罪犯、敌特、低能儿等之外的所有人群。由于贯彻了选举的普遍性原则，选民参选率大大提高。

在各地选举中，根据当时边区乡村文化比较落后、群众识字不多无法填写选票的情况，为了便于广大选民行使自己当家作主的权利，中国共产党人智慧性地开发出了适合不同文化程度选民的灵活多样的选举方法，开创了“草根民主”的先河。如票选法、画圈法、画杠法、画点法、投豆法、烧洞法、投纸团法、背箱子和乍胳臂等，这些在世界选举史上闻所未闻的选举办法，足以让西方世界大跌眼镜。识字多的农民用票选法；识字不多的采用画圈法、画杠法、画点法；完全不识字的采用投豆法、烧洞法、投纸团法、背箱子和乍胳膊等。从而，在绝大多数基层民众中实现了普遍、直接、平等、自由的选举。

当时比较普遍的农村选举方式是红绿票法和豆选法。所谓红绿票法，就是在进行选举时，由选举的组织者向每位选民发给一定数额的红绿票，红票表示赞同，绿票表示反对。在进行投票时，候选人坐在选举会场的前面，背对着选民，其身后放置一个票箱。选民对候选人只能投一种颜色的票，或是红票，或是绿票。等投票完毕后，当场开箱验票。红票多于绿票者便当选；如果红票绿票相当，则表明此人不好不坏；如果绿票多于红票则表明此人人缘和能力均有问题，就会落选。当时有些村民怕别人知道自己投的是什么票，因此在投票时将红绿票揉成小小的一团，投的时候让人看不出颜色，或者红票大张着，而将绿票搓小或干脆丢掉。

“豆选法”，即用豆子（什么豆都行，如蚕豆、黄豆、绿豆）作为选票进行选举。具体做法是：选举时候选人背对着选民在选举会场的前面坐成一排，在每一个候选人背后放一个碗，每个碗上贴上候选人的名字。凡是18岁以上的村民领到应选干部职数的豆子，村民可以根据自己的意愿将豆子放在“中意”的候选人的碗里，最后

---

① 全国县级直接选举工作办公室编：《中国选举法资料选编》，1981年5月，第117页。

根据碗中的豆数确定村政府的人选。这种选举方式简章易行，既可以减少选举成本，也可以避免候选人对选民意志的影响的操纵，能更充分地体现民意。有些村民怕别人知道自己将豆子投给了谁，故意穿长袖子衣服，从每个碗边都划过去，让旁边的人看不清他到底投了谁的票。当时农村还编出歌谣来传唱“豆选”——“金豆豆，银豆豆，豆豆不能随便投，选好人，办好事，投在好人碗里头。”有的农村还将豆子染上颜色，使之更加醒目，或者干脆将红芦苇数根作选票。经过不断摸索，“掷豆选举”这种方法非常适合农村文盲的无记名投票，在许多地方实行的效果很好。

还有一些农村采用“乍胳膊”、“喊选”、“举手表决”的办法进行村选。“乍胳膊”就是唱一个候选人乍一次胳膊，每选民有几票，只乍几次为止，最后哪人票多，哪人当选。“喊选”，即每念到一个候选人，就让选民喊是同意还是不同意，如果喊“同意”的声音超过喊“不同意”的声音，则当选；反之则落选。“举手表决”则更加简单，即同意的选民就举手，不同意的就不举手，最后计算有多少人举手，多者为胜。

画圈、画杠或烧洞法主要适用于稍有文化的选民。此外，为了保证大多数选民行使选举权利，还采取了轮流开会投票（如看门看店等离不开人时，可轮着去），挨户背箱子、送上门补票等办法。陕甘宁边区交通非常不便，老百姓住得非常分散。为了使每一个老百姓都能够行使自己的民主权利，当时很多负责选举工作的工作人员背着选举箱下乡，一家一户地让这些因交通不便不可能来集中投票的老百姓投上一票，以表达他们自己的意志和要求。

这些灵活多样的选举方法和选举方式有效地解决了大量的文盲选民参与投票的难题，从而使得大多数选民能够参加选举。一位民主政团同盟人士实地考察根据地选举后感慨地说：“他们这种选举方法，和可以发挥自主能力的各种事实，是给借口民众不识字、程度太低即不可能实行民主者以最有力的打击。事实证明，唯有在扶助民主中，才可以训练民众的能力，而达到完全的民主。”① 就连来自民主政治十分发达的美国的记者安娜·路易斯·斯特朗也非常赞赏根据地的这种选举，她在她的《中国人征服中国》的书中写道：“无论走到哪里，我都发现人们对他们的选举赞不绝口”，“人们在经济上过着几乎是石器时代的原始简朴生活，自己种麻做鞋底，买不起煤油或蜡烛，用自己种的麻籽油点灯，却夸耀他们有权罢免自己的村长，听起来简直不可思议，就像我们当年在西雅图炫耀活跃的民主生活似的。”她还说，千百万中国人民用投豆人碗这样的方法来进行政治上的选择，这些人如果是在欧美制度下，他们就根本不能参加选举，在那里选举之前要通过文化测验，那就要剥夺五分之四人口的选举权，因为文盲非常之多。更糟糕的是，这种方法只能使上层阶级独享选举权，这就揭露了美国民主的实质、本质。特里尔说，“延安精神的秘密就是参与”，“毛泽东从根本上改变了中国人对统治者的态度。每一个男人、女人和孩子都有一种集体责任感，一种民主意识似已存在。”②

采用丰富多样的选举方法实行普选和民主选举，极大地激发了各根据地广大民众的参政热情，民众的主人翁意识普遍得到增强，选民意识的高涨达到空前。淮南根据地殿发乡一位叫曹四的选民经历比较有代表性。当时进行选举之前，用红白榜分别进行选民登记，不合格的登记在白榜上。其中有个“刚来此地不及两年的曹四，从贴出起就仰头在看，后来人散得稀稀落落了，他还在看。最后天黑了，他又打着灯看，可是他失望了，原来榜上（指红榜）没有他的姓名。他气喘喘去找本村干部，说‘我们大家都是农民，又大家都在农抗，你们有什么意见，尽说好了，何必叫我过不去呢？’干部摸不着头脑说：‘什么回事？我们对你没有什么意见！’他继续诚恳地征求意见，说‘不是公民就不是好人，你说了我好改。’继续问下

---

① 《中国抗日根据地史国际学术讨论会论文集》，档案出版社，1985 年版，第 250 页。

② ［美］R. 特里尔著：《毛泽东传》，刘路新等译，河北人民出版社，1989 年版，第 199 页。

去，才知道榜上漏了他的姓名。干部答应他明早替他补上，他半信半疑地转回去。第二天大清早曹四又至干部家要求添名字，因为没有毛笔就用钢笔替他添上了曹四两个字，可是他觉得和别人不同，不放心。终于由他自己去找了毛笔来，请干部描得大些，这才满足了他的要求。"[①] 曹四的经历较有代表性地反映了当时广大的基层民众对于政治参与的渴求与愿望。在陕甘宁边区，许多足不出户的小脚婆姨，也骑上毛驴，翻山越岭，赶到选举地点投票。[②]

普选制度的实行，扩大了民主的范围，增强了抗日民主政权的社会基础。通过普选和民主选举，民众直接介入到政权管理中来，许多农民当选为县、区、乡的参议会议员和政府委员、乡长、区长，他们虽然文化水平比较低，甚至是文盲，但他们大公无私，具有较强的正义感，能帮助人民解决困难，能坚定不移地站在抗日的立场上，因而能被广大人民群众所拥戴。通过普选不仅能够看到民众政治参与的积极性，而且能够看出民众参政的能力。选民不仅积极参加选举，而且"人民对选举什么样的人当他们的代表，这一点他们是不马虎的"，"选出了自己的代表，到各级政府替自己办事"。截至1944年10月，抗日民主根据地人口共达9000万，都建立了选举产生的地方各级政府。这种广泛的民主选举活动，对于唤醒民众的民主意识，提高民众的政治参与意识，推动政治民主的进程，无疑起着十分重要的作用。同时，这种广泛的民主选举活动适应了当时经济文化落后的农村低成本高效率地进行民主政治建设的需要，对于中国农民来说是亘古未有的伟大创举，为日后的新民主主义国家的民主建设积累了宝贵的经验。

根据地的普选试验告诉我们，民众的文化程度、政治素质与民主制度之间固然存在着一定的关系，但这种关系并不是不可超越的，陕甘宁边区的民主实践就是一个最好的示范。

---

① 《淮南抗日根据地》编审委员会编：《淮南抗日根据地》，中共党史出版社，1987年版，第270—271页。

② 宋金寿编：《抗战时期的陕甘宁边区》，北京出版社，1995年版，第228页。

二、创立“三三制”民主政权

除了普选和民主选举，“三三制”也是根据地民主试验中浓墨重彩的一笔。为了更好地发展进步势力、争取中间势力、孤立顽固势力，争取抗战胜利，中国共产党人在根据地民主实践中创造性地提出了“三三制”政策，创立了一种崭新的民主政权形态，即在政权结构中，共产党员占1/3，代表无产阶级和贫农；非党的左派进步分子占1/3，代表小资产阶级；不左不右的中间派占1/3，代表中等资产阶级和开明绅士。

“三三制”作为一种政权政策构想是毛泽东首先提出的。1940年3月6日，毛泽东为中共中央起草了对党内的指示：《抗日根据地的政权问题》。其中指出：“在抗日时期，我们所建立的政权的性质，是民族统一战线的。这种政权，是一切赞成抗日又赞成民主的人们的政权，是几个革命阶级联合起来对于汉奸和反动派的民主专政。”这种政权“在人员分配上，应规定为共产党员占1/3，非党的左派进步分子占1/3，不左不右的中间派占1/3。”“上述人员的分配是党的真实的政策，不能敷衍塞责。”①

按照1/3的比例平均分配民意与行政机关人员名额只不过是“三三制”的外在表现形式，对于什么是“三三制”及其实质，当时的中国共产党人用了通俗易懂的语言进行了阐释。1945年12月7日《解放日报》发表了标题为“三三制：一党专政的天敌”的文章，详细解释了什么是“三三制”，提出“三三制”就是政治上实行民主的一种办法，一种制度，用这种办法、这种制度，好让各阶级、各党派大家都有机会来参加政府、管理国事。周恩来说：“三三制有两个特点：一个就是共产党不一定在数量上占多数，而争取其

① 《毛泽东选集》第2卷，人民出版社，1966年版，第699—700页。

他民主人士与我们合作工作。任何一个大党不应以绝对多数去压倒人家，而要容纳各方，以自己的主张取得胜利。第二个特点就是要各方协商，一致协议，取得共同纲领，以作为施政的方针。”[①]“‘三三制’就是各级代表会议制度，是真正的民主制度。”[②]谢觉哉的阐释是：“三三制是共产党约束自己的一个制度，人民不选或少选共产党员，共产党无权去要求他选或多选。但当选的共产党员若超过三分之一时，共产党就得辞去一些。为甚么要这样？因要革命须要有坚强的领导的党，而处于优势的领导的党，很容易走到把持包办。把持包办，不但广大人民不满意于当政的党，对党的本身，也很不利。党得不到群众的拥护，其党必归于失败。”[③]邓小平则指明，“三三制”政权的实质是民主问题，[④]并且说，“这不仅是今天敌后抗战的最好政权形式，而且是将来新民主主义共和国所应采取的政权形式。”

“三三制”政权构想提出后，首先在当时的陇东、绥德两个分区进行试行，先后选举建立了乡、县两级临时参议会和政府。陇东、绥德等地当时被称为“新民主主义政治的试验区”。由于成效良好，边区政府在总结“三三制”的试行经验后，决定在全边区普遍实行“三三制”。1941 年 1 月，陕甘宁边区中央局发出了《关于彻底实行“三三制”的选举运动给各级党委的指示》。1941 年 5 月 1 日中共中央政治局批准了《陕甘宁边区施政纲领》，其中明确了“三三制”的具体内容，即在边区的民意机关和政府中，共产党员、非党左派进步分子、中间派各占 1/3，在政权工作中，要不断健全民主制度，党员必须与党外人士实行民主合作，倾听他们的意见，遇事共同商量，不得一意孤行，把持包办。[⑤]曾经向毛泽东提出“精兵简政”建议的开明绅士李鼎铭先生被选为陕甘宁边区政府副主席。

---

① 《周恩来选集》上卷，人民出版社，1980 年版，第 253 页。
② 《周恩来选集》上卷，人民出版社，1980 年版，第 161 页。
③ 谢觉哉：《三三制的理论与实际》，载《解放日报》，1942 年 3 月 26—27 日。
④ 《邓小平文选》第 1 卷，人民出版社，1994 年第 2 版，第 9 页。
⑤ 延安《新中华报》1941 年 5 月 1 日。

之后，其他抗日根据地也陆续推行，普遍建立起“三三制“政权。

在“三三制”政权建设之初，许多党员干部在思想上想不通，在行动上存有抵触情绪；农民方面，尤其是贫农、雇农，他们记起了过去如何受压迫，又如何翻身的经验，对“三三制”政策也多怀着疑惑或忧虑的心情：“咱们流血搞起来的政权，又让地主、豪绅跑进来，敢保不会上当?”“没有他们该可以省去多少麻烦!”并发出质问：“是山羊、绵羊之分，还是谷子、莠子之分?”[①] 有的党员干部认为，党外人士不一定非要在政权中占三分之二多数，致使在工作中不能使党外人士发挥作用，形成了共产党“请客”，党外人士成为“不愉快的客人”的尴尬局面。对此，中共明确指出，实现“三三制”是为了实现民主政治，我们“要使各党各派及无党无派的人士，都有说话办事的权利和机会。我们需要的是民主，而不是替天行道的‘明主’，所以一切抗日人民的代表，都一定要享有在议会里讲话、在政府里办事的机会和权利。”此外，还有的党员干部认为，实行“三三制”只是一时的权宜之计，只是“拉拢”党外人士的一种“手段”。对此，中共指出：“中国社会是一个两头小中间大的社会”，无产阶级和大地主大资产阶级都占少数，而最广大的人民是中间阶级。任何一个政党的政策，如果不顾及中间阶级的利益，不尊重中间阶级的参政权利，要把中国的事情办好是不可能的。这些说服教育工作及时打消与纠正了当时许多党员干部和群众在“三三制”问题上的疑虑与错误观念，为“三三制”政权的建立提供了重要的思想保证。

1941 年 11 月召开的陕甘宁边区第二届参议会就不折不扣地执行了“三三制”的政策，改变了第一届参议会选举边区政府负责人全部是中共党员的状况。在选举边区政府委员时，当选的十八人中本来有中共党员七人；由于超过了“三三制”的规定，德高望重的徐特立主动申请退出，然后按得票多少的次序，改由一名党外人士白

① 西北五省区编纂领导小组中央档案馆合编：《陕甘宁边区抗日（文献卷·下）》，中共党史资料出版社，1990 年版，第 138 页。

文涣递补当选。

尽管“三三制”在执行过程中出现了一些偏差，如“十个小参议员斗不过一个大参议员”，米脂、葭县的某些乡政权，由于中共党组织力量过于薄弱，地主、豪绅或国民党员就乘机占了统治地位，“利用三三制以破坏三三制”，对于政权与人民的联系，对于党与非党人士的团结，造成了某种程度的损害，[①] 但在整体上，“三三制”的实行与推广取得了很好的效果，在各根据地得到了社会各阶层的热烈拥护，充分调动了各阶层人士团结抗战的积极性。据林伯渠1944年3月25日在陕甘宁边区高干会上的报告记载，当“三三制”选举的号召发出，边区施政纲领发布以后，全边区各阶级、各阶层的人民间即反映出他们自己的关心和态度。还有一些地主和士绅，他们从绝望的地位见到“三三制”，就多表示出意外与兴奋的心情，说：“共产党宽宏大量，仁义治国”；“从前以为革命不要咱们这号人了，今天咱也能管政权”；“迩刻事情真不同了，咱们也有权利，也能干事，同别人平等了”；“真的，迩刻真正实行了三三制了，咱的名字也能上红榜，土地革命时咱可没权”。华池有一个地主感激地说：“三七年选举，咱们没有选举权，现在共产党、八路军、边区政府看得起咱们了，又给咱们选举权，咱今后一定要选好人。”晋察冀边区领导人刘澜涛在工作总结中说：“地主士绅的社会地位提高了。因之，他们也较活动了。”并以涞源某年过五旬之老地主爬山越岭、冒着枪林弹雨参加涞灵战役的事例说明地主士绅积极参与选举的情况。[②] 一些跑到敌占区的地主开始回乡，乡绅富商也有了在根据地投资经营的积极性。有的地方乡绅将自己的儿女送到新四军，有的甚至捐出自己的田产，动员农民参军。而一些本来就有武装的地方精英，纷纷把武装交出来，归到新四军里。一时间，带着钻石首饰的华侨、来自北京的知识分子、慕名而来的演员等如同潮水一样涌进

① 林伯渠：《陕甘宁边区三三制的经验及其应该纠正的方向》，《林伯渠文集》，华艺出版社，1996年版，第379—380页。

② 转引自张鸣：《“三三制”政权的政治象征》，载《当代中国政治研究》，1999年第2期。

延安。

紧随陕甘宁边区，晋察冀边区、山东根据地、华中地区根据地等相继进行普选，产生了“三三制”的各级抗日民主政权。在盐阜专区，黄克诚等根据地领导人为了适应当时的根据地处于日、伪、顽三面包围的新形势，接受了开明士绅庞友兰、杨芷江等人的建议，还创造性地建立了“白皮红心”这一基层抗日民主政权的新形式。这是一个两面派的政权，表面上按照日、伪的要求，建立伪维持会，推出伪乡长、伪镇长、伪保长、伪甲长，但暗中安插主张抗日的骨干。已有伪维持会、伪乡长、伪镇长、伪保长、伪甲长的地方，先选择其中有正义感的，同情新四军抗日的进步人士，运用各种关系去沟通，晓之以理，动之以情，得到允诺后还要在日后的抗日斗争中加以考验，确认其抗日立场是否坚定，通过考验后才秘密向本人宣布，有的甚至还吸收加入中国共产党。这一新形式，使得日伪防不胜防，为新四军的抗日提供了种种支持和方便。

“三三制”最大限度地保证了党外人士在政权中的实际权利，极大地调动了陕甘宁边区各界人士的政治参与热情。陕北开明绅士李鼎铭曾非常自豪地回答西方记者说：“我有职有权！”① 由于实行了“三三制”，边区和其他抗日根据地的“天”成了“蓝蓝的天”。在抗战时期，许多中外人士考察根据地，他们大都认为根据地是中国最民主最清廉的地方。抗战中，各种政治力量都在争取知识分子，但结果是成千上万的知识分子不畏千难万险，奔赴延安和各抗日根据地。他们来到这里，住的是窑洞，吃的是小米高粱，不但要学习和工作，还要参加生产劳动，甚至要拿起武器直接参加战斗。知识分子不畏艰险来到这里，正是因为这里有民主，这里有着“向着法西斯蒂开火，让一切不民主的制度死亡！”的环境。

“三三制”是根据地民主试验的一笔宝贵遗产，这个经验为建国后多党合作与政治协商制度的成立奠定了基础，其中蕴含的智慧与民主内涵发人深思，值得后人认真总结与挖掘。

---

① 李维汉：《回忆与研究》（下），中共党史资料出版社，1986年版，第523—524页。

三、实践财政民主

民主从来就不是纯粹的政治问题。中国共产党在根据地还超前实践了民主政治的一项重要的内容即财政民主——边区参议会按照民众意愿，通过民主程序审定和监督政府财政收支进行民主理财。财政民主的实质是经济民主。

早在1937年5月12日通过的《陕甘宁边区议会及行政组织纲要》中就确定了延安民主财政的基本职能：批准预算、创制或批准各项建设计划、决定征收各项地方性的捐税及发行地方公债、规定边区行政官员的俸给不得超过熟练劳动者所得等等。从当时边区参议会的多篇预算决议案来看，边区参议会对政府财政工作的审查监督并不是“虚”的，其中既有对概算的设计、监督权，又有审查、批准权；既明确提出政府税收工作中存在的问题，又拥对政府税收工作提出“必须”、“不得”等要求的权力。可以说，边区财政的确是民主的财政，是人民可以“说话”的财政。因而，毛泽东在1942年12月召开的陕甘宁边区高级干部会议上作了《经济问题与财政问题》的报告，告诫边区干部：“从事经济和财政业务的工作人员，还必须克服存在着的有些还是很严重的官僚主义，例如贪污现象，摆空架子，无益的‘正规化’，文牍主义等等。”①

根据地实践财政民主的主要内容就是充分发挥边区参议会对边区政府财政税收工作的决策、审查和监督作用，按照民众意愿，通过民主程序审定和监督政府财政收支，通俗地说，就是根据地征什么税，怎样征税，征多少税，如何安排财政支出，如何制定概算，都是由参议会说了算，而不是由政府说了算。具体表现在以下几个方面：其一，议员向边区参议会提交财政议案，供大会审议；其二，

① 《毛泽东选集》第3卷，人民出版社，1967年版，第851页。

边区参议会认真审议边区政府的财政工作报告和概算书并作出有关决议；其三，边区参议会积极参与边区财政税收政策与制度的制定过程。[①]

1. 议员向边区参议会提交财政议案，供大会审议。每次召开边区参议会大会，议员们都会提出大量的财政议案，对边区政府制定财政政策和货币政策以及监督边区政府的财政工作发挥了重要的作用。著名的“精兵简政”提案最初就是根据地财政民主的一项杰作，1941 年 11 月，以开明绅士、边区参议会议员李鼎铭先生为首的 11 人在陕甘宁边区二届一次参议会上为有关财政问题提出了“精兵简政”的提案，以“避免入不敷出经济紊乱之乱象”[②]。提案提出后，得到了中共领导人的高度重视，并将其贯彻于边区行政机构的改革中去，毛泽东说“他提得好，对人民有好处，我们就采用了”。[③] 并且说：“这个办法很好，恰恰是改造我们的机关主义、官僚主义、形式主义的对症药。”[④] 同年 12 月，中共中央发出指示，号召全党全军实行精兵简政，要求党、政、军各级组织机构切实进行整顿，精简机关，充实连队，提高效能，节约人力物力，并把精兵简政确定为 1942 年全党全军的中心工作之一。“精兵简政”后来成为根据地的一项重要政策在各根据地内广泛实行，有效解决了“鱼大水小”的矛盾。

2. 边区参议会认真审议边区政府的财政工作报告和概算书，并作出有关决议。边区政府施政纲领和边区临时参议会组织条例都规定了边区参议会有编制审查边区预算决算的任务和职权。即使在战争频繁、环境极其残酷的情况下，边区政府也一定要向边区参议会全体会议报告财政收支概算和执行情况，并且要编制年度的财政收支概算，向边区参议会驻会委员会报告，请其审查批准。

---

① 李炜光：《论延安时期的民主政治与民主财政实践》，载《现代财经》2001 年第 7 期。
② 李维汉：《回忆与研究》（下），中共党史资料出版社，1986 年版，第 502 页。
③ 《毛泽东选集》（合订本），人民出版社，1964 年版，第 905 页。
④ 引自《红旗》1982 年第 7 期，第 19 页。

3. 边区参议会积极参与边区财政税收政策与制度的制定过程。晋冀鲁豫边区制定统一累进税的过程就充分发挥了参议会的审议和决策作用。统一累进税是根据地将工商税和农业税合并征收的税种。统一、累进、直接是统一累进税的三个基本特点，即一是把所有按资产或收入征收的税都统一于一种税制中，只征收一种统一累进税；二是把边区各级政府征税的权力完全统一于边区政府，除村款开支仍由村自筹外，县区以上的收支统归边区政府统筹统支；三是实行税率累进，按照收入多少分级，制订不同的税率，收入越多，税率越高。统一累进税直接向财产所有者和收入的所得者征收，不转嫁于任何人。统一累进税，使人民负担更趋向合理，因而它是一项更合理的税收制度。1941 年 11 月，晋冀鲁豫边区决定改合理负担为统一累进税。为此，边区政府和临参会专门组织了一个考察团，考察团历时两个多月，从边区政府到区、村进行了深入的调查研究。考察团返回后选择了 10 多个有代表性的村庄进行试点。经过边区临时参议会多次讨论，试行与座谈研究，在此基础上，草拟了《统一累进税试行草案》送中共中央太行分局审查，邓小平亲自逐条审阅并作了修改。1943 年 5 月，边区政府正式颁布了《晋冀鲁豫边区统一累进税暂行税则》，成为晋冀鲁豫边区著名法规之一。

由此可以看出，在边区，征什么税、怎样征税、征多少税、如何安排政府财政支出、如何制定概算，都必须经过参议会，由参议会说了算，而不是由政府说了算。正是由于建立了严格的预算监督体制和民主参与机制，边区政府高度廉洁，不仅受到广大人民的赞扬，也令那些从国民党统治区来到延安的民主人士刮目相看，根据地经济民主的实现程度达到一个空前的水平。

根据地的民主实践与民主实验为探索建设中国式民主道路积累了丰富的宝贵经验，是中国共产党人克服地区偏僻、经济落后、文化不足、技术简陋等种种不利因素，为中国民主政治开辟、探索的一条新路。

根据地的民主实践、民主实验确凿地表明：民主，与文化程度无关；民主，与国情特殊无关；民主，与选举有关；民主，与参与有关；民主与包容有关；民主，它的实现形式和途径原来可以多姿多彩。

第九章　新中国民主制度的构建和变革

中华人民共和国政治制度的基本内容与架构受特定历史条件与基本国情的制约，经历不同时期的发展与变革之后最终确定为：人民代表大会制度，选举制度，国家元首制度，民族区域自治制度，共产党领导的多党合作与政治协商制度，基层民主制度，司法制度，军事制度，干部人事制度，特别行政区制度等。中华人民共和国的民主制度同样产生于具体的历史条件之下，与基本国情相适应，其构建与变革伴随着政治主体的民主认知、政治共同体的政治、经济、文化与社会环境的变化而不断革新。从广义来看，中华人民共和国的民主制度可以被视为一系列保证人民当家作主、发展社会主义民主政治的制度总和，也就是中华人民共和国政治制度中所涵盖的内容，中国民主制度的本质与属性体现了社会主义民主的内在价值与优越性，与政治主体的民主生活与行为规范直接相关。

一、新中国民主制度的构建

新中国的民主实践一再表明，民主制度的构建是一个循序渐进和不断完善的过程，其认知起点发端于外生的马克思列宁主义与苏联模式，而其逻辑起点则产生于内化的毛泽东思想、邓小平理论、抗日战争时期以及解放战争时期中国共产党领导的革命实践、具体历史条件下的基本国情。因此，我们首先需要厘清具有中国特色的社会主义民主制度的理论依据，结合特定历史条件下的民主实践经验，才能真正理解新中国民主制度构建与变革的应然与实然，才能切实找到新中国民主制度的认知与逻辑起点，从而把握其发展路径与方向。

（一）理论基础

首先，马克思主义是中国共产党的指导思想。马克思主义民主理论是马克思主义关于民主的本质、运动的基本方式与规律等一系列的论断，是无产阶级政党组织团结自己革命队伍和建设队伍的理论依据，同时也是中国共产党领导的建设社会主义民主政治制度的理论基础。中国特色社会主义民主政治制度充分体现了马克思主义民主理论的基本内涵，是保证人民当家作主的民主政治制度。马克思主义民主理论中的人民自治理论、政党理论、民族自治理论、议行合一和普选制思想为中国共产党在抗日战争时期、民主革命时期以及新中国建立之初提供了理论资源。

马克思提出："人民是否有权来为自己建立新的国家制度呢?"① "对这个问题的回答应该是绝对肯定的，因为国家制度如果不再真正表现人民的意志，那它就变成有名无实的东西了。"② 马克思在对西方民主的本质予以批判的前提下，提出一种新的以实现人民意志为目的的民主制度。马克思在《哥达纲领批判》中指出："民主的"的这个词，在德语里意思是"人民当权的"。③ 在马克思看来真正的民主是使人民作为政治权力主体进而实现"当家作主"的政治制度。其次，马克思主义理论认为，民主是目的与手段、历史性与传承性的统一。马克思、恩格斯在《共产党宣言》中指出："工人革命的第一步就是使无产阶级上升为统治阶级，争得民主。"④ 无产阶级应

① 《马克思恩格斯选集》，第1卷，人民出版社，1995年版，第316页。
② 《马克思恩格斯选集》，第1卷，人民出版社，1995年版，第316页。
③ 《马克思恩格斯选集》，第3卷，人民出版社，1995年版，第312页。
④ 《马克思恩格斯选集》，第1卷，人民出版社，1995年版，第293页。

该以夺取政权建立自己的民主制度为目标。马克思主义认为，作为上层建筑的民主是具体的历史的产物，不存在超越历史阶段的具有普遍性的“一般民主”。恩格斯指出：“我们的党和工人阶级只有在民主共和这种形式下，才能取得统治。民主共和国甚至是无产阶级专政的特殊形式，法国大革命已经证明了这一点。”① 再次，马克思主义民主理论认为民主与法制辩证统一。马克思主义认为法律不过是统治阶级意志的表现，是把统治阶级的意志上升为社会的普遍意志，实质是为了维护统治阶级的权力和统治秩序的工具。马克思强调：“使法律成为人民意志的自觉表现，也就是说，它应该同人民的意志一起产生并由人民的意志所创立。”② 列宁指出：“我们应当保障革命所争得的宪法。”③ 最后，马克思主义理论认为资产阶级民主的实质是专政，社会主义民主是人类历史上新的更高类型的民主。马克思与恩格斯在《共产党宣言》中指出：“资产阶级在现代的代议制国家里夺得了独占的政治统治。现代的国家政权不过是管理整个资产阶级的共同事务的委员会罢了。”④ 社会主义民主是工人阶级和其他劳动者阶级真正当家作主的民主；⑤ 社会主义民主是社会中绝大多数成员享有的民主。⑥

其次，毛泽东思想是马克思主义中国化的理论基础，同时为新中国民主制度的建构提供了理论资源。

毛泽东深刻地认识到，要实现人民当家作主，必须建立起人民自己的国家，使人民群众成为统治阶级，也就是必须建立社会主义国家。因为在社会主义国家里，建立了以生产资料公有制和按劳分配为主体的社会主义经济制度，建立了无产阶级专政（或人民民主专政）的社会主义国家制度，工人阶级和其他劳动人民不仅成为生

① 《马克思恩格斯选集》，第 4 卷，人民出版社，1995 年版，第 412 页。
② 《马克思恩格斯选集》，第 1 卷，人民出版社，1995 年版，第 184 页。
③ 《列宁选集》，第 4 卷，人民出版社，1995 年版，第 124 页。
④ 《马克思恩格斯选集》，第 1 卷，人民出版社，1995 年版，第 274 页。
⑤ 李铁映：《论民主》，中国人民大学出版社，2007 年版，第 25 页。
⑥ 李铁映：《论民主》，中国人民大学出版社，2007 年版，第 25 页。

产资料的主人，而且成为国家和社会的主人，充分享有各种民主权利。因此，只有建立人民自己的国家，才能够切实地实现人民的各项民主权利，才能够运用强大的国家机器保护人民所享有的管理国家和企事业单位的权力。这是社会主义民主的本质所在，也是社会主义民主与其他社会形态的民主的本质区别所在。

确立人民代表大会制为新中国的政体，毛泽东早在《新民主主义论》和《论联合政府》中就已经明确。他认为："新民主主义的政权组织，应该采取民主集中制，由各级人民代表大会决定大政方针，选举政府。它是民主的，又是集中的，也就是说，在民主基础上的集中，在集中指导下的民主。只有这个制度，才既能表现广泛的民主，使各级人民代表大会有高度的权力；又能集中处理国事，使各级政府能集中地处理被各级人民代表大会所委托的一切事务，并保障人民的一切必要的民主活动。"①

在《论联合政府》的报告中，毛泽东把成立多党联合政府视为"这是一个历史法则，是一个必然的、不可避免的趋势，任何力量，都是扭转不过来的"。② 他强调成立各党派合作的民主联合政府"这就是人民解放军的、也是中国共产党的最基本的政治纲领"③，"在新民主主义的国家问题与政权问题上，包含着联邦的问题。中国境内各民族，应根据自愿与民主的原则，组织中华民主共和国联邦，并在这个联邦基础上组织联邦的中央政府"。"改善国内少数民族的待遇，允许各少数民族有民族自决权及在自愿原则下和汉族联合建立联邦国家的权利。"④

（二）历史经验

首先，土地革命战争时期，中国共产党于1931年建立了中华苏

① 《毛泽东选集》，第3卷，人民出版社，1991年版，第1057页。
② 《毛泽东选集》，第3卷，人民出版社，1991年版，第1069页。
③ 《毛泽东选集》，第4卷，人民出版社，1991年版，第1256页。
④ 《论联合政府》，新民主出版社，1949年版，第50页。

维埃共和国临时中央政府。中华苏维埃共和国及其各级政权是中国共产党领导的工农民主专政。根据《中华苏维埃宪法大纲》、《中华苏维埃共和国中央苏维埃组织法》及其他有关法令的规定，中华苏维埃政权组织中央机构及其职权如下：全国苏维埃代表大会为中华苏维埃共和国的最高权力机关，由地方各级苏维埃代表大会及红军选出的代表组成。其职权是制定和修改宪法及其他法律，决定全国的大政方针，听取和讨论中央执行委员会的报告，选举中央执行委员会。中央执行委员会为全国苏维埃代表大会闭幕期间的最高政权机关。其职权是制定和颁布除宪法以外的各种法律、法令，审核和批准全国的政治、经济、文化政策，决定和批准国家机关及其下属机关的变更、停止，选举中央执行委员会主席团和中央人民委员会。中央执行委员会主席团的主要职权是监督宪法及全国苏维埃代表大会、中央执行委员会的决议与命令的实施。中央人民委员会为中央执行委员会的行政机关，负责指挥和处理全国政务。人民委员会对中央执行委员会及其主席团负责并报告工作。其职权是在一定范围内颁布各种法令和条例，审查、修改或停止各人民委员会的法令或决议。最高法院是设立于中央执行委员会之下的全国最高审判机关，解释一般法律，审查下级审判机关的判决书和决议，审理重大政治案件及高级机关职员的职务犯罪等。中华苏维埃中央革命军事委员会为全国红军最高领导和指挥机关，隶属于临时中央政府，但在政治上接受中共中央与中共苏区中央局领导①。

从中华苏维埃共和国政治制度的建构以及政权体制实际运行情况考察，我们可以看出，首先，中国共产党在国家政权中居于领导地位。中华苏维埃共和国实行的是中国共产党一党制，国家政权的一切活动必须遵循中国共产党的路线、方针、政策；虽然中华苏维埃共和国时期，中国共产党在政治权力安排中的地位是当时历史发展的必然结果，但这样的制度安排与体制运行存在着严重弊端。中国共产党作为政权领导核心，被赋予了比过去更大的权力。党自身

① 《中共中央文件选集》第四册，中共中央党校出版社，1986年版，第248页。

正确与否对政权具有决定性的影响。一旦党的领导不健全或遭破坏，党的路线、方针、政策出现重大失误，政权便会因此蒙受不可估量的损失。王明“左”倾错误正是在这样的基础上，在这样的条件下才得以危害深重而有别于前两次“左”倾错误。这样的党政关系很难避免以党代政倾向。中国苏维埃政权建立过程中，注意吸取了“苏联革命后最初几年，在有些地方，党的作用几乎缩小到极端”①、政府权力过大的教训，特别强调防止苏维埃代替党的现象，虽然也注意了党政机关分开、职能分开，领导人员不兼或少兼职，但出现了另一种倾向，即“党在群众中有极大的威权，政府的威权却差得多”，许多事情“党在那里直接做了，把政权机关搁置一边”②。其次，“议行合一”的苏维埃制度是政权的基础。全国苏维埃代表大会不但拥有立法权和监督权，而且还有国家最高行政权，在整个国家体制中起着主导的、决定性的作用。这种制度比较适合战争环境。苏维埃制度为以后的人民代表大会制提供了经验。再次，在中央集中管理的情况下，地方拥有很大的独立性。从《中央苏维埃组织法》和《地方苏维埃组织法》可以看出，中央执行委员会拥有除制定和修改宪法以外的一切权力，地方要“执行中央政权机关的一切法律、命令、决议与指示”③。这种高度集中、直接管理的制度安排符合当时的战争需要。它有利于政府迅速有效地动员人力、物力、财力，解决物质上的需要。地方独立性则由当时革命道路所决定。与苏维埃体制的俄国情形不同，中华苏维埃共和国是在工农武装割据的斗争中，在分散的革命根据地的基础上建立起来的，中央政府难以实施有效的、统一的行政管理，因而形成地方一定的各自为政局面。

其次，抗日战争时期，中共及其领导下的八路军、新四军等抗日人民武装在敌后开辟了抗日根据地，并建立了“三三制”抗日民

① 《中共中央文件选集》第四册，中共中央党校出版社，1986年版，第206页。

② 《毛泽东选集》第3卷，人民出版社，1991年版，第997页。

③ 《中华苏维埃共和国地方苏维埃暂行组织法〔草案〕》，参见：《中国新民主主义革命时期根据地法制文献选编》第2卷，中国社会科学出版社，1981年版，第74页。

主政权。抗日民主政权与苏维埃政权在本质上并无区别，都是中共领导的革命政权。但它从阶级内容到组织形式又有自己的独特之处。从阶级内容来看，抗日民主政权是中共领导的以工农联盟为基础的各抗日阶级和阶层的联合专政，它是民族统一战线性质的政权，具有更广泛的阶级基础。从组织形式看，由于中共承认国民政府为合法的中央政府，抗日民主政权没有建立自己的全国性政权和中央政府，在名义上它是国民政府管辖之下的地方性政权，但在政治、经济、组织等方面自成系统，独立自主，还拥有只有国家才能掌握的独立的武装力量，这又使它具有国家的特征。[①]

抗日民主政权在各个抗日根据地进行了全面的新民主主义的政治、经济、文化建设。首先其参议会制度，具有民主价值。抗日民主政权实行立法权与行政权并立而司法权相对独立的原则，即参议会行使立法权，政府行使行政权，法院行使司法权而在行政上受政府领导。各级参议会拥有极大的权力，包括创制权、复决权、选举权、罢免权、监督权和弹劾权，是抗日根据地真正有职有权的最高权力机关，保证了民主政治的实施。民主政治的一个突出表现是规定了一套真正体现选民意志的民主选举办法，即“普遍、直接、平等、无记名投票的原则”。参加选举的选民一般达到选民总数75%—80%，有的甚至90%以上。[②] 其次，从1941年起，各根据地政权先后贯彻执行了“三三制”政治制度，在各级抗日民主政权包括参议会和政府的组成人员分配上，共产党员（代表无产阶级和贫农）、非党的左派进步分子（代表小资产阶级）、不左不右的中间分子（代表中等资产阶级和开明绅士）各占三分之一。“三三制”的制度安排体现了不同党派人士寻求协商一致取得共同纲领的努力。抗日民主政权是新民主主义革命时期历史最久、制度最完备的政权，因而对新中国政治体制的影响也就最大。它对工农民主政权和新中国建立后形成的人民民主政权之间具有承前启后的作用，为新民主

① 李林宇：《抗日民主政权建设及其历史经验》，载《中共党史资料》，1999年第12期。
② 熊宇良：《陕甘宁边区民主政治的伟大实践》，载《中共党史研究》，1984年第5期。

主义国家政权建设开辟了道路，提供了经验。正是基于上述对抗日民主政权经验的总结，毛泽东在中共七大上提出了战后新民主主义国家制度——联合政府的全面纲领，指出以陕甘宁边区为代表的抗日民主政权是今后民主中国的模型。

再次，1946 年 6 月全面内战爆发后，中共领导全国人民进行了推翻国民党蒋介石反动政权的解放战争。这一时期的解放区政权从性质到体制都相应发生了重大变化。从政权性质看，解放区政权是中国共产党领导的、以工农联盟为基础的、人民大众的反帝反封建的政权，其专政对象由抗日战争时期的汉奸卖国贼发展演变为国民党反动派及其所代表的官僚资产阶级和地主阶级，但一些拥护中共的开明人士继续留在人民政权中合作共事。由于解放区的形势发展很快，中共中央强调“将一切可能和必须集中的权力，集中于中央和中央代表机关”，建立了事前请示、事后报告的制度，进一步加强了党对人民政权的集中领导。在政权体制上，新、老解放区逐步建立了各级人民代表会议制度，新解放区城市实行带有过渡性质的军事管制制度，少数民族地区开始实行民族自治制度。

通过对中华苏维埃共和国、抗日民主根据地以及解放战争时期中国共产党局部执政时期的民主实践，以对新中国民主制度建构的构成性要素为切入点，这一时期的民主制度具有如下特点：中共局部执政时期的政权体制，事实上都带有地方政权以及战时性、临时性的特点，有种种不完善之处，也有不同时期的历史印记，但这些政权的组织基础（依靠人民）、组织原则（民主集中制）、组织形式（代议制）和领导力量（中国共产党的领导）等都为新中国提供了极其宝贵的历史经验，成为最直接的政治遗产，体现于中华人民共和国的政治体制之中。严格说来，中共局部执政时期的政权是中共新民主主义建国理论在新民主主义革命时期的局部实践，而《共同纲领》时期的人民政权，仍然是新民主主义政权，只不过是中共从局部执政发展为在全国范围执政，即把根据地的模型推广到全国，使全国成为新民主主义的共和国[①]。至于中国共产党自身的组织体制，即使是新中国成立许多年之后，仍然没有太大的变化。战时体制也在相当长时间内得到一定程度的保留。

二、新中国民主制度的渐进式变革

中华人民共和国自建立伊始，其民主制度经历了初创期、曲折发展期、严重受挫期以及恢复和改革期，这四个历史阶段的制度变革一方面受到中国共产党对民主理论与实践的认知影响，另一方面也受到现实国情与经济体制等制约因素的影响；同时，民主制度实然运行所获得的历史经验亦为完善和创新具有中国特色社会主义民主理论，促进和发展中国特色社会主义市场经济提供了宝贵的历史资源。新中国建国之初的初创时期实际上为整个中华人民共和国民主制度打下了坚实的基础，其后的恢复与变革多在此基础上进行延续性改革，在描述新中国民主制度的历史变革之前，我们首先对中华人民共和国自建国以来的政治制度进行全景式的历史把握，从而可以窥见新中国，作为伟大的历史开端，其民主制度的创新之处与优越性。

第一阶段 1949—1954 年，是中华人民共和国政治制度的初创阶段。为了迎接新中国的诞生，1949 年 9 月 21—30 日，中国人民政治协商会议第一次全体会议在北京召开。与会成员包括中国共产党、各民主党派、各人民团体、人民解放军、各地区、各民族、国外华侨以及爱国民主人士代表等共计 662 人。这次会议宣布了中华人民共和国的成立，颁布了《中国人民政治协商会议共同纲领》，起临时宪法的作用，此外，连同《中央人民政府组织法》与《中国人民政

① 李君如：《要重视中国共产党执政史的研究》，载《中共党史研究》，2003 年第 4 期，第 11 页。

治协商会议组织法》从多方面确立了新中国的政治制度。这一时期的制度建构具有初创性与探索性，因此有些制度的确立可以付诸实践，例如：人民民主专政制度、人民革命军事制度、民族区域自治制度、政治协商制度等；但有些制度限于历史条件的制约，无法立即付诸实践，需要采取若干过渡性措施，例如：人民代表大会制度、普选制度等。因此，《共同纲领》规定了一些过渡性措施以帮助新中国政治制度最终得以付诸实践。这一时期，中央一级的政治体制是：全国人民代表大会是国家最高权力机关，在普选的全国人民代表大会召开之前，由中国人民政治协商会议的全体会议行使其职权；在全国政协闭会期间，中央人民政府委员会行使国家最高政权并组织政务院，为国家最高行政机关；组织人民革命军事委员会，为国家最高军事统辖机关；组织最高人民法院和最高人民检察署，为国家最高审判机关和检察机关。

这一阶段，在地方各级（省、市、县），国家政权机关是本级人民代表大会。但是，解放地区初期实行军事管制，待军事行动结束、建立革命秩序、镇压反革命等工作完成之后，由军事管制委员会召集各界人民代表会议，于普选的本级人民代表大会召开之前，执行国家政权机关的职权。人民政府委员会是行政机关，由各界人民代表会议选举产生，在各界人民代表会议闭会期间行使国家政权机关的职权。地方人民法院、地方人民检察署，是本级地方的审判和检察机关。

这一时期的政治制度建构具有初创性与探索性，带有明显的过渡色彩。诸多制度形式沿袭了抗日战争时期的根据地政权与解放战争时期的革命政权。中国人民政治协商会议借鉴了1946年重庆“旧政协”的形式。同时，接管国民党政权后尖锐的阶级斗争和社会矛盾以及个别地区尚在进行的解放战争，给政治制度的建设留下了痕迹。一些地方在短时期内，以军事管制委员会作为临时政权机构，1952年11月前，一些大区以军政委员会代行地方政府职权。作为中华人民共和国政治制度承前启后的发展环节，这一阶段的政治制度有两点值得注意：一方面，在中华人民共和国政治制度的历史上，这一时期的政权组成比较接近于中国共产党关于新民主主义的思想。另一方面，这一阶段的政治制度已经开始显示，在政权建设的形式上更多地采用苏联模式而不是西方民主的形式。

第二阶段，自1954—1966年，是中华人民共和国政治制度曲折发展阶段。1954年9月，第一届全国人民代表大会第一次会议在北京召开，会议通过《中华人民共和国宪法》。这是中华人民共和国第一部宪法。由第一部宪法所确立的中国政治制度，在1954—1956年的最初两年中得到了有效的实践，发挥了明显的功能。在这一阶段，全国人民代表大会的常设机关是它的常务委员会，在全国人民代表大会闭会期间行使全国人民代表大会的部分职权。中华人民共和国主席是国家元首。国家主席同时是国防委员会主席，统率全国武装力量，还可以在必要时召开最高国务会议，担任会议主席。最高国家行政机关是国务院，即中央人民政府。最高人民法院和最高人民检察院分别是国家最高审判机关和检察机关。

在各级地方（省、市、县、乡、镇），各级人民代表大会是地方国家权力机关，人民委员会是地方国家行政机关，并在人民代表大会闭会期间行使其常设机关的职权，人民法院和人民检察院（乡、镇一级不设）分别是地方国家审判机关和检察机关。在少数民族聚居的地方，实行民族区域自治。

这一时期的最初两年里，各级人民代表大会能够按照宪法的规定定期召开会议，就全国或本地区的重大事项做出决议，全国人大及其常委会先后制定了10多个法律法规，同时积极开展了刑法、民法等基本法律的起草工作。但是，从1957年4月开始，中共中央决定“在全党重新进行一次普遍的、深入的反官僚主义、反宗派主义、反主观主义的整风运动，提高全党的马克思主义思想水平，改进作风，以适应社会主义改造和社会主义建设的需要”。[1] 随后引发了严重扩大化的反右斗争。这场斗争，不仅错误地打击了一批知识分子、爱国人士和党内干部，而且导致党在指导思想上出现了“左倾”错

---

① 《人民日报》1957年5月1日。

误。从此，阶级斗争重新被提到中国社会的主要矛盾地位。反右斗争之后，中国政治制度趋向于高度集权化。

第三阶段，自1966—1977年，是中华人民共和国政治制度严重挫折阶段。1966年5月16日，中共中央扩大会议通过《五·一六通知》，同年8月18日中共八届十一中全会通过了“十六条”标志着“文化大革命”的全面爆发。以“革命委员会”取代地方各级人民代表大会和人民委员会标志为起点。在这十年中，中国经历了“无产阶级文化大革命”。中国人民付出重大代价建立起来的政治制度，在这场“革命”中被破坏无遗。这场所谓的“革命”实际上是“一场由领导者错误发动，被反革命集团利用，给党和国家以及各族人民带来严重灾难的内乱”。①

依法应四年召开一次的全国人民代表大会和地方各级人民代表大会，从1967—1975年，没有召开过一次会议，事实上陷于瘫痪。在中央一级，表面上仍以国务院为最高行政机关，但其活动早已违背宪法的规定。在各级地方，人民委员会的形式被完全抛弃。自1967年1月始，各地相继建立“一元化”、“三结合”的革命委员会，统揽立法和行政职权。1975年1月召开第四届全国人民代表大会第一次会议，修改了1954年宪法。这部宪法建立的政治制度，集极左思想之大成，对中国自1954年以来的政治制度造成极大的破坏。按照这部宪法，全国人民代表大会和国务院的形式虽得以保留，但在实际政治中，已被摧毁殆尽。国家主席被取消，检察机关不复存在，公诉权移归公安机关。地方虽设有人民代表大会，但从未开过会。“革命委员会”这种奇特的政权组织形式，得到法律的确认，成为中华人民共和国政治制度的组成部分，并且掌握了地方性立法、行政甚至包括司法在内的全部权力。

“文革”中后期，中共九大、十大相继召开，党政各级组织逐步恢复，四届全国人大经过艰难筹备得以举行。周恩来、邓小平先后

---

① 《中共中央关于建国以来党的若干历史问题的决议》，人民出版社，1981年版，第25页。

主持党中央与国务院工作，在某些方面缓解了政治制度被破坏的程度，但从整体上看，政治体制方面高度集权等弊端不仅没有得以解决，反而有了进一步的发展，被扭曲的政治制度得到宪法、党章所给予的合法性，中华人民共和国政治制度遭受了最为严重的挫折。

第四阶段，即自1978年以来中国进入改革开放以后的时期，是恢复和发展中国特色社会主义民主政治制度的时期，其开端是1978年宪法取代1975年宪法。中国共产党十一届三中全会确立实事求是的思想路线以及其后的思想解放运动，促进政治制度的建设出现新的局面。这一时期的政治制度有两个标志性的发展：一是1978年3月，第五届全国人民代表大会第一次会议制定新宪法，取代了1975年的“文革”宪法。这部宪法纠正了许多左的错误，但并未从“文革”的阴影中完全摆脱出来。从形式上看，该时期中央一级政权，除沿袭1975年宪法的做法，取消中华人民共和国主席以及由国家主席领导的国防会议、最高国务会议以外，大体上恢复了1954年宪法规定的结构。地方各级政权，除保留1975年宪法规定，以“革命委员会”为地方行政机关外，也基本恢复到1954年的体制。另一次重要变化，发生于1982年12月，第五次全国人民代表大会第五次会议对1978年宪法做重大修改。此次修宪，比较彻底地剔除了“文化大革命”给政治制度留下的影响，成为迄今为止所进行的政治体制改革、建设有中国特色社会主义民主政治的基本法律框架。

1978年12月，中国共产党召开了十一届三中全会。这是“建国以来我党历史上具有深远意义的伟大转折”①。这次会议提出的路线、方针、政策，尤其是关于健全社会主义民主和加强社会主义法制的目标，关于改变同生产力发展不适应的生产关系和上层建筑的任务，为中国政治制度的全面恢复与政治体制改革提供了政治的与思想的前提。1982年召开的中共十二大强调要“继续改革和完善国家的政治体制和领导体制”；1987年召开的中共十三大全面阐述了

① 《中共中央关于建国以来党的若干历史问题的决议》，北京：人民出版社，1981年版，第35页。

政治体制改革的目标、意义、内容等，提出要“积极推进政治体制改革”；1997年召开的中共十五大指出：“我国经济体制改革的深入和社会主义现代化建设跨越世纪的发展，要求我们在坚持四项基本原则的前提下，继续推进政治体制改革，进一步扩大社会主义民主，健全社会主义法制，依法治国，建设社会主义法治国家。”

事实上，从中共十一届三中全会以来，政治体制改革取得了多方面的成就，使得中国整个政治制度在其体制的改革中得到了逐步的完善与发展。

三、新中国民主制度变迁的成因分析

民主制度规定民主的本质属性、基本原则，限定民主机制的发展空间、实现程度和运行状况。特定国家、特定历史时期的民主制度是基于基本国情、社会结构建立起来的，它不可能被简单地复制和移植，并以此作为区别于其他社会的重要标志。民主制度是政治共同体内保证民主价值得以实现的制度安排。如上文所述，新中国的民主实践表明民主制度的建构是一个循序渐进和不断完善的过程，其认知起点发端于外生的马克思列宁主义与苏联模式，而其逻辑起点则产生于内化的毛泽东思想、邓小平理论、抗日战争时期以及解放战争时期中国共产党领导的革命实践、具体历史条件下的基本国情。在诸多因素影响之下建构起来的新中国民主制度在其历史发展变革中同样受制于多种因素的制约，俞可平认为：“政治制度是社会的上层建筑，从根本上说，它是由社会的经济制度和经济发展水平决定的。换言之，从整个人类的历史进程看，政治制度是因变量而非自变量，它要受其他因素的影响和制约。从人类政治发展史的普遍规律来看，决定一个国家采用何种政治制度的主要因素，包括社会经济制度、历史文化传统、政治地理环境、意识形态和社会精英集团的性质等，在现今的全球化时代，还应当包括国际政治的格局。”① 在接下来的论述中，本章试图从经济因素、文化因素、政治因素与国际因素四方面来把握新中国民主制度变迁的成因。

（一）经济因素

萨缪尔·亨廷顿认为：“经济发展与民主和民主化之间的关系是复杂的，而且可能因时因地而异。经济因素对民主化有着重大的影响，但是这些因素不是决定性的。在经济发展的程度与民主之间存在着一种全面的相关性，然而，没有一种经济发展的格局自身对导致民主化是必不可少的，或是充分的。”② 通过对新中国民主制度的变迁的考察，我们认为其民主制度的变迁与发展受经济基础所决定，并在与经济、社会实现良性互动中获得巩固、发展和完善。

1952 年底，中国开始着手实行计划经济体制。这一体制主要依靠行政力量去制定与推行一整套指令性的计划，进而以计划去配置资源。其中，中央政府是最高的计划制定者与推行者，实现全国资源的统一配置。因此，与此相适应的是，在政治制度方面体现出对权力集中的需求，经济管理权向政府集中，同时地方管理权向中央集中。相反，当经济体制改革逐步深化，计划体制逐步转向市场体制时，政治制度也面临着巨大的挑战。正如邓小平所指出的，“不改革政治体制，就不能保证经济体制改革的成果，不能使经济体制改革继续前进，就会阻碍生产力的发展，阻碍四个现代化的实现。”③

---

① 俞可平：《简论当代中国的政治制度》，载《绍兴文理学院学报》，2009 年第 5 期，第 1—2 页。

② ［美］塞缪尔·亨廷顿：《第三波——20 世纪后期民主化浪潮》，刘军宁译，上海三联书店，1998 年版，第 68 页。

③ 《邓小平文选》第 3 卷，人民出版社，1993 年版，第 176 页。

（二）文化因素

中国经历过两千多年的封建社会，由此而生发的人治观念、宗法观念、等级观念等政治意识成为支配人们政治思维与政治心理的一整套传统政治文化。辛亥革命结束了封建帝制的统治，但并未能摧毁封建主义的政治文化。中国共产党领导人民进行新民主主义革命，推翻了封建主义反动统治和封建土地所有制，但“肃清思想政治方面的封建主义残余影响这个任务，因为我们对它的重要性估计不足，以后很快转入社会主义革命”①，封建的传统政治文化仍影响思想观念进而影响到对新中国民主制度的建构与变革，例如，在新中国建构政治制度时，没有能对领导职务的连续任期做出应有的限制，从而导致在实践中容易形成事实上的领导职务终身制。此外，政治体制方面存在权力过分集中的弊病。

（三）政治因素

制度功能主义认为，具体制度的功能因为运行机制的不完善或者当时的政治形势、条件不成熟等没有很好地发挥功效，也就是说制度的功能没有得到完全的开发，反而在一定程度上造成人们对制度认识不全面。而新中国民主制度在建构方面立足于具体国情与历史条件，在其后的变革发展阶段亦试图围绕着现实国情展开制度调整，因此，具体的政治因素是新中国民主制度变革的成因之一。例如，在民族区域自治制度的历史变迁中，由于中国自古是多民族国家，不同地域不同社会群体的利益构成复杂，对新中国民主制度的运行形成巨大阻碍。经长期的实践探索和分析比较，中国于1947年5月1日成立内蒙古自治区，意味着选择了民族区域自治的形式为处理民族问题的根本制度。但是，中国民族问题所包含的内容并没有

① 《邓小平文选》第2卷，人民出版社，1994年版，第335页。

消失，而是在不同的历史时期和社会条件下各不相同。新中国的成立使以往民族问题中所存在的对抗因素基本消失，但因历史遗留等多方面原因造成的少数民族和民族地区经济、文化发展的相对落后状况并没有根本性的改变。特别是随着改革开放与市场经济的发展，东西部地区发展的差距又进一步拉大，这些就构成了新的历史时期中国民族问题的主要内容，民族区域自治制度也将根据新问题做出相应的调整与完善。

（四）国际因素

萨缪尔·亨廷顿认为："外国政府或机构的行动也许会影响、甚至是决定性地影响到一个国家的民主化。"① 国际政治生态环境影响一个国家的政治、经济、军事等方方面面的策略。所以对新中国民主政治制度变迁的成因也要从国际因素进行分析。例如，1956 年初，赫鲁晓夫在苏共二十大上竭力批评乃至全面否定斯大林。这一事件在中国共产党和国家的高层引起了复杂反应。一方面，召开的中共八大上，强调扩大民主，加强集体领导，反对突出个人，防止个人崇拜等；另一方面，全盘否定斯大林引起了党和国家领导人的高度警觉，从而越来越强调阶级斗争，最终发动了"文化大革命"，其结果是中国民主制度陷入了前所未有的破坏期。

---

① ［美］塞缪尔·亨廷顿：《第三波——20 世纪后期民主化浪潮》，刘军宁译，三联书店，1998 年版，第 97 页。

制度篇

第十章　选举民主：人民代表大会制度

人民代表大会制度是中国的根本政治制度，它集中体现了中国式民主尤其是中国选举民主的成色。新中国成立以来，虽然人民代表大会制度经历了各种具体形式的变化，但其基本的内核却没有变，即在中国共产党的领导下，人民按照特定方式直接或间接选举产生全国与地方人大代表，由其组成全国与地方各级人民代表大会行使宪法与法律规定的各项权力。在这样一个政治体系中，选举产生的人民代表大会处于政治权力结构的中心，同级人民政府、人民法院、人民检察院（“一府两院”）由本级人民代表大会产生，并对其负责。

一、人民代表大会制度构造了中国的选举民主

人民代表大会制度是中国的一种政体形式，而且它还构造了中国的选举民主。这可以从两个方面来看：第一，人民代表大会制度在根本上是中国国家层面的一种代议制民主；第二，人民代表大会制度是中国选举民主的主要制度载体。

（一）人民代表大会制度是中国的代议制民主

民主的本意是“人民的统治”，通常用来指涉一种既区别于君主制、又区别于贵族制的政府形式。在古雅典，全体公民直接组成公

民大会参与公共事务与公共决策，作为最高权力的公民大会体现了直接民主的特点。因而，从这个意义上讲，古希腊民主最符合“民主”的本意，即人民直接管理公共事务。随着古雅典的衰落，直接民主政体也不复存在。在经历了两千多年之后，随着民族国家的兴起，一种新型民主形态——代议制民主产生了。

从严格意义上说，代议制民主已经偏离了民主的本意，因为“纯粹民主”只能是直接民主，而非间接民主。作为一种间接民主，代议制民主是由选民选举代表、组成代议制机关，由代议制机关代行人民主权的一种国家治理形式。代议制民主的核心是将国家最高权力归于人民的代表，其实质是“全体人民或一大部分人民通过由他们定期选出的代表行使最后的控制权”①。由于代议机关是人民通过定期选举的代表组成的，因而它常常被视为人民意志的象征或体现，享有国家最高权力。

现代国家是民族国家，人口规模与国土面积较大，直接民主在现代国家几无实现的可能。因而，现代国家普遍采用的是代议制政府。这种政府形式使得政府成为整合社会资源的权威中心，既解决了直接民主的困难，又克服了君主世袭的弊病，使得现代国家的治理具有了更坚实的正当性基础。代议制民主虽然与古典民主具有历史与理论的渊源，然而它又是一种不同于古典民主的新型民主形态。可以说，代议制民主是对古典民主的突破与创新，它的出现是民主形态的一种嬗变，正是代议制民主使得古典民主在经过改头换面之后获得了新的生命。

现代民主一般是指代议制民主，它的主要特征在于：（1）选举权与被选举权归于所有或大部分普通公民；（2）公民普选产生的代议机关通常是国家最高权力机关；（3）普通公民并不直接参与国家事务与公共政策，而是选举代表、由代表组成代议机关来间接行使人民主权。根据这些特征，中国的人大选举民主无疑是一种代议制民主。

其一，所有中国成年公民均享有选举权与被选举权。中国宪法

① ［英］密尔：《代议制政府》，汪萱译，商务印书馆，2008年版。

第二条规定："中华人民共和国的一切权力属于人民。"这表明，人民是国家一切权力的所有者，人民是国家权力的来源，这项规定充分体现了人民主权的原则。宪法第三十四条、《选举法》第三条又同时规定："中华人民共和国年满十八周岁的公民，不分民族、种族、性别、职业、家庭出身、宗教信仰、教育程度、财产状况和居住期限，都有选举权和被选举权。"这意味着，除了依照法律被剥夺政治权利的人没有选举权和被选举权之外，中国境内的所有成年公民均享有选举权与被选举权。

其二，选举产生的人民代表大会是国家权力机关，具有最高国家权力。宪法第五十七条规定："全国人民代表大会是最高国家权力机关"，第九十六条规定："地方各级人民代表大会是地方国家权力机关。"这就明确了人民代表大会是国家的权力机关，享有最高的国家权力。这种最高权力还体现在人民代表大会与"一府两院"的关系上，即"一府两院"是由同级人民代表大会派生出来的，其主要负责人由同级人民代表大会选举产生。在中央层面，国务院、最高人民法院、最高人民检察院的主要负责人均由全国人民代表大会选举产生，对其负责并报告工作；在地方层面，同级一府两院的主要负责人由同级人民代表大会选举产生。

其三，人民通过人民代表大会间接行使主权，人民代表大会制度是实现人民当家作主的根本形式。由于中国是一个人口众多、疆域广阔、多民族、地区发展不平衡的国家，人民直接参与国家事务的管理几乎不可能。在这种情况下，人民行使主权的方式只能是代议制，即通过人民代表大会具体行使人民主权。宪法第二条也明确表示："人民行使国家权力的机关是全国人民代表大会和地方人民代表大会。"

（二）人民代表大会制度构成了中国选举民主的主要形式

在现代民主中，选举无疑是基础、是核心。以选举为手段的民主形式可以称为“选举民主”。从人民代表大会制度的具体表现形式来看，人民代表大会制度主要围绕选举人大代表、由人大代表代行人民权力而展开的，因而这种民主形式可以称为“中国的选举民主”。

社会主义民主的核心是人民当家作主，但社会主义民主的具体实现形式又是多种多样的，比如选举民主、协商民主、基层民主等。在这些民主形式中，选举民主与协商民主无疑是社会主义民主的两种基本形式。2006 年 2 月中共中央颁发的《中共中央关于加强人民政协工作的意见》提出了社会主义民主的两种形式：一是“人民通过选举、投票行使权利”的民主，二是“人民内部各方面在重大决策之前进行充分协商，尽可能就共同性问题取得一致意见”的民主。2007 年 11 月由国务院新闻办公室发布的《中国的政党制度》白皮书写道：“选举民主与协商民主相结合，是中国社会主义民主的一大特点。在中国，人民代表大会制度与中国共产党领导的多党合作和政治协商制度，有着相辅相成的作用。人民通过选举、投票行使权利和人民内部各方面在作出重大决策之前进行充分协商，尽可能取得一致意见，是社会主义民主的两种重要形式。选举民主与协商民主相结合，拓展了社会主义民主的深度和广度。”白皮书的这段论述不仅将“选举民主”与人民代表大会制度建立了关联，而且将“协商民主”与中国共产党领导的多党合作与政治协商制度建立了关联。这就意味着，人民代表大会制度形构了中国的选举民主，而中国共产党领导的多党合作与政治协商制度则形构了中国的协商民主。选举民主与协商民主有着各自不同的功能与定位，在不同层面和领域中发挥着不同的作用。

人民代表大会制度所构造的选举民主主要包含了以下基本原则：其一，普遍选举原则。普遍选举原则是国际社会的通行做法，它更多地强调了选举权与被选举权的普遍性，凡达到法定年龄的公民，不分性别、种族、职业、收入状况、信仰等，都普遍享有选举权与被选举权。中国的人大代表选举坚持普遍选举原则，选举权与被选举权为公民普遍享有。宪法第三十四条与《选举法》第三条都规定：

中华人民共和国年满十八周岁的公民，不分民族、种族、性别、职业、家庭出身、宗教信仰、教育程度、财产状况、居住期限，都有选举权和被选举权，但是依照法律被剥夺政治权利的人除外。

其二，平等选举原则。平等选举原则是指一国的每一位选民，都平等地参与选举，任何选民在选举中都不享有任何特权，同样也不得受到任何歧视。平等选举原则也是国际社会的通行做法，世界各国的宪法与相关法律都有明确规定。平等选举原则当然也为中国人大的选举民主所采用。这一原则主要体现为选票面前人人平等、一人一票、同票同权。

其三，直接选举与间接选举相结合的原则。现代国家的代议制民主大都引入了间接选举的要素，增加了中间选举的环节。因而，严格地讲，现代代议制民主都是复合型代议制民主或称多重代议制民主。人民代表大会制度也是一种多重代议民主共和制政体，不仅有直接选举也有间接选举。所谓直接选举就是代表由选民直接投票选举产生。它能充分表达选民的意志，有利于选民监督代表，增强代表的责任感。间接选举就是代表不由选民直接选出，而由下一级人民代表大会代表选出，即代表选代表。间接选举虽然大大提高了选举效率，但也在一定程度上削弱了选民与代表之间的直接责任。

其四，秘密投票原则。秘密投票原则又称无记名投票原则，是指选举人的投票过程是以不公开的方式进行的，选票上只反映选举人的投票取向，并不透露选举人的个人信息，任何人都无权查知选举人的投票过程及投票取向。现代国家大都采用秘密投票原则，记名投票方法只在极少数情况下才会使用。中国人大代表的选举历经了由记名投票向无记名投票的发展变迁。建国之初，中国社会存在着大量文盲与半文盲，如果完全实行无记名投票无疑会给选举带来不少困难。1953 年的《选举法》正是考虑到这一点，采用了无记名投票与记名投票相结合的方式。随着后来扫除文盲运动的展开与中小学教育的普及，民众的教育水平得到了较大提高，无记名投票的适用领域也得到了进一步扩大。从 1958—1963 年的几次基层选举中，大多数地区已采用了无记名投票方法。[①] 正是在这个基础上，1979年的《选举法》规定，全国和地方各级人民代表大会代表的选举，一律采用无记名投票的方法。选民如果是文盲或者因残疾不能写选票的，可以委托他信任的人代写。

其五，差额选举原则。差额选举是指在选举中被选人应多于应选人的一种制度规定。它是与等额选举相对的。显然，相对于等额选举，差额选举在很大程度上带有竞争性选举的意味，让选民拥有了更多的选择权，更符合选举民主的核心精神。因而，现代民主大都采用差额选举原则。中国早期的《选举法》并未规定人大代表的选举实行差额选举。直到1979年，当年修改的《选举法》首次规定，全国和地方各级人大代表的选举都实行差额选举，直接选举的代表候选人名额，应多于应选代表名额的1/2至1倍，间接选举的代表候选人名额，应多于应选代表名额的1/5至1/2倍。现行《选举法》延续了差额选举原则。

二、人民代表大会制度的中国特质

中国的人民代表大会制度与西方的议会制度既具有共同的属性，又具有本质的区别。就共同属性来看，不管是人民代表大会制度还是西方的议会制度，它们都属于现代民主的范畴，都是一种代议制民主。另一方面，人民代表大会制度虽然具备代议制民主的基本特征，但它又是社会主义的代议制民主，具有自身的特质。

马克思主义认为，选举作为一种政治形式，在性质上取决于经济基础，选举在根本上是为经济基础和统治阶级服务的。因而，经济基础的性质决定了国家的性质，而国家的性质又决定了政体的性质，政体的性质又决定了选举民主的性质。列宁指出了资产阶级议

① 浦兴祖：《中华人民共和国政治制度》，上海人民出版社，1999年版，第233页。

会制的真正本质，即“每隔几年决定一次究竟由统治阶级中的什么人在议会里镇压人民、压迫人民”，“不仅在议会制的立宪君主国内是这样，而且在最民主的共和国内也是这样”。[①] 列宁认为，现代国家不能没有代表机构，但可以没有议会制，因为议会制是资产阶级的选举民主所特有的，它是资产阶级所实行的空谈式的骗局。无产阶级的民主就是要找到“摆脱议会制的出路”，这条出路“当然不在于取消代表机构和选举制，而在于把代表机构由‘清谈馆’变为‘工作’机构”。[②] 在列宁看来，巴黎公社所创立的“议行合一”的政权组织形式显然代表着这一出路，它既采用了现代国家的代议制与选举制，又扬弃了资产阶级的议会制，是无产阶级新型国家的伟大尝试。恩格斯提出，民主共和政体甚至是无产阶级专政的特殊形式，“如果说有什么是毋庸置疑的，那就是，我们的党和工人阶级只有在民主共和国这种政治形式下，才能取得统治”。[③] 他提出，要将“把一切政治权力集中于人民代议机关之手”写到民主共和国的纲领中去。

马克思主义的选举民主观构成了人民代表大会制度的重要思想来源。有什么样的国家政权，就会有与之相适应的选举民主。新中国的国家政权是人民民主专政性质的，中国宪法第一条规定：“中华人民共和国是工人阶级领导的、以工农联盟为基础的人民民主专政的社会主义国家。社会主义制度是中华人民共和国的根本制度。”以工人阶级为领导的广大人民群众在以公有制为主导、多种所有制共同发展的生产关系基础上，平等地享有管理国家事务的权利。从根上说，人大的选举民主是在人民民主专政的框架下展开的，即人大的选举民主不是其他的选举民主，而是社会主义的代议制民主，它在根本上是服务于人民民主的国家性质，服务于社会主义根本制度。这也决定了中国的人大制度不同于西方的议会制度。

---

① 《列宁选集（第3卷）》，人民出版社，1995年版，第150页。

② 《列宁选集（第3卷）》，人民出版社，1995年版，第151页。

③ 《马克思斯格思全集（第22卷）》，人民出版社，2003年版，第274页。

首先，西方的议会制度实行多党竞选，多个政党角逐议会席位，中国的人大制度坚持中国共产党的领导，人大代表的选举也是在中共领导下的多党合作与政治协商制度基础上开展的。根据现行《选举法》，人大代表候选人的产生办法主要有三种：中国共产党与各民主党派联合或单独推荐、各人民团体联合或单独推荐、选民（或代表）十人以上联合推荐。人大选举民主坚持中国共产党的领导是由中国的国家性质决定的。中华人民共和国是工人阶级领导的、以工农联盟为基础的人民民主专政的社会主义国家。中国共产党是工人阶级的先锋队，因而工人阶级在中国政治生活中的领导地位主要是通过中国共产党的领导来实现的。中国共产党是社会主义各项事业的开拓者，也是社会主义现代化建设的领导者。因而，中国共产党对人大的领导是题中应有之义。人大制度的建构是在中国共产党的主导下完成的。同样，人大制度的发展与完善也是在中国共产党的领导下进行的。当然，党对人大的领导并不是直接干涉人大代表的选举或对人民代表大会发号施令，而主要是一种政治领导，即通过制定正确的路线、方针、政策去领导、组织、支持人民选举和监督自己的代表机关，去领导、组织、支持人民代表大会以及其他国家机关为人民行使好国家权力。①

其次，西方的议会制度主要采用自由主义民主原则，从个人的自由与权利出发制定选举游戏规则，而中国人大制度的一个特点就是实行民主集中制原则。早在1945年，毛泽东就在《论联合政府》中提出将民主集中制作为新民主主义的政权组织原则。在他看来，新民主义的政治就是要建立联合一切民主阶级的统一战线的政治制度，而民主集中制兼顾了民主与集中的优点，应是各级人民代表大会的组织原则。② 周恩来在谈到新中国的政权制度时提出，人民代表大会制度体现了民主集中的过程："从人民选举代表、召开人民代表大会、选举人民政府直到由人民政府在人民代表大会闭会期间行使

① 浦兴祖：《中华人民共和国政治制度》，上海人民出版社，1999年版，第63页。
② 《毛泽东选集》第3卷，人民出版社，1991年版，第1057页。

国家政权的这一整个过程，都是行使国家政权的民主集中的过程，而行使国家政权的机关就是各级人民代表大会和各级人民政府。”①

新中国确立的人大制度正是坚持了民主集中制原则。人大制度不仅将民主集中制作为一种组织原则，而且将其作为一种活动原则。作为人大制度的组织原则，民主集中制在以下几方面关系中得到了充分体现。

（一）国家机关与人民的关系

国家的一切权力属于人民，人民是国家的主人，也是国家权力的所有者。因而，国家机关在权力来源上也是来自人民。国家机关与人民的关系更大程度上是一种“代理—委托”关系。选民或选举单位通过定期的选举将国家权力委托于人大代表，人大代表组成人民代表大会代行人民权力。不仅如此，人民代表大会通过产生其他国家机关将行政权、审判权、检察权进一步委托于“一府两院”。这种多重的“代理—委托”行为正是民主集中的过程，即将国家权力在民主的基础上集中于人民代表大会以及其他国家机关。作为国家权力的“代理方”，人民代表大会和其他国家机关均要向人民负责、受人民监督，以此保证国家机关的民主基础。

（二）人民代表大会与其他国家机关的关系

人民代表大会作为人民的代议机关，集中代表人民的共同意志，统一执掌整体意义上的国家权力。正是在这个意义上，各级人民代表大会又是各级国家权力机关。作为最高国家权力机关，全国人民代表大会不仅享有立法权，而且还有权讨论、决定国家的重大事项，有权产生国务院、最高人民法院、最高人民检察院、中央军事委员

① 中共中央文献研究室：《建国以来重要文献选编（1）》，中央文献出版社，1992 年版，第 18 页。

会等中央一级的国家机关，并将国家的行政权、审判权、检察权、军事领导权委托给这些机关。作为地方的国家权力机关，地方各级人大在不违反宪法与法律的前提下，享有制定地方性法规的权力，有权讨论、决定本辖区内的重大事项，有权组织同级“一府两院”并赋予其相应的国家职权。地方的行政、审判、检察等国家机关必须向同级人民代表大会负责、受其监督并汇报工作。因而，一方面，人民代表大会与其他国家机关在国家权力方面实现了明确的分工，另一方面，国家权力又集中于人民代表大会，其他国家机关更大程度上是人民代表大会派生的国家机关，由其产生并对其负责。

（三）中央国家机关与地方国家机关的关系

中国是一个人口众多、疆域辽阔、民族众多的单一制国家，国家的统一性与中央的权威性显得尤为必要。另一方面，地方的积极性与创造性又是社会经济发展的必要条件。因而，在处理中央国家机关与地方国家机关的关系上，中国宪法第三条规定，“中央和地方的国家机构职权的划分，遵循在中央的统一领导下，充分发挥地方的主动性、积极性的原则”。根据此项原则，在整个国家机关系统中，中央国家机关制定的宪法、法律、行政法规以及形成的决议、作出的决定，地方国家机关必须执行。在人大系统中，全国人大及其常委会对省级人大及其常委会，上级人大及其常委会对下级人大及其常委会实行业务指导与法律监督（不是领导）。在政府系统中，中央政府统一领导地方各级政府的工作，上级政府对下级政府的工作实行领导。在法院系统中，上级人民法院对下级人民法院的工作实施监督。在检察院系统中，上级人民检察院对下级人民检察院的工作实行领导。除了通过这些措施保证中央的统一领导、维护中央国家机关的权威地位，国家还注重发挥地方的主动性与创造性，给予了地方国家机关相应的职权与自由。比如，省、自治区、直辖市人大及其常委会可以因地制宜地管理本辖区的事务，决定本辖区的重大事项，甚至还享有地方立法权。中央国家机关与地方国家机关的这种“集中中有民主、民主中有集中”的关系是民主集中制原则的又一体现。

再次，西方的议会制度实行的是立法、行政、司法三权分立原则，即立法权、行政权、司法权分立制衡，中国的人大制度则采用“议行合一”原则。“议行合一”原则是巴黎公社的首创，它是无产阶级新型国家政权的伟大尝试。与资产阶级的国家政权不同，作为最高权力机关的巴黎公社由选民普遍选举产生，它不仅是立法机关，而且也是行政机关，这被称为“议行合一”原则。巴黎公社“议行合一”的政权组织原则被马克思认为是无产阶级民主政体的样板。马克思指出：“公社是一个实干的而不是议会式的机构，它既是行政机关，同时也是立法机关。警察不再是中央政府的工具，他们立刻被免除了政治职能，而变为公社的负责任的、随时可以罢免的工作人员。所有其他各行政部门的官员也是一样。”[①] 中国的人大制度继承与发展了巴黎公社的“议行合一”原则，在整个政权体系中，人民代表大会是处于国家权力结构的核心，由它派生出行政机关、审判机关、检察机关等，人民代表大会与其所派生的其他国家机关虽然有着相对的职权分工，但它们并不是一种截然对立的关系，他们在国家权力上仍然是一体的。这种制度设计显然充分考虑了国家权力的合理分工问题，又兼顾了巴黎公社的“议行合一”原则。在西方的议会制国家，内阁（行政机关）是由议会的多数产生的，向议会负责，这在形式上与“议行合一”原则相似。不过，从国家权力结构与组织原则上看，西方的议会制度仍然遵循着立法、行政、司法三权分立原则，在西方的国家权力结构中，立法机关、行政机关、司法机关不仅是简单的职权分工，更是彼此分立的系统。议会制中内阁与议会的特殊关系并不能从根本上改变三权分立的整体格局。因而，西方议会制的所谓“议行合一”与中国人大制度的“议行合一”仍然存在着本质的区别。

最后，西方国家的议员主要是专职化的，中国的人大代表主要

① 《马克思恩格斯选集》第3卷，人民出版社，1995年版，第55页。

是兼职化的。议员专职化是当代西方国家议会选举民主发展的共同趋势。议员专职化是指当选的议员以“代议”本身作为本职工作，不再兼任其他职务。议员专职化主要体现在三个方面：一是工作时间的保障，不仅议员在议会开会的时间是相对固定的，而且还包括议员在选区为选民工作的时间也能得到充分的保障。二是薪金报酬的保障，西方国家用法律明确规定由议会代表国家为议员提供薪金，议员以议会所发薪金为主要的合法收入。[①] 三是工作环境的保障，议员要配备专门的工作场所、办公设施甚至助手等。从历史上看，西方国家大体经历了从兼职议员到专职议员的转变过程，甚至一些国家一开始就实现了议员的专职化。作为议会之母的英国，其议员并非一开始就是专职化的，它经历了由义务议员向职业议员、由兼职议员向专职议员的双重转变。[②] 在 19 世纪之前，英国有“义务议员”之说，即认为议员是为国家尽义务，不应该成为谋生手段，因而也不应该领取任何报酬。“义务议员”的定位在实践中导致了平民难以参选议员，议员在很大程度上成为贵族和有产者的专利。在英国议员的专职化过程中，有两方面的因素是不可忽视的，一是英国工人阶级持续的参政要求，二是二战以后英国政府职能的扩展以及议员工作量的剧增，前者促成了义务议员向职业议员的转型，后者促成了兼职议员向专职议员的转型。美国在建国之初就认识到英国兼职议员制度的弊端，其宪法中明确规定：联邦财政为议员支付薪水，国会议员不得兼职。[③]

与西方议员的专职化相比，中国的人大代表呈现出兼职化的特点。在中国的人大代表中，除了各级人大常委会及专门委员会任职的少数代表是专职之外，绝大多数人大代表都是兼职的，还有相当一部分代表兼任了行政机关、司法机关的公职。中国人大代表的兼职化主要体现在四个方面：首先，代表不能脱离各自的生产和工作。

---

① 蒋劲松：《发达国家议员的专职化》，载《浙江人大》，2005 年第 10 期。
② 孟宪艮：《英国议员的专职化及其启示》，载《云南社会科学》，2010 年第 03 期。
③ 蒋劲松：《发达国家议员的专职化》，载《浙江人大》，2005 年第 10 期。

《代表法》规定，代表应当“模范地遵守宪法和法律，保守国家秘密，在自己参加的生产、工作和社会活动中，协助宪法和法律的实施”。2010年，全国人大常委会对《代表法》做了重大修改，特别明确了“代表不脱离各自的生产和工作”这一原则。其次，代表没有固定的薪金或报酬。除了专款专用的代表活动经费之外，代表不享有任何额外的补贴，更谈不上固定的薪金和报酬。根据《代表法》，代表的活动经费，应当列入本级财政预算予以保障，专款专用。在正常情况下，代表在执行代表职务时是没有额外补贴的，代表所在单位按正常出勤对待，代表享受所在单位的工资和其他待遇。无固定工资收入的代表在执行代表职务时，可以根据实际情况享受本级财政给予的适当补贴。可见，这种补贴并不是代表本身的报酬，而只是对其工作生活的一种照顾。再次，代表利用工作之余行使职权。2010年修改后的《代表法》规定，“代表出席本级人民代表大会会议，参加闭会期间统一组织的履职活动，应当安排好本人的生产和工作，优先执行代表职务。”《代表法》还规定：“代表在本级人民代表大会闭会期间，参加由本级人民代表大会或者其常务委员会安排的代表活动，代表所在单位必须给予时间保障。”可见，不管是人大开会期间还是人大闭会期间，代表行使职权都要协商好与所在单位的工作安排。最后，代表活动以集体活动为主，以代表小组活动为基本形式。针对一些地方人大代表设立个人工作室的尝试，2010年全国人大常委会在《关于〈代表法修正案（草案）〉的说明》中提到，“鉴于我国各级人大常委会的办事机构、工作机构是代表履职的集体参谋助手和服务班子，代表不设个人工作室”。《代表法》第二十条规定：“代表在闭会期间的活动以集体活动为主，以代表小组活动为基本形式。代表可以通过多种方式听取、反映原选区选民或者原选举单位的意见和要求。”

“兼职代表”论认为，西方国家的议员是专职政客，他们脱离选民，已经成为一种官僚机构，中国的人大代表仍然生活或工作在人民群众之间，与人民群众保持天然的、紧密的联系，对宪法、法律，对党和国家的大政方针贯彻实施情况体会最深刻，对现实生活中的实际问题了解最深入，对民生的问题感受也最直接。[①] 但是也有不少学者人认为，专职化是中国人大代表的必然趋势。因为，随着社会公共事务的剧增，代表的兼职化使得代表难以有充分的时间、精力与经费去行使职权，这必然会使代表越来越难以胜任人大代表的工作。

综上所述，中国的人民代表大会制度一方面具有代议制民主的共同属性，另一方面又充分体现了社会主义的特质，它以人民民主为终极关怀，是实现人民当家作主的根本形式。

三、人民代表大会制度的早期形态

早在新民主主义革命时期，中国共产党就已经在国家政权建设方面进行了探索与实践，先后创造了三种政权组织形态——工农兵代表大会制度、“三三制”参议会制度、人民代表会议制度。尽管这三种政权组织形态的名称各不相同，但是它们本质上都是一种代议制民主，选举是实现民主的基本形式，代议机关主要由定期选举产生，代议机关代表着人民意志，行使最高权力。在新民主主义革命各个历史时期，中国共产党对政权组织形式的探索与实践不仅为完成当时的革命任务发挥了重要作用，而且为新中国人民代表大会制度的确立积累了宝贵经验。

（一）工农兵代表大会制度

早在第一次国内革命战争时期，中国共产党就在农村与城市领导了波澜壮阔的革命运动。在1925年省港大罢工运动中，参加罢工

---

① 共议代表法修改——全国人大常委会委员、有关工作机构负责人与网民在线交流，2013年7月5日。http：//www. npc. gov. cn/npc/zxft/xf8/2010－09/02/content_ 1594441. htm。

的25万工人选出了800余名代表，组成了“罢工工人代表大会”，并将其作为领导罢工的权力机构。1927年3月，上海工人成立了“市民代表会议”，作为上海市的最高权力机关。此外，湖南、广东等地的农民群众在中国共产党领导下广泛建立了各级“农民协会”，以此作为农村的权力机关。可以说，“市民代表会议”与“农民协会”是中国共产党领导中国工人、农民等劳动阶级对代议制民主的初步探索。1931年11月7日，为了统一领导各革命根据地的武装力量，由各革命根据地选举产生的610名代表在江西瑞金召开了中华工农兵苏维埃第一次全国代表大会。这次大会宣布中华苏维埃共和国正式成立。《宪法大纲》明确规定了这一政权的性质：“中国苏维埃所建立的是工人和农民的民主专政的国家。苏维埃全部政权是属于工人、农民、红军及一切劳苦民众的。”①

在政权组织形式上，苏维埃政权采用了工农兵（苏维埃）代表大会制度。《宪法大纲》规定，全国工农兵苏维埃代表大会是最高权力机关；在大会闭会期间，全国苏维埃中央执行委员会执行大会职权；中央执行委员会组织人民委员会负责日常政务；人民委员会作为中央执行委员会的行政机关，由中央执行委员会选举产生，一般都由中央执行委员会委员兼任；在人民委员会下，设立与各人民委员会相应的人民委员部和国家政治保卫局，作为中央政府的各个具体工作部门；司法审判机构包括中央司法部，国家政治保卫局，最高法院（最高法院由刑事部、民事部及军事裁判部等组成），临时最高法庭，省、县、区裁判部，军事裁判所，检察院及劳动感化院等。通过这些制度规范可以看出，全国工农兵苏维埃代表大会是代议制机关，享有最高权力，全国苏维埃中央执行委员会是其常设机构，中央执行委员会选举产生行政机关——人民委员会，这种权力派生方式与政治责任关系更大程度上体现了马克思主义“议行合一”的政权组织原则。用“苏维埃”命名自身的政权，本身也体现了苏联

① 韩延龙，常兆儒：《中国新民主主义革命时期根据地法制文献选编（第1卷）》，中国社会科学出版社，1981年版，第8页。

模式对中国新生政权的深刻影响，工农兵（苏维埃）代表大会制度带有苏联苏维埃制度的痕迹。然而不可否认的是，工农兵（苏维埃）代表大会制度仍是中国无产阶级政权及其组织形式的最初的也是较完整的一次尝试，对未来中国的政权建设也提供了有益的经验。[①]

（二）“三三制”参议会制度

抗日战争爆发后，为了实现国共合作、建立广泛的抗日民族统一战线，中国共产党决定将苏维埃政权改为国民党的一级地方政权。[②] 1937 年9 月6 日，中国共产党将陕甘宁革命根据地的苏维埃政府正式改为陕甘宁边区政府，延安为边区首府。抗日战争时期，陕甘宁边区政府虽然在形式上属于国民党中央政府，沿用国民党的政权建制，不过边区政府仍然由中国共产党统一领导，执行中国共产党的路线、政策、方针。在陕甘宁边区，中国共产党极为重视政权的民主建设，并将民主选举视为建立抗日统一战线、取得抗日战争胜利的关键，逐步建立了“三三制”参议会的政权组织形式。

然而，“三三制”选举原则与参议会制度并非一开始就结合在一起的。事实上，直到 1941 年边区第二届参议会选举时，才真正将“三三制”选举原则嵌入参议会制度，而之前边区第一届参议会的选举并没有采取“三三制”原则。撇开“三三制”原则不谈，边区的参议会政权组织形式实质上仍是一种代议制民主。作为代议机关的边区参议会是边区政权的最高权力机关，由普选产生。在参议会休会期间，设有驻会常务议员，处理日常事务，实际是参议会的主席团。边区行政委员会（即边区政府）是边区的最高行政机关，由边区参议会选举及罢免，对边区参议会一切决议有服从的义务。这种

---

① 浦兴祖：《中华人民共和国政治制度》，上海人民出版社，1999 年版，第 73 页。

② 中央档案馆：《中共中央文件选集（11）》，中共中央党校出版社，1991 年版，第 158 页。

政权组织原则的核心在于，它认为民意机关应是全权的政权机关，各级政府行政委员会及其首长应由民意机关选举，并由民意机关罢免，政府对民意机关（各级的参议会）的决定有绝对服从的义务。[①]

为了进一步团结与动员社会各阶层参与抗战，毛泽东在参议会的基础上提出了“三三制”原则，“根据抗日民族统一战线政权的原则，在人员分配上，应规定为共产党员占三分之一，非党的左派进步分子占三分之一，不左不右的中间派占三分之一。”[②] 1941年5月，毛泽东在边区第二届参议会举行前亲自拟订了《陕甘宁边区施政纲领》，并在边区第二届参议会的选举中正式采用了“三三制”原则。“三三制”原则的实行，大大增加了各党派、各阶层、各界别参与民主政权的机会，极大地调动了选民的选举热情，巩固了抗日民族统一战线，为抗战的胜利奠定了基础。这些选举民主实践也为人民代表大会制度的创设积累了宝贵的历史经验。

（三）人民代表会议制度

中国共产党所要建构的选举民主从根本上是取决于所要建立政权的性质以及这一政权所要实现的革命任务。当政权性质与革命任务发生变化之后，先前所建构的选举民主也将作出相应调整。苏维埃政权时的选举民主是服务于工农民主专政的，是工农兵等劳动群众的选举民主。而陕甘宁边区的选举民主则是服务于抗日民主政权的，是一切抗日人民的选举民主。而当抗战结束后，抗日民主政权逐步向反帝、反封建、反官僚资本主义的人民民主政权过渡，由此也带来了先前选举民主的重构。

必须看到的是，在新民主主义革命过程中，中国共产党逐步探索出未来国家的政权组织形式，即人民代表大会制度。早在1940年，毛泽东就在《新民主主义论》中提到了新民主主义国家的国体

---

① 《彭真文选（1941—1990）》，人民出版社，1991年版，第10页。
② 《毛泽东选集（第2卷）》，人民出版社，1991年版，第742页。

与政体问题，他认为新民主主义国家的国体就是各革命阶级的联合专政，新民主主义国家的政体就是民主集中制的人民代表大会制度，“中国现在可以采取全国人民代表大会、省人民代表大会、县人民代表大会、区人民代表大会直到乡人民代表大会的系统，并由各级代表大会选举政府”。①

在解放战争时期，人民代表大会制度已经被中国共产党明确规定为新中国的政权组织形式。但在中国共产党尚未全面取得政权、国内军事行动如火如荼的情况下，这一政权组织形式显然并不具备立即实行的条件。抗日战争的结束使得先前的“三三制”参议会制度失去了政权基础，解放战争的爆发又使得人民代表大会制度的方案难以立即实行，在这种情况下，中国共产党采用了人民代表会议制度作为人民代表大会制度的过渡形式，从而塑造了解放战争乃至建国初期中国选举民主的形态——人民代表会议。人民代表会议制度更多地是为解放战争时期的地方政权建设而专门设计的，它并不以普选作为必要条件，而是在更大程度上融入了协商民主的成分。人民代表会议制度在解放战争时期乃至建国初期的运用从一开始就具有过渡的性质。换言之，一旦中国共产党全面取得政权，一旦国内政治、经济、社会秩序归于稳定，人民代表会议制度的历史使命也宣告完成，就会被人民代表大会制度所全面取代。

四、人民代表大会制度的确立与发展

1949 年 9 月，解放战争已经取得决定性胜利，在中国共产党的倡议与主导下，中国人民政治协商会议第一次全体会议在北京召开。具有临时宪法作用的《共同纲领》正式将人民代表大会制度作为中华人民共和国的政权组织形式，并规定各级人民代表大

① 《毛泽东选集（第 2 卷）》，人民出版社，1991 年版，第 677 页。

会由普选产生："中华人民共和国的国家政权属于人民。人民行使国家政权的机关为各级人民代表大会和各级人民政府。各级人民代表大会由人民用普选方法产生之。各级人民代表大会选举各级人民政府。"①

虽然《共同纲领》确立了人民代表大会制度作为新中国的政权组织形式，但是由于当时国内的军事行动还没有完全结束，土地改革尚未全面完成，人民群众还没有充分组织起来，人民代表大会的普选工作一时难以开展。正是在这种情况下，《共同纲领》随后又规定了一种过渡方案：在普选的全国人民代表大会召开以前，由中国人民政治协商会议的全体会议执行全国人民代表大会的职权；在普选的地方人民代表大会召开以前，由地方各界人民代表会议逐步地代行人民代表大会的职权。可见，即便是在建国初期，人民代表会议制度仍然是地方政权向人民代表大会制度过渡的一种方案。

新中国政权的性质决定了选举民主的性质，由于新中国是人民民主政权，新中国的选举民主也是以"人民"为前提的。《共同纲领》将"人民"作为权利的主体，只有"人民"才享有选举权与被选举权。《共同纲领》明确规定："中华人民共和国人民依法有选举权和被选举权"，"中华人民共和国人民有思想、言论、出版、集会、结社、通讯、人身、居住、迁徙、宗教信仰及示威游行的自由权。"②相反，大地主、官僚资产阶级等剥削阶级则不属于"人民"的范围，因而也无法享有人民的权利，他们是专政的对象。这意味着，在各级人民代表会议的选举或协商推荐中，"反动分子"的政治权利与自由是被剥夺的。"对于一般的反动分子、封建地主、官僚资本家，在解除其武装、消灭其特殊势力后，仍须依法在必要时期内剥夺他们的政治权利，但同时给以生活出路，并强迫他们在劳动中改造自己，

---

① 中共中央文献研究室：《建国以来重要文献选编（1）》，中央文献出版社，1992年版，第4页。

② 中共中央文献研究室：《建国以来重要文献选编（1）》，中央文献出版社，1992年版，第2—3页。

成为新人。"[①] 周恩来在说明共同纲领草案的特点时提到了"国民"与"人民"两个概念。"人民"就是指工人阶级、农民阶级、小资产阶级、民族资产阶级，以及从反动阶级觉悟过来的某些爱国民主分子。而"国民"则是指本国公民。官僚资产阶级在改造之前虽然也是中国国民，但他们并不属于人民的范围，因而也不能享受人民的权利，不过，他们仍要遵守国民的义务。[②]

直到1952年底，通过普选产生各级人民代表大会的条件逐渐成熟。1953年1月1日，中央人民政府委员会通过了《关于召开全国人民代表大会及地方各级人民代表大会的决议》，其中指出："中央人民政府委员会认为现在召开全国人民代表大会的条件已经具备，根据中华人民共和国中央人民政府组织法第七条第十款的规定，决议于一九五三年召开由人民用普选方法产生的乡、县、省（市）各级人民代表大会，并在此基础上接着召开全国人民代表大会。"[③] 1953年2月，中央人民政府委员会通过了当代中国第一部选举法，即《全国人民代表大会及地方各级人民代表大会选举法》。《选举法》对中国实行普选的基本原则、程序和方法等作了具体规定。可以说，它形成了新中国基本的选举制度，构造了当代中国新型的选举民主形态与选举实践。

制度往往通过法律来规范。中国的人民代表大会制度并没有单一的法律文本，而是分散在许多法律之中。《宪法》、《全国人大组织法》、《地方组织法》、《选举法》、《代表法》、《监督法》等法律共同构成了人民代表大会制度的基本框架。就人民代表大会制度的组成要素来看，它主要包括组织（人民代表大会）、代表（人大代表）、程序（选举程序、议事程序等）三个部分。首先是组织，即

① 中共中央文献研究室：《建国以来重要文献选编（1）》，中央文献出版社，1992年版，第3页。

② 中共中央文献研究室：《建国以来重要文献选编（1）》，中央文献出版社，1992年版，第17页。

③ 中共中央文献研究室：《建国以来重要文献选编（4）》，中央文献出版社，1993年版，第16—17页。

各级人民代表大会及其常委会。各级人民代表大会是中国的代议机关，享有本级政权结构中最高的国家权力，对全国与地方各级人民代表大会及其常委会、专门委员会等的组织机构进行界定是人民代表大会制度的主要内容。《宪法》、《全国人大组织法》、《地方组织法》等法律对全国人民代表大会与地方人民代表大会的产生办法、机构设置、职权划分、中央与地方关系等都做了较为具体的规定。其次是全国与地方的各级人大代表。人大代表是人民的代议士，承担着人民的重托与国家的使命，因而，对人大代表权利的保障显得较为重要。《代表法》正是一种保障人大代表权利的法律，它明确了人大代表的权利与义务，并对人大代表履职行为给予各种物质与时间的保障。比如，人大代表在参加人民代表大会会议期间，所在单位应给予时间优先，除此之外，人大代表还享有发言免责权、人身特别保护权等。再次是程序，主要是选举程序。人民代表大会制度的核心是选举，全国与地方各级人大代表均是由选举产生的。选举涉及到人民代表大会产生的正当性问题，因而，选举程序也构成了人民代表大会制度的重要内容。中国的《选举法》就是专门针对各级人大代表的选举而创设的法律，它详细规定了选民的资格与权利、人大代表候选人的产生办法、选区的划分、选举主持机构等。

从这些法律法规的变迁来看，人民代表大会制度除了在文革时期遭到破坏之外，它总体上得到了发展与完善。就《选举法》而言，1953年新中国制定了第一部《选举法》，确认了建国初期选举制度的基本原则，为在全国范围内实行普选、逐级召开地方各级人大和全国人大提供了法律基础。十年“文革”结束后，1979年中国在恢复《选举法》的基础上对其作出了重大修改，首次将直接选举的范围扩大到县一级，规定差额选举原则。此后，《选举法》又经过1982年、1986年、1995年、2004年、2010年的多次修改，相应地，中国人大的选举制度得到了进一步改进和充实。尤其是2010年的《选举法》彻底解决了人大代表被选举权的“城乡不同比”问题，真正实现了选票面前人人平等。就《代表法》而言，1992年第七届全国人民代表大会为了在新时期充分发挥人大代表的作用通过了

《代表法》。2009年，第十一届全国人民代表大会常务委员会对其做了第一次修改，充实与完善了《代表法》的内容。2010年10月，第十一届全国人民代表大会常务委员会第十七次会议又对《代表法》做了做二次修改，对人大代表的兼职化做出了规定。

随着社会经济的发展，公共事务也变得日益增多而复杂，各级人民代表大会全体会议的会期较短，无法及时地处理国家事务。因而，作为各级人大的常设机关的各级人大常委会的作用日益凸显。为了进一步加强各级人大常委会对同级“一府两院”的监督作用，第十届全国人民代表大会常务委员会于2006年8月27日通过了《各级人民代表大会常务委员会监督法》，并于2007年1月1日起施行。《监督法》的制定将各级人大先前难以监督的职能委托给了各级人大常委会，从而强化了各级人大常委会的监督能力，这对于有效地规范“一府两院”的行为是有帮助的。

在社会经济发展所提出的新要求中、在公民意识成长的压力之下，人民代表大会制度作为中国人民当家作主的主要制度安排也在不断调适自身。人民代表大会制度建设正在尝试面对“独立参选人”的问题，面对人民代表大会“实然地位”与“应然地位”不符的问题，面对党政关系的理顺问题。尽管人民代表大会制度在当前的中国政治生活中已经获得了巨大的发展，然而它的最终完善仍然有一条很长的路要走。

第十一章　协商民主：多党合作和政治协商制度

协商民主是党的十八大报告中加以正式表述和确认的中国人民民主的一种基本形式，与党内民主、人大民主、基层民主等民主制度一起构成了中国特色的民主制度体系。从发展渊源上说，协商民主是长期以来中国一直努力探索和不断完善的具有中国特色的民主形式，中国共产党领导的多党合作和政治协商制度即是这种民主形式的根本体现。近年来，随着政治、经济、社会的发展变化，协商民主在中国取得了全方位的发展，日益呈现出鲜明的中国特色。

一、协商民主是中国特色的民主形式

作为当代中国政治发展的重要体现，协商民主是典型的中国特色民主形式。这一特色从两个纬度可以得到充分的验证和体现：其一是比较的纬度，虽然在当代西方社会生活中自发地滋生出了具有某种基层民主涵义的协商，而且这样的协商经过哈贝马斯等学者的理论抽象而被称为“商议民主”，但无论从理念、制度还是政治实践看，这都与中国的协商民主有着本质的区别；其二是历史的纬度，协商民主的中国特色不是人为比较的产物，比较只不过是基于长期实践形成的政治形态之间的分析，因此从根本上说，协商民主的中国特色是中国共产党经过长期实践和不懈探索的结果，它与中国的民主政治发展进程相适应，与世界性民主发展的普遍趋势相一致，与中国的现代化建设和民族复兴目标相吻合，在中国显示出强大的生命力。

从比较的纬度分析，虽然从概念上说，当代西方国家也有协商民主的概念，但无论在理论还是实践层面上，协商民主与其他国家类似的商议民主相比都体现出鲜明的中国特色：

第一，协商民主是一种有组织的民主实践活动。在西方，协商主要是民众或社会组织就社会性的公共事务开展的一种自发的讨论，一般并不直接上升到国家政治的层面，而在我国，协商民主从一开始就不是公民自发的政治参与活动，而是在党的领导下有组织、有程序、有协调的民主政治实践。其中，党的领导始终是协商民主有序发展的前提和核心保障，否则，协商就有可能陷入无休止的争议和对立，或者成为少数利益集团借公众权益的名义实现私利的借口和工具。

第二，协商民主是多主体共同参与的民主，是国家政治层面的民主形式。协商民主的要义是增进国家与民众之间在重大公共决策和与民众切身利益直接相关事务上的沟通和交流，参与协商的主体不仅包括国家政权机关、政协组织和党派团体等体制内的机构，也包括社会组织和公民个体，而且需要强调的是，在协商民主的实践过程中，这些主体之间在根本上不是利益对立的关系，而更多的是为了实现同一目标而开展的相互协调和整合的政治活动。

第三，协商民主是全方位、多渠道的民主，是国家制度体系的有机组成部分，尤其是作为我国基本政治制度载体的人民政协发挥着重要渠道和主要平台作用。在关于协商民主的理论探讨中，一些学者一度将协商民主窄化为在人民政协内部进行的政协参与团体和政协委员与国家政权机构之间的政治协商活动，但实际上，政协在十八大报告中被规范为“重要渠道”而非“唯一渠道”，当然，这不等于弱化了政协的民主协商的功能，而是体现了更加开放的思维和更加广阔的民主视野。

第四，协商民主的目标是达成广泛共识，凝聚全体中国人的力量共同实现中国梦。协商民主的目的不一定是要像选举民主那样达成一个决定性的结果，而是更多在于通过广泛的意见表达和民意汇集形成政府、社会和民众之间的集体共识，最大向度地凝聚早日实现中国梦的强大力量，为中国的崛起和民族复兴注入强大的精神动力。

在厘清了中国在发展协商民主过程中必须彰显国家特色的理念基础上，我们看到，在现实的政治实践中，协商民主实际上从来就是在中国的政治土壤中滋生出来并不断走向发展和成熟的。

建党伊始，中国共产党的创始人们就清醒地认识到，中国要彻底摆脱半殖民地、半封建的状况，实现国家的独立和民族的复兴，仅仅依靠自身的力量是不够的，必须在各种不同的情形下团结一切可能参加和同情革命的阶级和阶层。1922 年召开的中共“二大”的决议公开宣布，“我们共产党应该出来联合全国革命新党派，组织民主联合战线，以扫清军阀，推翻帝国主义的压迫”，从而为日后中国共产党与国民党建立联合战线，逐步发展出政治协商这一协商民主的萌芽奠定了思想基础。抗日战争时期，在亡国灭种的民族危机面前，中国共产党率先提出了“停止内战，一致抗日”的建立广泛的爱国统一战线的主张，不仅使中国赢得了抗日战争的全面胜利，也使政治协商逐步成为处理当时国共两党关系的重要方式。抗战胜利后，为防止国民党发动内战，中国共产党创造性地进行了国共谈判，推动了由各政党和政治派别共同参与的政治协商会议的召开，尽管在当时的条件下，通过政治协商的方式实现国家民主未能成功，但这为今后中国共产党将政治协商作为一种制度化的民主形式纳入国家政治体系提供了有益的借鉴。1949 年 9 月 21 日，中国人民政治协商会议召开，新中国正式宣布成立，从而不仅宣告中国共产党领导的人民民主取得胜利，也使政治协商正式成为新中国一种重要的民主形式而确立起来。

新中国成立后，政治协商这一民主形式并没有随着中国共产党从革命党转变为执政党而结束自己的历史使命，而是继续作为共产党执政兴国的重要法宝得到了进一步的发展，为实现中国的和平发展和民族复兴发挥着重要的作用。早在中国人民政治协商会议召开前夕，毛泽东就明确指出，“必须召集一个包含各民主党派、各人民团体、各界民主人士、国内少数民族和海外华侨的代表人物的政治协商会议，宣告中华人民共和国的成立，并选举代表这个共和国的民主联合政府，才能使我们伟大的祖国脱离半殖民地和半封建的命运，走上独立、自由、和平、统一和强盛的道路”。新中国第一部具有临时宪法性质的《中国人民政治协商会议共同纲领》就是政治协商的产物，为新中国奠定了合法性基础。改革开放以来，中国在把党的工作中心转移到社会主义现代化建设上来的同时，协商民主的制度化水平得到了进一步提高，中国共产党领导的多党合作和政治协商制度成为中国的一项基本政治制度，并在宪法中确定这项基本政治制度将长期存在和发展。

当然，在协商制度和工作机制、协商主体、方式与路径等方面，今天意义上的协商民主已经超越了传统的政治协商，但在根本目标上，政治协商与协商民主是一致的，政治协商在今天仍然是协商民主的主要形式。回顾中国共产党成立以来政治协商发展的历史轨迹可以发现，尽管协商民主在各个不同的历史时期的工作重心和任务不完全相同，尤其是新中国成立以来，协商民主的基本功能从夺取政权转变为维护政权、从革命转变为建设，但它对于执政党领导中国革命和建设取得成功，推动中国走向国家富强和民族复兴发挥的作用始终是不可代替的。没有协商，中国共产党的理想和信念就难以得到全体中国人民的认同和支持，难以动员各民主党派、人民团体和各族各界人士汇聚到自己的旗帜下为共同目标而共同努力。这一点，是讨论协商民主的中国特色的出发点和落脚点。

二、政协是协商民主的制度平台

在中国目前的制度结构中，协商民主的开展拥有多元的制度化渠道和平台，这既包括执政党各级组织、人大、政府等提供的各种协商途径，也包括人民团体和基层群众自治组织的中介和参与平台，在这些渠道和平台中，人民政协发挥着不可替代的独特作用：与拥有公共权力的党政机关和人大相比，人民政协因其协商性而更加具有制度弹性，可以容纳更加广泛的协商参与群体、提供更加灵活的协商参与渠道、满足更加多样的协商意见和协商诉求；与社会化程度更高的人民团体和基层群众自治组织相比，人民政协则因其体制内的制度层级而使公民在其中的民主协商更加有效和规范。

在推进协商民主建设的过程中，人民政协作为统一战线发挥政治保障功能的平台具有双重的制度性功能：其一是作为渠道的中介性功能，亦即人民政协可以在政府与公民之间发挥桥梁和纽带的作用，为公民参与民主协商提供更多的沟通机会，使公民的协商愿望可以经由政协的传递而得以满足；二是作为平台的表达性功能，亦即公民可以将政协本身作为民主协商的重要平台，直接或间接在人民政协的各种机构和活动中发表自己的意见、提出自己的诉求。

在目前的体制状态下，政协要充分发挥推动协商民主建设的渠道和平台功能，不仅需要让更多的代表人士有机会在政协平台上发表协商意见和要求，更需要以增强渠道功能为突破口，采取切实有效的措施对非体制内政治精英、新社会群体、普通公民的参与民主协商的诉求给予最大限度的满足，在其中，吸纳包括非政协委员在内的政治精英以各种方式进行民主协商是重点所在，同时，对处于潜在政治成长阶段、或者所在群体有可能在未来中国政治发展中起重要作用的新社会阶层代表人士也应更多地纳入政协的协商民主渠道；此外，普通公民虽然不是政协民主协商的直接主体，但其意见和诉求政协也有必要通过各种沟通和协商渠道予以积极应对，这是人民政协发挥协商民主渠道和平台作用的坚实基础。

如何有效推进协商民主不仅对人民政协、乃至对中国所有的公共权力机构都是一个新的课题。近年来，中国的协商民主发展步伐十分迅速，但由于相关的制度设计和保障措施尚不到位，社会力量和公民参与民主协商的渠道并不完全畅通，常常通过网络宣泄、体制外言行乃至群体性事件等无序方式来表达自己的政治诉求，各级公共权力机构的渠道和平台作用也处于有待逐步增强的阶段。对于人民政协而言，为了更加有效地为协商民主建设提供渠道和平台，有必要明确一些基本的思路：

第一，从制度上保障人民政协作为协商民主的有效渠道和平台。传统民主协商的通报式和表象化特征在很大程度上是缺乏制度规范的结果，在当前中国社会中公民协商参与的理性程度相对不高、无序化冲动仍然强烈的现实下，政协在提供参与渠道和平台时应注重提供有效的制度规范，既使公民的协商民主权利得到充分的保障，不断深化协商民主的制度化水平，也努力将公民在人民政协的协商参与纳入有序的轨道，充分发挥国家基本政治制度对协商民主的规范作用。

第二，逐步构建有效发挥政协在推进协商民主中的统筹和协调机制。协商民主涉及到政协工作的各个方面，而作为一个新课题，人民政协在协商民主中的渠道和桥梁作用不是自然得到有效发挥的，有必要加以妥善的统筹和协调，形成灵活有效的工作机制，使相关的制度规范和程序安排得到切实的落实。尤其值得强调的是，在构建机制的过程中，不断强化相关的规则和程序是十分重要的环节，没有规则和程序的保障，所有的制度和机制都可能成为一句空话。

第三，不断改善人民政协推进协商民主的组织方式。在发挥渠道和平台作用中，政协当然需要尊重协商民主的各参与方的自主地位，但同时，通过适当的组织方式来加以正面引导也是必须的。从目前政协的体制结构看，组织方式的协调和优化主要体现在两个方面：一是充分发挥广大政协委员的主体性作用，积极鼓励其通过提案、建议等方式充分参与民主协商；二是优化政协内部的机构设置，使专委会、界别等组织机构更好地发挥平台功能，通过自己的活动吸纳社会各界共同参与民主协商。

第四，在实践中努力探索政协发挥渠道和平台作用的新方式和新路径。从目前看，政协在发挥协商民主的渠道和平台功能时采取的方式相对还是比较传统和单一的，基本还是沿袭参政议政、政治协商和民主监督的一贯做法，存在着比较显著的路径依赖惯性，用发展的眼光看，这显然难以满足政协各参与主体和社会各界日益高涨的协商民主需要，也不适应将协商民主纳入有序制度轨道的紧迫要求，有必要在方式和路径上不断进行创新探索。

三、作为基本政治制度的政协制度

在国家政治层面，中国人民政治协商会议（简称人民政协）是中国政治制度体系中一个独具特色的组成部分，很多研究机构将它与英国的上议院或者美国国会参议院进行类比，将它看作是一个代议机构。但是，在正式文本中的表述是“中国人民爱国统一战线组织”、“中国共产党领导的多党合作和政治协商的重要机构”，[①] 而在中华人民共和国宪法中，它却只是在序言中仅仅被提到了一次。从法律意义上来看，中国人民政治协商会议并不是一个正式的国家机关，在宪法中没有确认其立法功能也没有赋予其行政权利。同样，也有学者将其视为人民团体，但宪法与人民政协章程明确指出，它是一个“统一战线组织”，是中国共产党领导的多党合作和政治协商制度发挥作用的重要机构。这样的性质又决定了它并不是一个普通的人民团体，它对于中国社会的政治进程有着巨大的影响力。因此，有学者认为“中国当代代议制度的特殊之处，在于人民代表大会之外还存在人民政协这样一个既不是明确的代议机构又貌似代议机构的机构。”[②]

1947 年下半年，中国人民解放军由战略防御转为战略进攻，而国民党在军事上节节溃败，国共力量发生根本性转变之时，中共中

① 《中国人民政治协商会议章程》、序言。

② 张英洪：《中国政治发展的两个趋势》，转引自胡筱秀：《人民政协制度功能变迁研究》，上海人民出版社，2010 年版，第 18 页。

央也将建立新中国纳入工作议程。同年10月毛泽东代表中共中央发表宣言，要“联合工农兵学商各被压迫阶级、各人民团体、各民主党派、各少数民族、各地华侨和其他爱国分子，组成民族统一战线，打倒蒋介石独裁政府，成立民主联合政府”。[①] 随后在1948年4月30日中共中央发布了《纪念“五一”劳动节口号》，共23条。其中第5条提出：“各民主党派、各人民团体、各社会贤达迅速召开政治协商会议，讨论并实现召集人民代表大会，成立民主联合政府”[②]，重新举起了政治协商的旗帜。鉴于这一口号最终促成了中国人民政治协商会议的召开乃至新中国的成立，因而被后人称为“五一口号”，也被视为新政治协商会议的发端。中共在建国策略上延续了联合政府与政治协商这两个概念，是因为这两个政治概念能够被当时的中国知识阶层普遍接受。毛泽东认为：“政治协商会议有很高的威信，决定了不少好东西，后来蒋介石破坏了政协，反而提高了它的威信。协商组织过去就有，孙中山就用过，但是受时代限制很大，这次最完善。”[③] 有鉴于此，后来，中国共产党继续沿用被国民党破坏了的“政治协商会议”名称，以求“旧政协”的积极成果在“新政协”得到发扬和升华。

从当时中国政治力量结构的角度来看，新政协的建立主要是为了满足中国共产党迫切的合法性需求，这也是作为政治精英的中国共产党与其他社会精英结盟的主要动机。在1947年没有人能够预测到在随后的两年中，中国共产党在军事上能够如此迅速地取得压倒性优势。然而，军事上的胜利并不足以提供立国的所有条件，新政权仍然需要获得社会各个阶层尤其是精英阶层的承认。正如李普赛特所说的，“任何政治体系，都应具有形成并维持一种使其成员确信

① 《毛泽东选集》第4卷，人民出版社，1991年版，第1237页。

② 中央档案馆编：《中共中央文件选集（14）》，中共中央党校出版社，1987年版，第111页。

③ 全国政协研究室编：《中国人民政协全书（上）》，中国文史出版社，1999年版，第7页。

现行政治制度对于该社会来说是最适当的信念的能力”①，这便是当时新中国所需要的合法性。这样的合法性本来是要通过人民代表大会来获得的，在人民主权的原则下，通过选举确认人民对新政府的认同。但是形势的发展速度显然没有留给计划中的正式代议机构足够的组建时间，那么通过各方精英的协商达成共识，并完成国家主权的授予程序也成为了一个有效的替代途径。协商建国在中国是有历史先例的一项民主程序，因为辛亥革命后南京临时政府也是通过各革命省份的代表协商成立的。虽然相比起国民大会其合法性基础要差一些，但前有先例，后有旧政协的良好口碑，政协建国的程序合法还仍然能够获得大多数人的认同。

在程序合法问题解决之后，还必须使得新政治协商会议这个机构获得相应的合法性，即必须使得这届政治协商会议获得社会各界的承认，特别是获得各界精英的认可。正是基于这样的目的，第一届政协会议在人员的组成上非常重视“广泛性”与“代表性”，力求使这一次政协会议能够获得“公认”，使其决议能够获得最大多数社会阶层的承认，获得必要的合法性。因此，1949 年 9 月 21 日至 30 日，中国人民政治协商会议第一届全体会议在北平召开时，参加会议的有 46 个单位，代表共 662 人。其中共产党员占 44%，工农代表与无党派人士占到 26%，民主党派占 30%。从以上的比例中不难发现，在人员的组成上达到了多元性与广泛性的要求，而其名单的产生也是经过反复推敲而最终决定的。毛泽东在看到新政协的名单后也不禁感叹其为一本包罗万象的“天书”，参加会议的著名社会学家费孝通也曾经为政协会议的广泛代表性所感叹。也正是由于这种广泛性，使得新政协获得了所谓的“公认”。由其制定的《共同纲领》等法律文件，由其选举产生的政府机构才能获得广泛的支持。这个由各党派、各阶层和利益集团的著名精英组成的会议，虽不是经由直接选举产生，但确实具有广泛的代表性和民主色彩。在其实际运作中，人民政协充分实践了协商民主崇尚的“共和”精神，反

① 李普赛特：《政治人：政治的社会基础》，上海人民出版社，1997 年版，第 53 页。

对一党一派垄断国家事务，而中国共产党也能够尊重各位代表的意见，以开放协商的态度达成政治共识。

在新政治协商会议中，形成如此热闹的民主氛围是有其特定历史原因的，新中国建立前后的中国政治格局是这种民主氛围得以生存的主要原因。首先，直到1949年建国当天，国共内战仍然还在继续，国家还未统一。从某种程度上来看，中国共产党与国民党对于政权的争夺还没有结束，建立新中国很大程度上是为了加速中国共产党取得最后胜利的一项战略措施。共产党迫切需要的是国内各个阶层对其政权合法性的承认，如同在旧政协中他们亟需国民党对其合法地位的承认一样，这就需要将统一战线工作推向一个新的高度，而新政治协商会议能够满足这个需求。其次，解放区的土地改革还没有完成，中国共产党执政的阶级基础仍然没有夯实，人民群众的觉悟与文化程度也远远没有达到建立社会主义制度的要求。在新民主主义的社会环境下，社会各界的精英才是中国社会中的主导力量，也是决定政治格局变化的重要因素。最后，新中国建立之初，百废待兴，社会各界的精英人士是中国建设现代化工业国家的基础。那些掌握着科学技术、具有较高知识与能力的学者与工商业精英是国家建设必需的资源，必须通过政治动员与赋予政治参与机会的方式将这些阶层团结到新政权体系之中。

不过，政治协商会议这个组织在中国共产党的制度设计中，始终是一个统一战线组织，虽然在建国初期它代行了国家权力机关的各种职能，享有很高的威望，不过它并没有存在于新中国国家政权机构的蓝图中。随着国共两党关系真的最后确定（国民党败逃台湾，大陆全境解放），中国共产党计划中社会变革的完成，新的政治格局中政治协商会议的地位也必然发生本质的变化。

1952年11月的一次会议上，毛泽东明确了要立即着手消灭资本主义工商业，消灭资产阶级，1953年底又提出了过渡时期总路线，将新中国成立到社会主义改造完成的这段时期，表述为一个过渡时期，而关于新民主主义政权延续的10到15年的政策则不再被提起了。1954年，新中国的第一部宪法取代了《共同纲领》，《中国人民政治协商会议章程》取代了《中国人民政治协商会议组织法》，人民代表大会制度被确立为中国的根本政治制度，人民政协则变为统一战线组织。

人民代表大会后，政协的性质到底是怎么样呢？1954 年 12 月 19 日，毛泽东在政协第二届全国委员会第一次会议开幕前，召集共产党、各民主党派和无党派民主人士几十人举行了座谈，发表了《关于政协的性质和任务》的谈话。毛泽东指出："人民代表大会是权力机关，有了人大，并不妨碍我们成立政协进行政治协商。各党派、各民族、各团体的领导人物一起来协商新中国的大事非常重要。宪法草案就是经过协商讨论使得它更为完备的。人大会的代表性虽然很大，但它不能包括所有的方面，所以政协仍有存在的必要。"同时他也强调，不能把人民政协搞成国家权力机关，否则就成为二元论，民主集中制就讲不通了[①]。他还特别提出，政协不仅是人民团体，而且是各党派的协商机关，是党派性的机关。

将人民政协作为一个政治协商的机构，而非国家权力机关是一个非常精妙的制度设计。中国共产党领导的人民民主统一战线的范围是广泛的，要调整中国共产党与民主党派、社会团体以及社会各个界别代表人物等各种政治、社会力量之间的关系。人民政协对各个社会阶层的包容性决定了它必须是以"政治协商"，而不是国家政权机关的"民主集中"原则作为活动的基本规则。作为国家权力机关的人民代表大会作为人民主权理论的实体，承载了新中国政权的合法性诉求；而人民政协又能有效地协调中国精英阶层的关系，满足新政权对执政绩效与社会稳定的要求。

人民政协是中国共产党统一战线的组织形式，在政治上它承担了整合社会精英政治诉求，维护精英团结的重任。因此，人民政协不能用大众民主政治的运作逻辑予以解释，作为各种社会精英博弈的场所，它有着自己的运作逻辑，很多人借用了西方协商民主理论

① 中央文献研究室：《建国以来毛泽东文稿（4)），中央文献出版社，1990 年版，第 633 页。

来解释人民政协的运作过程，这是无法给出一个完美解答的。西方语境中的协商民主并不是一种独立的民主形式，而是其传统自由民主理论的一种延伸，是为了调节现代民主模型运行而提出的一种矫正手段，它必须依靠其他政治活动过程而存在。[①] 从中国精英政治的角度观察，人民政协中的协商与西方社会的政治协商有着本质的区别。

首先，西方民主理念的主要表现形式是代议制民主，在这样的一种体制下，那些通过竞争性选举获得大多数选票的人，就获得了任期内进行政治活动和做出政治决定的权力，这更像是第一届政协代行立法机构时期的运作方式。而中国的政治协商理念讲究的是讨论汇总、寻找共识，最终达成一个各方都能够接受的结果。人民政协的主要活动是讨论、审议与提案，而非投票，精英团体商议的结果必须获得中国共产党的汇总与认可才能发挥它的作用。简单地说，人民政协的政治协商是以接受咨询、提出建议的形式而发挥作用，在功能上它更多地扮演了一个政治咨议机构。

其次，中国人民政协的政治协商范围是精英群体。中国政治协商的参与者除了中国八个民主党派之外，还有从社会各阶层中遴选出来的社会精英代表，其组成结构反映了中国共产党对中国社会结构的认识，而组成的代表则是被官方认可的社会精英，这样的方式有利有弊，最大的好处是使得政治精英参与政治协商的经济成本大为降低，保障了小群体的利益，如果当时中国共产党对社会结构的判断存在偏误，则非常容易造成精英团结的失衡。而西方的国家中，政治参与的主体是政党，政治是通过政党的竞争与联盟进行的。

最后，中国政治协商是在一个核心政治主体主导下进行的。政治协商制度被引入中国政治生活后，一直都是在一个核心政治主体的引导下开展的。旧政协的主导者是国民党，而中国共产党是中国革命与国家建设的领导力量，也是当前中国政治生活的核心，这是

---

① Michal Walzer, Deliberation and What Else, in Stephen Macedo (ed.), Deliberation politics Oxford: Oxford University Press, 1999, pp. 58 - 69.

历史发展与现实政治生活环境所决定的。因此，它必然也成为了中国政治协商制度的核心主体，在中国共产党的领导下开展政治协商，参政议政也成为了中国协商政治的特色。因此中国的政治协商是有底线的，有政策方向的。

由以上这些特征可以看出，中国的政治协商制度的运作方式与理论基础并非来自西方协商民主理论，人民政协也并不是一个践行大众民主的场所，而是中国精英政治的组织机构。中国式的政治协商发轫于清末的资政院与咨议局体制，其主要的功能是为社会各阶层精英提供一个政治参与的入口，以期达到社会精英的团结，维护现有政治体系的稳定。精英联盟的成员来自政治权威的遴选，而不是来自社会大众的推举，他们更多地代表的是社会资源的占有情况。通过提出建议与批评，共产党外部的社会精英表达了自身的诉求；通过民主监督共产党协调自己与其他社会精英的关系；而参政议政的提出进一步确认了人民政协的上述权利，更是赋予了人民政协更高的政治地位。

改革开放以后，中国社会发生了翻天覆地的变化，随着市场经济的发展，中国社会出现了社会阶层的分化，伴随而来的是社会利益的分化与冲突，这是社会发展的结果与必要阶段。在这一时期，政治协商制度与协商民主理论实践开始发挥其独特的社会精英整合与利益调节功能。但是随着中国社会结构的变迁，中国精英的组成与地位也发生着变化，人民政协的地位与功能也将发生相应的变化。

首先，随着社会多元化的趋势，党外精英对社会资源控制能力不断增强，随着精英能力的增长，人民政协制度对于社会经济发展的影响力将越来越大，因此应赋予其更明确的政治地位与更大的决策影响力。作为“中国人民爱国统一战线组织”、“中国共产党领导的多党合作和政治协商的重要机构”[①] 的人民政协，在中华人民共和国宪法中只是在序言中仅仅被提到了一次，在宪法中没有确认其立法功能也没有赋予其行政权利，并没有将其看作是一个正式的国家

① 《中国人民政治协商会议章程》序言。

机关。“中国当代代议制度的特殊之处，在于人民代表大会之外还存在人民政协这样一个既不是明确的代议机构又貌似代议机构的机构。”[①] 因此，人民政协将来的发展将面临一个关键的选择：是作为一个咨议机构继续存在，还是迈向一个正式的立法机关。经过多年的发展，人民政协的组织机构、运作程序都已经成熟，对中国协商民主理论发展的贡献也越来越大，作为一个吸纳社会精英，聚合社会各界诉求的组织其在中国政治生活中影响力日益增长。虽然政治制度赋予其参政议政与民主监督的功能，但其发挥功能的手段却比较单一。为了更好地利用民主协商的成果，人民政协除了提出意见、建议、批评之外，还应该以一种更为有力的姿态介入到立法与政府行政行为中来。赋予人民政协更多的权力将会是下一阶段中国协商政治发展的主要机遇。

其次，扩大人民政协吸纳社会精英的范围，使得协商政治在处理各种社会利益冲突中都能发挥其特有的作用。中国式协商民主的理念强调认同与包容，反对强制与约束，这对于社会转型时期的中国具有特别的意义。随着利益主体的多元化，社会各阶层的利益诉求也趋于多样化，发生利益冲突的概率也大大增加。合理的利益实现、诉求不是强制制度安排的结果，而是群体包容与相互理解的结果。一方面可以利用听证会、民主恳谈这样的形式在人民政协之外开展政治精英的政治协商。[②] 另一方面在原有的精英遴选标准的基础上适当地扩大政协委员的遴选范围，将一些新社会阶层中的精英或者一些所谓的“草根”精英吸纳到人民政协制度中，通过不断地吸纳新的社会精英扩大精英团结的范围。

最后，推动政治民主化中的人民政协转型。中国的精英结构中

① 张英洪：《中国政治发展的两个趋势》，转引自胡筱秀：《人民政协制度功能变迁研究》，上海人民出版社，2010年版，第18页。

② 听证会起源于英美，它将司法审判的模式引入行政和立法程序的制度。听证会在形式上模拟司法审判，由意见相反的双方互相辩论，这正好满足了协商民主所需要的公开、平等、沟通的原则，为行政行为的利益相关者提供了表达的空间。民主恳谈则是中国的创新，在基础民主建设过程中，镇或者村的党组织支持，通过群众或者群众代表与政府官员之间的沟通，推动公共政策的实施。

出现了非常明显的精英循环现象，在市场转型过程中，由于市场化的不完全，使得原先的政治精英能够迅速转化为经济精英。利用政治权利获得更多社会权力的同时，这些社会精英拥有社会权力的合法性基础也将被侵蚀。精英团结理论认为，过于牢固的精英同盟使得精英团体脱离大众社会。民主化的过程最终将把全部被治理对象纳入到政治参与的进程中来，不仅仅在政治权利上，还将要在经济领域和社会领域实现平等。作为精英政治平台的人民政协面对民主化过程将采取怎样的态度呢，是选择继续维护其精英地位还是推动社会民主化进程呢？这是一个中国社会精英必须做出的选择。人民政协是一个以中国共产党为核心的政治咨议机构，在中国金字塔型的社会结构中，相比人民代表大会它拥有更为丰富的经济与智力资源，利用社会精英推动中国民主化是中国政治发展中费效比最佳的选择，如果人民政协能够承担起这样一个任务，这将是其最伟大的成就之一。

在中国政治环境下，对人民政协制度与协商民主理论的研究不能局限于参照其他国家代议机构的设计或者在西方话语体系中去寻找对应的解读方式。作为中国政治制度体系中最具特色的部分，我们应该回过头去从它产生的那一刻来进行分析。社会精英政治协商在中国的起源要远远早于中华人民共和国的成立，它是在由专制王朝走向共和主义国家的过程中逐步发展起来的，其中与之同步发展的还有中国现代化的进程。社会的价值观念发生变化，政治制度设计也会随之变化，这是一个相辅相成的社会过程。我们应该尊重社会规律，利用好政治协商制度，为中国特色社会主义事业发展提供实践经验与理论总结。

第十二章　基层民主：发展中的基层民主制度

基层民主是存在于基层政权与基层社会的民主制度和民主生活，主要包括基层政权的民主选举与民主管理、城市的居民自治、农村的村民自治和企事业单位的民主管理制度①。基层民主不仅是一种基层自治和民主管理制度，也是国家民主制度在基层的具体体现，是中国式民主广泛而深刻的实践。狭义的基层民主是以基层选举为代表的基层民主，包括了农村村委会的选举和城市社区居委会的选举，也可以称为“动员式民主”。广义的基层民主还包括另外两个方面的含义：第一个方面是地方政府创新式民主，也就是地方政府在某种因素的影响下，例如基层社会的压力，或者自我创新式的动力下推动基层的民主发展；第二个方面包括了社会发起的出于维护自身权益为目的的维权式民主，这个民主以维护公众的自身权益为主，涉及到了法律、选举、对话、成立社会组织等方面的内容，是一个社会试图在保护自己的利益原则下用自我组织起来的方式来推动社会的自由和社会的民主②。

基层民主自治制度是中国特色社会主义民主制度的重要内容。这一制度主要包括以农村村民委员会、城市居民委员会、企业职工代表大会为主要内容的基层群众自治体系。广大城乡群众通过基层

---

① 林尚立：《公民协商与中国基层民主发展》，载《学术月刊》2007年第9期。

② 李凡：《中国基层民主的历史作用》，载世界与中国研究所：《背景与分析》第276期，2011年12月23日。

自治制度，依法直接行使民主选举、民主决策、民主管理、民主监督的民主权利，管理基层公共事务和公益事业，实行自我管理、自我服务、自我教育、自我监督，对干部实行民主监督。基层民主制度已成为我国最直接、最广泛、最生动的民主实践。对于扩大基层民主，促进广大人民群众依法管理自己的事务和民主素质的提高，推进中国特色社会主义民主政治的发展，具有十分重要的意义。

一、基层民主的发展进程

（一）发展与实践

我国基层群众自治制度最早发源于城市。新中国成立之初，北京、天津、武汉等一些城市出现了由群众自己组织起来的防护队、居委会和居民组等群众性自治组织。1950 年，中央政府就在全国各城市设立了居民自治组织，1954 年全国人大正式通过了《城市居民委员会组织条例》，在全国普遍推行居民委员会制度。1982 年的新宪法首次将城市居民委员会制度确认为城市基层社区自治制度，1989 年全国人大通过了《城市居民委员会组织法》。

20 世纪 80 年代以后，随着社会主义市场经济体制改革的不断推进，社会成员固定从属于某一个党政机关或企事业单位的社会组织管理体制逐步被打破，原来由“单位”承担的教育、医疗、卫生和住房保障等职能逐步转移到社会，这些都迫切要求城市基层管理体制进行相应变革，以加强社会管理和社会服务。在这样一种改革的大背景下，城市居民自治组织应运而生，逐步发展成为城市基层群众自治制度。城市的居民也按照宪法和《居民委员会组织法》赋予的自治权利，积极参与本社区的自治事务，选举产生本社区自治组织机构——居委会的领导班子成员，居民直选在部分城市展开。广大城市居民热情参与本社区公共事务的讨论，献言献计，有的社区还以定期召开议事会、听证会、民主恳谈会、议政日等形式开展自治活动，在实践中不断探索多种自治形式。

农村村民自治起步晚于城市居民自治，但后来居上，其发展速度和自治力度均超过了城市居民自治。1978 年农村实行土地承包责任制，改变了农村的生产关系，解放了农村的生产力，改革让农民有了独立的经济利益，他们的劳动积极性超过了历史上的任何时代。因为村里的村务、政务及财务状况直接关系每一个农民的切身利益，在中央提出的村民自治方针号召下，一些地方开始尝试村民委员会的选举。1982 年的新宪法首次确认了村民委员会作为农村基层自治组织的法律地位，将其定性为“基层群众自治组织”，基层群众自治有了正式的组织载体。1987 年全国人大常委会制定颁布了《村民委员会组织法（试行)》，对村民委员会的性质、产生、职能、与乡镇政府的关系等做出了明确规定，是我国基层民主建设的里程碑，它成为我国农村基层村民自治工作规范的指导性文件，特别是将基层民主选举程序制度化，标志着现代意义上的我国农村基层民主诞生。1998 年全国人大修订并正式颁布了《村民委员会组织法》，使村民自治以法律的形式确立下来，标志着村民自治进入了制度化运作阶段。

此后，各省、自治区、直辖市结合本地实际情况，纷纷制定出台了配套的村委会组织法实施办法和村委会选举办法。很多地方除了村委会之外，还形成了村民大会、村民代表大会、理事会和监事会，再加上党支部一起，形成了多元化的、相互制约的权力机构。通过这些民主实践，基层群众的民主能力得到极大的提高，在村民自治的发展过程中涌现出了很多制度上的创新。2007 年，党的十七大第一次将农村基层群众自治制度写入党代会政治报告，提出要扩大农村基层群众自治范围，实际上是将农村基层群众自治向各个层面延伸，并且将包括农村基层群众自治在内的基层民主定位为人民当家作主最有效、最广泛的途径，要求必须作为发展社会主义民主政治的基础性工程重点推进。目前，全国 31 个省、自治区、直辖市已经制定或修订了村民委员会组织法实施办法或村委会选举办法，使村民自治有了更加具体的法律法规保障，初步实现了基层政府的行政管理与基层群众自治的有效衔接和良性互动，构成了在党的领导下农村社会“乡政村治”的总格局。

在职工自治方面，新中国成立后中央要求全国所有的公有制企业普遍成立“职工大会”或“工人代表会议”，实行企业职工的自我管理。1982年的新宪法明确规定国有和集体企业实行职工代表大会制度，此后国家相继发布了《全民所有制工业企业职工代表大会条例》、《公司法》、《工会法》、《劳动法》等一系列法规，对企业职工自治制度作出了详细的规定。

经过长期的探索和实践，我国基层民主自治制度体系已基本确立，基层自治组织日益健全，内容不断丰富，形式更加多样，城乡基层民主自治正在社会主义民主政治建设中发挥着越来越大的作用，形成了我国基层民主自治制度的独特优势。

（二）我国基层民主的主要特征

1. 主体的广泛性

我国的基层民主自治与人民群众的切身利益密切相关，能够直接反映人民群众的利益诉求。通过基层民主自治，使人民群众能够获得看得见、摸得着的利益，能够表达自己的利益诉求，能够保护自己的权利不受侵犯。同时，这个过程的实现形式是丰富多样的。人民群众在自己生活的社区内，可以通过选举、决策、管理和监督等多种形式，直接参与基层公共事务和公益事业的管理，使得民主参与具有直接性和有效性。在农村基层民主自治过程中，广大农民可以通过公平、公正、公开的办法直接选举产生自治组织——村委会的领导班子成员。许多在群众中威信不高、能力较差的干部在选举中落选，或者遭到罢免。一大批年富力强、热心公益事业的农村精英分子则通过竞选当选。竞选村官的形式在各地农村的实践中也多样化了，一些农村采取“海选”的办法，由村民直接投票推荐初步候选人，获得初步候选人推荐票较多者成为下一届村委会领导班子的正式候选人，最后在选举大会中经村民直选产生。一些农村还尝试采取“组合竞选”的办法，即竞选村委会主任的候选人自行组合副主任、委员的人选，在选举大会上，主任候选人获得选举票多者获胜，其自行组合的副主任、委员也整体性当选。基层民主自治的这一特点和优势有利于调动人民群众参与的积极性，增强民主的广泛性和真实性，使之成为广大人民群众学习民主、实践民主的成本低、效益高的大学校。[①]

2. 内容的直接性

基层民主自治制度的典型特征是直接民主和自我管理。在自治的内容上，民主自治的事务涉及到人民群众各方面的切身利益，这些利益绝大多数与人民群众的民生有关，是他们看得见、摸得着的利益。基层群众直接选举居民委员会和村民委员会，决定与自身利益相关的事务，反映自己的利益诉求，维护自身权益，直接参与基层公共事务和公益事业的管理。在自治的方式上，基层群众自治制度坚持把权力下放给基层群众，下放给农民。为推动基层的民主选举，党和政府逐步确立了当家作主、普遍选举、平等选举、直接选举、差额选举等基本原则。居民在自己生活的村委和社区内通过选举、决策、管理和监督直接参与基层公共事务和公益事业，体现了民主参与的直接性和有效性。

3. 发展的主导性

我国基层群众自治制度的建设与实践活动是在党和政府的主导下开展的，这是我国社会主义民主政治的一大特点，也是发展社会主义民主政治的一大政治优势。坚持党的领导，体现在基层民主自

---

① 王民朴、万远英、钟兴明著：《中国特色社会主义民主政治发展道路研究》，人民出版社，2011年7月版。

治过程中，就是要积极争取各级党政领导的重视，建立健全农村和社区党组织领导的充满活力的村民自治机制和居民自治机制，充分发挥党组织的领导核心作用和党员的先锋模范作用。坚持党的领导，是基层群众自治坚持正确的政治方向，有计划、有步骤地稳定有序发展的根本保证。实践证明，基层民主自治制度较好地解决了我国的人民民主发展问题，使得广大公民广泛参与的民主政治建设健康有序地发展，基层民主日益成为推动社会进步的巨大力量。

4. 发展的渐进性

在推进基层民主自治的过程中，党对发展基层民主自治的认识经历了逐步深化、与时俱进的过程，基层民主自治的实践也经历了由点到面、由浅入深、由单领域向多领域逐步推开的过程，基层民主自治的各项制度、法律和法规是在不断总结实践经验的基础上逐步建立和完善的，公民参与基层民主自治当家作主的能力，也是在实践中逐步提高的。广大公民通过基层民主自治实践的锻炼，逐步提高了参政议政的能力，学会了依法、理性地行使民主权利。这种渐进推进式的发展，避免了不切实际的极端冒进，降低了风险和成本，使国家能够集中精力解决发展尤其是经济发展问题，也使得广大公民在稳定有序的基层民主实践中逐步提高自身素质。实践证明，没有渐进的民主建设，就没有民主制度、民主程序和民主精神的携手并进、和谐发展。

二、基层民主的实现形式

1998 年，以《村民委员会组织法》结束十年的试点、正式颁布实施为标志，我国基层的民主自治制度得到进一步发展与完善，直接选举、村民（社区）议事、村务（社区事务）公开等制度化建设逐步趋于健全和合理。基层群众可以在委员会民主讨论的基础上决定本区域内的重大事务，同时，也可以通过这些委员会向各级政府表达自身的利益、反映群众的意见。

经过多年的制度建设与实践，从基层民主的主体特征上看，已经基本形成了“三元主体”的组织结构。农村、城市社区以及企业已经成为发扬社会主义民主精神、实现基层民主自治的三大组织载体。从基层民主的表现形式上看，民主精神主要体现在基层自治与直接选举两个方面。从基层民主的基本内容上看，村民委员会直接选举和乡镇人大直接选举是两项最根本的环节。农村、城市社区及企事业单位结合自身的需要构建起以“农村村民委员会”、“城市居民委员会”与“企业职工代表大会”为主体的组织系统。我国现行《宪法》规定，“城市和农村按居民居住地区设立的居民委员会或者村民委员会是基层群众性自治组织。”城市居民委员会和农村村民委员会是由所在区域内的人民群众通过直接民主选举产生。这表明，城市居民委员会和农村村民委员会并不是国家政权体系的组成部分或者派出机构，而是群众自主建立的自治组织，是群众“自我管理、自我教育与自我服务”的非政府组织。

（一）农村基层民主的实现形式

经过多年的制度化实践，“村民自治”已经具备了较为详细、具体的法律法规保障。按照《村民委员会组织法》规定，“民主选举、民主决策、民主管理和民主监督”是村民自治的主要内容，也是基层民主自治在农村的主要实现形式：1. 民主选举。村民直接选举或罢免村民委员会成员。在选举过程中，村民委员会成员候选人由村民直接提名和参加投票选举，当场公布选举结果，做到公正、公开、公平。2. 民主决策。凡涉及村民利益的重要事项，都由村民会议或村民代表会议讨论，按多数人的意见作出决定。结合实际情况，通过设立村民代表会议，对本区域的重大问题进行决策。3. 民主管理。按照当地实际情况，全体村民讨论制定或修改村民自治章程或村规民约。如民主理财、财务审计、村务管理制度等。4. 民主监督。村民通过村务公开、民主评议村干部、村民委员会定期报告工作、对村干部进行离任审计等制度和形式，监督村民委员会工作情况和村干部行为。

在“村民自治”的示范与推动下，许多制度性的创新举措已经延伸到乡镇领域，包括乡镇长、乡镇党委书记产生的选举改革、乡镇政府的机构改革等。2003 年湖北省咸宁市的乡镇改革在精简乡镇机构、转变政府职能等方面进行了有益的探索，解决了一些长期困扰乡镇发展的问题；重庆市城口县坪坝镇的“综合政治体制改革”提出建立乡镇人大常任代表制、党代表常任制、调整政府和人大关系、理清乡镇党、政府、人大和老百姓关系等内容，同时还对乡镇人大、乡镇长直接选举、乡镇党委书记选举的办法进行创造性探索；同年在四川还出现了乡镇党委书记由全体党员直接选举产生的案例。① 这些创新举措都直接推动了基层政府的民主自治改革与探索。

（二）城市基层民主的实现形式

在我国，城市基层民主政治建设开展得相对较早，也较为完善。建国后，全国各个城市普遍建立了居民委员会。但是在 20 世纪 80 年代之前，城市的居民委员会在实际运作中承担了辅助行政治理的功能，变相地成为国家政权的派出机构，而并未成为“城市居民对居住地公共事务管理的民主自治性组织”。80 年代末，城市居民委员会作为城市居民“实现自我管理、自我教育、自我服务的基层群众性自治组织”得到了法律的确认与保障，进而成为城市基层实现直接民主的重要形式。90 年代末，随着全国社区建设试点与实验工作的开展，具有自治机构性质与社区服务功能特征的新型居民委员会得到发展。自 2002 年以来，中国城市社区民主政治建设取得了较

① 苏海舟：《从“基层自治”到“民主管理”——关于社会主义民主在微观层面的实践及其主体结构》，载《理论与改革》，2008 年第 5 期。

大突破，实现了城市社区的直接选举。

城市社区居民自治的实现形式也是实行民主选举、民主决策、民主管理和民主监督：1. 在民主选举方面，选举的形式经历了由候选人提名到自荐报名，由等额选举到差额选举，由间接选举到直接选举，并打破了地域和身份的限制。通过直选成立的社区居民委员会呈现出年轻化、知识化和职业化的趋势。2. 在民主决策方面，社区居民通过社区居民会议、协商议事会、听证会等有效形式和渠道，对社区内重大公共事务进行集体决策。3. 在民主管理方面，根据社区居民会议制定社区居民自治章程及规约规范，选举产生的居委会按照自治章程与规约规范开展日常工作。4. 在民主监督方面，实行居民委员会事务公开。凡是涉及社区利益的重大事务，通过召开居民评议会，听取居民意见，接受居民监督。

城市社区的直接选举也在某种程度上改变了社区居委会的组织结构，促进了社区民主管理的发展，同时也推动了基层人民代表大会代表选举制度的改革。2003 年 4 月，广东省深圳市出现了十多个选民在官方提名之外要求独立参选人大代表的事例。这些候选人在基层人民代表大会的同意或者默认之下通过各种竞选方式，最终有两人入选区一级人大代表。同年 12 月，北京市的区县一级人民代表大会选举中，二十多名候选人以自荐的方式自己参选，并明确提出了对选举的提名程序、候选人正式确定程序和选举竞选活动改革的要求，最终有三名候选人被选为人大代表。这些现象表明，基层人大选举制度的改革已经成为继续推进城市基层民主建设的重要环节。

（三）企业民主管理的实现形式

企业的民主管理制度不仅仅涉及政治层面，往往还涉及企业生产经营绩效的经济层面。其主要实现形式包括：1. 为了体现职工在国有企业中的政治地位，其有权对企业内部的事务提出意见表达，即通过企业职工代表大会实现参与企业管理的权利。2. 国有企业职工有权通过民主选举的方式确定企业领导人，由直接选举产生企业法定代表人来行使对国有企业的经营管理职权。民主选举企业法定代表人使得真正实现“政企分开”能够获得《国有企业组织法》的保障，形成国家通过法律授权给企业经营、由政府来监督的格局。而民主选举与经营业绩的直接联系，则能够提高企业的生产管理效率，防止国有资产流失，实现保值增值。

为了凸显工人阶级“当家作主”的政治权利，在建国初期，中国共产党在公有制企业实行职工代表会议制度。1951 年，中共中央发出《关于清理厂矿交通等企业中的反革命分子和在这些企业中开展民主改革的指示》，要求“把一批在群众中有威信的工人和职员提拔到行政和生产管理的领导岗位，建立工厂管理委员会和职工代表会议，吸收工人参加工厂管理，实现企业管理民主化，使工人真正成为企业的名副其实的主人”。1957 年后，职工代表会议制度在全国普遍推行。其后，企业职工代表参加工厂管理委员会，平等协商和集体合同、企业的职工与干部对话、企业内部的双保合同等制度都在我国企业民主管理制度的历史演进过程中发挥过作用。改革开放以来，职工代表大会和其他形式的企事业单位的民主管理制度在实行民主管理、协调劳动关系、保障和维护职工合法权益、推进企事业单位的改革发展稳定等方面发挥了不可替代的作用。

按照我国《宪法》、《全民所有制工业企业法》、《劳动法》、《工会法》及《全民所有制工业企业职工代表大会条例》等法律法规，职工代表大会是“保证职工对企事业单位实行民主管理的基本制度”。“职工在企事业单位中享有的当家作主的民主权利，主要通过职工代表大会制度来实现”。职工代表大会具有法律确立的五项职权，即“对厂长有推荐或选举权”；“对企业生产经营、发展计划和方案有审议建议权”；“对工资、奖金、劳动保护、奖惩等重要规章制度有审查通过权”；“对有关职工生活福利等重大事项有审议决定权”及“对企业行政领导干部有评议监督权”。[①] 在基层民主制度探

---

① 苏海舟：《从“基层自治”到“民主管理”——关于社会主义民主在微观层面的实践及其主体结构》，载《理论与改革》，2008 年第 5 期。

索与实践的大环境下，企业民主管理体制中的“厂务公开”制度也逐步得到建立与完善，并逐步向非公有制企业拓展。

三、基层民主的运行逻辑

（一）国家和社会关系的结合点：基层民主的生长空间

经过改革开放30多年的探索实践，我国在社会主义市场经济条件下，随着具有自主地位和能力的社会主体的日益成熟，自我管理的发展将主要体现为自我管理中的自治性的提高，即自我管理将更多地围绕着协调、整合和实现自治主体的自身利益来展开。从政治发展的角度看，这种自治性因素的提高，必须通过双重的政治发展过程来实现：一是逐渐减弱国家权力对社会的直接控制和干预，要求政府改变计划经济管理模式，转变政府职能，减少不必要的干预。二是提高社会自主性和独立性，逐步加强社会自我管理、自我协调和自我发展的能力，要求参与经济生活的社会单位、组织和个人摆脱对政府的过度依赖，迅速转变为具有法律地位和自主能力的市场主体，要求社会能够依据市场的原则，通过市场的机制实现有效的自我协调和发展。①

显然，社会主义市场经济的推行和发展，使得“国家与社会”有机结合的基本框架逐步形成，国家与社会的边界日益清晰，并逐渐实现了良性互动，这为村民自治的发展提供了一个最为基础而又至为重要的生长空间，将使基层民主自治发展成为中国式民主的必然取向。

① 林尚立：《基层群众自治：中国民主政治建设的实践》，载《政治学研究》，1999年第4期。

（二）自治能力的提升：基层民主发展的基础

1．自治主体的转化：从单一形态参与到多元参与

以农村的基层民主自治为例。在现代化过程中，政府一直扮演着非常重要的角色。长期以来，我国社会政治生活的授权方式就是自上而下的政治动员，但村民自治制度改变了这种授权方式，其试图通过基层的民主方式来改变我国基层民主发展的困境。目前，我国村民自治的开展有三个层级管理主体，分别是当地民政部门、乡镇政府和村级组织，其中民政部门处于领导位置，乡镇政府加以规范与引导，村级组织具体实施。但治理效果并不明显，各种社会矛盾依然突出。

因此，单一形态的村民自治组织面临着转型的压力。构建以社会自治功能为依托的农村社会组织机制，是当前深化我国农村基层民主制度的战略性思考。在这一方针的指引下，目前我国各地农村多种形式的新型农民合作经济组织纷纷出现，以农民个体为交往载体的民主参与形式逐渐被打破。这些基层民主自治组织主要包括：农村村民委员会、社区委员会、以及与农业生产组织相关的各类协会。实践证明：扩大这些新兴社会组织的自主权、自治权和群众参与权，鼓励人们积极参与这些社会组织的自我管理、自我服务、自我教育和自我监督，有利于大量新兴经济组织和社会组织的蓬勃发展，有力地推动了自治主体从单一到多元的成功转型，促使多元自治主体在基层社会生活中发挥越来越大的作用。

2．自治程序逐步走向规范化

基层民主自治培育了普通民众的民主意识和民主技能，并通过运用民主规则和程序的民主实践形式，训练民众，使民众得以运用民主方式争取和维护自己的权益。仍以农村的基层民主自治为例，

1982年通过的《中华人民共和国宪法》确立了村民委员会在我国的法律地位。在村民参与和中央支持双重压力的推动下，村民自治制度逐渐完善。1998年《村民委员会组织法》在原来的21条的基础上增加到30条。2010年十一届全国人大常委会审议通过了修改后的《村民委员会组织法》，完善了村民委员会成员的选举和罢免程序及村民民主议事制度和村级民主管理和监督制度，使村民自治在新的历史时期沿着更为民主、科学的方向发展。随着民主实践的推行，相关法律内容的广度和深度都在拓展，充实了基层民主自治的表达形式。

此外，在村庄治理模式上，全国村落局部地区开展了不同形式的民主治理形式。如温岭模式通过民主恳谈，使各方面利益博弈达到平衡。温岭模式在民主决策环节实现了更大范围的公共参与，使公共决策变得更加理性化。青县模式通过完善农村村级治理结构，以组织创新的方式落实村民的决策权和参与权。河南邓州“四议两公开”工作法，有效化解了农村基层各类矛盾，进一步密切了党群、干群关系。可以看出，各地对民主实现方式所做的大量有益的探索，由原则嬗变为规则，由尝试过渡为习惯的民主生活方式。基层民主自治正在一步步迈向成熟。①

（三）执政党治理模式的转变：基层民主的发展动因

在不同的历史时期，执政党面临的执政环境随之发生变化，促使其执政理念和执政方式发生改变，这种顶层设计的变化则会导致各项微观基本政治制度的改变。考察我国基层民主自治的整个历史发展进程，可以发现，执政党治理模式的改变直接推动了基层民主制度的发展与变化。

---

① 陈浩天：《中国基层民主运行逻辑与反思——以村民自治的发展走向为检测视角》，载《探索》，2011年第5期。

1. 改革开放之初开始实行的“包产到户”改变了农村的经济发展路线，也改变了农村原有的治理模式，是基层自治产生的内驱力

在人民公社期间，国家、社队与农民之间是领导与被领导的关系，农民几乎没有自主权，而实行“包产到户”以后，农民与国家、社队之间建立了“合同”关系，农民按照合同履行自己的义务，而且还是自由的。要使“包产到户”这一经济政策不流产，就需要有相应的政治制度作保证，于是村民自治应运而生。

1980 年底，广西宜山、罗城一带的村民创造了村民委员会自治模式来解决一些诸如社会治安、社会福利、土地管理等农村公共事务管理问题，这一做法立即得到党中央的充分肯定，并很快在党的正式文件中得到提倡。党的十二大报告肯定了基层民主管理和群众自治的意义。1982 年的新宪法确定了村民委员会是农民对村级公共事务进行自我管理的基层群众性自治组织。1988 年《中华人民共和国村民委员会组织法（试行）》开始试行，全国开始用民主选举的方法产生村民委员会来组织实行村民自治，这是我国基层民主的第一步。这一时期，基层民主自治的主要内容是落实村民组织法，搞好村委会民主选举。在此过程中，基层有不少制度创新，如海选、两票制等，为基层民主进一步发展奠定了基础。

2. 1994 年，中央实行了分税制改革

通过分税制改革，中央集中了大量的财政收入，使财权越来越集中。然而中央和地方的支出划分几乎没有发生显著变化，即分税制没有改变中央和地方的事权划分格局。在市场经济条件下，义务教育、社会保障、公共卫生是政府必须承担的最重要的职责，带有非常强的外溢性特征，全国性的公共产品和服务理应由中央政府提供，政府的基本职能也必须依此来确定。如果由财力严重匮乏的基层政府来承担，必然会导致这些基本公共服务的不足或严重不均等，并由此引发一系列社会问题。

为了应对这种财权与事权严重背离的状况，也为了自身的生存，基层农村千方百计动用各种手段来增加税费的征收，这导致农村基层的社会冲突增多，干群矛盾尖锐，很多农村地区出现了治理危机。在这种情况下，1997年党的十五大提出要“扩大基层民主”。同时，或因个人民主情怀，或因解决基层财政短缺的困境，或因追求政绩的考量，县乡干部中一些政治精英开始进行“公推直选”、民主恳谈等政治制度的创新。这一时期成为基层民主发展的一个转折点。基层民主由初期相对单纯的选举民主逐渐发展成为通过多种民主创新来解决现实问题的综合性民主治理。

3. 2005年以后，我国总体上进入以工促农、以城带乡发展的新阶段

随着市场化、工业化和城市化的进一步推进，城乡差距不断扩大，此时，统筹城乡发展、进行新农村建设、破除城乡二元结构，逐步形成城乡经济社会发展一体化新格局以实现城乡社会公平成为治理的重点。

为了解决“三农”问题，削减乡镇权力，力争避免或减少乡村干群的矛盾和对立，中央全面实行了税费改革和精简乡镇机构，着眼于解决乡镇在职能定位、组织机构、体制机制和人员素质等方面存在的问题，提高乡镇党委、政府的政策执行能力和组织动员能力，促使党在农村的执政基础更加巩固。然而这一政策却在基层政府导致了两个负面后果：第一，乡村两级人力、财力等资源继续流失，尤其是乡镇一级出现了“空巢化”趋势，其原有的提供乡村公共物品的责任、动力和能力下降，也影响了城乡一体化过程中中央政府通过部门体制和项目机制加大乡村基础设施和公共服务建设投入的效果。第二，由于缺乏原有的乡村基层组织系统的有力支持或屏障，县级政权开始更多直接面对基层民众，二者之间原有的缓冲地带开始慢慢消失。因此，原有的乡村内矛盾逐渐上移到县一级，农村群体性事件逐渐“由乡入城”，给基层民主治理工作带来了新的挑战。

在这种形势下，国家提出了强县扩权的改革方案，意图通过民主政治改革重塑中央与县以及县与乡村的关系，通过县级政府和乡村组织在新一轮基层民主治理过程中有效互动和协作，将国家促进城乡一体化、实行城乡社会公平的方针政策以及基层社会的自治发展目标更好地落实到农村社会，[①] 在基层民主治理中以民主和法治来提高执政党合法性和执政能力。

（四）公共秩序的稳定：基层民主运行的目标

基层民主通过选举这种民主自治方式，使公共权力得到广泛的认同，同时获得相应的权威和稳定。同时，随着人民生活需要的丰富，人民的权利意识逐渐增强。公共利益分配、城市住房拆迁、村庄社区管理、农村教育与医疗、土地承包与流转等等公共话题开始借助基层民主这一平台供人民参与讨论，并影响着决策和管理。社会利益格局和民众的价值取向变化促使基层民主依托自治制度得到进一步强化，社会利益格局和民众价值取向的变化得到政府的重视。换句话说，基层民主的发展与改善民生是始终结合在一起的。通过社会基层单位的自治和自主运动以及民主试验，使广大基层民众参与公共事务管理、改善民生、形成民生与民主的良性互动，在现行的政治生态中更大限度地参与政治实践，疏导民意和压力，舒缓社会底层可能造成既有体制的紧张，充分彰显自身的民主权利，及时化解基层民众的内部矛盾，实现基层民众个人意志与政府公共政策的协调顺畅，保障了基层社会的政治稳定。

四、制约基层民主发展的因素

（一）体制性因素

制约我国基层民主发展的一个重要因素是党的基层组织、政府

① 高卫民：《基层民主在应对治理困境中成长》，载《中国社会科学报》，2011 年 1 月 13 日。

与基层自治主体间能否形成良性互动。如何理顺党支部、乡镇政府、村委会或城市居民委员会这三者之间的关系，处理好执政党的政治权力、行政权力与群众自治权利的分配，是完善和发展基层民主自治制度的一个重要的现实问题。依照宪法和法律，基层民主自治是在坚持党组织领导下的自治。但在实践中，基层党组织与群众自治组织的关系并不协调，存在基层党组织不适当地干预群众自治，群众自治组织动摇党的领导权威问题。乡镇行政体制同村民自治体制是二元政治体制，行政单位对基层群众自治组织的日常活动的干涉倾向，破坏了基层组织的自治性质，使居委会和村委会很难独立自主地开展自治活动，严重影响了基层群众自治。要改变这种现象，就必须合理划分基层党组织“党务”、政府“政务”与基层自治组织“村务”、“居务”的责任范围和权力边界，妥善处理乡（镇）村关系、街居关系。基层民主自治要发展，就必然要涉及政府与自治组织的关系，要求政府改变管理方式与职能实现方式，形成现代化的政府管理模式。同时，基层民主的发展也必然会涉及党在基层群众自治中的地位与作用问题，要求实现基层党组织的领导力的转化。党应该成为基层民主自治的主导力量，从而使党在推进基层民主自治的同时，在基层社会确立自己牢固而广泛的社会基础。

（二）民主发展程度的制约

无论是城乡社区的自治管理，还是企事业单位或社会组织的民主管理，要实行自我管理、自我教育、自我服务的群众自治，都必须通过民主选举、民主决策、民主管理和民主监督四个环节才能达到有序状态。只有全面推进“四个民主”的落实，才能保证基层民主有序推进、健康发展。在这四个环节中，选举只是民主的前提，而不是民主的全部。民主监督是保证，民主决策、民主管理才是目的。但在实际运作中人们往往只关注轰轰烈烈的选举，却忽略了后三个更重要的环节，使当选者手中的公共权力同样具有相当的“个人自由发挥空间”。这样，选举不但未能克服上级任命的缺陷，反而使所有有选举权的人都具有获得这种令人艳羡的权力的可能。[①] 于是某些地方的农村选举就出现了采取贿选、威胁、造谣惑众、人身攻击等手段获胜的现象，破坏了选举的正常秩序，恶化了社会风气；这样当选后的基层组织领导往往以权谋私，恶化了干群关系。

从具体发展进程看，我国基层民主自治可以说是先尝试、探索，然后再规范、推广。因此，相关法律和制度不可能一开始就完美无缺，而是需要根据自治实践的经验不断完善。民主自治必须依法照章执行，要得到规范和约束。因此，必须进一步加强法治建设，保证民主自治活动在法治轨道上健康进行。

（三）制度化建设的滞后

近几年来，基层民主建设取得了实质性进展，“民主治理”已成为各级政府的共识。但很多基层民主治理创新遭遇了制度化建设的困境，常常陷入“人走政息”的尴尬境遇。所谓制度化是指群体和组织的社会生活从特殊的、不固定的方式向被普遍认可的固定化模式的转化过程。[②] 在地方性基层民主实践中，一方面，有些基层政府对于制度创新的理念不够明确，决心不够坚定。由于治理能力的原因，有些基层政府制度创新的思路不够清晰。另一方面，基层群众对传统政治心理、文化和价值观念也具有路径依赖性，对于制度创新持观望甚至是拒绝的态度。这些都对基层民主的制度化建设产生了至关重要的影响，导致很多创新模式没有能够自我强化被保留下来而成为人们普遍的生活方式或行为方式，造成了制度化建设缓慢滞后的状况。

---

① 林建：《基层群众自治制度：社会主义民主政治理论与实践的新突破》，载《科学社会主义》，2010 年第 6 期。

② 樊红敏：《基层民主建设的基本特征与发展走向》，载《东南学术》，2010 年第 5 期。

（四）外在和内在动力不足

基层民主发展的外在动力是各级政府主导的推动力。在当前基层民主治理创新的探索中，各级政府扮演了重要角色，在制度供给与输入、制度运行的监督与管理以及民主意识的培训方面，都发挥了“培育引导”的作用。然而，从开始推动基层民主自治到现在，由于地方政府严重卷入到地方的经济事务和其他事务中，成为利益主体的一个构成部分，很多地方政府的角色已经从非利益相关者变成了既得利益者，他们和企业、地方精英结合在一起，组成了地方利益集团。在很多情况下，这个利益集团和基层群众的利益是相冲突的。由于这些利益集团的干预，尤其是政府出面的干预，使得基层的民主自治难以进一步发展，公平和自由的民主环境很难顺畅地运行。外在动力不足是阻碍基层民主进一步发展的重要因素。

除了外在动力的因素，考察当前一些基层民主自治的典型模式和实践经验，可以发现，基层民主创新的大部分动力来源于基层政府政绩驱动和地方政治精英的个人偏好，很多基层民主治理的创新模式都是一种外在主导型强制性的改变，是自上而下输入的。如果不能从基层社会内部产生持续的变革压力，缺乏基层内生的革新动力，民主治理的创新在涉及利益调整和利益博弈时，就会倒退或流于形式。[①]

（五）自治主体的参与意识缺失

完善和发展基层民主自治制度，必须要培养公民意识。作为自治的主体，公民的参与意识是民主制度正常运作的精神支柱，是民众参与政治的内在驱动力。公民只有意识到自己作为公民应享有的权利与应承担的义务，才会产生能动的参与意识并外化为积极的社

---

① 任中平：《维持地方新政可持续性的政治考量》，载《领导科学》，2011 年第 27 期。

会政治活动参与意愿。在基层民主自治的实践中，健全的公民意识能充分有效地使民主理念最大限度地转化为人们生活中的习惯和准则，从而建立起普遍有效的民主秩序。多年来政府对基层自治组织的行政干涉过多，使基层自治组织没有起到应有的作用，未能被基层群众普遍接受。另一方面，长期的封建专制统治使人民群众多年形成接受政府部门行政命令的习惯，民主意识比较薄弱，致使居民缺乏自治意识和对基层组织缺乏归属感，没有参与基层事务的热情。基层群众缺乏现代民主秩序所需要的公民意识，极大地限制了我国民主政治健康、有序、快速的发展。在各级政府官员及自治组织的管理者身上表现为长官意志、唯我独尊，在群众当中则表现为缺乏权利责任意识和法律观念，对民主建设要么持旁观的态度，要么借民主之口号行无政府主义之实。[1] 这些，都是推进基层民主建设的巨大障碍。

---

① 林建：《基层群众自治制度：社会主义民主政治理论与实践的新突破》，载《科学社会主义》，2010 年第 6 期。

第十三章　党内民主：中国特色的民主制度

发展党内民主是中国民主政治建设的重要内容。自中共十六大以来，中共把推动党内民主作为其政治改革的一个最为重要的议程。到如今中国共产党成立已经有93年的历史，执政也有60多年的经验，共产党已经是拥有8000万党员的世界上最大的执政党，这个数量已经大大超过当今世界上大多数国家的人口数。因此对于这样一个长期执政的大党来说，如何提高执政水平，顺应民主的历史潮流，发展党内民主是重要的战略选择。

一、党内民主是民主建设的重要内容

随着世情、国情、党情的深刻变化以及许多前所未有的新情况、新问题、新挑战的出现，提高党的领导水平和执政水平，提高拒腐防变和抵御风险能力，特别是进一步发展党内民主成为中国整体民主政治建设的重要内容。

第一，发展党内民主有助于提高中国共产党执政的合法性基础。美国学者李普塞特认为："合法性是指政治系统使人们产生和坚持现存政治制度是社会的最适宜制度之信仰的能力。"也就是说，合法性意味着被统治者对统治者进行统治的认同与接受。执政合法性的来源有诸多方面，包括意识形态、领袖魅力、统治绩效、民主选举等。这诸多的方面同样是中国共产党获取执政合法性的重要资源和主要途径。在共产党执政之后，执政合法性的有效支撑来源于马克思主义的理论体系，来源于共产主义的理想等意识形态方面，也来源于毛泽东等开国领袖的个人魅力，来源于邓小平等国家领导人的个人魅力。改革开放以来的30多年里，中国经济持续快速增长，经济绩效构成了中国共产党执政合法性的一个重要来源。但是经济增长具有一定的周期性，如果党的执政合法性主要由经济增长和经济绩效来支撑，这种合法性来源就会缺乏稳定性和持续性，没有任何人和任何政权可以确保经济的长期增长。因此，如何把合法性的基础从建立在经济发展的合法性上逐步发展到执政的程序合法性上，是共产党所面临的一个重大考验。

第二，发展党内民主能够有效推进社会主义民主政治的发展。随着中国的对外开放与世界各国的联系更加密切，国际环境对中国的影响也成为中国共产党执政过程中重要的外部环境因素。民主政治成为了世界潮流，民主执政成为了不可逆转的趋势。民主选举已经成为了有效执政的一个统治方式。在现代政党政治中，政党在民主选举和民主政治生活中，表达和传达民众意愿，参与各类选举活动，争取民众支持，通过选出本党的代表，或者获得执政地位，或者参与其他政治活动，实现其政治功能和影响能力。中国共产党顺应了民主化的趋势，提出并推进党内民主，推进了选举制度，这有效推进了政治体制的发展。但同时，推进党内民主、建设社会主义民主政治的方式和手段依然有待进一步深化。

第三，发展党内民主有助于进行有效的利益整合。改革开放以来，中国的社会利益结构已经发生了重大的变化。利益结构是社会系统和政治系统的深层结构，它构成社会和政治运行的内在动力。一个社会的利益结构若发生重大的变化，社会系统和政治系统便会受到极大的冲击而引起震荡。中国社会已经形成了事实上的利益诉求、价值观念、思想观念的多元化，每一个社会阶层都有自己的利益诉求，这使得政治体制改革必须考虑所有社会阶层的要求，以使政治体制改革获得最大的合法性。目前的问题是经济虽然发展了，但利益分配和利益整合出现了较大的问题，贫富的两极分化，利益群体的自我繁殖和延续等成为了社会关注的热点问题，因此有效地进行利益整合的能力也考验着共产党的执政能力。党内民主也是社会经济利益多元化的反映。中国既不想走西方式多党政治道路，又要消化多元的社会政治利益，其方法是多元社会经济利益的内部化，即把外在的多元利益容纳于执政党之内，在体制内来实现利益表达、利益代表和利益协调。因此发展党内民主有助于有效的利益整合和利益表达。

第四，发展党内民主也是新一轮政治体制改革的方向。改革开放以来中国的经济获得了飞速的发展，被世人赞誉为中国奇迹，但当前，中国社会许多问题和矛盾也逐步凸现出来，一些问题和矛盾还呈现出继续恶化的态势，社会风险不断累积；同时，中国社会诱发突发事件的因素增多，特别是近年来，特别重大和重大突发事件接连发生。这对中国社会稳定和社会秩序构成了相当大的、潜在的威胁。如何应对这些突发事件，化解矛盾的根源从而长久维持社会稳定，是执政党要面临的问题。这些突出的问题对新一轮的政治改革提出了新的挑战，为应对这种挑战，作为执政的中国共产党适应民主新的形势，大力发展党内民主是一个重要的改革方向。

第五，发展党内民主有助于避免严重的腐败。在中国共产党是唯一执政党的历史条件下，在共产党内实现有效的分权与限权，从而有效地制约权力和监督权力，这是政治体制改革要突破的地方。共产党的执政权很大，但是共产党自己执政也需要把权力进行有效制衡、有效监督，这样才能避免腐败。在中国不可能搞很多党派，这是历史发展和现实决定的。中国共产党代表人民群众根本利益，它作为执政党，是历史的选择。但是不受监督的权力就会导致腐败，目前腐败已经成为了共产党面临的最大难题。因此如何在制度上设计权力、制约权力是政治体制改革要突破的地方，也是有效避免腐败亡党的良药。

第六，发展党内民主有助于加强共产党的自身建设。如今，共产党已经是拥有8300万党员的世界上最大的执政党，党的自身建设刻不容缓。特别是随着中国的对外开放和与世界经济的接轨，外部环境对中国的影响也成为中国改革过程中不可忽视的因素，经济全球化的进程将中国汇入到世界发展潮流之中，并客观上要求中国社会在诸多方面与国际接轨。中国共产党作为世界上的政党之一也需要借鉴国外政党的经验教训。习近平在谈到党的建设时强调，要"借鉴外国执政党建设的有益做法"。人心向背的问题，是决定一个政党、一个政权兴亡的根本性因素。苏共执政74年下台，国民党在大陆的失败和在台湾执政50年后失去政权，印度尼西亚前总统苏哈托统治30年下台，墨西哥革命制度党执政71年下台。这些失去执政地位的政党提示我们，执政党必须居安思危，加强自身建设，增强忧患意识。中国共产党作为执政党，长期执政的重要条件就是加强自身的建设。在我国，共产党是领导型政党，是执政党，虽然有八个民主党派，但它们拥护共产党的领导，不是反对型政党，不是竞争型的政党。在这种情况下，共产党作为执政党通过发展党内民主可以激活内部的竞争力，有助于共产党加强自身建设，产生更强的执政能力。

二、党内民主：实践与创新

党内选举制度，是推进党内民主建设的重大举措和关键环节。党内选举制度不断完善，才能充分体现广大党员的主体地位，才能从根本上推进党内民主建设。党内选举制度是党内民主的一项根本制度，是党内民主发展程度的重要标志。十年来，党内选举制度也得到进一步改革完善。十七大提出，改革党内选举制度，改进候选人提名制度和选举方式，并提出推广基层党组织领导班子成员由党员和群众公开推荐与上级党组织推荐相结合的办法，逐步扩大基层党组织领导班子直接选举范围。进一步完善党内民主制度，要通过建立并不断完善各项具体制度来确保党内民主精神的落实。推进党内民主建设水平需要建设科学制度来保障。制度是党在长期实践中形成的行动准则和依据，是党的共同意志和共同利益的体现。适应新的形势和新的任务，要积极推进党的制度创新，及时把党内民主的实践和创新方法用制度形式规范下来，建立并不断完善具有时代特点、符合民主精神的党内体制和工作机制。竞争性民主制度建设方面，随着党内民主制度的实践和创新，一些在地方实践中所产生的民主制度开始由试点到大力推广，并在全国党建中产生了重要影响。

（一）公推直选制度：党内民主制度的成功创新

“公推直选”制度，是近些年来在党内基层民主发展过程中出现的一项重大制度创新，就是把过去由上级党委直接提名和委任变为在党组织领导下，由党员、群众公开推荐候选人，然后由党员大会直接差额选举产生基层党组织负责人。提名是干部选拔任用的初始环节，目前制度还不完善。候选人的产生是选举的第一步。长期以来，我们习惯于由上级党组织推荐候选人，尽管推荐的过程中也征求群众的意见和通过组织部门的多方考察，但仍然存在领导满意而群众不买账、广大党员的意见没有得到充分反映的问题，挫伤了广大党员的民主积极性，也影响了干部的选拔和任用。在实践中，一些基层组织探索并试行“两推”的方式产生候选人。公推直选基层党组织负责人是基层民主发展进程中一次成功的制度创新。

近年来，多地在扩大党内民主多种实现形式方面，进行了许多富有成效的探索和尝试，通过规范程序和健全监督机制，不断扩大基层党组织负责人公推直选领域，目前正从乡村基层组织向机关单位、企事业基层党组织延伸、拓展。例如四川省在8722个开展了公推直选的机关、企事业基层党组织中，采取党员大会直接选举的占

98.3%，差额比例达到25%以上。①

第一，公推直选通过党员和群众代表“公推”产生候选人，突破了过去由上级党组织垄断提名权的惯例，使候选人的民意基础更加广泛；然后再举行党员大会“直选”产生党组织负责人，从而改变了以往的间接选举模式，减少了中间代理环节，增强了选举的民主程度。

第二，公推直选有利于保障党员权利，扩大党内民主，增强党的凝聚力，获得群众的支持和认可。去年8月，南京采取公推直选方式选举产生了363个城市社区党组织领导班子。一年之后评议结果表明，98.4%的党员群众对社区党组织领导班子的工作表示满意，81.3%认为社区党组织书记的“班长”作用明显。调查问卷显示，98.1%的党员群众认为新一届社区党组织班子比上一届的工作责任心、为民服务意识、服务群众能力更强，98.8%对采取公推直选进行党组织换届表示满意和认同。②

第三，公推直选不仅激活了干部动力资源，形成了正确的用人导向，提高了乡镇党委工作能力和运转效率。统计数据显示，去年公推直选时，363个社区党组织领导班子共向党员群众作出了2732件办实事的承诺，截至2010年8月底，有2257件已完成，占总数的82.6%；有430件正在落实过程中，占总数的15.7%。许多群众说：“对照竞岗时的承诺，再看看现在，他们确实是说到了也做到了。”很多社区党组织书记向记者坦言：“工作压力和动力前所未有，最明显的变化是工作责任心增强，时时感到上级党组织和党员群众都在关注着我们的作为。”③

---

① 《四川积极扩大公推直选领域，从乡村基层组织向机关单位、企事业基层党组织延伸》，载《中国人事报》，2009年9月18日。

② 《公推直选适度扩大前瞻专家称把握七大关键点》，《瞭望新闻周刊》，2010年11月08日 http：//renshi. people. com. cn/GB/13155379. html

③ 《检验社区公推直选：南京社区党组织公推直选回访（2）》，《瞭望新闻周刊》，2010年11月08日 http：//renshi. people. com. cn/GB/13155353. html

（二）票决制是扩大党内民主的新探索

票决制是发扬党内民主、实行民主集中制的一种有效形式。党的十七大报告提出：要“推行地方党委讨论重大问题和任用重要干部票决制”。实行党内重大决策票决制度，保障党员决策权，要求基层党组织对党内重大决策要充分征求党员意见，由党员投票表决。需要票决的重大决策一般包括：党组织成员的推荐和选举，出席上级党代会代表的推荐，党员发展及奖惩，党员干部违纪违规处理，党内评先树优以及党组织重大事务。基层党组织对党内重大决策，要召开票决会议，组织党员无记名投票，并当场公布票决结果。按照少数服从多数的原则，确定决策是否予以实施。各基层党组织普遍把票决作为决定重大事项的主要方式，就党员关心的重大决策普遍进行投票表决。

多地积极探索和实践票决制。福建省在深化干部人事制度改革过程中，探索实行省委全委会票决重要干部制度，扩大了选人用人中的民主，促进了公正选人用人机制的形成。2002 年 5 月以来，省委全委会已 8 次票决了 136 名重要干部，使票决制成为干部选任的一项重要制度和必经程序。实行省委全委会票决重要干部，每个委员一人一票，委员既有充分表达自己意见的权利，也有平等行使自己一票的权利，最后以得票数按照少数服从多数的原则进行集体决策。这就从制度上为全体委员充分表达意见、行使权利创造了平等宽松的环境，使干部选拔任用由少数人选人变为多数人选人，由选拔阶段的民主推进到任用阶段的民主，从而实现和扩大了党内民主。浙江省省、市、县（区）三级党委常委会在任用干部上实现了票决制。2004 年，浙江省全面试行市、县（市、区）党委常委会任用干部无记名投票表决制度。截至 2008 年，全省各级党委共进行常委会票决 647 次，票决干部 12716 名，其中否决 5 名，暂缓表决 40 名。[①]

---

① 潘海平：《省委常委会首次票决干部》，载《浙江日报》，2009 年 03 月 26 日。

浙江省委常委会通过的《省委常委会讨论任用省委管理干部实行票决制的实施办法（试行）》规定，提交省委常委会讨论决定的省管干部人选一般都要列入票决范围。省委常委会票决，采用无记名投票的方式进行，可等额票决，也可差额票决。2009 年 3 月 25 日上午，浙江省委常委会首次以无记名投票方式表决通过 56 名拟任干部人选。至此，浙江省、市、县（市、区）三级党委常委会已全面实现干部任用无记名投票表决。

实行党内重大决策票决制度，保障党员决策权。党代会和党委全委会民主决策作用的充分发挥，避免了“一把手”作主导、“少数人”说了算的问题发生。地方党委常委会务虚酝酿干部这个新名词受到了很多人的关注。提名人选都要经过集体充分讨论，进行差额酝酿，在不少干部中引起了震动。一些干部通过全委会票决走上了领导岗位的报道，不时出现在媒体上。在河南，全委会票决制的范围逐步扩大，由省辖市党政正职扩大到了省直单位一把手，又扩大到了正厅级领导干部。

（三）选举的过程更加公开、透明

在各地换届选举的过程中，民主推荐、干部考察、选举公示等关键环节，都有具体的规范和程序，这使得换届选举的程序民主方面取得了重大进步。十七大以来，各地普遍加大了竞争性选拔干部方式力度，完善差额选拔干部办法，推行差额推荐、考察、酝酿。在十八大代表产生的过程中，程序民主也得到进一步规范。关于十八大代表的选举，中央严格规定了选举所应遵循的程序，主要包括五个环节：推荐提名、组织考察、确定代表候选人初步人选名单并进行公示、确定代表候选人预备人选、召开代表大会或代表会议选举代表。根据五个环节的要求，中央组织部把每个环节所要进行的步骤进一步细化，制定了十八大代表产生的流程图。各选举单位结合实际对工作流程分解细化，以严格规范的程序确保党员对代表选举的知情权、参与权、选择权、监督权落到实处。在十八大代表选举的过程中，不仅公开了党代表条件、选举产生程序等重要内容，而且公开了代表名额如何分配、代表构成比例和差额比例等基层党员关注的细节。公开透明是实现党内竞争性选举的前提，在干部选拔中通过任职条件公开、确定候选人公开、选举过程公开、选举结果公开的办法使得选举更加公开。在十七大时首次规定以党内文件形式公示初步人选名单的基础上，十八大代表选举工作明确要求，进一步充实公示内容，改进公示形式。对代表候选人初步人选，多数单位都是采取通过发党内文件、党建工作网，在党内进行通报，还有的通过党报、电视等媒体，向全社会进行了公示。为了让党员群众对十八大代表选举产生过程和代表人选有更多的了解，确保党员的知情权，多地党委进行了广泛的宣传。据统计，各选举单位基层党组织的参与基本实现全覆盖，党员参与率达到98%。

三、党内选举制度：竞争性逐步增强

发展党内民主，关键是要完善党内选举制度，改进候选人提名方式，适当扩大差额推荐和差额选举的范围和比例。在当今世界，选举竞争已经成为被越来越多人所接受的民主标准。因此，完善党内选举制度，扩大差额选举的范围和比例，是党内竞争性民主发展的主要方向。党内民主的关键是扩大差额选举，增加选举的竞争性。这也是中国共产党发展和完善党的执政方式的重要的制度设计。全国省市县乡四级党委自下而上集中进行换届，在各地换届选举中，民主选举制度得到了进一步的推进。

（一）党内程序民主得到进一步发展

民主政治既有其实体性规定，也应有其程序性设计，程序民主是民主政治的重要范畴。程序民主相对于实体性民主来说看似一个外在形式，是外在程序化的一个规定，但程序民主对于实体性民主来说具有重要的规约作用。党内民主不应只有实体性设计，而必须同时有相应的程序性设计去保障党内实体性民主的落实。随着人们对程序性民主认识的提高，党内民主的程序性民主更加规范。

（二）初始提名权得到进一步规范

换届选举时常因推选不严，制度有欠缺，换届往往出现“少数人在少数人中选人”的现象，甚至是暗箱操作。在换届选举的过程中规范提名权成为了民主选举的重要一环。在此次试点中，奉新县完善干部任用初始提名程序，乡镇党政正职配备做到了“四公开、三推荐、两票决”，把党政正职推选条件向全社会公布，将初始提名权交给全县中层以上干部，把最终决策权分给每位县委常委，杜绝“一把手”说了算。襄阳市委改变重要干部初始提名方式，将扩大民主与党管干部原则有机结合的探索引发关注。襄阳市委召开领导干部大会，并邀请部分“两代表一委员”（党代表、人大代表、政协委员）参会，进行“公推差选”的第一个环节——“海推”。推选县级党政正职岗位干部——从400多名符合条件的人选中，“海推”3名县委书记和5名县（市、区）长。[①] 规范初始提名权的做法使干部提名的过程更加公开透明、有章可循，让优秀人才能够进入选举的程序。

（三）突破身份限制，扩大选人范围

为使优秀人才不再受“身份”限制，广东省采取公推公选、公推考录、公开考录三种竞争方式，选拔乡镇领导干部、乡镇公务员和县级工青妇机关公务员三个层面基层干部400名。一是继续从优秀村党组织书记中公推公选乡镇领导干部150名；二是加大力度，

---

① 盛若蔚：《湖北襄阳“公推差选”选“县官”》，载《人民日报》，2011年11月29日。

从大学生村官和服务基层大学生中公推考录乡镇公务员200名；三是从珠三角地区生产一线的优秀外来工中公开考录基层公务员50名。[1] 四川特别注重拓宽选人用人视野。全省一次性拿出1000个乡镇党委委员名额，面向乡镇事业干部、村（社区）干部、大学生村官进行定向公开选拔。目前有956名体制外人员通过定向选拔进入乡镇党委领导班子，其中乡镇事业干部491名、村（社区）干部317名、大学生村干部148名。[2]

（四）差额选举比例提高，选举的竞争性提高

差额选举的比例直接决定了选举的竞争性，随着党内民主的发展，差额的比例有了较大的提高。截至2011年4月7日，安徽省有101个县（市、区）的1201个乡镇完成换届，其中1013个乡镇在党代表推选中采用了“两推一选”办法，推选党代表时党员参与率达到92.7%，党代表选举差额比例达到22.4%，党委委员选举差额比例为22.1%。[3] 差额选举比例加大。2012年新一届省区市党代表差额比例由上次换届的26.4%提高到28.7%。[4] 十八大代表实行差额选举，差额选举比例应多于15%。差额考察比例达13.4%。十八大代表选举首次对代表候选人初步人选实行了差额考察，全国31个省区市差额考察比例平均达到13.4%。[5]

（五）党内民主选举从底层逐步向县级层次推进

例如，湖北襄阳开始“公推差选”选“县官”，2013年9月，

① 《广东一线优秀外来工当上公务员》，载《人民日报》，2010年12月23日。

② 《四川9成以上乡镇完成党委换届956体制外人员进班子》，载《四川日报》，2011年08月22日。

③ 严冰、刘哲：《9300多个乡镇完成换届》，新华网，2001年04月11日。

④ 《十年来中共党内民主建设不断推进》，新华网，2012年08月09日。

⑤ 《中央严格规定代表选举应遵循程序包括五个环节》，新华网，2012年08月14日。

湖北襄阳市在县（市）区领导班子换届中，以公开推荐、差额选拔的方式，面向全市一次性公开选拔包括3名县委书记在内的8名县区党政正职，[①] 逐步扩大基层党组织领导班子直接选举范围。公推直选是深化干部制度改革的重要举措，是民主、公开、竞争、择优选拔任用基层干部的有益探索，是提高选人用人公信度的有效途径。十七大报告指出，要改革党内选举制度，改进候选人提名制度和选举方式。推广基层党组织领导班子成员由党员和群众公开推荐与上级党组织推荐相结合的办法，逐步扩大基层党组织领导班子直接选举范围，探索扩大党内基层民主多种实现形式。如今，公推公选、公推直选等改革在江苏、云南、四川等试点地区广泛推行，一些地方还实现了基层党组织负责人全部以公推直选方式产生。

① 盛若蔚：《湖北襄阳“公推差选”选“县官”》，载《人民日报》，2011年11月29日。

第十四章　民族区域自治制度

自古以来，我国就是一个多民族的国家。少数民族人口虽然占全国人口的比例较少，[①] 但他们大部分居住在边疆地区，且居住面积占全国总面积的一半以上（62%）。因此，他们对国家的政治、经济、社会发展起着不可忽视的作用。可以说，没有少数民族地区的经济发展、物质繁荣，就谈不上国家的兴盛；没有少数民族地区民主政治的实现，也就没有真正意义上的中国特色社会主义民主政治。因此，搞好民族区域自治不仅对少数民族地区区域发展、民主政治的实现意义重大，而且对国家经济的协调发展、共同进步，对中国特色社会主义民主政治的实现都同样重要。

一、历史沿革及其民主关怀

世界上的多民族国家在处理民族问题方面有着不同的制度模式，中国采取的是民族区域自治。这一制度形成于新民主主义革命时期，确定于新中国成立之初。按照民族区域自治制度的要求，民族自治

① 汉族地区由于实行比较严格的计划生育政策，因此从2000年11月1日到2005年11月1日，汉族人口增加了2355万，占增长总人口的2.03%。各少数民族人口增加了1690万，占增长总人口的15.88%。几十年来，中国少数民族占总人口的比重已从1964年的5.77%上升到1982年的6.6%，1990年的8.04%，2000年的8.41%，2005年的9.44%。（参见：中华人民共和国国家统计局：《2005年全国1%人口抽样调查主要数据公报》，2006年3月16日。）

地方通过设立自治机关，依据宪法和法律规定行使地方国家机关的职权和区域自治权。各民族自治地方的人民政府均是由国务院统一领导的国家行政机关，实行自治区主席、自治州州长、自治县县长负责制，分别主持本级人民政府的工作。从制度的形成来看，中国采取民族区域自治的办法解决民族问题，是根据本国的历史发展、文化特点、民族关系和民族分布等具体情况做出的制度安排，符合各民族人民的共同利益和发展要求。

早在建党初期，中国共产党就开始探索解决国内民族问题的道路和模式，当时主要参照苏联经验，同时也为了团结少数民族地区，提出了“蒙古、西藏、回疆三部实行自治，为民主自治邦”，“在自由联邦制原则上，联合蒙古、西藏、回疆建立中华联邦共和国”的主张。① 它首先意味着采取联邦制的国家结构形式，给予地方政府以加盟国家的充分自主权；其次意味着对少数民族地区实行民族地方自治、承认民族自决，无条件承认各少数民族地区有成立国家、加入或脱离联邦的权利。

尤其在中国共产党转战西北，同少数民族广泛接触之后，他们逐渐形成了对少数民族的一些基本认识：如果没有少数民族的拥护，“对于目前我们行军作战产生许多不利，并且毫无疑义的，创造西北抗日根据地的基本任务，也将要遭受巨大的困难。”② 在此情形下，党提倡的民族自决的基本原则并没有改变，它只是增加了新的内容。党要教育和说服少数民族，努力使他们的民族解放斗争与苏维埃运动结合起来。因此，赋予少数民族充分的自决权利不仅有利于党的统一战线建设，也有利于少数民族民主权利的实现，表明了共产党两方面的政治关怀。

在探索民族问题解决办法的同时，中国共产党还非常关注民族

---

① 中央档案馆编：《中共中央文献选编》，中共中央党校出版社，1989 年版，第 62—63 页。

② 《中国工农红军四方面军政治部关于少数民族工作的指示（一九三六年三月）》，参见中共中央统战部编：《民族问题文献汇编（一九二一·七—一九四九·七）》，中共中央党校出版社，1991 年版，第 358—359 页。

干部的培养。在建党初期，以李大钊为首的中共北方区委就深入到北平蒙藏学校，在蒙古族青年学生中开展工作，并于1924年下半年陆续发展了乌兰夫等一批少数民族青年入党。第二次国内革命战争时期，党在工农红军长征经过贵州、云南等少数民族地区时，曾吸收和培养了一批苗、彝、藏等少数民族干部。1937年11月，毛泽东《在陕北公学开学典礼上的讲话》就指出："我们要造就大批民族革命干部，他们是有革命理论的，他们是富于牺牲的，他们是革命的先锋。"[①] 另外，党中央还在延安创办了民族学院，这是党第一所专门培养少数民族干部的学校，到新中国成立时，已有少数民族干部约4万人。

问题是，中国的民族分布状况总体上呈现散居、杂居等现象，并不是全部集中聚居在某一个大的区域。这就使得民族地方自治同整个国家的结构形式具有一定的出入，很多时候则完全不能吻合。另一方面，中国共产党在没有广泛拓展根据地之前，虽然没有放弃联邦制的主张，但却没有实践联邦制的机会。而且，在当时的情况下，保持占领区域的权力集中对政治和军事行动更为有利。1936年10月下旬，红四方面军在豫海、海原一带回民聚居区建立了共产党政权第一个县级自治政府——陕甘宁省豫海县回民自治区政府。它实际上已经具备区域自治的性质，而不是独立政府。

中国共产党的民族区域自治思想初步形成于抗日战争时期。1938年，毛泽东在《论新阶段》一文中指出，针对敌人已经进行并还将加紧进行分裂我国内各少数民族的诡计，应该团结各民族为一体，共同对付日寇。各少数民族应当与汉族联合建立统一的国家。同时，允许各少数民族与汉族有平等的权利，有管理自己本民族事务的权利。对少数民族与汉族杂居的地方，应当设置由当地少数民族人员组成的委员会，作为省县政府的一个部门，管理和他们有关

① 毛泽东：《目前的时局和方针（一九三七年十一月一日）》，参见《毛泽东文集》，人民出版社，1993年版，第63页。

的事务，调节各族之间的关系。[①]

在全国解放战争时期，中国共产党最终将实行民族区域自治确定为解决中国民族问题的基本政策和基本制度。在关于联合政府的和平谈判失败以后，中国共产党就确立了建立单一制国家政治结构的基本思想。反映在民族问题方面，则是根据和平建国纲领要求民族平等自治，而不是提出独立自决口号。[②] 在各少数民族居住集中的地区，需要划分出民族区，组织民族自治政权。民族自治政权并非独立政府，而是统一共产党政权的一部分。在不与统一政权宪法抵触的原则下，民族地方政权具有自行订立区域自治法规等权力。

中国共产党在解放区积极推行民族区域自治，建立了一批少数民族自治政权，形成了区、乡、县、地区、省的民族自治政权体系。如先后在淮南、山东、晋察冀等解放区建立了二龙回民自治区、鲁中回民自治区、枣庄回民自治镇、孟村回民自治镇、宣化二区回民自治区等一批县级民族自治地方。1947 年 4 月到 5 月，在中国共产党的领导下，内蒙古人民代表大会通过了《内蒙古自治政府施政纲领》和《内蒙古自治政府暂行组织大纲》，并正式成立了第一个省级民族自治地方——内蒙古自治区，标志着中国共产党的民族区域自治政策进入了成熟阶段，也是我国正式确立民族区域自治制度的开端。

1949 年 9 月，中国人民政治协商会议通过的《共同纲领》明确规定了中国共产党解决国内民族问题的原则。其中，乌兰夫（蒙古族）、刘格平（回族）、张冲（彝族）、天宝（藏族）、朱德海（朝鲜族）等各少数民族的代表 33 人与会，参与制定了《共同纲领》。在起草《共同纲领》时，毛泽东提出，中国要搞统一的共和国而不

① 毛泽东：《论新阶段（一九三八年十月十二日至十四日）》，参见中共中央统战部编：《民族问题文献汇编（一九二一·七—一九四九·七）》，中共中央党校出版社，1991 年版，第 595 页。

② 中共中央：《中共中央关于内蒙民族问题应取慎重态度的指示电（一九四六年二月十八日）》，参见中共中央统战部编：《民族问题文献汇编（一九二一·七—一九四九·七）》，中共中央党校出版社，1991 年版，第 1000 页。

是联邦制，要实行民族区域自治而不是民族自决，因为这样做对加强民族间的团结与合作是有利的。1949 年 9 月 7 日，周恩来向政协代表报告时指出：今天帝国主义想分裂我们的西藏、台湾甚至新疆。"在这样的情况下，我们国家的名称叫中华人民共和国，而不叫联邦。""我们虽然不是联邦，但却主张民族区域自治，行使民族自治的权力。"①

《中国人民政治协商会议共同纲领》确立了民族区域自治为我国解决民族问题的一项基本政策。它明确规定："中华人民共和国内各民族一律平等"，"各少数民族聚居的地区，应实行民族的区域自治，按照民族聚居的人口多少和区域大小，分别建立各种民族自治机关。凡各民族杂居的地方及民族自治区内，各民族在当地政权机关中均应有相当名额的代表"。这些理论性、政策性的规范大多来源于对内蒙古自治政府建立实践的理论升华。

根据《共同纲领》的有关规定，中央人民政府委员会于 1952 年 8 月批准了政务院通过的《中华人民共和国民族区域自治实施纲要》，民族区域自治开始全面推行。该纲要在第一章总则中明确规定："各民族自治区统为中华人民共和国领土的不可分离的一部分。各民族自治区的自治机关统为中央人民政府统一领导下的一级地方政府，并受上级人民政府的领导。"② 各民族自治区人民管理本民族内部事务，须遵循《共同纲领》的总要求。为了保障散居少数民族的合法权益，政务院还于当年发出了《关于保障一切散居的少数民族成分享有平等权利的决定》。

1954 年 9 月，第一届全国人大一次会议通过的《中华人民共和国宪法》明确了民族区域自治的法律地位。《宪法》规定，"中华人民共和国是统一的多民族的国家。""各少数民族聚居的地方实行区

① 周恩来：《关于人民政协的几个问题（一九四九年九月七日）》，参见中共中央统一战线工作部，中共中央文献研究室编：《周恩来统一战线文选》，人民出版社，1984 年版，第 140 页。

② 中共中央文献研究室编：《建国以来重要文献选编》，中央文献出版社，1992 年版，第 79 页。

域自治。各民族自治地方都是中华人民共和国不可分离的组成部分。”宪法还规定，民族自治地方分为自治区、自治州和自治县（旗）三级，而以民族乡为重要补充形式。这是关于新中国国家结构形式以及解决民族问题的基本政策的更加明确、具体的规定。在这以后，各级自治机关都是按照这个规定设立的。

1955年10月1日，新疆维吾尔自治区宣告成立。截止到1957年底，全国先后建立了自治州27个，自治县47个。1957年7月15日，第一届全国人民代表大会第四次会议通过成立宁夏回族自治区的决议，以原宁夏省行政区域为基础成立宁夏回族自治区。1958年10月25日，宁夏回族自治区正式成立，自治区辖2市、1专区、17县。1958年3月5日，广西僮族自治区成立，并于1965年10月12日，经国务院批准改名为广西壮族自治区。同年9月9日，西藏自治区第一届人民代表大会第一次会议举行闭幕仪式，西藏自治区正式宣告成立。

1984年颁布的《中华人民共和国民族区域自治法》，是关于民族区域自治的基本法，使民族区域自治制度进一步走向规范化和法制化。1997年，党的十五大明确规定，必须把民族区域自治制度与全国人民代表大会制度以及共产党领导的多党合作、政治协商制度一道，作为我国必须长期坚持的基本政治制度。① 为适应建立社会主义市场经济体制的要求和实施西部大开发战略的需要，2001年2月，全国人大常委会通过了新修改的《民族区域自治法》，再次明确了民族区域自治是国家的一项基本政治制度，规定了帮助民族自治地方发展是上级国家机关的职责。中国民族区域自治制度法制化建设进一步发展。

2005年5月，国务院颁布了《国务院实施〈中华人民共和国民

---

① 党的十七大报告在讲法上略微做了调整，明确提出：“要坚持中国特色社会主义政治发展道路，坚持党的领导、人民当家作主、依法治国有机统一，坚持和完善人民代表大会制度、中国共产党领导的多党合作和政治协商制度、民族区域自治制度以及基层群众自治制度，不断推进社会主义政治制度自我完善和发展。”把基层群众自治制度确立为中国民主政治的四项制度之一，把坚持和完善基层群众自治制度作为坚持中国特色社会主义政治发展道路的重要内容。

族区域自治法〉若干规定》，这是《民族区域自治法》颁布以来，国务院制定的第一个配套行政法规。2005 年召开的第三次中央民族工作会议强调指出，民族区域自治是我党解决中国民族问题的基本政策，是符合我国国情的一项基本政治制度，是发展社会主义民主政治、建设社会主义政治文明的重要内容。这是站在战略和全局的高度，对民族区域自治在国家政治制度中重要地位的深刻阐释，是新形势下进一步坚持和完善民族区域自治制度的指导思想。

二、区域间与民族间的民主政治

民族区域自治制度形成于中国共产党解决民族问题的长期探索和实践。它从中国共产党处理国内民族问题的基本政策最终发展为一项国家制度，经历了从理论向实践转变，从形成、发展到逐渐完善、成熟的过程。正是因为成功实行了民族区域自治制度，中国各少数民族享有了同汉族平等的经济、政治、社会和文化权利，同时还获得了管理本民族事务的自主权利。在此基础上，国家实现了各民族之间的团结，抵制了分裂国家、破坏统一的民族主义情绪。同时，由于促进了民族地区的发展，平衡了各地方政府的经济差异，还实现了国家整体上的繁荣、稳定。

民族区域自治制度首先意味着单一制的国家结构形式，意味着区域自治。民族地区需要服从中央政府的统一领导，而不是依靠完全的自决权成立民族国家。这种制度设计既满足了政治发展过程中地方分权的要求，又能够有效确保政治发展过程中实现中央有效权威的要求。早在 1949 年人民政协筹备期间，毛泽东曾就新中国的国家结构形式问题，征求过时任中共中央统一战线工作部部长李维汉的意见。李维汉在深入研究的基础上提出，中国同苏联国情不同，不宜实行联邦制。中国共产党领导中国各民族人民取得革命胜利后解决民族问题的政治形式只能采取民族区域自治。

他的理由是：第一，苏联少数民族约占全国总人口的47%，与俄罗斯民族相差不远。我国少数民族只占全国总人口的6%，并且呈现出大分散小聚居的状态，汉族和少数民族之间以及几个少数民族之间往往互相杂居或交错聚居。第二，苏联实行联邦制是由当时形势决定的。本来，马克思、恩格斯、列宁、斯大林都主张在统一的“单一制”国家内实行地方自治和民族区域自治，只在例外情况下允许联邦制。俄国经过二月革命和十月革命，许多民族实际上已经分离成为不同的国家，不得不采取联邦制把按照苏维埃式组成的各个国家联合起来，作为走向完全统一的过渡形式。中国的情况不同，单一制的国家结构形式符合中国的实际情况，在统一的国家内实行民族区域自治有利于民族平等原则的实现。①

中国少数民族交互聚居、杂居、散居，并形成以汉族为主的各民族大杂居、小聚居、交错居住的局面，不但无法让各少数民族分别建立各自的独立民族国家，然后组成联邦政府的国家结构形式；而且也无法让各少数民族自治地方完全依据民族本身建立，它只能依据民族聚居建立。具体来说，民族自治区域是依照少数民族居住相对集中、居住人口较多为原则设立的。中华人民共和国成立以来的各项法律、文件大都强调在“各少数民族聚居的地方实行区域自治”。因此，一个自治地方往往包含多个少数民族的聚居区，而很少是完全单一民族的居住区域。民族区域自治制度允许民族自治地方内其他少数民族聚居区设立相应的自治政府（包括自治州、自治县等）。

可以说，中国民族区域自治制度最大的优势不仅在于很好地处理了中央与少数民族聚居区地方之间的关系，而且在于很好地处理了少数民族聚居区内各民族之间的关系。民族区域自治有极大的灵活性。一个民族不仅可以在一个地方实行自治，成立自治区，而且可以分别在很多地方实行自治，成立自治州、自治县和民族乡。自

---

① 中共中央统战部编：《民族问题文献汇编（一九二一·七—一九四九·七）》，中共中央党校出版社，1991年版，第10页。

治区、自治州、自治县都是民族自治地方，民族乡是实行民族区域自治的重要补充。目前，我国的少数民族，从人口多的民族到人口少的民族，从大聚居的民族到小聚居的民族，几乎都成立了相应的自治单位，享有民族自治权利，为少数民族地区民主政治的实现提供了坚实的客观基础。

在这里，民族乡作为民族区域自治之外的组织形式需要单独做一个说明。由于我国各少数民族分为聚居少数民族和散杂居少数民族（约占少数民族总人口的1/4左右），因此，我国的民族工作也分为聚居民族工作和散杂居民族工作。聚居民族是指居住在民族自治地方（自治区、自治州、自治县）之内，并实行民族区域自治的少数民族。与此相对应，散杂居少数民族则是指没有实行区域自治的少数民族，它包括两个部分：即居住在民族自治地方以外的少数民族和居住在民族自治地方以内而没有实行民族区域自治的少数民族。

聚居少数民族地区设立的是自治政府，包括自治区、自治州、自治县等。但是，如何保障分散、杂居的少数民族平等权益却需要另外的补充性制度设计。在经济发展水平不断提高、地区人口流动频繁的今天，这一问题越来越明显，变得比以往重要很多。通常情况下，如果聚居地区较小，不能建立一级民族自治地方，则可以成立相应的民族乡。根据国务院1983年《关于建立民族乡问题的通知》，只要少数民族人口占到全乡总人口的30%左右（个别特殊的可以低于这个比例），可以成立民族乡。民族乡虽然不是民族自治地方，但乡人大可以根据法律权限采取适合民族特点的具体措施。这就保证了从大聚居的民族到小聚居的民族，几乎都能够实现相当的民族区域自治，获得相当的自治权。

其次，民族区域自治意味着民族平等、民族自治，意味着反对大汉族主义和地方民族主义。民族区域自治制度的实施从根本上改变了中国历史上不平等的民族关系，最大限度地体现了各少数民族人民管理本民族内部事务和地方行政事务的自治权。因此，它与大汉族主义、与地方民族主义（狭隘民族主义）在根本上是有区别的、不相容的。正如周恩来所说，如果在汉族中还有大汉族主义的错误态度的话，发展下去就会产生民族歧视的错误；如果在兄弟民族中存在地方民族主义的错误态度的话，发展下去就会产生民族分裂的倾向。总之，这两种错误态度、两种倾向，如果任其发展下去，不仅不利于我们民族间的团结，而且会造成我们各民族间的对立，甚至于分裂。①

实行民族区域自治需要小心避开大汉族主义、地方民族主义的错误观念和做法。由于我国少数民族多数处于经济、文化相对落后的状态，这些客观存在的现象很容易成为民族歧视的根源。而少数民族也往往对汉族心存怀疑，“你人口多，总是对我们不利，因为你是多数；经济、文化发展一些，总是会利用发展的优势继续过去的歧视和压迫”。② 因此，要实现真正的民族平等就要去掉产生这些倾向的历史、社会、经济根源。要在建设社会主义的共同目标下，发展全国各民族的经济、文化才能从根本上去掉这种怀疑。只有如此，才能减少民族矛盾和民族冲突，实现民族团结、巩固国家统一。

通过民族区域自治制度能够改变这些区域旧有的生产关系。尽管当代社会民主政治内涵的公平正义要求人们不论民族肤色等差异同等尊重人们的风俗习惯、宗教信仰自由等，但绝不意味着保护古老的农奴制度、封建制度。当代民主政治要求的公平正义意味着每一个人都是一个独立的权利主体，在人身自由上不依附于任何其他人，法律面前人人平等、权利面前人人平等。在中国民族区域自治制度建立之前，许多少数民族地方还处于古老的农奴制、封建地主制时代，如果在少数民族地区长期保持这种制度显然不符合当地民众政治所要求的公平正义。因此，当代中国民族区域自治制度所体现的最大的公平正义之处恰在于在广大民族地区适时地废除人剥削人、人奴役人的制度。

---

① 周恩来：《关于我国民族政策的几个问题（一九五七年八月四日）》，参见《周恩来选集》，人民出版社，1984年版，第247页。

② 周恩来：《关于我国民族政策的几个问题（一九五七年八月四日）》，参见《周恩来选集》，人民出版社，1984年版，第250页。

因此，一个由多个民族组成的现代国家既要成为民族国家，也要成为现代民主国家，就必须在坚持平等的基础上实行民族地方自治原则。反对专制和实行民主虽然是同一个问题的两种不同说法，但却代表着不同的分析面向。反对专制就是反对大民族主义，反对民族沙文主义等民族压迫，实行各民族一律平等。实行民主就要坚持各少数民族既平等地参与国家政治事务，又自主地管理好本地域的内部事务，根据本民族的具体情况，展开富有民族特色的政治生活。如果将广大少数民族排除在统治事务之外，就谈不上政治的民主，如果各少数民族不能自主地管理本地区的内部事务，自治也就是空谈。

民族区域自治制度是区域自治与民族自治的结合，它既是各少数民族参与国家政治生活的主要途径之一，也是各少数民族人民组织和经营本民族政治生活的基本方式之一。在中国这样一个单一制、多民族的国家，民族区域自治制度不但赋予各少数民族聚居区域同国家其他行政区域同等的经济、政治、社会地位，同时还允许他们在聚居区内建立自己管理自己的地方权力机构。国家尊重少数民族特有的民主自治权，他们有权在民族自治区域管理本地区地方性事务，从而保障各民族平等、团结、互助关系的发展，实现各民族的共同繁荣。民族区域自治制度体现了一个国家对少数民族人权的尊重和社会价值的认可，为少数民族参与政治提供了制度上的保证。

三、民族区域自治权的制度化与规范化

要实行民族区域自治首先要建立民族自治机关，它是行使民族区域自治权的组织力量。按照《中华人民共和国宪法》规定，民族自治地方的自治机关是自治区、自治州、自治县的人民代表大会和人民政府。自治区、自治州、自治县的人民代表大会是民族自治地方的国家权力机关，是民族自治地方各族人民行使自治权的最重要

组织形式。民族自治地方人民代表大会常务委员会是人民代表大会的常设机关，也属于自治机关的范畴。因为在本级地方人大闭会期间，它是经常行使国家权力的机关。各民族自治地方的人民政府都是本级人大的执行机关，与同级人大一样，是行使自治权的自治机关。它是代表民族自治地方各族人民行使自治权和实现自治权的最直接形式。

民族区域自治保障少数民族当家作主，自由处理本民族事务、平等参与国家事务的权利。自治地方的人民代表大会，是地方国家权力机关、是少数民族行使民族自治权和国家政治权利的主要场所。这就要求地方国家权力机关的人员构成必须显示民族自治的特征。它不但要求保持少数民族在自治地方人民代表大会中占有相当的比例，同时还要求自治地方人大代表的构成反映民族的分布情况。我国《宪法》和《区域自治法》及其他相关法律规定，自治区、自治州、自治县的人民代表大会常务委员会中应当由实行区域自治的民族的公民担任主任或者副主任。自治区、自治州、自治县的人民代表大会中，除实行区域自治的民族的代表外，其他居住在本行政区域内的民族也应当有适当名额的代表。这些代表的名额和比例，由省、自治区的人民代表大会常务委员会决定，并报全国人民代表大会备案。

在民族地方行政机关中也存在类似的政治民主安排。在自治机关人员构成方面，法律规定自治区主席、自治州州长、自治县县长由实行区域自治的民族的公民担任。自治地方人民政府的其他组成人员，应当合理配备实行区域自治的民族和其他少数民族的人员。在自治机关权力行使方面，民族自治地方人民政府实行自治区主席、自治州州长、自治县县长负责制，由他们分别主持相应层级的人民政府工作。在自治机关所属工作部门的干部中，应当合理配备实行区域自治的民族和其他少数民族的人员。

为了保障民族自治机关人员配备的民族化，并建立一支高水平的领导力量，国家采取了一系列积极措施来培养和使用少数民族干部。主要体现为从当地民族中大量培养各级干部、各种科学技术、经营管理等专业人才和技术工人，充分发挥他们的作用，并且注意在少数民族妇女中培养各级干部和各种专业技术人才。在民族自治地方的自治机关录用工作人员时，对实行区域自治的民族和其他少数民族的人员应当给予适当的照顾。民族自治地方的自治机关可以采取特殊措施，优待、鼓励各种专业人员参加自治地方各项建设工作。这样就将少数民族领导人才、专业人才的培养同民族区域自治机关的民族化结合在了一起。

概括起来，这些关于自治机关人员配置和干部培养的目的在于充分保护少数民族的民主权利，实现少数民族的民族自治。人民代表大会代表构成的制度安排能够保障各少数民族同其他民族平等地表达政治诉求、参与政治生活。而民族问题从根本上说是一个民族平等问题，没有民族平等也就没有各民族团结和各民族的共同发展。自治地方行政机关的民族化则在实践上保障了少数民族能够自己管理本民族的事务。过去，在民族区域自治的地方，由于我国少数民族的历史原因，其经济、文化、管理等方面相对落后于汉族。因此，在民族区域自治地方，还需要大批汉族干部的支持。自治机关的民族化的制度设计目的在于改变这一不合理的状况，实现少数民族的自我治理。

一定程度上说，培养和使用少数民族干部是贯彻民族区域自治制度，处理好民族自治问题的关键性因素。由于这些从本地培养的少数民族干部土生土长，熟悉本民族的历史和现状，了解本民族群众的意愿，对改变本地区的面貌有办法、又有能力，因此，他们的特殊作用是汉族干部和外来干部所不能完全代替的。只有培养出大批政治思想正确、热爱祖国、热爱本民族、密切联系本民族群众、有文化、有能力的少数民族干部，民族区域自治才能更好地落实。近年来，由于党和国家的重视，在组织上大力培养和使用自治民族的干部，少数民族干部的结构有了新的改善，数量不断增加，素质日益提高。

民族区域自治制度要求设立民族自治机关，同时还要求赋予民族地方相应的自治权。民族自治权是民族区域自治的核心问题，它是指在民族自治机关按照相关法律规定，结合当地民族政治、经济、文化特点，自主地管理本地方事务的一种特定的民族权利和国家权力。民族自治权是自治机关发展民族地方的政治、经济、文化事业，实现各民族共同繁荣的重要手段，是衡量民族区域自治程度的重要尺度。自治权因民族问题而产生，只有实行民族区域自治的少数民族聚居的地方才具有这种权利。

我国《宪法》和《民族区域自治法》及其他相关法律规定，自治区、自治州、自治县的自治机关平等享有普通地方国家机关的职权。除此之外，它们还依照宪法、民族区域自治法和其他法律规定的权限行使自治权。在国家法律实施方面，地方自治机关在报经上级国家机关批准后，有权根据本地方实际情况贯彻执行国家的法律、政策。这些法律实施方面的自主权或是来源于特定法律、或是来源于特定行政法规，但都要由被授权的自治机关依照法定程序行使。对上级国家机关的决议、决定、命令和指示的变通执行或停止执行则直接来源于《民族区域自治法》的规定。

在法律的制定方面，民族自治地方的人民代表大会有权依照当地民族的政治、经济和文化的特点，制定自治条例和单行条例等地方性区域自治法规。自治条例规定有关民族区域自治的基本问题，单行条例规定有关本地方某一方面的具体事项。同时，国家也根据民族自治地方的层级做了相应的权限规定。自治区的自治条例和单行条例，报全国人民代表大会常务委员会批准后生效。自治州、自治县的自治条例和单行条例，报省或者自治区的人民代表大会常务委员会批准后生效，并报全国人民代表大会常务委员会备案。

民族自治地方还有相当大的财政管理自主权和经济管理自主权。前者是民族自治地方完成政治、经济和文化各项任务，行使和实现自治权的经济保障。按照相关法律规定，民族自治地方的自治机关有管理地方财政的自治权。凡是依照国家财政体制属于民族自治地方的财政收入，都应当由民族自治地方的自治机关自主地安排使用。后者指的是民族自治地方的自治机关在国家计划的指导下，自主地安排和管理地方性的经济建设事业。具体而言，民族自治地方有权根据本地方特点和需要，制定相应经济建设的方针、政策和计划；可以合理调整生产关系、改革经济管理体制；有权管理和保护本地方的自然资源；可以自主管理地方企业；可以开展对外贸易等。

在文化管理方面，自治机关有权自主地发展具有民族形式和民族特点的文化、艺术、新闻、出版、广播、电影、电视等民族文化事业；有权收集、整理、翻译和出版民族书籍，保护民族的名胜古迹、珍贵文物和其他重要历史文化遗产。在教育管理方面，自治机关有权决定本地方的教育规划，决定各级各类学校的设置、学制、办学形式、教育内容、教学用语和招生办法。可以自主发展民族教育，扫除文盲，举办各类基础教育学校，普及初等教育，发展中等教育；有权举办民族师范学校、民族职业学校和民族学院，培养少数民族专业人才。

另外，民族自治机关还有权依照国家的军事制度和当地实际需要，经过国务院批准组织本地方维护社会治安的公安部队。自治机关在执行职务时，有权使用当地通用的一种或几种语言文字。同时在使用几种语言文字执行职务时，可以以实行区域自治的民族语言文字为主。自治机关还有权自主决定本地方科学技术发展规划，普及科学技术知识；有权自主决定本地方的医疗卫生事业的发展规划，发展现代医药和民族传统医药；有权自主地发展体育事业，开展民族传统体育活动，增强各族人民的体质；有权根据法律规定，制定管理流动人口的办法等。

四、统筹协调下的民族区域发展

民族区域自治作为一项国家基本政治制度①，绝不只是在少数民

① 1984 年《中华人民共和国民族区域自治法》规定：民族区域自治是中国共产党运用马克思列宁主义解决我国民族问题的基本政策，是国家的一项重要政治制度。2001 年《区域自治法》修订时将序言中的这句话调整为“国家的一项基本政治制度”。

族地区建立自治机关，赋予它们自治权这么多。它当然要实现地区间和民族间的平等，保障少数民族的民族权益。但是，它更深刻的意义在于从国家宏观调控的角度安排、协调各个地区、各个民族的经济、政治、文化生活，实现在权力和资源的分配方面的公平与正义，同时实现国家的经济、政治、文化的全面进步。实际上，民族区域自治制度在尊重权利平等的基础上，保护了相对弱者的权益。具体表现在两个方面：其一，国家在制度设计和政策上给予了少数民族各方面的优惠和倾斜；其二，发达地区和民族给民族自治地区提供了诸多帮助。

对国家来说，这是一个平衡地区发展，实现优势互补、共同进步的过程；对各地区和各民族来说这是一个资源共享、互助合作的共赢措施。正如周恩来指出的那样，要建设社会主义现代化国家，不能单靠汉族。“汉族人口多，经济、文化比较发达，但是可开垦的土地已经不多，地下资源也不如兄弟民族地区丰富。兄弟民族地区的资源开发是祖国工业化的有力后盾。但是，兄弟民族地区的资源还没有开发，劳动力少，技术不够，没有各民族特别是汉族的帮助，也不可能单独发展。因此，各个民族必须互相帮助，互相支持，在共同发展的目标下建设社会主义祖国。”①

这是根据中国具体实际而提出的论断。就全国范围来看，人口占90%以上的汉族主要居住在东部和中西部地区，居住面积不到国土的50%，经济、文化相对发展较好，但资源相对不足。人口不到10%的各少数民族主要居住在西部、北部地区，居住面积超过国土的50%，并且多数属于边疆地区，具有重要的政治、军事地位。这些地区拥有十分丰富的自然资源，可是经济发展水平比较落后，很多少数民族还处于社会发展的较低层次。因此，实行民族区域自治有利于国家根据地区差异平衡各地方区域经济、文化的发展；有利于打破区域和民族之间的壁垒，使各民族、各地区的优势结合起来，

---

① 周恩来：《关于我国民族政策的几个问题（一九五七年八月四日）》，参见《周恩来选集》，人民出版社，1984年版，第252页。

实现各民族、各地区的协调发展。

在1979年4月全国边防工作会议上，乌兰夫曾提出："要组织内地省市，实行对口支援边疆地区和少数民族地区，北京支援内蒙古，河北支援贵州，江苏支援广西、新疆，山东支援青海，天津支援甘肃，上海支援云南、宁夏，全国支援西藏。"① 此后，发达地区与民族自治地方逐渐发展为多层次、多方面的对口支援，成效显著。后来的《民族区域自治法》（尤其是修订版）对这一做法做了进一步的法律保障。它不但要求上级国家机关组织、支持和鼓励经济发达地区与民族自治地方开展经济、技术协作和多层次、多方面的对口支援，帮助和促进民族自治地方经济、教育、科学技术、文化、卫生、体育事业的发展，同时还鼓励和引导经济发达地区的企业按照互惠互利的原则，到民族自治地方投资，开展多种形式的经济合作。

为了更好地促进民族地方经济的快速发展，平衡各个地区和民族之间的经济权力和经济状况，中国政府于2000年开始实施西部大开发战略，到2004年底，陆续开工60多个重点工程，投资总规模达8500多亿元，涉及交通、能源、教育、卫生、环保等多方面。全国5个自治区、27个自治州以及120个自治县（旗）中的83个自治县（旗）被纳入西部大开发范围，还有3个自治州参照享受国家西部大开发优惠政策。国家制定的"八七扶贫攻坚计划"、"中国农村扶贫开发纲要"，以及组织实施的东部沿海发达地区和西部地区对口支援行动、"贫困地区义务教育工程"、"少数民族贫困地区温饱基金"、"天然林保护工程"、广播电视"村村通工程"等，都将帮助少数民族地区加快发展作为重要内容。

与此同时，广大少数民族地区也在过去几十年为东部地区提供了大量资源供给，大大降低了这些地区经济发展的成本。但是，由于一些民族自治地方多年来向其他地区输出资源，而自身受益不多，

① 乌兰夫：《加速发展边疆、少数民族地区的经济文化建设，做好边防工作（一九七九年四月二十五日）》，参见《乌兰夫文选》（下），中央文献出版社，1999年版，第258—293页。

因此，国家采取的一系列支援政策实际是给予输出自然资源的民族自治地方一定的利益补偿。在资金投入方面，1980—1988 年，中央财政对 5 个自治区以及云南、贵州、青海等 3 个少数民族比较集中的省实行财政递增 10% 的定额补助制度；1992 年，设立少数民族发展资金；从 1995 年开始，通过实行过渡期转移支付办法，对民族地区加大政策性转移支付力度；从 2000 年起，在专项增加对民族地区政策性转移支付的同时，还将民族地区每年增值税增量的 80% 由中央专项转移支付给民族地区。2000 年以来，“西气东输”、“西电东送”、青藏铁路等一批重大工程投资兴建，帮助民族自治地方进一步把资源优势转化为经济优势。

除了各省市、各民族之间的互助合作之外，国家还在其他很多方面对少数民族区域予以特别的制度保护和政策倾斜。在国家权力机关的组成和运行方面，各少数民族可以不受人口数量的限制获得人大代表的名额。这一制度设计体现了国家对少数民族政治权利的特别关照，有利于各少数民族参与国家政治事务、保护民族权益。自 1978 年第五届全国人民代表大会以来，在每届关于代表名额和选举问题的决定中，都明确规定少数民族代表的名额占代表总名额的 12% 左右；人口特少的民族至少应有 1 名代表。这虽然与少数民族占全国总人口数 8.49% 的比例并不匹配，是给予少数民族政治权利的优惠性差别待遇，但却是以形式上的不平等追求实质上的平等，通过给予少数民族合理补偿的方法，提高其政治参与机会。①

在财政体制方面，民族自治地方在全国统一的财政体制下，通过国家实行的规范的财政转移支付制度，享受上级财政的照顾。民族自治地方的财政收入和财政支出的项目，由国务院按照优待民族自治地方的原则规定。民族自治地方财政收入多于财政支出的，定额上缴上级财政，上缴数额可以一定几年不变；收入不敷支出的，由上级财政机关补助。按照国家规定，民族自治地方的财政预算支

① 杨芳：《论少数民族全国人大代表保障名额规定符合宪法平等原则》，载《民族研究》，2008 年第 6 期，第 22—31 页。

出，设机动资金，预备费在预算中所占比例高于一般地区。民族自治地方的自治机关在执行财政预算过程中，自行安排使用收入的超收和支出的节余资金。民族自治地方的自治机关在执行国家税法的时候，除应由国家统一审批的减免税收项目以外，对属于地方财政收入的某些需要从税收上加以照顾和鼓励的，可以实行减税或者免税。

在投资、金融方面，修订后的《民族区域自治法》在民族区域自治地方建设和融资方面给予了充分支持。根据统一规划和市场需求，国家优先在民族自治地方合理安排资源开发项目和基础设施建设项目。国家在重大基础设施投资项目中适当增加投资比重和政策性银行贷款比重，需要民族自治地方配套资金的，根据不同情况给予减少或者免除配套资金的照顾。金融机构对民族自治地方的固定资产投资项目和符合国家产业政策的企业，在开发资源、发展多种经济方面的合理资金需求，应当给予重点扶持。国家鼓励商业银行加大对民族自治地方的信贷投入，积极支持当地企业的合理资金需求。

在文化教育方面，扶持少数民族文字的教材和出版物的编译和出版工作；帮助民族自治地方发展民族小学和中学，在发达地区举办民族中学，或在普通中学开设民族班，帮助培养少数民族学生；加大对民族自治地方的教育投入，并采取特殊措施，帮助民族自治地方加速普及九年义务教育和发展其他教育事业；高等学校和中等专业学校招收新生的时候，对少数民族考生适当放宽录取标准和条件；帮助家庭经济困难的少数民族学生完成学业；帮助民族自治地方培养和培训各民族教师，组织和鼓励各民族教师和符合任职条件的各民族毕业生到民族自治地方从事教育教学工作，并给予他们相应的优惠待遇。

2006 年 12 月 27 日，在十届全国人大常委会第二十五次会议上，人大常委会执法检查组关于检查《中华人民共和国民族区域自治法》实施情况的报告概括了 1984 年实施自治法以来取得的成就。它首先表现在保障少数民族的民主政治权利，尊重少数民族风俗习惯、语言文字和宗教信仰，巩固和发展平等、团结、互助、和谐的社会主义民族关系方面。我国155个民族自治地方的自治区主席、自治州州长、自治县县长全部由实行区域自治民族的少数民族公民担任；民族自治地方的各级党委、人大、政府、政协领导班子及其职能部门，都配有一定数量的民族干部。155个民族自治地方的少数民族干部比例，普遍接近或超过少数民族人口占当地总人口的比例。在历届中共中央委员、全国人大代表、全国政协委员中，少数民族所占比例，都高于少数民族人口占全国总人口的比例。每个民族都有全国人大代表，人口在百万以上的少数民族都有本民族的全国人大常委会委员。

各级国家机关制定政策、采取措施，认真落实相关规定，尊重少数民族的风俗习惯、语言文字和宗教信仰。全国各民族自治地方和散居地区大多制定了清真食品管理办法，保障了清真食品的供应；对一些具有土葬习俗的少数民族，由国家划拨专用土地，建立了公墓，满足了特殊需求；对1855家民族特需用品定点企业，实行了特殊扶持，保证了民族传统用品的供应；依照有关法律与政策规定，注重少数民族语言文字的保护、使用和发展，尊重、保护了少数民族公民的正常宗教活动。此外，各级政府都把坚持民族平等、促进民族团结当作一项重要任务摆到议事日程，并广泛深入地开展了马克思主义民族观和党的民族政策教育，开展了民族团结进步创建活动，使“汉族离不开少数民族，少数民族离不开汉族，少数民族之间也相互离不开”的思想日益深入人心。

实行民族区域自治制度的各少数民族地区经济建设实现了快速发展，经济实力明显增强。在国家采取优先安排项目、提高上级财政投资比重等办法的扶持下，民族自治地方的基础设施普遍得以改善。就前者而言，“十五”期间，绝大多数民族地区的生产总值每年都以两位数的速度增长，高于全国平均发展速度。2005年，民族自治地方生产总值达到15706亿元，比2000年增长74%；地方财政收入达到1026亿元，比2000年增长1.16倍；农村居民人均收入达到2287元，比2000年增长40.7%。就后者而言，国家通过加快电力建设、实施农网改造等工程，使民族自治地方的大多数乡镇和行政村通了电。通过加大国家经济投资，加快了民族地区水利基础设施建设步伐，改善了通讯条件，改善了交通状况。此外，一些民族地区还新建了机场，新修了铁路，形成了立体化的交通网络。

国家一直把少数民族和民族地区作为扶贫工作的重点，并不断加大扶贫力度，取得了显著成效。1986 年首次确定的国家重点扶贫县中，民族地区占总数的 42.6%，1994 年提高到 43.4%，2001 年提高到 45.1%。新阶段扶贫开发以来，民族地区整村推进扶贫开发的力度进一步加大，仅 7 个少数民族人口较多的省区（不含西藏）就有 41541 个贫困村被列入扶持范围。2005 年，中央财政向 5 个自治区和云南、贵州、青海 3 省投入扶贫资金 49.3 亿元，比上年增加 4.6 亿。2006 年，国家安排中央预算内投资 2 亿元，专项用于扶持 22 个人口较少民族加快发展，此项投资持续实施至 2010 年。同时，各级政府还组织社会各方面的力量，开展对各族贫困群众的帮扶活动。“十五”期间，少数民族地区农村贫困人口从 2000 年底的 1687 万人，减少到 2005 年的 1170 万人，贫困发生率由 10.8% 下降为 6.9%，减少 3.9 个百分点。

由于民族地区多数地处我国大江大河的上游地区、偏远的沙漠地区和石山区，是国家的重要生态屏障。因此，在提高自治地方经济发展水平的同时，国家重视民族地区的生态、环境建设，在全国生态环境建设规划和国家各专项规划中，对民族地区给予了重点考虑；在天然林资源保护、退耕还林还草、重点防护林建设等工程中，对民族地区给予了重点支持。截止到 2005 年底，西部地区累计退耕还林 8498 万亩，治理水土流失 58 万平方公里，建设淤地坝 11 万多座，荒山造林和封山育林 1.16 亿亩，退耕还牧还草 2.9 亿亩。随着多项重点工程的实施，民族地区的生态环境有了一定的改善，生态环境恶化趋势开始得到遏制，为国家建设环境友好型社会和实现可持续发展作出了重要贡献。

国家鼓励民族地区发挥区位优势和人文优势，扩大对周边国家的开放与合作，发展民族地区旅游业。1992 年开始实行沿边开放战略，所确定的 13 个对外开放城市、241 个一类开放口岸、14 个边境经济技术合作区，绝大多数在民族地区。此外，还通过实行优惠的边境贸易政策，扩大民族地区生产企业对外经营贸易自主权，鼓励地方优势产品出口，使“十五”期间民族自治地方的进出口贸易总额完成707亿美元，实际利用外资98亿美元；国内旅游收入3500亿元，旅游外汇收入46亿美元。对外开放和发展旅游业，给民族地区带来了资金和项目，带来了先进的管理经验和技术，带来了新的经济增长点。

除了政治、经济等方面的发展之外，民族自治地区还在社会事业发展方面取得了长足进步。在教育事业方面，民族地区已形成从幼儿教育到高等教育的完整体系，少数民族受教育年限显著提高。在文化事业方面，国家对少数民族文化事业投入专项资金，抢救文化遗产，弘扬优秀传统文化，改善文化设施，发展文学艺术，兴办文体活动，取得了较大进展。在医疗卫生事业方面，国家对民族地区的医疗卫生事业，注重政策倾斜，给予优先安排，使民族地区城镇医疗卫生水平有所提高，农牧区的医疗条件逐步得到改善，少数民族群众看病难问题有所缓解。在社会保障事业方面，国家注重帮助民族地区加快社会保障体系建设，逐步建立和完善了养老、失业、医疗、工伤、生育保险制度。

第十五章　一国两制与特别行政区制度

一国两制是“一个国家，两种制度”之简称，顾名思义，就是一个国家根据其宪法和法律之规定，在国家之内根据实际需要在部分地区实行不同于其他地区的政治、经济、社会和文化制度。其中有两个要点需要特别注意：一是这些实行特别制度的地区从主权属性而言仍然是统一国家的组成部分；其二是这些地区的地方政府虽然享有高度自治权，但仍然属于一个国家的地方政府、而非能够行使国家主权的独立政府。

一、一国两制理论是中国式民主理论的重要发展

就具体内容而言，“一国两制”就是在中华人民共和国内，大陆主体实行社会主义制度，香港、澳门、台湾实行资本主义制度。换句话说，在中华人民共和国境内出现社会主义制度和资本主义制度并存的现实。当然，这两种制度不是也不可能是平行比肩，而是以大陆地区实行的社会主义制度为主体，以中华人民共和国宪法为保证，两种制度相互促进，共同发展。

一国两制理论最初的提出旨在解决中国国家统一之台湾问题。1981 年 9 月 30 日，时任全国人大常委会委员长的叶剑英对新华社记者发表讲话，具体阐释了中国对和平解决台湾问题的九条具体政策，俗称“叶九条”，这可以视为一国两制理论的第一次全面阐述，其代

表了中共解决台湾问题的新思维和新政策。翌年1月，邓小平在会见美国华人协会李耀滋时说："九条方针是以叶副主席的名义提出来的，实际上是一个国家两种制度。两种制度是可以允许的。"[①] 遗憾的是，中共的政策善意没有得到台湾方面的回应。碍于现实情势，中共领导人只能另辟蹊径，将一国两制创新式地运用到了香港问题以及之后的澳门问题的解决方案制订中。我们可以简单地将一国两制下的香港方案概括为"主权回收、制度不变，高度自治、港人治港"。之后的澳门方案依照香港经验，基本沿袭了完整的香港方案。观察一国两制理论形成之过程，我们可以简单地将其归结为统一理论。

但是我们将一国两制作为一种中国式民主制度的主要内容来理解而非通常意义上的我国实现和平统一的基本国策，首先是因为民主通常是指以多数人的意志为政权的基础，承认公民享有自由平等和其他政治权利的统治形式。民主的基本内涵就是"少数服从多数并保护少数"。民主国家在尊重多数人意愿的同时，极力保护个人与少数群体的基本权利。

一国两制是通过港澳地区实践证明有效的完成国家和平统一大业的基本国策，也是我国社会主义民主制度的一大创新，它充分体现了多数决定的民主基本原则和精神。就中国而言，无论是当前热议的"中国梦"还是1840年以来长久积弱之后的国家痛殇，其都包含了国家统一富强的内容。"中国梦"的实质就是要完成中华民族的伟大复兴，而追求和完成国家的统一从逻辑上而言天然就包含在中华民族复兴大业之内。没有国家主权和领土的完整和统一，又如何谋求实现民族复兴之梦呢？晚清以降，长久以来的积弱使得中国沦为半殖民地半封建社会，任列强宰割一直是中华民族和国家的历史痛殇，它在人民集体意识中刻下了无法磨灭的记忆印记。这种集体记忆必然导致追求国家和平统一成为全体中国人的共同意愿。因此，一国两制作为和平统一政策体现了人民的多数意志，充分表达了人

① 中共中央文献研究室主编：《邓小平年谱》，中央文献出版社，2004年版，第797页。

民的多数利益诉求。故而一国两制不仅是我国和平统一政策的理论指导和具体表述，更是中国式民主的重要制度内容。

一国两制在体现我国人民对国家和平统一的多数意志的同时也兼顾了港澳台等地区少数人民要求自治的意愿。我们应当承认，保护或者说兼顾少数是民主政治内涵的本来之义。[①]“少数服从多数”应该说是民主与效率相互妥协的产物。在现实世界的“多数裁决”实践中又往往会形成这样一种不民主的结果，即简单多数依靠数量优势，很容易地将自身意志转化为国家法律或政策，多数人的利益能得到有力的保护。而少数因为数量上的天然劣势，自身意志和利益经常性得不到尊重和保护。少数的诉求如果暂时得不到满足，从政治过程而言或许可以接受，但是从长远来看，少数得不到有效的保护最终必然会影响多数。少数可能会谋求“自成一体”，在该体制内形成多数来主张自己的意志和利益。这种自成一体必然会割裂多数和少数共同组成的主体，分割主体的完整利益，从而影响整个主体的有效运行。仔细分析中国的政治现实，我们不难想象完全统一后的中国将是一个利益诉求多元、两种制度并存、人民主体组成多样的纷繁复杂的主权国家。在这个国家之下，大陆、香港、澳门和台湾的各自居民都有其特殊的利益和政治要求，然而他们都是中国式人民民主的主体——人民的构成。他们的意愿和利益要求都必然要遵循“多数裁决”原则而形成一个多数意志。以大陆人民在数量上占绝对多数的现实状况下，裁决的结果必然是大陆人民的利益诉求成为多数而得到满足。在这种情势下，如何保护港澳台这两岸三地人民的“少数”意愿和要求，一定程度地满足他们的利益诉求是我国未来民主政治发展必须面对的问题。我们认为，一国两制从理论上根本地解决了中国式民主的困境，在保护多数人对国家和平统一的要求前提下，兼顾了港澳台人民要求保留其原有的政治、经济、社会、文化以及生活方式，高度自治的“少数意志和利益”。一国两

① 王新生：《“一国两制”与中国民主政治的发展》，参见《长沙水电师院社会科学学报》，1996年第4期。

制在理论逻辑上梳理论证了一个国家之内同时存在社会主义和资本主义两种制度的可能性，并通过特别行政区制度在香港、澳门两地的实践，证明了“一个国家、两种制度”的可行性。一国两制相对另一中国式民主制度的民族区域自治制度而言，更具有中国式的理论创新。民族区域自治制度虽然在少数民族聚居区赋予了少数民族很大的自治权力，相对汉族的多数，兼顾保护了少数民族的利益，但是其根本上还是在一个国家一个体制内实现，并且也并非中国所独有。相对而言，我们举目世界，“一个国家，两种制度”应该算是中国独家所有，别无分号，因此更具有中国式的色彩。

行文至此，我们或许会很自然地问，既然中国式民主的困境之一就是如何在保护多数的前提下兼顾港澳台所代表的少数，那么我们为何不将港澳台的少数转化为大陆人民的多数，让他们实行一国一制下同样的社会主义制度，对港澳台社会和人民都进行大陆式的社会主义改造和同化。我们认为，造成港澳台两岸三地的特殊性主要不是当地居民的自有意志体现，而是历史等外在力量做功的结果。对于社会发展进程中自然形成的社会形态，我们只能加以尊重而不是人为地横加介入。如果我们依靠大陆人民的多数，强力地对港澳台少数进行人为的改造，其结果很可能是将这些因为两制形成的少数推得更远，最终迫使他们背叛已经搭乘的一国多数而“挂靴而去”。

以香港地区为例，其百多年来均是英国殖民地，在漫长的殖民过程中，英国殖民者为了更有效地攫取利益而在香港实行资本主义制度。在中华人民共和国成立之后尤其是中国实行改革开放之后，得益于其自身的特殊地理位置和自由贸易政策和资本全球化进程的发展，香港经济在资本主义之下有了快速的发展，香港居民生活也有了很大的改善。我们应当承认，香港社会的经济发展和居民的生活水平提升在很大程度上与其现行的自由资本主义制度呈正相关。香港居民在政权回归中华人民共和国之后要求在本地区保留资本主义制度，从现实的利益层面而言无可厚非。我们对他们的这种要求——尽管这种要求相对大陆的社会主义制度和大陆人民都是少数——可行的方式就是尊重和满足。反之，如果香港主权回归后，我们立即强力干涉，从宪制法政层面强力改变其社会制度和财产分配制度，必然会在短期内破坏香港现有的经济秩序和市场繁荣，从而导致香港居民生活水平在短时期内骤然下降。民生状况的恶化最终会促使香港居民对主权回归这个他们原来的多数意志产生怀疑和叛离，这无疑会对中国国家和平统一产生严重的负面影响。

所幸的是，一国两制理论这个中国式民主的重要组成部分，通过自身理论的构建和创新使得中国式民主能够有效调和体现多数和保护少数之间的矛盾。同时，一国两制作为中国式民主的重要内容在保护港澳台居民这些少数在本地区的特殊利益诉求之外并没有排斥甚至剥夺他们在一个国家之内的一般多数意愿。概而言之，他们获得了中国公民待遇。这种公民待遇就是一种多数意愿的集中表现，除了本地的特殊制度利益诉求之外，他们享有与大陆人民相同的国家主权和普遍公民权利。从政治权利而言，他们同样享有选举权和被选举权，同样可以通过选举全国人民代表大会代表来行使国家主权，参与政府决策和管理。同时，他们同样可以选派全国政协委员，来行使宪法赋予公民的参政议政之民主权利。

同时，一国两制可以说是一种为了实现国家和平统一而进行的政治妥协。这种妥协是中国式民主宽容精神的集中体现。这里的妥协没有贬义的色彩，因为“从整体上看，政治妥协是一件好事，为了和平的政治妥协是大好事”。[①] 从政治妥协的角度我们可以这样理解一国两制：即为了追求国家和平统一，实现民族伟大复兴，国家与少数群体之间达成了有关少数群体自行一套制度的政治妥协。当然，一国两制作为一种政治妥协来理解，必须明确妥协的是两制，坚持的是一国。即一国作为主权象征，具有主权所拥有的神圣不可侵犯的天然属性。神圣的主权是无法妥协的，因为主权特性决定了主权没有谈判的余地。而哪里有谈判的余地，哪里才有妥协的余

① ［以色列］艾维榭·马格里特：《妥协与卑劣妥协》，人民日报出版社，2012 年版，第 24 页。

地。[①] 因此，在坚持一国主权完整的前提下，对于具体实行的制度却是具有谈判的空间，因而在中共领导人富有政治创见的引导下，中国人民多数对实行制度的选择达成了两种制度并存的妥协。这种妥协背后的理念支撑除了对国家和平统一的执着之外，更多的是一种民主的包容精神。对民主而言，其内涵的自由、平等、博爱都暗含对异见的容忍和包容。我可以不同意他者的意见，但是我要容忍和保护他者发表其意愿的权利，这是民主精神的重要体现。民主不仅是一种制度，更是是一种精神和价值理念。一国两制，不仅包容了港澳台地区少数的意愿，更是在国家体制上包容了从根本上说是相互对立两种制度。这种对异者的包容相比西方奉行的普世民主模式更具有东方式的兼容并蓄，富有突出的中国式烙印。西方民主国家动辄以自身民主模式作为衡量他国民主发展的标杆，对异于自身的民主发展模式和民主制度横加指责，这不能不说是一种对民主精神的真正违背和后退。从这个意义上而言，一国两制作为一种实现国家和平统一的政治妥协恰是中国式民主包容精神的体现和构成。

二、特别行政区制度是中国式民主制度的重要构成

《中华人民共和国宪法》之三十一条规定，“国家在必要时得设立特别行政区。在特别行政区内实行的制度按照具体情况由全国人民代表大会以法律规定。”根据宪法该条文之规定，并按照“一国两制”理论指导，1990 年 4 月，七届人大三次会议通过了《中华人民共和国香港特别行政区基本法》，1993 年 3 月 31 日，八届人大一次会议正式通过了《中华人民共和国澳门特别行政区基本法》，从法理上明确勾划了香港和澳门特别行政区的基本轮廓。

① ［以色列］艾维榭·马格里特：《妥协与卑劣妥协》，人民日报出版社，2012 年版，第 1 页。

作为一国两制理论的制度外化，特别行政区制度具有特定的内涵，即在统一的中华人民共和国主权范围内，在大陆地区坚持实行社会主义制度，在台湾、香港、澳门设立实行资本主义制度的、享有高度自治权的特别行政区。根据《香港特别行政区基本法》和《澳门特别行政区法》，中央政府在特别行政区内可以代表国家行使特别行政区相关的外交事务和管理特别行政区的防务之外，还享有任命特别行政区的行政长官和主要官员的权力；决定特别行政区进入紧急状态；解释、修改《基本法》；决定在特别行政区试行的全国性其他法律等。除此之外，行政管理权、立法权、司法权和终审权都属于特别行政区职权，这即是所谓的高度自治权。高度是相对而言的，从内容上看，中国香港和澳门特别行政区享有的自治权甚至比联邦制国家的分权内涵都要大。但是高度自治权又不同于邦联制成员国的完全自治。高度自治权既然不是完全自治，那么从本质上而言还是一种有限的自治。自治的边界和限度则由国家宪法和特别行政区基本法来规定。从权力的来源而言，香港、澳门甚至未来的台湾特别行政区其自治权来自中央政府的赋权和授予。基于这个原因，中国特别行政区的高度自治权在本质上仍然是一种有限的地方自治权而非主权与治权的完全统一。特别行政区制度规定的这种内涵超越分权的高度自治权对中国式民主而言是重要的体现。从本义而言，民主相对专制，而集中（集权）相对分散（分权）。判断民主与专制的区别之一就是权力的集中与否，这几乎已经成了不证自明的共识。从集权与分权的角度来理解，那么特别行政区制度赋予了中国式民主更多的民主的成分。

同时，由此可以推导出，自治同样是民主的重要表现之一。从民主的本源而言，即主权在民，而所谓主权在民实质就是与专制相对立的主权在少数专制者。换句话说，民主与专制的区别就是主权在民。所谓主权在民，简单的理解就是人民自己行使权力，实行自我管理。而自治从词意上而言亦是自我管理，映射在政治领域就是民族、团体或者地区除受到所属国家政权和政府的领导限制之外，对自身的事务行使宪法规定允许的一定权力。从这个意义上而言，自治本身就是一种民主的外化。

此外，特别行政区从其政治体制而言，其采取了分权与制衡的原则。这种分权与制衡不同于西方式的三权分立，是中国式民主的特色之一。

我们以香港特别行政区为例，香港特区的立法权属于香港立法会，行政权属于特首（特区行政长官）领导下的政府，司法权则属于特区法院，这是从分权层面来看。而从制衡层面言，立法会对行政权具有一定的制约作用，其主要表现为立法会以2/3多数通过，可以对特首提出弹劾并报请中央人民政府决定；特别行政区政府对立法会负责，立法会有权听取、辩论特首的施政报告，对政府工作有权提出质询，对政府财政预算有权审核并批准税收和公共开支等等。香港特别行政区法院虽然享有独立的司法权及终审权，但行政长官有权依照法定程序任免各级法院法官，其同时还有权赦免或者减轻刑事罪犯的刑罚。此外，法官的任命还需要获得立法会的同意。从这个意义上而言，独立的司法权也是相对的，其同样要受到行政权和立法权的制约。

分权和制衡原则是资产阶级革命的产物，他们在反对封建专制主义的斗争中形成并明确提出基于制衡原则的三权分立说。孟德斯鸠在继承洛克等先贤的分权思想的基础上，明确阐释了三权制衡理论，即任何国家的立法权、行政权和司法权都必须分开并相互牵制，以防止君主专制统治的出现。这即是现代西方国家津津乐道的三权分立政治体制的本源。但是我国特别行政区政治体制安排中的分权和制衡与西方国家的三权分立有着本质上的不同。特别行政区政治体制中既有三权彼此约束制衡的一面，也有相互配合的一面，行政权和立法权之间的配合尤为明显。具体而言，特别行政区为协助行政长官进行更合理的决策，特别设立了行政会议（行政会），该会议由行政长官从行政机关的主要官员、立法委员和社会人士中委任。这样，特首在决策过程中，通过行政会议这个平台，能够及时听到来自立法会的声音，无论其是赞成还是反对。即便是反对的意见，特首、政府主要官员也能借助行政会议与立法会之间进行及时的沟通，从而提高行政效率。我们认为，这种既合作又制衡的分权模式是中国特别行政区制度所特有的民主形式，也是中国式民主形式的扩充和创新。

三、一国两制、特别行政区制度与人民民主的发展

作为中国式人民民主的重要制度内容，一国两制、特别行政区制度的创新发展从逻辑上而言必然会对中国式的人民民主发展产生推动力。

首先，一国两制、特别行政区制度的实行扩大了人民民主的外延。具体而言，一国两制、特别行政区制度扩展了人民的外延。人民民主作为中国特色社会主义的生命，其自身的发展可以简单地概括为丰富人民享有的民主权利以及扩大享有民主权利的人民这个群体本身。虽然西方国家一直诟病我们的人民民主专政，指责我们公开的表达要对“敌人”实行专政，不是一种全民民主，但我们以为，没有专政的民主本身就是一种水中月、镜中花，全民民主更是一种理想主义的奢望。即便是自诩为西方民主斗士的美国，其民主从本质上而言也不是一种全民民主，也仅仅是一种多数人的有限民主。反观中国式人民民主，我们虽然在表述中将人民与敌人相对立，并明确表示只有人民享有民主权利，但是在社会经济的不断发展进程中，“人民”的外延不断扩展，相对的敌人的内涵也就随之在不断减少，即民主主体的广泛性不断得到加强。及至一国两制和特别行政区制度的实行，人民的外延更是扩大到了“一切拥护社会主义的爱国者和拥护祖国统一的爱国者”。人民的定义为何会出现两个具有不同限定的爱国者呢？这当然是在一国两制和特别行政区制度的实践过程中，针对实际状况而做出的调整。正因为一国两制前所未有地将两种制度统合在一个国家之下，因此，对社会主义制度的拥护与

否将不能再成为判断人民的标准。正如邓小平所言："什么叫爱国者？爱国者的标准是尊重自己的民族，诚心诚意拥护祖国恢复行使对香港的主权，不损害香港的繁荣和稳定。只要具备这些条件，不管他们相信资本主义，还是相信封建主义，甚至相信奴隶主义，都是爱国者。我们不要求他们都赞成中国的社会主义制度，只要求他们爱祖国，爱香港。"① 而我们在前文已经论证过追求国家和平统一是包括大陆、台湾、香港、澳门在内的两岸四地大多数民众的意愿。因此，所有拥护社会主义和拥护祖国统一的爱国者都是中国式人民民主的主体，人民民主得到了前所未有的发展。

其次，一国两制、特别行政区制度的推行丰富了民主实践的经验。事实上，未来中国式人民民主的发展有赖于一国两制、特别行政区制度治下的台湾、香港和澳门行政区的民主实践。它们的实践将为中国式人民民主的发展提供丰富的样本和借鉴。台湾问题尚未在一国两制框架内得到最终的解决，但两岸之间仍然存在一个中国的共识。当然双方对究竟是那一个中国尚存争议。台湾的民主实践依然能为中国未来人民民主的发展提供有效的借鉴。即便台湾的民主形式是与人民民主完全不同的三权分立的西方式议会制民主，其依然对中国式人民民主的发展具有意义，哪怕是反面的警示意义不也是一种参考吗？相对而言，香港、澳门特别行政区的民主实践对中国式人民民主未来的发展更具有参考意义。两者均已建制超过十年，特区行政长官、立法会议员都进行了数轮的选举轮换。他们在议员选举、特首差额选举（必须最终获中央任命）等方面的具体实践可以为我们构建中的基层民主制度以及现有的人大代表选举制度的改革提供丰富的样本经验和实践经验。

第三，无论是台湾还是香港、澳门，它们的民主实践可以说是一种在民主政治领域中先行先试的改革精神的表现。正如深圳作为经济特区一样，在全国经济改革中，经济特区的作用就在于先行先

① 邓小平：《一个国家，两种制度》，《邓小平文选》第3卷，人民出版社，1993年版，第61页。

试、有错纠错的试点实验，为全国性的经济改革政策决策提供样本和实践经验。中国改革，我们无论称之为中国模式还是中国道路，其实质都是一种前所未有的创新尝试，是在社会主义制度之上嫁接、培育、发展市场经济，并对相关的政治、社会和文化等上层建筑进行与之因应的改革和调整。既然市场经济不是资本主义制度所固有的经济模式，我们可以在社会主义体制下成功培育发展市场经济，那么也并非是西方所独有的民主同样可以在社会主义制度上成功开出成熟的中国式民主之花。从这个意义上而言，香港、澳门乃至台湾的民主实践，就如深圳、厦门等经济特区对于中国市场经济发展的意义一样，对中国式民主的发展亦有样本作用和实验试错作用。

第四，一国两制、特别行政区制度拓展了民主国家的结构形式，为单一制国家结构形式增添了新的内容。同时基于特别行政区制度形成的特殊央地关系为人民民主的发展提供了新的路径——主权和治权的策略性分离，从而使地方和该地区的人民发挥更多的自主性，享有更多的自主权。

国家的结构形式是指国家的整体与部分、中央与地方的相互关系。[①] 在现代国家中，国家的结构形式基本上可分为两种：单一制和复合制。从权力的来源而言，单一制国家的地方权力来自中央的授予，地方政府接受中央的统一领导，享有有限治权而不享有主权。复合制又可分为邦联制、联邦制、君和国、政和国等不同种类。其中联邦制比较常见。在联邦制下，联邦的成员本身是享有主权和治权统一的国家，它们在组成联邦的时候，各自将部分主权让渡给联邦中央，即中央的权力来自联邦成员的让与，联邦和联邦成员同时享有主权。联邦制国家的整体与部分的关系更多的是一种不同中央间的关系，而不是中央与地方的关系。

中国香港和澳门特别行政区与国家整体的关系既不同于普通单一制国家与地方的关系，也不同于联邦制下联邦与联邦成员之间的

---

① 中国大百科全书出版社编辑部编：《中国大百科全书》（政治学卷），中国大百科全书出版社，1992年版，第138页。

平行关系。特别行政区与中央政府的关系从性质上而言是中央授权型的央地关系，但是这种央地关系中，地方享有高度的自治权，除了涉及主权领域的外交与防务（甚至在台湾问题上，防务都可以授予地方自治），其他地方管理全都由地方行使。其目的是要给予地方和地方民众更多的民主权和自治权。但是无论治权如何高度，特区在主权上仍然完完全全隶属于中央，其享有的自治权无论有多大，都不带有主权性质，都是分离于主权的治权。高度自治的特别行政区在理论上提出、制度上设计和实践中出现，丰富了单一制国家结构形式的内容，创造性地在单一制国家结构内部构造了一个在权力享有上甚至高于联邦制国家的联邦成员国的地方政府。依据一国两制和特别行政区制度而建立的特区政府可以说是中国式民主在国家结构形式中的外化，因为中国式民主追求的是一种真正意义上的人民民主。这种人民民主不仅在民主主体上具有最广泛性，而且在权利的内容上也力争让人民尽可能多地享有各种民主权利，自我管理和自主权应该也必然是其中的重要内容。同时特别行政区与中央之间的特殊的央地关系为中国式民主未来的发展提供了新的路径。即人民民主的发展一方面可以通过构建基层民主制度，逐步扩大公民有序的民主参与，使人民享有更多的民主权利，另一方面也可以借鉴特区经验，改革传统的央地关系，在央地关系上使部分治权与主权分离，并授予地方行使，使人民享有更多的主权之下的管理权和自主权。换句话说，推动中国式人民民主发展的方式或者说路径还包括了稳步改革央地关系。这一是有利于推动中国式民主自身的发展，增强中国特色社会主义体制的软实力。二则也利于发挥人民主人翁精神，在中国特色社会主义建设中发挥更多的主观能动性。因为适度的自主权从逻辑上必然会增强权利行使者的主人意识，使他们在管理和建设过程中发挥能力，推动中国的整体发展。

第十六章　中国特色的法律制度

法律制度是指运用法律规范来调整社会关系时所形成的各种制度。新中国建立60多年来，我国不断改进立法体制和立法程序，在法律制度建设上经历了一个从无到有、由简单到成熟、从法典化到体系化的过程，为建设法治国家提供了“有法可依”的前提和基础。该领域取得的巨大成就主要体现在：一是形成了能够适应我国改革开放和经济社会发展需要的立法体制，增强了立法能力；二是不断提高立法程序的科学化和民主化程度；三是制定了一系列基本法律和其他重要法律，形成了一个以宪法为核心、部门齐全、内在统一、外在协调的中国特色社会主义法律体系；四是建立了一系列重要的法律制度，国家经济、政治、文化和社会生活的各个方面基本上实现了有法可依，社会关系主要领域的法律化程度明显提高。

一、中国的立法体制

立法体制是由立法权限划分和有权立法的国家机构共同构成的制度体系，其核心是立法权限的划分。我国的法律制度建设之所以取得飞速发展，得益于建立了一套比较适合它发展需要的立法体制。

（一）立法体制的历史沿革

我国立法体制大致经历了三个发展演变的阶段，经过从“分散”到“集中”再到“分权”的长期探索，最终确立了现行“一元化多层次”的立法体制。

新中国成立前夕，中共中央发布了《关于废除国民党的六法全书与确定解放区的司法原则的指示》，华北人民政府颁发了《废除国民党的六法全书及一切反动的法律的训令》。这两个文件为废除国民党旧政权的伪法统、六法全书及其立法体制，确立新中国的政治制度，建立社会主义法统及其立法体制，廓清了障碍，奠定了基础。1949年中国人民政治协商会议召开，通过了具有临时宪法性质的《共同纲领》，并通过了《中央人民政府组织法》。这两个宪法性法律奠定了新中国成立初期的立法体制，它赋予众多主体以立法职权，形成分散立法的格局。在这种立法体制下，国家机关围绕着国家面临的重大任务进行立法。这些立法对建立和巩固国家政权和国家秩序，完成民主革命时期的任务，起了重要作用。但是这时期的立法也具有一些明显的缺陷，给后来的法制建设带来了负面影响。

1954年，经过普选产生的第一届全国人民代表大会通过了新中国第一部宪法（俗称“五四宪法”）。它全面规定了国家的基本制度，实行中央集权的立法体制——由全国人民代表大会统一行使立法权。与《共同纲领》时期相比，“五四宪法”确立的立法权已明显趋于集中单一，全国人大是立法的单一主体，地方政府不再享有立法权。

“文化大革命”摧毁了“五四宪法”刚刚建立起来的立法体制。十一届三中全会的召开，为新时期法制建设扫除障碍创造了思想条件；1982年宪法（俗称“八二宪法”）则为法制的发展和振兴奠定了新的法律基础。这部宪法根据健全社会主义民主和加强社会主义法制的要求，正式确立了我国延续至今的“一元多层次”的立法体制。

（二）现行的“一元多层次”立法体制

1. 现行立法体制的确立

“八二宪法”的颁布和实施，奠定了中央与地方分享立法职权体制的宪法基础，基本上形成了从中央到地方、从权力机关到行政机关行使立法职权的立法体制。这一立法体制采取了立法集权的分权体系，其特点是：以中央对立法的集中统一领导为前提，适当地赋予地方以一定的立法职权，以作为对中央立法的补充和具体化。

“八二宪法”对有关立法主体的立法权限划分的规定包括如下几个方面：其一，全国人大有权修改宪法并监督宪法的实施，制定和修改刑事、民事、国家机构和其他的基本法律，改变或者撤销全国人大常委会不适当的决定等。其二，全国人大常委会有权解释宪法、监督宪法的实施，制定和修改除基本法律以外的其他法律，对全国人大制定的法律进行部分补充和修改，解释法律，撤销国务院制定的同宪法、法律相抵触的行政法规、决定和命令，撤销地方国家权力机关制定的同宪法、法律和行政法规相抵触的地方性法规和决议。其三，国务院有权制定行政法规；其四，省级人大及其常委会有权制定地方性法规，报全国人大常委会备案；其五，民族自治地方的人大有权制定自治条例和单行条例。

1986 年底通过修改《地方各级人民代表大会和地方各级人民政府组织法》，地方立法权进一步下放并被多样化，省、自治区的人民政府所在地的市和经国务院批准的较大的市的人民代表大会，可以制定地方性法规，报省、自治区的人大常委会批准后实行。

2000 年颁布的《立法法》进一步完善了我国的立法体制，其内容主要有两个方面：第一，规定了全国人大及其常委会立法权的法律保留制度，使全国人大及其常委会的立法权与其他立法权的界限更加明确。这种立法权的保留规定，使国务院和地方立法有更加广泛的空间，更能发挥它们的立法自主权。《立法法》还对行政法规、地方性法规、规章、授权立法等各种立法形式的范围和形式作了规范。第二，明确了法律效力等级和法律适用机制。我国法律效力等级依次排列为：宪法、法律、行政法规、地方性法规、部门规章和地方规章。宪法具有最高的法律效力，法律的效力高于行政法规、地方性法规、规章。行政法规的效力高于地方性法规、规章。地方性法规的效力高于本地和下级地方政府规章。

2. 现行立法体制的特点

“八二宪法”、地方组织法、《立法法》以及其他相关法律的规定，使我国的立法权限在形式上得到了初步划分，加上从法律体系的构成上对行政规章制定权的确认，基本上形成了从中央到地方、从权力机关到行政机关行使立法职权的一元化多层次立法体制。这个立法体制具有如下三个特点：

第一，我国的立法体制表现为“一个国家、两种制度、三个法系、四个法域”。一个国家是指中国；两种制度是指社会主义制度与资本主义制度；三个法系是指大陆属于社会主义法系，香港属于普通法系，澳门和台湾属于大陆法系；四个法域包括大陆、香港、澳门和台湾。

第二，全国人大及其常委会处于主导地位，保证了这个立法体制的统一性。为了保证全国人大最高立法权的地位，宪法规定全国人大有权撤销全国人大常委会不适当的立法。为了维护国家法制的统一，宪法还规定全国人大常委会有权撤销省级国家权力机关制定的同宪法、法律和行政法规相抵触的地方性法规和决议，撤销国务院制定的同宪法、法律相抵触的行政法规、决定和命令。此外，全国人大常委会可以进行授权立法，以适应复杂的社会需要。

第三，我国的立法体制表现为中央与地方分享立法职权的多层次的立法主体结构。这一体制的结构是：（1）最高国家权力机关立法。最高国家权力机关分两个层次：一个是全国人大的立法；另一个是全国人大常委会的立法。（2）最高国家行政机关制定法规。（3）地方国家权力机关立法分三个层次：一个层次是省级人大及其常委会制定和发布地方性法规；另一个层次是民族自治地方国家权力机关的立法。自治区、自治州、自治县的人大有权依照当地民族的政治、经济和文化特点，制定自治条例和单行条例。第三个层次是省、自治区人民政府所在地的市和国务院批准的较大的市级人大及其常委会可以制定地方性法规。（4）特别立法权。这里主要有两种情况：一是特别授权立法。广东（1981 年）、福建（1981 年）和海南省（1988 年）的人大及其常委会先后根据全国人大常委会的授权，制定所属经济特区的各项单行经济法规。深圳（1989 年）、厦门（1994 年）、珠海（1996 年）和汕头市（1996 年）人大和政府先后根据全国人大的授权，获得制定经济特区法规和规章的权力。二是特别行政区的立法。根据全国人大通过的香港特别行政区基本法和澳门特别行政区基本法，香港和澳门获得特别行政区的地位，在不抵触宪法的前提下，有独立的立法权。

综上所述，现行立法体制是立法权的统一与立法主体多层次的结合。从国家权力的划分角度看，立法权仍然是一元化的，即全国人大及其常委会是国家的立法机关，立法权来自人民，这是统一不可分割的。然而，立法主体是多元的，除全国人大制定法律外，全国人大常委会有更广泛的立法权，国务院和地方人大都成为立法的主体，可制定不抵触宪法和法律的行政法规和地方性法规。这种立法体制适应我国领土面积大、社会经济发展不平衡的实际国情，有利于调动中央和地方两个方面的立法积极性，使立法能很好地适应并有力地推动了改革开放和经济社会发展，为形成社会主义法律体系提供了制度保障。

二、科学民主的立法程序

（一）逐步完善的立法程序

立法程序是立法主体在制定、认可、修改、补充和废止法的活动中，所应遵循的法定步骤和方法。我国的立法程序是在实践中逐步完善起来的。20 世纪 80 年代之前，国家和地方立法都没有明确规定具体程序，只有宪法、全国人大组织法、地方人大和地方政府组织法中提到一般议案的审议程序。1987 年和 1989 年分别制定的《全国人大常委会议事规则》和《全国人大议事规则》也没有规定完整、具体的立法程序，在对一般议案的提出和审议程序中虽然规定了若干立法程序，但是比较粗糙。

为了保证法律符合公众的根本利益和国家的整体利益，同时又兼顾各方面的具体利益，保证立法的科学性和民主性，2000 年颁布的《立法法》在总结以往立法经验的基础上，规定了全国人大及其常委会的立法程序，以及国务院制定行政法规和地方人大及其常委会制定地方性法规的程序。其中，全国人大及其常委会的立法程序是我国现行立法的基本程序，该程序通常包括提案、审议、表决和公布等几个阶段。

提出法律议案是指有立法提案权的国家机关、组织和个人，向有权立法的国家机关提出关于制定、认可、变动规范性文件的提议和议事原案的专门活动。审议法案，就是在法案到法的阶段，由有权主体对法案运用审议权，决定其是否应列入议事日程，是否需要修改以及对其加以修改的专门活动。表决法案是指有权的机关和人员对法案表示最终的、具有决定意义的态度。表决结果直接关系到法案究竟能否成为法。法律公布是立法的最后一个环节，由立法机关在特定时间内，采用特定方式将通过的法律文本向社会公布。

在立法程序完善的过程中，人大作为人民行使国家权力的机关和代表民意的机关，在立法中的作用逐步发挥，人大立法程序的民主化程度日益增强。

（二）人大在立法中的主导地位增强

20世纪80年代初之前，全国人大及其常委会在立法中扮演的角色完全是被动的。国务院及其部门不仅掌握了起草立法的主动权，掌握了大部分法律议案的提案权，而且法律议案常常是直接提交常委会审议，并通常是在没有经过充分辩论和争议的情况下以高票通过。人大由此被戏称为“橡皮图章”。

实行社会主义市场经济以后，经济改革需要加快立法步伐，促使全国人大及其常委会立法的地位迅速转变，人大在立法中的主体地位和主导作用逐步得到实现和发挥。它通过如下途径实现了其在立法中的主导作用：

一是制定立法规划。自七届全国人大常委会开始制定五年立法规划，全国人大常委会控制了国务院及其各政府部门的立法起草工作和立法进展。2007年，全国人大常委会法制工作委员会增设立法规划室，专门负责全国人大常委会五年立法规划和年度立法计划的初步编制工作。这是全国大人常委会为增强立法科学性所采取的一个重要措施。

二是重要的综合性法律议案由全国人大常委会工作机构或专门委员会自行起草。由人大各部门自行起草的法律草案比例逐步提高。七届全国人大期间，由全国人大专门委员会、法工委和办公厅负责起草的法律草案只有20%多。按照八届全国人大常委会的立法规划，全国人大各部门自行起草的法律有46件，占起草总数的30%。九届全国人大期间，人大各部门自行起草的法律上升到42%。十届全国人大常委会立法规划列入76件法律，人大各部门自行起草的有32件，占42.1%。人大常委会机关自行起草法律草案，可以摆脱人大立法的被动状态和法律草案的部门利益影响。

三是充分发挥各专门委员会和常委会工作机构在立法中的作用，由专门委员会和法工委提前介入政府部门起草法律，与起草单位进行沟通，并监督起草单位按时完成起草任务。

四是委员长会议在立法中积极发挥协调作用。现在常委会审议法律草案时，几乎每个法律草案都有不同意见，有的问题还争论得非常激烈。为了避免因不同意见导致法律草案搁置，委员长会议加强了对法律草案讨论中不同意见的协商，对立法起到积极的推动作用。

现在，全国人大及其常委会在立法中的主导地位和作用已经确立。党中央不再具体干涉立法事务，只是立法规划和计划要向党中央报告，重要法律草案的立法原则要向党中央报告，立法的具体问题和立法过程，党中央并不干预。国务院及其各部委虽然有很大的立法起草和建议权，但是在提交全国人大常委会审议后，法律的最后审议决定权还是属于全国人大。

（三）立法程序实行“三审制”

20 世纪 80 年代全国人大恢复重建之初，国务院提出的法律议案直接引发常委会组成人员审议，并在当次会议上表决通过。如 1979 年五届全国人大二次会议一次就审议通过了七个法律草案。当时，法律草案还没有被委员们理解就通过了，人大实际上成了表决机器。

1983 年，全国人大常委会委员长会议确立法律草案实行“两审制”审议程序，两年后出台的《全国人大常委会议事规则》将这一程序予以法律化。随着立法步伐加快和立法数量增加，每个法律审议的时间更短，而法律日益专业化和复杂化。在此情况下，为了保证审议质量，1998 年九届全国人大常委会将法律草案审议程序改为“三审制”：一审听取提案人的说明，由分组会议进行初步审议；二审在全体会议上听取法律委员会关于法律草案修改情况和主要问题的汇报，由分组会议围绕法律的重点、难点、分歧意见进行审议；三审在全体会议上听取法律委员会关于法律草案审议结果的报告，由分组会议对法律草案修改稿进行审议。

现在，全国人大常委会的立法一般实行三审制。然而，为了发扬民主，法律草案并不只有三次审议就一定交付表决通过。为了达成更广泛的共识，重要且有争议的草案甚至经过四审、五审，个别法律草案（如物权法）争议很大，先后经过八次审议才交表决通过。个别的法律草案（如公路法修改经三次会议审议）出现被否决的情况。

法律草案“三审制”的确立，反映了人大立法程序的民主化程度提高。全国人大常委会每两个月开一次会，意味着一个法律草案从第一次向常委会提出到表决通过，一般要经过半年时间。这从程序上保证了立法中各种意见的反映和交流。

（四）立法过程中的公民参与

立法要反映民意，因此民众参与立法的程度是衡量立法是否民主的一个尺度。随着立法科学化、民主化原则不断深入人心以及现代信息技术的发达（尤其是互联网的普及），民众参与立法的程度也不断提高。

20 世纪 80 年代初，全国人大审议中的法律草案虽然没有被定性为机密文件，但是实际上是不公开的，除少数被征求意见的专家外，公众无从看到法律草案，更不用说参与到立法过程中去。1998 年以前，除宪法外只有 5 部法律向社会公开征求过意见。九届全国人大常委会强调，关系到广大人民群众切身利益的重要法律草案，应当公布于众，广泛征求意见。2000 年《立法法》规定，列入全国人大常委会会议议程的法律草案，应当听取各方面的意见。听取意见可以采取座谈会、论证会、听证会等多种形式。

此后，全国人大及其常委会有 20 多部法律公开征求过意见。公开听取意见的形式逐步多样化，如婚姻法在常委会审议时向社会进行实况转播；全国人大常委会还就修改文物保护法、个人所得税法（修正案草案）等召开了立法论证会和听证会。这些做法逐步走向制度化，如2008年，十一届全国人大常委会第二次委员长会议决定，今后法律草案一般都向社会公布。

在全国人大的推动下，地方立法民主化也有较大的发展，各地方人大和政府在制定法规和规章时纷纷举行立法听证会，全国大部分省级人大常委会都举行过立法听证会，许多省和市的立法都采取草案公开讨论和征求意见的方法。一些地方人大在制定立法规划时，也采取了公开征求民众意见的办法。

目前，尽管立法听证制度在充分征求民意、完善立法等方面发挥了重要作用，但它也存在着听证人员代表性不够，听证程序设置不够合理，听证过程形同演戏，听证结果不受重视等问题。这些问题在不同程度上影响了人民参与开门立法的民主质量。

三、中国特色法律体系的形成

建立有中国特色的社会主义法律体系，是我国经济发展和社会全面进步的必然要求，也是实现国家长治久安的重要保证。新中国成立以来，特别是改革开放以来，我国的立法工作取得了巨大成就。中共十五大提出，到2010年形成有中国特色社会主义法律体系，十六大重申，到2010年形成中国特色社会主义法律体系的目标。作为一项政治使命，现在这一任务已经完成。一个以宪法为中心，包括宪法相关法、民法、商法等法律部门在内的中国特色社会主义法律体系已经形成。

（一）法律体系的基本框架

截止2013年5月，中国已经制定宪法和现行有效法律242件，包括七个法律部门，即宪法及其相关法、民商法、行政法、经济法、社会法、刑法和程序法。此外，现行有效行政法规690多件，地方性法规8600多件。

1. 宪法及其相关法

宪法是国家的根本大法，具有最高法律地位和法律效力。宪法及其相关法以其内容的全面性、根本性、法律地位的至上性以及法律效力的最高权威性，构建了法律体系的整体框架，奠定了其他法律部门立法的原则和基础。

我国宪法部门共有法律38件，包括宪法及其相关法。现行宪法于1982年制定，已经有四个修正案。宪法相关法是与宪法相配套、直接保障宪法实施和国家政权运作等方面的法律规范的总和，主要包括四个方面：有关国家机构的产生、组织、职权和基本工作制度的法律；有关民族区域自治制度、特别行政区制度、基层群众自治制度的法律；有关维护国家主权、领土完整和国家安全的法律；有关保障公民基本政治权利的法律。

2. 民商法

民商法是调整民商事活动的法律规范的总和。商法是在传统民法基础上为适应现代商事交易迅速便捷的需要而发展起来的民法的一个特殊部分。我国民商法部门共有法律34件，包括民法和商法两个子部门。民法领域已经制定或修订了《民法通则》、《继承法》、《担保法》、《合同法》、《婚姻法》、《物权法》、《侵权责任法》等法律，形成了一个以《民法通则》为基本法、由多个单行法构成的民事立法群。

商法包括《公司法》、《商标法》、《合伙企业法》、《企业破产法》、《票据法》、《保险法》、《证券法》、《期货法》等。未来，我国很可能采取目前世界各国大多采取的民商合一体例，在编纂民法典之后，将商法总则与民法总则合一，将具体的商事法作为民商事特别法保留在民法典之外。

3. 行政法

行政法是调整国家行政管理关系及活动的法律规范的总和。行政法部门的内在结构包括特别行政法和一般行政法。特别行政法又称部门行政法，指规范各专门行政职能部门如治安、民政、国家安全、统计、邮政、海关、人事、军事、教育、科技、文化、卫生、体育等方面的管理活动的法律。一般行政法规定国家行政管理的基本原则、程序，国家行政机关的地位、产生、职权和职责等，是横跨各个行政法领域、规范行政行为的法律，包括行政组织法、行政运作法（行政许可、处罚、制裁、监察等）和行政救济法（行政赔偿法、行政复议法、行政诉讼法）等。

我国行政法部门共有法律83件，是法律最多的部门。目前有关行政法方面的法律主要有：一般行政管理方面的《行政复议法》、《行政处罚法》、《行政许可法》、《国家公务员法》等；国防、外交方面的《国防法》、《兵役法》、《人民防空法》、《缔结条约程序法》等；教、科、文、卫、体育方面的《教育法》、《义务教育法》、《高等教育法》、《教师法》、《科学技术进步法》、《文物保护法》、《体育法》、《人口与计划生育法》等；司法方面的《律师法》、《公证法》、《监狱法》等；环境保护方面的《环境保护法》、《海洋环境保护法》、《大气污染防治法》等；公安、国家安全方面的《人民警察法》、《中国公民出入境管理法》、《国家安全法》、《保守国家秘密法》等。

4. 经济法

经济法是调整国家在对经济进行宏观管理或调控过程中发生的经济关系的法律规范的总和。我国经济法是一个庞大的法律部门，共有法律56件。作为其核心的公共经济管理法可以分为综合职能管理法和行业管理法两个部分。综合职能管理法包括宏观调控的各个领域，有《预算法》、《审计法》、《统计法》、《价格法》、《反垄断法》、各类银行法、《银行业监督管理法》、《反洗钱法》、《税法》、《税收征收管理法》、《产品质量法》、《计量法》、《标准化法》、《会计法》、《注册会计师法》等。行业管理法包括农业、林业、畜牧业、工业、交通、贸易、对外贸易、邮政等各个产业法。

环境资源法横跨行政法和经济法两大部门，包括环境污染防治法和资源法两个子部门。中国现在已经制定的环境污染防治法包括《环境保护法》、《环境噪声污染防治法》、《大气污染防治法》、《水污染防治法》、《放射性污染防治法》、《海洋环境保护法》、《海岛保护法》、《环境影响评价法》、《固体废物污染环境防治法》、《防沙治沙法》、《清洁生产促进法》、《气象法》、《野生动物保护法》等；资源法包括《森林法》、《草原法》、《水法》、《水土保持法》、《土地管理法》、《矿产资源法》、《节约能源法》、《可再生能源法》等。无论从国内需要还是国际环境看，环境资源法形成一个独立的法律部门的时机已经成熟。

5. 刑法

刑法是关于犯罪和刑罚的法律规范的总和。我国目前的刑法部门有法律 1 件，即《刑法》。中国刑法部门除了刑法典之外，过去曾经存在过单行刑法，即全国人大常委会关于刑法的决定和附属刑法即非刑事法律中设置的附属刑法规定。1997 年后，刑法的修订则采用刑法修正案和刑法解释的形式，这对于保证刑法典的统一性、稳定性和权威性具有积极意义，也使得刑法成为中国各个法律部门中法典化、系统化程度最高的部门。

6. 社会法

社会法是调整劳动关系、社会保障和社会福利关系的法律规范的总和。我国社会法部门共有法律 21 件，主要由劳动保障法、社会保障法、社会公益与慈善法三部分组成。劳动保障法主要包括《劳动法》、《劳动合同法》、《工会法》、《就业促进法》、《矿山安全法》、《职业病防治法》、《安全生产法》，国务院制定的《关于工人退休退职的暂行办法》、《关于职工探亲待遇的规定》等；社会保障法包括《社会保险法》和特殊群体权益保障法，如《残疾人保障法》、《未成年人保护法》、《老年人权益保障法》、《妇女权益保障法》、《精神卫生法》等；社会公益与慈善法包括《公益事业捐赠法》和《红十字会法》，《社会救助法》正在审议。

7. 诉讼与非诉讼程序法

诉讼与非诉讼程序法是调整因诉讼活动和非诉讼活动而产生的社会关系的法律规范的总和。我国程序法部门有法律 9 件，包括诉讼和非诉讼程序法两类。其中诉讼程序法现已编纂《刑事诉讼法》、《民事诉讼法》和《行政诉讼法》三大法典，而宪法程序法主要涉及违宪审查制度问题，中国的违宪审查权不由法院而由人民代表大会行使，目前主要由《宪法》、《立法法》和《各级人民代表大会常务委员会监督法》组成。非诉讼程序法主要有《仲裁法》和《人民调解法》。

（二）法律体系的特征

我国法律体系具有如下几个特征：

一是本土性。本土性体现在“中国特色”上。法律应当反映不同国家的社会体制、历史文化传统以及风俗习惯，反映每一个国家的现实经济生活需要。在我国法律体系形成的过程中，我们没有完全照抄或整体照搬某些国家的立法。我国虽然借鉴了大量外国的立法经验，但是任何一部立法都体现了中国特色，着重立足于中国的现实问题，解决中国的实际问题，使整个立法更具实践性、实用性和具体的针对性。

二是人民性。以人为本、立法为民，是我国法律体系的本质目的。我国的立法目标和宗旨就是反映人民的意愿，实现人民的目的。

在立法工作中，各级立法机关注重通过民主立法、开门立法的方式，最大限度地反映民意，最大限度地集中广大人民群众的立法智慧。

三是完整性。主要表现在：第一，七个法律部门的基本法律已经建立起来。以民法为例，尽管我国尚未编纂成一部完整的民法典，但是其中起着支架性作用的法律（如《物权法》、《合同法》、《侵权责任法》等）都已经有了。第二，三个层次的立法已经基本齐备。第三，各项制度和规则大体涵盖了社会生活的主要部分。

四是统一性。统一性有三个要求，首先是构成法律体系的法律规范是统一的，即所有法律规范都必须统一于宪法，不得同宪法相抵触；其次是法律体系中不同层次的法律规范的效力等级位次明确；最后，构成法律体系的法律规范是协调的。按照这个标准衡量，我国法律体系内部不同的法律门类之间、不同层次法律规范（宪法、法律、行政法规、地方性法规和自治条例、单行条例等）、不同法律规范之间，基本做到了逻辑严谨、结构合理、和谐统一。

五是开放性。任何一个法律体系都与一定的社会关系相适应，社会发展过程中形成新的社会关系以及原有社会关系的变化，都会对法律体系形成发展变化的要求。我国正处在不断完善市场经济体制和加快法治建设的转型时期，这决定了我国的法律体系具有变动性和开放性，必然随着社会发展而不断进行修改和完善。

四、重要法律制度的确立

社会关系的法律化程度，是衡量一国法律体系和法律制度是否完善的重要标准。随着中国特色社会主义法律体系的形成，一系列重要的法律制度建立起来，国家经济、政治、文化和社会生活的各个方面基本实现了有法可依，社会关系主要领域的法律化程度明显提高。

（一）保障人权的法律制度

现代法治的核心是保护人权。改革开放以来，执政党坚持以人为本的执政理念，把“国家尊重和保护人权”写入宪法，为人权保障的法律化提供了宪法基础。在此基础上，我国制定和建立了一系列尊重和保障人权的法律制度。此外，我国还参加了二十多项国际人权公约，其中包括《消除一切形式种族歧视国际公约》、《消除对妇女一切形式歧视公约》、《禁止酷刑和其他残忍、不人道或有辱人格的待遇或处罚公约》、《儿童权利公约》、《经济、社会及文化权利国际公约》等核心国际人权公约，充分发挥国际人权在促进和保护本国人权方面的积极作用。

其一，生命权的法律保障。我国重视对公民生命权的法律保障。《宪法》、《刑法》、《民法通则》等法律对保障公民生命权作了基本规定。《安全生产法》、《职业病防治法》等法律法规，对保护劳动者的生命安全和身体健康作出了更加具体的规定。

根据本国情况，我国在法律上保留了死刑，但坚持“少杀、慎杀”和“宽严相济”的刑事政策，严格控制和慎重适用死刑，确保死刑仅适用于极少数罪行极其严重的犯罪分子。同时规定犯罪时不满 18 周岁的人和审判时怀孕的妇女，不能适用死刑。我国刑法还创造性地规定了死刑缓期二年执行的制度，这一制度有利于严格控制死刑的适用和减少实际执行死刑的人数，在司法实践中，被判处死刑缓期执行的人犯除极少数之外，绝大多数都被改判为无期徒刑。

其二，人身自由、人格尊严的法律保障。我国宪法规定，公民的人身自由不受侵犯。任何公民非经检察机关批准或决定，或者人民法院决定并由公安机关执行，不受逮捕。禁止非法拘禁和以其他方式非法剥夺或者限制公民的人身自由。公民的住宅不受侵犯，禁止非法搜查或者非法侵入公民的住宅。公民的通信自由和通信秘密受法律保护，禁止非法检查公民的通信。《刑事诉讼法》明确禁止刑讯逼供，对于拘留、逮捕、搜查取证等涉及人身自由和安全的强制方法和手段，规定了严格的法律程序。《刑法》对于司法人员的刑讯逼供罪也专门作了规定。《立法法》和《行政处罚法》还规定，行政法规和地方性法规不得设定人身自由的处罚；限制人身自由的强制措施和处罚，只能由法律规定。

《宪法》还规定公民的人格尊严不受侵犯，禁止用任何方法对公民进行侮辱、诽谤和陷害。《民法通则》规定了公民的姓名权、名誉权、肖像权等各种人格权。

其三，政治权利的法律保障。首先，我国不断扩大拥有政治权利的公民范围。改革开放后，执政党放弃了无产阶级专政下继续革命的理念，不再按照意识形态的标准对某些公民及其亲属的政治权利进行限制和剥夺。《宪法》规定，国家的一切权力属于公民，使享有政治权利的公民范围得以扩大。《立法法》进一步规定，只有法律才能设定对公民政治权利的剥夺，从立法层面上防止了某些主体利用低位阶的法规、规章随意剥夺公民的政治权利。公民的选举权得到了切实保障。我国宪法和法律规定，年满 18 周岁的中国公民，除依法剥夺政治权利外，不分民族、种族、性别、职业、家庭出身、宗教信仰、教育程度、财产状况、居住年限，都有选举权和被选举权。除须达到法定年龄和被依法剥夺政治权利外，不再对选民增加其他限制条件，使拥有选举权的公民人数尽可能最大化，这是中国选举法的一大特点。此外，根据《选举法》和《地方各级人民代表大会和地方各级人民政府组织法》的规定，选民或者代表 10 人以上联名，可以推荐代表候选人，并与政党、社会团体推荐的代表候选人具有同等法律地位；各级人大代表、地方各级人大常委会副主任和人民政府副职领导人员，一律由差额选举产生。地方各级人大常委会主任、人民政府正职领导人员、法院院长和检察长也由差额选举产生；如果提名的候选人只有一人，也可以等额选举。其次，公民享有政治权利的法律规定更加详细、程序更加完善。宪法对公民的政治权利，如言论、出版、集会、结社、游行、示威的自由等均有详细规定。《集会游行示威法》以及有关出版、社团登记管理方面的行政法规使有关公民权利的规定更加具体，程序上也更加完善，为公民政治权利和自由提供了具体的法制保障。最后，实行公民有序的政治参与。近年来，我国采取稳妥的政策，不断探索公民有序的政治参与。比如实行村民自治和城市居民自治，并且扩大直接选举的范围，逐步扩大公民的政治参与。

其四，平等权的法律保护。平等权是人权的重要组成部分。改革开放以后，我国在这方面做了大量富有成效的工作，取得了许多成就。首先，在《宪法》中确立了公民在法律面前一律平等的原则。明确规定，任何公民都平等地享有宪法和法律规定的权利，同时平等地履行宪法和法律规定的义务；在适用法律时，对于任何人的保护或者惩罚，都是平等的，不因人而异；任何组织或者个人都不得有超越宪法和法律的特权，一切违反宪法和法律的行为都必须予以追究。其次，进一步完善民族平等。现行宪法和《民族区域自治法》规定，各民族一律平等，国家保障各少数民族的合法权利和利益，禁止对任何民族的歧视和压迫。各民族都有使用和发展本民族语言文字的自由，都有保持或者改革本民族风俗习惯的自由。最后，依法保护性别平等。《宪法》和《妇女权益保障法》等法律规定，妇女在政治、经济、文化、社会和家庭生活等方面享有同男子平等的权利。

其五，宗教信仰自由保障的法律制度。《宪法》规定，公民有宗教信仰自由，任何国家机关、社会团体和个人不得强制公民信仰宗教或者不信仰宗教，不得歧视信仰宗教的公民和不信仰宗教的公民。国家设有专门的宗教事务管理机构保护正常的宗教活动。任何人不得利用宗教进行破坏社会秩序、损害公民身体健康、妨碍国家教育制度的活动。宗教团体和宗教事务不受外国势力的支配。国务院颁布的《宗教事务条例》，依法保护宗教团体、宗教活动场所和信教公民的合法权益和正常的宗教活动。此外，《境内外国人宗教活动管理规定》还保障了在中国境内的外国人的宗教信仰自由。

其六，劳动者权益的法律保障。《劳动法》、《劳动合同法》、《劳动争议调解仲裁法》、《就业促进法》和《职工带薪年休假条例》、《劳动保障监察条例》等法律法规，规范和促进了就业，合理界定了用人单位和劳动者的权利和义务，维护了劳动者的合法权益。《工伤保险条例》、《失业保险条例》、《社会保险费征缴暂行条例》以及《企业职工生育保险试行办法》等法规、规章，保证了劳动者在养老、失业、患病、工伤和生育等情况下能够享有必要的物质帮助。《残疾人就业条例》、《女职工劳动保护规定》、《禁止使用童工规定》等法规和规章，对不同类型弱势群体的身心健康和合法权益给予了特别保护。

其七，经济、社会、文化和其他权利的法律保障。《宪法》规定，公民的合法私有财产不受侵犯。《物权法》规定，国家、集体、私人的物权和其他权利人的物权受法律保护，任何单位和个人不得侵犯。《老年人权益保障法》、《母婴保健法》、《未成年人保护法》、《残疾人保障法》等法律，加强了对特殊群体的保护。《城市居民最低生活保障条例》、《农村五保供养工作条例》等法规，规定对城市贫困人口和农村无劳动能力，无收入来源又无人赡养、抚养、扶养的农民提供基本生活保障。《军人抚恤优待条例》和《退伍义务兵安置条例》等法规，规定了国家对退役和伤亡军人及家属的抚恤优待制度。一个以社会保险、社会救助、社会福利为基础，以基本养老、基本医疗、最低生活保障制度为重点，以慈善事业、商业保险为补充的社会保障体系正在不断完善。公民受教育权受宪法和法律保护。《义务教育法》强化了国家保障义务教育实施的责任，将义务教育全面纳入财政保障范围，保障所有适龄儿童、少年平等接受义务教育的权利。

（二）规范经济秩序的法律制度

改革开放以来，我国不断加强经济立法和相关立法，基本形成了符合社会主义市场经济需要的法律制度。

其一，民事法律制度。各项民法把财产权的确认、变更、行使、流转、消灭和保护规则作为民事法律制度的核心，建立健全了债权制度和物权制度，确立了合同自由原则以及国家、集体、私人的物权和其他权利人的物权受法律平等保护的原则，形成了各种所有制经济合法共存、平等竞争、相互促进的格局。

其二，宏观调控的法律制度。《预算法》、《审计法》、《政府采购法》、《价格法》、《个人所得税法》等法律，对相关领域进行宏观调控依法作出规定，以充分发挥市场机制、优化资源配置。银行法等法律为保持币值稳定、化解金融风险、保证金融安全提供了制度保障。统计法为国民经济和社会发展的科学决策提供了法律基础。

其三，知识产权保护的法律制度。《专利法》、《商标法》、《著作权法》等法律以及《计算机软件保护条例》等大量行政法规，建立起较完善的保护专利权、商标权、著作权等知识产权法律制度。

其四，市场主体的法律制度。《公司法》、《合伙企业法》、《商业银行法》等立法确认各类市场主体的合法地位，保障其公平参与市场竞争，适应了市场经济对市场主体的基本要求。《公司法》确立了有限责任公司和股份有限公司等基本制度，完善了公司治理结构，为建立现代企业制度、保障公司投资者和利益相关人的合法权益奠定了制度基础。《破产法》建立了规范市场主体退出的破产制度。我国还建立了法律、财务、信息咨询等大批市场服务组织，完善了市场中介组织的法律制度。

其五，市场管理的法律制度。《反垄断法》、《反不正当竞争法》规范了市场竞争行为，促进了垄断行业的改革，加强了政府监管和社会监督，并相应地确立了民事赔偿和行政赔偿并存的救济制度。《消费者权益保护法》、《产品质量法》建立了保护消费者利益和保证产品质量的法律制度。其他一大批法律法规如《城市房地产管理法》、《保险法》、《证券法》、《直销管理条例》等，在维护房地产市场秩序、监管金融行业、防范和化解金融风险等方面，也有效地规范了市场行为。

其六，资源节约和环境保护的法律制度。我国制定了《环境保护法》、《大气污染防治法》等有关环境保护的法律以及《可再生能源法》、《节约能源法》等资源节约和保护方面的法律，出台了大量与环境和资源保护相关的行政法规，建立了环境影响评价、排污申报登记、排污收费、限期治理以及自然资源的规划、权属、许可、有偿使用等方面的制度，将资源节约和环境保护确立为基本国策，不断加强环境与资源保护法制建设。此外，我国还重视相关的国际合作，缔结或参加了三十多项国际环境与资源保护条约，积极履行所承担的条约义务。

其七，对外经贸合作的法律制度。《外资企业法》、《中外合资经营企业法》、《对外贸易法》等一系列法律，保障了外国投资者在我国投资、开展经贸活动的合法权益。2001 年加入世界贸易组织后，我国进一步规范了对外贸易经营者的权利和义务，健全货物、技术进出口和国际服务贸易管理制度，建立起符合我国国情的对外贸易调查制度和对外贸易促进体制，并根据世界贸易组织规则完善贸易救济制度，完善海关监管和进出口商品检验检疫制度。

（三）建设法治政府的法律制度

依法行政、建设法治政府，是全面落实依法治国基本方略的重要内容，是中国政府施政的基本原则。多年来，中国政府采取一系列措施切实推进依法行政，建设法治政府。继 1999 年颁布《关于全面推进依法行政的决定》后，2004 年中国政府又发布《全面推进依法行政实施纲要》，明确了建设法治政府的目标，提出了此后 10 年全面推进依法行政的指导思想和具体目标、基本原则和要求、主要任务和措施。目前，中国各级人民政府的行政权力已逐步纳入法治化轨道，规范政府权力取得和运行的法律制度基本形成，依法行政取得了重要进展。

其一，有关行政主体的法律制度。按照《宪法》、《国务院组织法》、《地方各级人民代表大会和地方各级人民政府组织法》，我国实行五级政府管理体制，分别是：国务院、省、自治区、直辖市、人民政府，设区的市、自治州人民政府，县、自治县、不设区的市、市辖区人民政府，乡、民族乡、镇人民政府。国务院是中央人民政府，是全国人大的执行机关和最高国家行政机关；地方各级人民政府是地方各级人大的执行机关和地方各级国家行政机关。地方各级人民政府都是国务院统一领导下的国家行政机关。

其二，有关行政行为的法律制度。行政行为法律制度包括如下方面：一是行政许可制度。《行政许可法》对行政许可设定的事项和程序都做了严格的限制和规定。它还规定，行政机关实施行政许可必须合法、公开、公正、便民，遵循不得擅自改变已经生效的行政许可的信赖保护原则。二是行政征收、征用制度。按照法律规定，征收集体所有的土地，应当依法足额支付土地补偿费用、安置补助费、地上附着物和青苗的补偿费等费用，安排被征地农民的社会保障费用，保障其生活。征收单位、个人的房屋及其他不动产，应当依法给予拆迁补偿，维护被征收人的合法权益；征收个人住宅的，还应当保障被征收人的居住条件。三是行政处罚制度。《行政处罚法》规定，对违反行政管理秩序的行为，应当给予行政处罚的，只能由法律、法规或者规章设定，并由行政机关依照该法规定的程序实施。没有法定依据或者不遵守法定程序的，行政处罚一律无效。

其三，行政监督、救济制度。行政监督、救济方面的法律制度主要有：一是行政复议制度。《行政复议法》规定，公民、法人或其他组织认为具体行政行为侵犯其合法权益的，可以向行政机关申请行政复议。行政复议机关经过审理，可以依法决定撤销、变更或者确认该具体行政行为，可以责令行政机关限期履行法定职责或者重新作出具体行政行为。二是行政诉讼制度。《行政诉讼法》规定，当事人对行政机关作出的具体行政行为不服的，有权向人民法院提起诉讼。对具体行政行为存在主要证据不足、适用法律法规错误、违反法定程序、超越职权等情形的，人民法院可以判决撤销或者部分撤销，并可以判决被告重新作出具体行政行为。三是行政赔偿制度。《国家赔偿法》规定，行政机关及其工作人员违法行使行政职权侵犯人身权利和财产权的，受害人有获得赔偿的权利；并对行政赔偿主体、赔偿程序、赔偿方式和赔偿标准等作了详细规定。四是行政监察和审计制度。《行政监察法》规定，由监察机关对行政机关在遵守和执行法律、法规和人民政府的决定、命令中的问题进行监察。《审计法》规定，由审计机关对国务院各部门和地方各级人民政府的财政收支、国有金融机构和企事业单位的财务收支等进行审计监督。

第四，国家公务员制度。《公务员法》和《行政机关公务员处分条例》规定了公务员的任职条件、义务与权利、职务与级别、录用、考核、职务任免与升降、奖惩、培训、交流与回避、工资福利保障、辞职与辞退、退休、申诉控告、职位聘任以及法律责任等，确立了公务员的分类管理、职位聘用以及处分制度。

（四）确保司法公正的法律制度

人民法院是我国的审判机关。人民检察院是我国的法律监督机关。人民法院和人民检察院依法分别独立行使审判权和检察权，不受行政机关、社会团体和个人的干涉。

我国审判机关包括最高人民法院、地方各级人民法院和军事法院等专门人民法院。地方各级人民法院分为基层人民法院、中级人民法院、高级人民法院。最高人民法院是最高审判机关，监督地方各级人民法院和专门人民法院的审判工作，上级人民法院监督下级人民法院的审判工作。检察机关包括最高人民检察院、地方各级人民检察院和军事检察院等专门人民检察院。最高人民检察院是最高检察机关，领导地方各级人民检察院和专门人民检察院的工作，上级人民检察院领导下级人民检察院的工作。

《宪法》、《人民法院组织法》、《人民检察院组织法》、《民事诉讼法》、《刑事诉讼法》和《行政诉讼法》对我国的司法制度作了全面规定，为审判权和检察权的独立行使提供了有效的法律依据。

其一，公开审判制度。人民法院审判案件实行依法公开、及时公开原则。涉及个人隐私和商业秘密的民事诉讼案件，当事人申请不公开审理的，可以不公开审理。其他案件，除涉及国家秘密、个人隐私和未成年人犯罪外，案件审理一律公开进行。

其二，合议制度。法院审理第一审案件，除简单的民事案件、轻微的刑事案件和法律另有规定的案件可以适用简易程序由审判员一人独任审判外，由审判员组成合议庭或者由审判员和人民陪审员组成合议庭进行；审判上诉和抗诉案件，由审判员组成合议庭进行。

其三，人民陪审员制度。人民陪审员依法参加合议庭审判案件，除不得担任审判长外，与合议庭其他成员享有同等的权利，承担同等的义务，并共同对事实认定、法律适用独立行使表决权。为保障公民依法参加审判活动，促进司法公正，除适用简易程序审理的案件和法律另有规定的案件外，人民法院审理社会影响较大的民事、行政和刑事案件，以及刑事案件被告人、民事案件原告或者被告、行政案件原告申请由人民陪审员参加的一审案件，由人民陪审员和法官组成合议庭进行。

其四，辩护制度。为了保障犯罪嫌疑人、被告人的人权，确保刑事诉讼程序正义，刑事案件的犯罪嫌疑人、被告人依法享有辩护权，还可以委托他人作为辩护人。辩护人依据事实和法律提出犯罪嫌疑人、被告人无罪、罪轻或者减轻、免除其刑事责任的材料和意见，维护犯罪嫌疑人、被告人的合法权益。

其五，诉讼代理制度。在民事、行政诉讼中，无诉讼行为能力人由其监护人作为法定代理人代为诉讼。在刑事诉讼中，公诉案件的被害人及其法定代理人或者近亲属、自诉案件的自诉人及其法定代理人、附带民事诉讼的当事人及其法定代理人均有权委托诉讼代理人。诉讼代理人以当事人的名义参加诉讼活动，实现和维护当事人的合法权益。

其六，回避制度。案件当事人如果认为审判人员与本案有利害关系或者与本案当事人有其他关系，可能影响对案件公正审理的，有权申请审判人员回避。审判人员如果是案件当事人、诉讼代理人的近亲属，或者认为自己与案件有利害关系或者其他关系的，必须回避。

其七，两审终审制度。针对地方各级法院第一审案件的判决或者裁定，当事人可以在法定期限内，依法向上一级法院提起上诉；当事人不上诉的，法定期满后即产生法律效力。对上诉、抗诉的案件的判决和裁定，上一级法院作出的判决和裁定，除死刑案件需要最高人民法院复核外，都是终身判决和裁定。最高人民法院审判的第一审案件的判决和裁定，具有最终效力。

其八，司法调解制度。法院审理民事案件，按照“能调则调，当判则判，调判结合，案结事了”的原则，根据自愿、合法、民主的要求，在审判人员的主持下，采取调解的方式，促使双方当事人达成和解，解决民事权益的争议。

其九，司法救助制度。对于为维护自己合法权益而提起民事、行政诉讼的当事人，如果经济确有困难，法院可实行缓交、减交、免交诉讼费用的救济制度。

其十，死刑复核制度。死刑除了依法由最高人民法院判决的以外，都应当报请最高人民法院核准。为确保死刑案件的慎重与公正，最高人民法院出台了《关于复核死刑案件若干问题的决定》，严格掌握和统一死刑适用的标准，严格规范死刑复核程序。所有死刑二审案件全部开庭审理。

其十一，检察制度。维护司法公正和法律的正确实施是人民检察院的职责。法律规定，检察院对叛国案、分裂国家案以及严重破坏国家的政策、法律、政令统一实施的重大犯罪案件，行使检察权；对国家工作人员利用职务贪污受贿、渎职侵权等直接受理的刑事案件进行侦查；对公安机关提请批准逮捕的案件，依法决定是否批准逮捕；对公安机关移送起诉的案件，进行审查后，依法作出是否起诉的决定；对刑事案件提起公诉或支持公诉等。检察机关对人民法院的审判活动、公安机关和国家安全机关的侦查活动、监狱的执法活动的合法性进行监督。

（五）促进国际交流与合作的法律制度

我国与许多国家和国际组织建立了平等互惠的司法合作关系，接受和采纳国际上通行的司法合作规则。迄今为止，中国分别与五十多个国家签署了涉及国际司法合作的双边条约和协定一百余项。除签署双边条约和协定外，中国还加入了二十余项包含司法合作内容的多边国际公约。2001 年，中国与上海合作组织其他成员国签署了《打击恐怖主义、分裂主义和极端主义上海公约》，中国还分别于 2003 年和 2005 年加入了《联合国打击跨国有组织犯罪公约》和《联合国反腐败公约》，加强了在打击有关犯罪方面的司法合作。

中国重视通过国内立法将国际司法合作落实为具体的操作规则。《民事诉讼法》规定，人民法院在审理涉外民事案件时，国内法律规定与中国缔结或参加的国际条约不一致的，优先适用国际条约的规定。该法还规定了涉外案件司法管辖和司法协助的原则、条件和程序。《刑事诉讼法》将国际条约关系和互惠原则确立为中国司法机关对外开展刑事司法协助的基础。《引渡法》吸收国际上通行的引渡合作规则，规定了中国与外国开展引渡合作的具体准则、条件和程序。

目前，中国主管机关依据有关双边条约或多边公约处理的司法协助事务呈逐年上升趋势。大量的民商事司法协助请求获得有效执行，维护了中外诉讼当事人的权益。在刑事诉讼领域，国际司法合作发挥了越来越重要的作用。最近十几年中，中国与一些国家和国际组织针对涉及杀人、贪污、贿赂、恐怖犯罪、侵犯知识产权、洗钱等犯罪的案件，开展了有效的刑事司法合作，相互协助调取证据材料，冻结扣押并追回被非法转移的犯罪所得，引渡或者遣返在逃的犯罪嫌疑人，有效地维护了司法公正。

体制篇

第十七章　中国共产党的领导核心地位

要理解当代中国政党体制，必须结合三个相互关联的纬度，即历史的、现实的和全球化这三个纬度。如果缺失了对中国政治发展自身的历史和现实的考虑，就会陷入理论或情绪的陷阱，很难客观地认识当代中国政党制度的特殊性逻辑；同样，如果缺失了全球政治发展的视野，我们的洞悉能力就会被遮蔽，无法从宏观上理解近代以来中国政党政治演变的普遍性逻辑。中国共产党核心领导地位的确立与发展过程，正是在这个特殊性逻辑和普遍性逻辑的交互作用中实现的。

中国近现代革命进程中，有两条主线贯穿始终。首先是中国社会的独特问题，即解决主权危机的问题，与之相伴的是中国社会的权威再造过程；其次是世界历史进程中的一个普遍问题，即民主建设的问题，与之相伴的则是现代国家的制度构建过程。解决主权危机的迫切要求决定了中国现代民主制度建设的中国特色，而民主制度建设的目标反过来决定了中国革命的现代性。因此，只有同时把握主权与民主这两条线索，才能理解中国革命与建设的历史进程，才能解释共产党在国家中核心领导地位的形成。

一、党的领导核心地位的合法性基础

如上所述，从近现代历史的发展中认识中国共产党的执政地位，必须拓展视野，结合现代国家政党现象的普遍性和中国革命和建设中政党政治的特殊性两方面的问题。因为任何制度的形成、发展和巩固，既要充分尊重社会结构与社会发展的内在要求，也要尊重现代国家政治制度运行与发展的基本规律。具体而言，可以从三个方面来探讨中共成为中国政治生活领导核心的历史动因。

（一）革命与政治整合：党的核心领导地位形成的历史基础

中国的革命与国家建设必然以政党为核心领导力量。现代国家的政治生活为什么需要政党政治这种基本形式？换言之，政党为什么会成为现代国家政治运转的中轴？对中国近代政党政治的解释不能仅局限于中国社会自身，只有置于人类政治史的大背景中，才能获得认识的客观性。同时，只有弄清政党政治的一般性规律，才能更好地理解中国政党政治的特殊性情形。马克思主义从经济基础与上层建筑这两个方面解释了政党政治的产生与发展。从最基础的层面看，政党产生所需要的各方面条件是由现代市场经济所促生的，市场经济的发展，客观上使政党成为现代国家阶级斗争最适宜的工具。然而，市场经济自身不能直接产生出政党与政党制度，现代政党的有效运作，还取决于制度和观念的保障。

在探讨现代政党制度发展的文献中，更多的是从西方国家资产阶级革命之后，社会利益多元冲突与代议政制的发展来探讨的，这是一种结构论的理解思路，即从社会结构和政治制度的互动来理解政党政治的发展。但是，结构论的视角并不能直接解释中国政党制度的产生与发展。因为依照这种思路，中国近代社会并不具备政党政治所需要的条件。因此，更适宜的方法是我们应当从功能的角度来考察政党政治发展的一般规律。从功能论的角度来讲，现代国家建设中，各种制度构建的一个内在需求，是形成一种整合机制，能够弥补由民主制度所带来的权力与利益的多元化趋势。而政党政治正是由于能够较好地充当这么一部"政治整合器"的功能，才逐渐成为现代国家中最重要的一项制度构成。因此，从现代国家建设的角度来看，不管政党是在什么情况下、以什么形式确立，其内在的倾向都是共同的，就是最大限度地创造国家整合，减少社会中的无序纷争所带来的社会分散和国家分离。[①] 因此，国家政党政治运行的过程，就是政党整合国家政治中分散性力量的过程。

作为一种整合性力量而跃上历史舞台的政党，在中国政治发展中的作用尤其突出。国家的现代化必须具备四个基本前提：一是独立的国家’二是有效的政权；三是现代的制度；四是合理的战略。[②] 然而，在中国现代化进程启动的时候，发展现代化所需要的基本前提却无一具备。因此，中国20世纪的政治发展就成了两种力量的交互促动，即现代化的大方向和国家新的权威核心再造的相互作用。更明确地说，在20世纪初，无论是国家的独立还是现代化建设的展开，当务之急，是形成一个新的权威中心，以弥补中国以小农为主要构成的碎片化社会结构的缺陷，整合国家各方面的力量。在这种情况下，政党这种近代以来的新型政治整合机制，自然成为中国政治中的领导性力量。

在中国20世纪的诸多革命力量中，中国共产党为什么能领导中国革命走向成功？孙中山先生领导的辛亥革命推翻了两千多年的君主专制制度，在中国开启了民主共和的时代。不容否认，辛亥革命为现代制度在中国的确立提供了重要的思想和政治基础。毛泽东说："辛亥革命使民主共和国的观念从此深入人心，使人们公认，任何违反这个观念的言论和行动都是非法的。"[③] 然而辛亥革命后，国民党在整合社会力量的过程中表现出了意识形态上的缺陷和组织上的软弱性，它试图以拼盘的方式将新旧势力在形式上统一起来，这种政治整合必然徒具形式，而无法形成一个真正具有凝聚力的权威中心。

① 林尚立等：《新中国政党制度研究》，上海人民出版社，2009年版，第7页。

② 林尚立：《政党与现代化：中国共产党的历史实践与现实发展》，《政治学研究》，2001年第3期。

③ 《建国以来毛泽东文稿》第4卷，中央文献出版社，1992年版，第546页。

革命的成果很快被袁世凯窃取，军阀割据局面随之形成，这些都是国民党政党组织内在缺陷的必然结果。其后，经过北伐战争，国民党在形式上实现了统一，但仍然是一个新旧势力拼合在一起的分散性力量。

支撑性主体力量的存在与否，决定着传统政治体系转型的成与败。对于政治体系转型失败的后发现代国家来说，这其中的问题并没有因为传统政治体系彻底自我毁灭而消失，因为传统政治体系彻底毁灭之后，即刻就面临着现代政治体系的建设问题，而要在传统政治体系毁灭后的废墟上耸立其现代政治体系，并由此重新整合国家与社会，全面启动现代化，也依然面临着社会中有什么样的力量能够承担起这样的历史使命，支撑起新的政治体系的问题。显然，如果这个力量在传统政治体系转型之前就不存在，那么转型之后也不可能存在。问题的关键在于，没有这样的支撑性主体力量，新的政治体系就确立不起来，现代化发展就无法得以启动和展开。既然社会自身的结构不能孕育这样的支撑主体，那唯一的路径是通过人为的努力在现实的社会中去组织和创造这样力量，否则现代化必将是胎死腹中。中国革命的先行者孙中山先生以自己的亲身实践证明了这一点。[①]

中国共产党是马克思主义与中国国情相结合的产物，她的成立在思想上和组织上为中国革命指明了方向。与此同时，中国共产党也成为一种强有力的整合性力量，满足了当时中国社会的紧迫需求。当时的中国社会不仅仅需要一场上层的政治变动，这远远不能应对近代以来国家所面对的“三千年未有之变局”，而且还需要自下而上的整个社会的重组。而这种社会革命基础上的重组，需要强有力的意识形态理论的支撑。在建党伊始，马克思主义意识形态和列宁式建党原则就成为共产党领导中国革命的强有力的武器。共产党人从民国初年的革命挫折中意识到，除非有一个高度集中统一的政党组织和高度凝聚力的意识形态，否则就无法取得革命的成功。因此，

① 林尚立等：《新中国政党制度研究》，上海人民出版社，2009年版，第10—11页。

中国共产党在1921年成立时，就明确了党的纲领：以无产阶级革命军队推翻资产阶级，采用无产阶级专政，以达到阶级斗争的目的。从而明确了中国的革命不仅仅是上层建筑的简单调整，而是一场社会革命为基础的彻底变革。如果没有社会革命作为支撑，政治革命虽然能够颠覆传统的制度结构和统治体系，但并不能确立新的历史时代所需要的权威核心和国家政权。

同时，与革命的意识形态相配合，在组织上必须有一个高度集中统一的政党，以克服中国分散化的社会结构所带来的政治整合的困难。共产党依照列宁式建党原则来确立自身的组织基础，顺应了中国政治社会的内在需求。当然，列宁式建党原则的确立，也是共产主义意识形态及国际共产主义运动的产物。在马克思主义意识形态中，无产阶级的使命是通过革命的方式推翻资产阶级的统治，这样的一个政党必须是“一个不同于其他所有政党并与它们对立的特殊政党”。首先，它在政治上维护和坚持自己的独立性，有自己的目标和政策，而不能软弱和无所作为；其次，它是无产阶级组织的最高形式，经由最有觉悟的先进分子把革命理论传递给社会大众，从而形成社会革命的文化基础；再次，它“以革命为政治的最高行动”，把夺取政权作为自己的中心任务，而所有的教育、宣传和组织都是进行革命的手段。显然，在马克思关于无产阶级政党的理论中，党被赋予了高度内敛的特征：鲜明的纲领、严密的组织、严格的纪律、统一的行动。①

（二）政权建设与现代化：党的核心领导地位得以巩固的现实基础

如果离开了政党的领导，国家的存在和发展就失去了其应有的政治基础。邓小平指出，“在中国这样的大国，要把几亿人口的思想

① 陈明明：《现代化进程中政党的集权结构和领导体制的变迁》，《战略与管理》，2000年，第6期。

和力量统一起来建设社会主义，没有一个由具有高度觉悟性、纪律性和自我牺牲精神的党员组成的能够真正代表和团结人民群众的党，没有这样一个党的统一领导，是不可能设想的，那就只会四分五裂，一事无成。这是全国各族人民在长期的奋斗实践中深刻认识到的真理。我们人民的团结，社会的安定，民主的发展，国家的统一，都要靠党的领导。坚持四项基本原则的核心，就是坚持党的领导。"①

中国作为后发现代化国家的特点，决定了以党为核心的权力体制对现代化建设的领导是卓有成效的。后发现代化国家在国家独立后，只能以"赶超战略"来加快本国的工业化进程。而以"赶超型"工业化为基本内涵的现代化建设，对国家政治权力的结构有着特殊的要求。具体而言，在新中国成立后，国家现代化建设的基础是十分薄弱的，人口众多而资源匮乏，在这样的基础上启动现代化进程，尤其是以重工业优先为导向的工业化进程，必然需要有一种力量，能聚集、分配国家的有限资源，从而集中力量办大事。中国工业化的特殊逻辑必然创造出一种特殊的制度安排：在乡村，为了最大限度动员和提取工业化所需资金，必须克服土地改革后出现的小土地私有制和个体农业的制度性后果，以合作化运动把农民组织起来，收回农民独立的财产权利；同时为了使农业为国家经济发展蓄留大规模劳动力，必须冻结农业人口流动以压低其机会成本。② 无疑，这样的发展模式对政权的资源整合能力有着极高的要求。近代以来，中国工业化进程发展迟缓，与国家核心权威结构的缺失有直接的关系，但在新中国成立后，由于革命和长期战争的影响，中国出现了一个高度集权的权威结构，从而为工业化进程的启动提供了政治上的条件。

在改革开放之后，以党为核心领导的政治体制再次显出优势，主要体现在令世人瞩目的"中国模式"上。"中国模式"通常指改

---

① 《邓小平文选》第2卷，人民出版社，1994年版，第311页。

② 陈明明：《现代化进程中政党的集权结构和领导体制的变迁》，《战略与管理》，2000年第6期。

革开放以来驱动中国快速发展的经济模式，然而如果不深入理解这种经济发展模式背后的政治模式，就很难全面理解中国模式为什么是可能的，又为什么是独特的。在中国政治体制之下，政治因素对中国模式的影响要远远大于经济因素。正是在政治与政治因素的驱动下，中国的经济发展模式才在改革开放过程中得以形成。因此，政治才是理解中国模式的核心。而在政治体制中，以共产党为核心的领导体制无疑是最重要的，这种重要性集中体现在改革、发展与稳定的关系上。由于中国经济改革是依赖政府主导、推动，因而在改革与发展中存在的问题很大程度上也必然依赖政府解决，能否解决这些问题决定着中国模式的可延续性。现代政治发展理论表明，发展中国家克服转型中所产生的问题的关键，在于拥有一个强有力的政党体制。[①] 正是中国政党体制的有效性，才提供了持续推进改革与发展的动力，才保障了转型中的秩序。因此，中国模式最重要的特征就是在经济快速发展的同时，保持一个强有力的政党领导体制。

（三）社会主义：党的核心领导地位的制度基础

上文的论述，阐明了党的核心领导地位基于历史逻辑和现实逻辑，实际上也就是中国共产党如今拥有核心领导地位的历史合法性和基于现实绩效的合法性。然而，现代政治学研究表明，在统治合法性的诸多来源中，仅仅依靠初始合法性和绩效合法性是不够的，一种稳定而持续的统治，还应当赋予民众以理念上的认同，并以切实的制度保障这一理念与现实的统一。在中国共产党领导下所形成的国家制度中，社会主义这一既是理念又是制度的因素，所提供的合法性资源是重要而深远的，也尤其值得在新的历史条件下充分实现其政治整合功能上的潜力。

社会主义既是新中国的意识形态，又是国家制度。毛泽东在《新民主主义论》中指出："我们共产党人，多年以来，不但为中国

① 塞缪尔·亨廷顿：《变化社会中的政治秩序》，三联书店，1989 年版，第 377 页。

的政治革命和经济革命而奋斗，而且为中国的文化革命而奋斗，一切这些的目的，在于建设一个中华民族的新社会和新国家。”“这就是说，我们不但要把一个政治上受压迫、经济上受剥削的中国，变为一个政治上自由和经济上繁荣的中国，而且要把一个被旧文化统治因而愚昧落后的中国，变为一个被新文化统治因而文明先进的中国。一句话，我们要建立一个新中国。”由此可以看出，新中国所确立的社会主义制度，包含了人民民主、政治平等、国家富强和民本主义等诸多内容。正是这些因素才是保证党的核心领导地位具有长久合法性基础的重要因素。

社会主义的本质取向是从物的奴役，即从资本主义生产关系中解放出来，然后再从人的奴役，即从资产阶级统治制度中解放出来。因而，经济基础的革命，即以公有制代替私有制，是社会主义国家确立的前提。然而，公有制不可能在私有制中孕育，必须通过无产阶级革命所确立的国家政权来实现。换言之，社会主义国家的生产关系不可能限于社会主义政权而单独存在，而是一定通过无产阶级革命，建立无产阶级政权之后才能改造经济基础。因而，新生的社会主义国家政权对旧有的经济基础不存在任何维护与延续，而是以继续革命的方式进行彻底的改造。同样，它所确立的政治制度，不是少数人的阶级利益，而是大多数人的社会公共利益。社会主义国家政权之所以能够成为社会普遍的公共利益代表者和维护者，是因为建立和掌握这个政权的是无产阶级。无产阶级的阶级性质和历史使命决定了它不仅是最大多数人的利益代表者，而且是实现者。领导无产阶级革命，夺取政权，建立社会主义国家的核心力量，是无产阶级的先锋队组织共产党。因此，社会主义国家的国家与政党的关系与资本主义国家的有本质不同，不论在历史逻辑上还是在政治逻辑上，政党都是国家的前提，即政党建立国家，并领导国家。

因此，社会主义制度与党的核心领导地位是互为里表的关系。社会主义制度首先规定了国家的性质，它代表着一种与旧政权不同的经济关系，从而重新确立了新社会阶级关系的原则。社会主义要保护的不是少数人的阶级利益，而是大多数人的社会公共利益。换言之，国家是社会主义的，国家政权要成为社会普遍的公共利益代表者和维护者，就必须确保它是建立在无产阶级基础上的政权。正是这种对国家政权阶级属性上的定性，为革命时期和革命后建设时期党的领导合法性提供了充足的来源，同样，在今天新的社会条件下，随着社会主义市场经济和工业化的深入发展，中国工人阶级的规模空前壮大。党的核心领导地位的巩固，更要依赖共产党自建党以来对其阶级基础的强调。

二、党领导国家政治生活的运行机制

我国宪法明确规定，共产党在中国国家政治生活中居于核心地位。这一规定在两个层面确立了中国政治制度运行的基本原则：其一，在政权组织系统上，党掌握政权是由其阶级属性和历史使命所决定的，只有保证党掌握政权，才能真正实现党对国家政治的领导，工人阶级统治才能落实；其二，在国家政治生活中处理好党的领导与协商、共和原则的协调，这主要体现在共产党与其他民主党派和社会团体、组织的关系上，一方面党居于核心领导地位，同时也要保证其他政治力量的参政议政。同时，这两个原则还要有法律上的保障，从而使国家的政治生活运转在制度化的轨道上。因此，要实现党对国家、社会的核心领导地位，就需要厘清以下几个层次的问题，首先是党对国家政治生活的介入模式，党是如何对国家政权的各个部分实施领导行为的；其次，党的领导的边界与强度直接关系到领导的效能，因此如何在集权与分权之间掌握一种平衡具有十分重要的意义；再次，还涉及一个根本的制度保证，即依法治国在实现党的核心领导地位中的作用与意义。

（一）领导与执政：政党—国家体制的运转模式

我国社会主义宪法规定党在国家政治生活中既是领导力量，又是执政组织。要明确党作为领导与执政力量的属性，须弄清以下两个问题：在新的历史时期如何重新认识党的阶级基础的问题；党领导国家政治生活的途径，也就是执政方式的问题。第一个问题关系到党领导和执政的根基，即如何巩固自身领导与执政的阶级基础，从而能从根本上加强执政能力；第二个问题关系到党的领导与执政的有效性问题，即通过何种机制能使党实现对国家政治生活的领导。这两个问题可以通过以下几个方面得以阐明。

首先，社会主义国家是以无产阶级为领导的国家，因而它只能由以工人阶级为基础的政党来领导，这种阶级属性决定了中国不可能采用西方的政党领导模式；同时，作为领导阶级的政党只有掌握了国家政权，才能将无产阶级领导落到实处，因而必须通过一定的制度联结党的组织与国家政权。在掌握国家政权的条件下，党的领导核心地位一方面通过对整个社会主义事业的政治领导来体现，另一方面则通过以党为领导核心的国家政权对社会主义建设的有效实践来体现。也就是说，在建设和发展社会主义的实际政治过程中，党的领导在很大程度上是通过领导和有效运作国家政权来展开的，即通过执政展开的。

其次，为了确保党的领导和执政的效能，就必须首先明确党对国家政治生活的领导的内容与边界。边界不清会削弱党的领导力量，这可以从改革开放前后我国政治运转的实际情况体现出来。具体而言，党的领导主要包括三个方面，即政治、思想和组织的领导。政治领导是党发挥领导作用的最重要的方面。党的政治领导就是将马克思主义普遍原理和中国实际结合起来，在革命和建设的各个阶段上，提出明确的政治任务、政治目标和政治方向，制定实现这种任务、目标、方向的路线、方针和政策，动员、组织、带领人民群众共同奋斗。思想领导是党发挥领导作用的又一重要方面。在改革开放和社会主义现代化建设的现阶段，人民群众面临着思想观念的转变，在一系列新政策、新事物、新矛盾面前产生了各种各样的思想认识问题。在现阶段，加强和改善党的思想领导，十分重要。党通过理论宣传工作和各级党组织的思想政治教育工作等形式，用说服、教育的办法，提高人民群众的思想认识。组织领导是党通过组织系统和组织工作实现领导的方式。党是按照党的纲领和章程，根据民主集中制原则，由党的中央、地方和基层组织把全体党员组织成为统一整体。党的组织领导就是通过各级党组织及党的干部和广大党员，对人民群众实现组织上的领导。党在人民军队、政权机关、社会团体、企事业单位、城市社区和农村基层建立党组织，党员在这些组织机构中担任领导工作，是党实现组织领导的主要途径。

再次，确保党对国家的政治生活的领导以及有效的执政，还要通过完善的制度运作过程。在我国社会主义的政治实践中，国家政治模式的变化充分体现了马克思主义与具体国情的结合，从而出现了中国特色的政党—国家政治运作模式。中国政治体制的独特之处，一方面，政党通过进入国家政权组织结构从而实现党对国家的领导；另一方面，国家权力又是在党的组织网络中运行的。在这种独特的党政关系中，党的领导的实现，主要通过两种方式。其一，在中央和地方国家机关中建立党组，使党员直接掌握国家权力。党组负责保证党的方针政策在本部门的贯彻实现，它在部门的实际工作中，对本部门的重大决策和人事任免有很大的影响作用，甚至是决定性的影响作用。党组的成员由批准成立党组的党的委员会决定，党组服从批推其成立的党委会的领导；其二，组建党的各级委员会，形式上独立于政府之外，对相应的各级政府官员拥有组织人事任免权，或任免建议权等，以此来实现党的领导。在第一种方式中，党组成为与政府共同履行行政功能的政府组织；在第二种方式中，政府不仅受其内部的党组控制，而且受其外部的同级党委控制。[①]

---

① 乌杰：《中国政府与机构改革（上册）》，国家行政学院出版社，1999年版，第196页；陈明明：《现代化进程中政党的集权结构和领导体制的变迁》，《战略与管理》，2000年，第6期。

第四，政权体系是党领导国家政治生活的媒介，在实际政治过程中，党的领导在很大程度上是通过领导和有效运作国家政权来展开的，即通过执政展开的。党的核心领导地位最终要通过执掌政权来实现，执政是党实现其领导的具体方式。但党的执政，并非是说党直接通过党的组织、章程和权威来领导国家和社会，也并非要以党代政，更不是以党的权威直接管理国家。实践证明，这样只会削弱党的领导能力，甚至造成国家政治生活偏离正常轨道。党在现代政治环境下要实现有效执政，就必须通过国家政权体系这一常态媒介。具体而言，就是依照宪法规定的制度与程序，执政党“进入”国家的各项制度结构之中，使理性化的现代国家的各项制度运转起来，这是党实现有效领导的机制保障。党的有效执政是党实现有效政治领导的政治保障，在这其中，党通过对国家政权体系的有效运作，即有效执政，不仅能够实现自己的领导目标，而且还能赢得丰富的政治资源，从而保障党的领导地位的巩固和发展。

因而，理论上讲，党的核心领导作用的有效运行与健全的国家制度建设是内在一致的，非但没有矛盾，反而还互相促进，互为依赖。国家政权越是完善和健全，党实现其领导核心作用越是有制度的基础和条件。从这个意义上讲，加强党的领导核心地位的重要途径，就在于通过法治的途径，推进国家政权的制度化、理性化建设。在党和国家政权的关系上，党的领导是通过党的执政来实现的。因而，只有理顺国家政权组织结构之间的关系，党的领导执政力量才能不断优化。另一方面，有效地掌握和运用国家政权，也是党能够领导和管理社会的最好的途径。党掌握和运用国家政权的关键，不是党在国家政权之外控制国家政权的运作，而是党在国家政权之内主导和运作国家政权。在这种最符合现代政治原理的执政方式中，虽然党没有利用其政治地位对国家政治生活形成全面的直接控制，但是党利用其执政地位对国家政权形成的全面主导，不仅使自己真正成为执政党，而且使国家政权真正按照党的意志发挥作用。

（二）集中与民主：党的领导方式的调适

在党对国家政治生活的领导机制中，如何处理权力集中与民主的关系，是一个非常重要的问题。历史与现实表明，在权力的集中与民主的处理上，一方面要防止中央权威的削弱，从而造成各自为政的局面；另一方面又要防止权力的过度集中，从而形成集权的病变，使整个领导体制都陷入危机与困境之中，甚至出现像“文革”这样的混乱局面。民主集中制既是政党内部的基本原则，也是国家政治生活的组织和活动原则，这一原则的本质是民主，是现代民主价值的一种制度实践形式。

虽然民主集中制是在政党和国家政权组织中同样遵循的原则，但由于政党组织和国家组织本身的特性不同，二者在具体运行方面是各有侧重的。在政党组织中，政党本身的组织、动员、决策和执行职能对权力集中的要求相对较高，这不仅是无产阶级政党的特征，也是现代政党出现后的普遍特征。因而，在政党组织内部的权力运行中，民主集中制原则具体的要求是党员个人服从党的组织，少数服从多数，下级组织服从上级组织，全党各个组织和全体党员服从党的全国代表大会和中央委员会。1982 年的党章规定很好说明了这个问题：“党内充分发扬民主，在民主的基础上实行高度的集中，加强组织性和纪律性，保证全党行动的一致，保证党的决定得到迅速有效的贯彻执行。”①

在国家政权组织的运行中，民主集中制原则的最终侧重点在民主，主要表现为一种中国特色的民主制度，是民主的具体实现形式。在这种权力运行机制中，民主是决定性的，是制度的最终诉求，而集中只是基于民主的要求而形成的。当然，在不同的国家机关，如人民代表大会和行政机关中，其表现形式及发挥作用的具体程序有所不同，但最终的指向都是民主的制度规范和这些规范背后的法治

---

① 《中国共产党章程》，人民出版社，1982 年版，第 6 页。

基础，而不是简单的权力关系。因此，民主集中制在国家政权组织中，主要是从制度层面去理解的，即民主的制度化和法律化形式。这是民主集中制在政党和国家政权机关中在具体运用上的差异。

然而，尽管我们强调在党的领导制度中维护中央的权威具有极其重要的意义，但正如现代政治学业已指出的，任何权力都应当保持在一定的边界之内，从而使整个体制具有相对的活力与效能。对于如何理顺党对国家政治生活以及党组织内部的领导体制，建国后经历了长期的探索与实践。前文已指出，改革开放前，在中国现代化特殊逻辑的规制下，党对国家和社会的控制一直处于高度集权状态，而且其集权的广度和深度一直不断增强。一方面是党组织自身的权力层层集中，另一方面是国家权力依托党的组织这个载体的高度集中。这种高度集权的模式曾造成党的领导体制的畸变，最终削弱了党的领导。这种畸变和削弱主要表现在：（1）民主集中制自身的失范，集中变成了各个层级党委及领导的权力独断，把一元化领导推向极端；（2）法律和制度成了虚设。宪法的权威不能得到落实，党的政策可以很容易改变宪法的规定，同时宪法和法律也不是治国的依据，在国家政治生活中丧失了地位；（3）党的功能行政化。作为执政党，党的主要功能应体现在三个方面，一是进行党自身的建设；二是制定路线、方针和政策；三是领导和促进国家机关和人民团体履行职责。但党的集权的绝对化使以党代政成为常态，政党的功能高度行政化了。此外，高度集权还造成了基层权力的变形和政府间关系的消极变化。①

因此，1978 年之后党的领导体制的改革很大程度上就是围绕着如何完善民主集中制原则来进行的。

（三）依法治国：党的核心领导地位的制度保障

改革开放之前，中国政治领导过程中的问题在于严重的党政不

① 林尚立：《当代中国政治形态研究》，天津人民出版社，2000 年版，第 348 页。

分，党对国家政治生活的领导是通过政党的组织网络而实现的。这种党国一体的权力运作方式，导致了政党组织自身日益行政化，从而弱化了政党的执政能力。在党政严重不分的情况下，国家制度被卷入政党组织之中，从形式上看，政党通过其强大的组织能力实现了对国家的领导与控制。然而，国家制度瓦解与混乱的过程，必然就是政党组织体系瓦解与混乱的过程，因为在以党代政的条件下，高度集权的政党组织模式必然会扭曲民主集中制的原则，最终造成如文化大革命这样的领袖专权与国家政治生活的全面混乱。陈明明教授指出，缺乏制度与法治媒介的领导，使党直接行使国家权力，成为国家行政组织本身，因而政党本应具备的利益表达、沟通信息、联系群众等传统的政治功能便被日趋强化的行政功能所消解。党的高度集权在形成党国一体的领导体制以及通过国家成功地整合社会的同时，却因党自身日益的行政化带来两个严重的后果：国家制度组织原则的瓦解和政党功能的退化。①

基于之前的教训，改革之后，国家的政治生活逐渐贯彻党政分开的原则，但党政分开并不是简单地将党政分为两截，而是将党与政的权力运行程序与方式重新明确。党政分开的实质就是区分党的领导与执政这两种不同、但又相互联系的政治行为。事实上，党的领导与执政是在不同的制度、组织体制中实现的：领导过程是在党的领导与组织体制中实现；而执政过程是在国家的制度与组织体制中实现。因而，领导过程是在党章和党组织与制度框架下展开，而执政过程是在宪法和国家制度的框架下展开的。这两个依据不同体系的法规和组织制度展开的过程要在整个政治过程中形成一个有机整体，其中一个过程必须与另一个过程相衔接。

因此，理顺党的领导与执政关系的最重要机制，就是依法治国观念的提出与实行。依法治国的实质，就是要改变以往将国家权力的运行程序卷入政党的组织网络之中的做法，并且将政党的意志、

① 陈明明：《现代化过程中政党的集权结构和领导体制的变迁》，《战略与管理》，2000年，第6期。

政策通过种种途径转变为法律或规章，从而实现对国家政治生活的领导。依法治国联结了政党领导与执政的两个环节，在依法治国的方略下，党的领导最终是通过有效的执政来体现的，所以党的领导过程必须与党的执政过程相衔接，其中的关键就是要根据宪法与国家制度运行的规则来调整党的领导体制、领导方式和领导过程。党的领导要充分尊重宪法和国家制度的结构与运行规则，在此基础上依据党章和党的制度的要求，形成党的领导过程。事实证明，依法治国并没有弱化党的领导，相反，党的领导的有效性恰恰通过法制化、制度化的机制而得到了加强，这种领导有效性的加强主要体现在以下几个方面：

首先，依法治国的领导方式增强了政党领导国家政治生活的合法性。在依法治国原则下，党的领导主要是在党内完成，党委形成的决定和主张，由各类组织的党组依据本组织的工作职责，通过法定的程序和过程，转化为具体的法规、政令。大人通过法定程序把党的主张变成相关的法律；政府通过决策程序把党的主张变成政府的政令；政协通过政治协商的参政议政过程把党的主张变成社会各界的共识。把党的决策和主张转化为具体的法令、政令的过程，则应完全依据国家的法律与制度的规定展开，各组织的党组应在依法治国的原则下保障宪法和法律的原则在这个过程中得到遵守和执行。在我国，虽然党的领导由宪法明确规定，但事实表明政党直接管理政治与社会这种方式会对政党组织本身产生消极影响，而人民代表大会这一权力机关在理论上可作为人民主权实现的载体，党通过权力机关的立法行为实现对国家的领导，无疑更具有合法性。

其次，依法治国原则下的党与政的分开，增强了政党领导国家政治生活的有效性。依法治国原则下的党政分开，并非是在组织上将党与政机械性地分为两截，而只不过是党领导国家政治生活的程序的科学化与明晰化。第一，党的政策转化为法律要经过一个过程，在这个过程中，政策会经过一段时间的消化与反馈，不断修正而更加完善，在这个过程中会融入许多协商性因素，因而更加科学，这样会使党的政策更完善，更具有可操作性；第二，依法治国原则下的党政分开，并非放弃了党对国家政治生活的领导，而是使党对国家政治生活的领导更加制度化与程序化；第三，在组织方面，政党对权力机关及其他国家机关的领导并没有弱化，而是将党对自身的领导与对国家政治生活的领导有机地结合起来了。政党在人民代表大会、政府和政协中建立党组，党组对党委负责，凡应提请党委讨论的事项，分别以党组的名义上报党委，在人大常委会、政府、政协工作的党员领导是党委派去工作的，他们首先是党员，然后才是人民代表大会、政府、政协的领导，因此党和政的权力能够以制度化的方式统一起来，这能够增强党领导国家政治生活的有效性。

再次，在依法治国原则下，党的领导通过制度本身功能的发挥而得到了加强。在执政过程中，具体执政的领导者，在政治上接受党的领导，在执政行动上依法运行国家制度，执行国家法令，从而在执政的过程中实现党的领导与依法治国的有机结合。在这样的领导方式下，国家制度运行就有了相对的自主空间，而一旦国家制度依法自主运行，宪法、法律以及人民与社会力量对国家的制约和监督就会起作用，从而使得接受党的意志的执政领导者在执政过程中，不仅要做到依法执政，而且要做到执政为民。因此，依法治国原则的推行，对于国家政治生活的制度化、法治化都具有重要的促进作用，它提升了国家权力制度化运作的空间，并在制度的作用下，加强了党的执政能力。

三、党的核心领导与中国式民主的发展

民主是人类政治生活共同的价值追求，但实现民主的途径在各个国家并不相同。中国是社会主义国家，人民主权理念是社会主义制度的内在要求。为了实现人民主权的理想，社会主义政治制度中容纳了多层次的民主设计，具体而言，中国的民主制度主要由三个大的部分构成：即人民代表大会制度、多党合作和政治协商制度以

及党内民主制度。这三大部分是中国式民主的制度基础，而且它们也存在着共同的前提，即它们都是在中国共产党的核心领导下运行的。

（一）党的领导与人民代表大会制度

正如林尚立教授所指出，党的领导与人民民主有机统一，是中国社会主义民主建设和发展的本质要求。人民民主专政的核心制度安排就是人民代表大会制度。所以，不论从领导的角度，还是从执政的角度讲，发挥人民代表大会在中国政治生活和国家治理中的作用，对提高党的执政能力都具有十分重要的意义。对于党的领导来说，发挥人民代表大会这一权力机关的作用，推进国家政治生活的制度化、程序化和规范化，是党保持其应有领导力的重要政治基础；对于党的执政来说，发挥人民代表大会的作用，充分实现人民代表大会应有的功能，是党通过人民代表大会的制度与功能，依法有效地带领人民管理国家事务的根本制度途径。人民代表大会是整个国家权力的核心，决定着整个国家制度的权力关系与运行规则，所以人民代表大会的发展将全面带动国家制度的成长，而国家制度的全面成长，将构成党执政的重要制度资源，从而在根本的制度层面上提升党的执政能力。

无论从社会主义国家所坚持的人民主权理论出发，还是从中国宪法的规定出发，人民代表大会在国家政治生活中的地位和作用都是最根本、最重要的。人民主权理论以及宪法的规定，为人民代表大会制度保留了足够深远的空间，长期来看，人民代表大会制度将成为中国政治制度中的支撑性结构，并影响中国政治的未来。人民代表大会制度的这种影响力在过去三十年的政治发展历程中已经得到体现，并会在将来更加明晰地表现出来。

从掌握国家政权、领导人民管理国家事务的角度讲，党的执政是一个党掌握和运行国家权力，实现国家与社会有效治理的制度安排和政治过程的有机统一。在这其中，制度安排，即基本的国家制度安排最为根本。人民代表大会是国家制度的核心，其功能与作用的发挥，直接决定着整个国家制度运行的规范性、有效性和权威性。中国是一个发展中的国家，民主与法制建设都处于发展的过程中，所以人民代表大会时刻面临着这样的任务，即如何依法有效地健全和发展整个国家制度体系。从制度安排的角度讲，人民代表大会产生一府两院，并监督它们。健全和完善国家制度体系的本质，就是在法律和制度上全面规范人民代表大会与一府两院的关系，使人民代表大会真正拥有监督“一府两院”的制度体系与工作机制，从而将整个国家制度的建设真正全面纳入宪法与法律的范围。

人民代表大会制度经过近三十年发展，已经取得了非常大的成果，其作为我国的根本政治制度，在国家政治生活中发挥着越来越重要的作用。由于我国执政党在国家政治生活中的特殊重要地位，人大制度建设也是在执政党的推动下实现的，具体而言，就是由一系列的党的重要决议来实现的。1990 年党的十三届六中全会通过的《中共中央关于加强党同人民群众联系的决定》提出：“党要加强在人民代表大会中的工作，进一步发挥人民代表大会作为权力机关的作用，加强人民代表大会及其常委会的立法和监督职能。”1992 年党的十四大报告指出：“进一步完善人民代表大会制度，加强人民代表大会及其常委会的立法和监督职能，更好地发挥人民代表的作用。”1997 年党的十五大重申要“坚持和完善人民代表大会制度”。十五大还强调：“我国实行的人民民主专政的国体和人民代表大会制度的政体是人民奋斗的成果和历史的选择，必须坚持和完善这个根本政治制度，不照搬西方政治制度的模式，这对于坚持党的领导和社会主义制度、实现人民民主具有决定意义。”2002 年党的十六大再次指出：“坚持和完善人民代表大会制度，保证人民代表大会及其常委会依法履行职能，保证立法和决策更好地体现人民的意志。优化人民代表大会常委会组成人员的结构。”2007 年党的十七大进一步强调：“坚持和完善人民代表大会制度”，“支持人民代表大会依法履行职能，善于使党的主张通过法定程序成为国家意志；保障人民代表大会代表依法行使职权，密切人民代表大会代表同人民的联系，建议逐步实行城乡按相同人口比例选举人民代表大会代表；加强人民代表大会常委会制度建设，优化组成人员知识结构和年龄结构。”2012年党的十八大又指出：“支持和保证人民通过人民代表大会行使国家权力”，“人民代表大会制度是保证人民当家作主的根本政治制度。要善于使党的主张通过法定程序成为国家意志，支持人大及其常委会充分发挥国家权力机关作用，依法行使立法、监督、决定、任免等职权，加强立法工作组织协调，加强对‘一府两院’的监督，加强对政府全口径预算决算的审查和监督。提高基层人大代表特别是一线工人、农民、知识分子代表比例，降低党政领导干部代表比例。在人大设立代表联络机构，完善代表联系群众制度。健全国家权力机关组织制度，优化常委会、专委会组成人员知识和年龄结构，提高专职委员比例，增强依法履职能力。”党对人民代表大会制度的高度重视和深刻认识为人民代表大会制度的实施与完善提供了有力的保障。

（二）共产党领导的多党合作和政治协商制度

改革三十年来，国家政治发展中政治权力运作的制度空间不断拓展，其中最明显的表现，就在于传统的党的一元化领导的方式中，不断地增加了协商性因素，从而使党对国家与社会的单向领导与形塑，转变为党、国家与社会的互动关系。发展协商政治的现实意义主要有三个方面：其一，加强党在新的社会条件下的领导地位，巩固党的执政基础；其二，是实现党、国家和社会的合作共治，保证社会在多元分化基础上的有机统一；其三，是实现多元而有序的政治参与，保证中国政治的可持续发展。

具体而言，政治协商的制度建设，主要表现在以下几个方面：

首先，中国人民政治协商会议制度在国家政治决策中发挥越来越重要的作用。多党合作与政治协商制度是中国实现协商政治过程的重要制度载体，它是执政党与社会在国家的制度结构中形成政策共识的重要空间，因此回顾三十年来中国制度建设的成果，就必须对多党合作与政治协商制度的完善和发展进行分析。政治协商制度的发展，集中体现在组织建设与职能履行两个方面，从组织建设方面而言，主要体现在政协常委会、政协会议制度、政协专门委员会和政协内部联系四个层面。通过完善政协常委会的工作规则与办事程序，使政协的参政议政功能逐渐落到实处。值得注意的是，在1998年通过的《政协第九届全国委员会常务委员会关于设置专门委员会的决定》，完善了专门委员会制度，将专门委员会调整为7个，即提案委员会、教科文卫委员会、社会和法制委员会、民族和宗教委员会、文史资料委员会、港澳台侨委员会和外事委员会。这些专门委员会制度的完善，使政协的工作更具有针对性与专业性，从而提高了工作的效能；除此之外，通过完善政协会议制度，并加强政协内部联系的机制，如确立了政协委员、各民主党派、工商联秘书长、人民团体有关负责人联席会议制度，从而加强政协内部的沟通与合作，提高了政协工作的效率。

其次，政治协商会议在国家政治生活中的职能也逐渐明晰化，并得到了法律的保障。在1995年1月，政协第八届全国委员会党委会第九次会议通过了《政协全国委员会关于政治协商、民主监督、参政议政的规定》，确定了政协的职能是“对国家和地方的重大方针以及政治、经济、文化和社会生活中的重要问题在决策之前进行协商和就决策执行过程中的重要问题进行协商”。政治协商的主要形式则包括“政协全国委员会的全体会议、常务委员会会议、常务委员会专题座谈会、各专门委员会会议，根据需要召开的各党派、无党派爱国人士、人民团体、少数民族人士和各界爱国人士的代表参加的协商座谈会等”。经过三十年的发展，政协的功能定位已经大大拓宽了，它已不是最初所限定的“统一战线组织”，而是一个参政、议政、监督的机构，从机构上讲，政协是中国各级政府组织中的“四大班子”之一，在中国政治生活中扮演着越来越重要的角色。

再次，政协参与国家政治生活的形式与程序也逐渐以制度化的方式确定下来。概括地讲，政协主要通过以下方式实现参政议政、民主监督的功能：通过人民政治协商会议的形式，向执政党、政府提出各种建议案或批评；由中共中央和各级地方党委召开的由民主党派和无党派人士参加的座谈会；民主党派中的人民代表大会代表在各级人民代表大会中以人民代表的身份提出、表决议案，实现参政议政、民主监督的功能；挑选民主党派成员担任国务院及其有关部委和县以上地方政府及其有关部门的领导职务；推举符合条件的民主党派成员担任检察、审判机关的领导职务。通过以上这些方面的发展，政治协商会议成为中国建设协商政治的重要制度空间，对中国社会主义民主体制的发展将具有长远的积极意义。

除了政治协商会议这种正式的制度结构之外，中国政治生活中还逐渐形成了以政府为主体的社会协商机制。构建社会协商机制的关键就表现在形成一个能够容纳各社会主体关于利益冲突的个体性或集体性的表达渠道，并将这些利益表达吸纳到政策制定中去。信访制度就是这样一种制度安排。在政府决策以及决策执行的过程中引入信访制度这一环节，从而使决策的参与主体越来越多元化，使政策更加具有协商性与社会性。信访，是指公民、法人或者其他组织采用书信、电子邮件、传真、电话、走访等形式，向各级人民政府、县级以上人民政府工作部门反映情况，提出建议、意见或者投诉请求，依法由有关行政机关处理的活动。信访是公民表达自由的一种途径，是公民一项重要的民主权利。信访是个体权利对公共权力的控制，是公民监督行政权力、司法权力的有效途径。信访是反腐倡廉的信息源，也是公民监督的重要内容。

（三）党内民主建设的发展

党内民主是我国社会主义民主制度运行的又一个重要空间，由于中国是一个基于革命建立的政党国家，国家与政党的关系高度联系，因而作为执政党的党组织内部的民主制度，将直接影响国家民主的实现，同时党内民主的发展，又可以带动国家民主的实现。在“文化大革命”后，经过执政党的努力建设，被“文革”所破坏的党内民主制度得到了恢复，并彻底反思自建党以来党组织在制度上的不足，加强和完善了党内民主。

十三届四中全会以后，随着社会主义市场经济体制的建立和社会转型的需要，党内民主建设的步伐不断加快，主要体现在以下几个方面：（1）中共十五大和十六大党章增加了“邓小平理论”和“三个代表”重要思想，为党内民主制度提供了新的理论依据和党内合法性基础；（2）健全了党的基本权利保障制度。1995 年 1 月中共中央颁布了《中国共产党党员权利保障条例》，意味着对党员权利的尊重从原则层面落实到制度层面，为党员权利的实现提供了制度保障；（3）集体领导制度得到规范。1996 年中共中央印发了《中国共产党地方委员会工作条例（试行)》，把党章关于民主集中制原则的规定进行了具体化和制度化，从制度上对党的集体领导进行规范，强化了党的委员会的权力和职能；（4）党内选举制度的发展。选举是党内民主的最直接体现。为了适应政治民主化进程，促进党内民主与人民民主之间的相互促进作用，党的十三大改革完善了党内的选举制度，明确规定了党内选举的提名程序和差额选举办法。随着以群众自治为代表的基层民主的建设和发展，基层选举出现了“两票制”，将群众对党的干部的预先表决意见作为党内选举的基础，这样，不仅将党内民主与人民民主有机地结合起来，而且也为提高和保障党在群众中的政治权威和领导权威提供了有效的民主途径。（5）党内民主监督机制有了较大的发展。除了中纪委颁布的大量有关党内纪律和法规之外，中央及中央有关部门进一步加强党内民主监督，为推进党内民主提供了可靠的制度监督机制。

党内民主在近年来的发展尤其明显，十八大党代表的选举就是党不断加强党内民主建设的生动体现。与往届党代表选举工作相比，十八大党代表选举工作的公开性、民主性和透明性特点更加鲜明和突出。一是适时对代表选举工作进行宣传，通过新闻媒体公布十八大代表选举工作的安排部署、程序方法及有关要求，同时进一步扩大了监督渠道，通过多种方式加强了社会各界对代表人选的监督，促使十八大代表的选举工作更加公开透明。二是扩大差额选举的比例，各选举单位召开党代表大会或党代表会议选举产生出席党的十八大代表，差额选举的比例应多于15%。这样就扩大了选举人的选择范围。三是增加了党代表人数，总数达到2270名，比十七大增加了50名。四是提高了生产和工作一线代表的比例。省区市和中央企业系统（在京）代表中，生产和工作第一线党员所占比例从十七大时的一般不少于30%，分别增加到一般不少于32%；党员领导干部所占比例从十七大时的一般不超过70%，分别减少为一般不超过68%。通过采取这一举措，使十八大代表能够更多地来自生产和工作第一线，更好地反映广大党员的意见和要求。中央还指出，工人党员代表比例要在十七大时基础上有较大幅度提高，其中省区市工人党员代表所占比例一般要达到本省区市代表总数的10%，中央企业系统（在京）的工人党员代表数要明显增加。工人党员代表中，要有产业工人和金融、商贸、交通、市政等服务性行业和领域的工人，还要有适当数量的非公有制经济组织的工人。改革开放以来，数量庞大的农民工已经成为工人的重要组成部分，为工人阶级注入了新鲜血液。工人党员代表中，应当包括适当数量的农民工党员代表。五是代表分布广泛。十八大代表中有经济、科技、国防、政法、教育、宣传、文化、卫生、体育和社会管理等各个领域，省、市、县、乡镇和街道社区等各个层级，以及机关、企事业单位、人民团体、非公有制经济组织和新社会组织等各个方面的代表。女党员代表和少数民族党员代表所占的比重得到了特别的强调。六是代表产生的程序更加严密。十八大代表的产生有推荐提名、组织考察、确定代表候选人初步人选名单并公示、确定代表候选人预备人选和选举代表五个主要环节。其中在组织考察环节，对所有考察对象都要征求所在单位党组织以及纪检机关的意见；代表候选人初步人选名单确定前，要征求同级纪检机关的意见；对金融机构、企业等方面的初步人选，还要有针对性地听取行政执法、行业监管等有关部门的意见；代表候选人预备人选通过召开党委全委会（工委会议、党组会议）投票确定，省、自治区、直辖市党委全委会召开前，要向民主党派、工商联和无党派人士通报有关情况并听取意见。七是更加注重党员权利的保障。十八大代表的选举通过各种渠道进行了充分宣传，确保党员在代表选举中的知情权、选择权和监督权。

四、新时期党的领导方式改革

（一）客观政治、社会环境的变化

如前所述，建国之后高度集权的组织化国家体系所依托的是一个被改造的、单一化的社会结构。然而，改革开放之后，中国的社会结构发生了根本性的改变，社会主义市场经济发展所带来的经济生活和社会生活的深刻变化，使这个高度组织化的整合方式面临挑战，这主要体现为四个方面：

首先，单位制的瓦解与个体的解放。组织化国家体系的维持，是与传统的单位体制分不开的。在单位制之下，无数个体被规范在一个个的单位之中，整个社会通过单位被组织起来，政党网络则随着单位而加以延伸。随着国家权力开始向社会和个体流动，尤其是随着社会主义市场经济的确立和发展，被国家和政党力量完全整合进其组织体系的社会与社会中的个体纷纷独立，获得自主，社会开始出现了自主化、个体化的发展。市场经济改革之后，为适应人力物力等市场要素的高度流动性，单位体制逐渐有解体的趋势，越来越多的单位已经转变成为市场竞争的主体，而在传统政治社会条件下所承担的政治功能和社会功能逐渐式微，在这种条件下，政党组织对大量的新出现的非传统单位的影响力有所减弱。同时，伴随着单位体制的松懈，原先的单位人也逐渐分化成为一个个的社会个体人，即社会成员从传统的以单位为最终依归的存在转化为以社会为最终依归的存在，从而使其主体性由单位人向社会人转变。这种变化对国家组织形式与政治权力运作的方式影响重大，如何在个体解放的时代保持国家的一体化，将是一个值得考虑的问题。

其次，社会利益与阶层的分化。随着市场经济的深入推行，中国的社会利益阶层也高度分化，大量的新阶层不断出现，旧有的阶层也出现变化。阶层分化是对国家的组织化整合系统提出的另一个挑战，由于在市场经济发展过程中，各个阶层对市场经济的适应能力并不相同，他们的社会地位与利益所得也不太平等，各个阶层之间的差别越来越大。这种情况下，大量的社会矛盾与利益纠纷涌现出来，对传统的政治社会整合方式提出了挑战。以政党组织为主要载体的政治社会整合机制的有效性大大降低，而且这种方式还存在一定的风险，即以组织化方式对社会利益矛盾的过多介入，将会使各阶层对自身利益得失转移到对政党组织的依赖，如果处理得不好，将会影响政党组织的合法性问题。

再次，社会组织的迅速发展对组织化整合方式提出挑战。在市场经济推进的过程中，社会以新的方式在进行迅速重组，在传统的组织之外出现了许多新的经济组织和新的社会组织，先是产生了一批独立的微观经济主体，后是产生了一些自发的“草根组织”；与此同时，市场经济的快速发展，也催生了一批专业协会、行业协会及其他社会团体，它们在体制外自发成立。这些组织并没有纳入原有的党的组织网络，而是独立于政党网络之外自我运行，因此对传统的以政党组织为载体的社会整合方式提出了挑战。改革开放以后，社会的流动性增强，原来高度行政化的社会管理体制，如户籍体制、就业体制，受到全面冲击，社会问题与矛盾也越来越多，而政党组织无法及时面对这些大量问题，于是从某种程度上，非政党组织就在某些领域对政党组织形成了替代。同时，在某些领域，民间组织还积聚了相当一批社会力量，从而在挤占政党传统空间的同时，也影响组织化整合体制的社会基础。

社会结构的变化，使中国社会传统的以政党组织网络为基本力量的整合方式和治理模式受到了挑战。面对挑战，执政党不能再单纯地延用现有的组织整合模式，强行整合变化了的社会，因为这种整合必然是以一定程度上限制社会发展为代价的。因此，政党必须依据社会发展的新变化，调整党整合社会的战略和方式。政治理论以及中国的政治经验都表明，在政党组织的社会整合效能逐渐受到磨损的时候，制度将是一种非常有效的对政党组织的替代性整合力量，通过开发出各种规范国家政治生活的制度框架，可以有效地整合分化了的社会结构。

因此，中国现代国家建设中的制度生成及宪政产生的逻辑是清晰的，只有依赖最初高度集权的政党组织力量，才能消除阻碍现代国家建设的种种分离性力量，实现国家的统一并启动现代化进程，然而，在统一主权的国家形成之后，只有将权利返还给社会的微观主体，整个社会才能释放出活力，从而使现代化建设成为可能。因此，中国的现代化道路同西方存在着极大的不同，西方现代国家的建立是基于成熟的市民社会的推动，而中国现代国家的建立是基于政党的集权，市民社会的产生落后于现代国家的产生，市民社会的出现是在现代国家建立之后。在中国的现代化逻辑中，制度或宪政的发展不是一个主观的随意塑造的过程，它是在以分权为手段的渐进改革推行的过程中，由逐渐产生的社会领域推动产生的。

（二）党的领导与执政能力建设

十六大以来，执政党开始不断强调加强执政能力建设，这对于中国国家制度的成长具有非常重要的意义。中国现代国家建设的一个基本特殊性，就在于它是一个由政党所建立的国家，国家制度在很大程度上是由政党所塑造的。因此，政党所确立的现代化建设方略会对国家的政治发展具有根本的规范性。执政党在新的社会条件下所确立的加强执政能力的目标，会成为国家制度成长的契机。

林尚立教授指出，在现代政治条件下，任何政党要获得稳固而有效的执政，其基本要求不外乎三个：其一是合法性，即获得大多数民众的拥护，依法掌握国家政权，依法治理国家；其二是有效性，即有效推进经济与社会的进步与发展，并使得这种发展造福全社会，而不是社会中的某一群体；其三，整合性，即协调多元社会利益，增进社会公共利益，促进社会的合作与团结。[①] 现代政治学的理论已经证实，任何政党要想实现执政合法性、有效性与整合性，就必须借助制度的力量。在现代国家中，制度是形成统治合法性的法理基础，同时只有制度才能使执政者实现统治与治理的超脱性，使国家权力不为特定利益集团所左右，也只有制度才能有效地协调社会多元利益。加强执政能力与推进国家的制度建设具有内在的统一性。推进国家制度建设是加强党的执政能力的内在需求，反过来，加强党的执政能力又可以为国家制度建设提供有效的支撑与保障。

加强党的执政能力会从两个方面促进国家的制度建设。首先，在当前条件下，政党要加强自身的能力，就必须进入国家制度，借助国家制度的力量来实现执政过程。国家制度建设之所以成为提高党的执政能力的必然要求，这与中国政治社会结构的转型是分不开的。在改革之前的一元化政治社会结构下，政党组织是国家政治生活的唯一规定性力量，国家制度结构被包容在政党组织网络之中，政党集权是国家政治生活的基本特征。然而，由于高度集权的体制造成了现代化的挫折，尤其是“文化大革命”这种重大灾难，使得执政党反思高度集权体制的弊端，提出了党政分开等重要的改革措施。改革之后，原先的一元化的政治社会结构逐渐解体，社会阶级阶层越来越朝着多元化的方向发展，同时社会问题与社会矛盾也越来越复杂。在这种情况下，单纯依靠政党组织的力量已经不能适应国家治理的要求。事实证明，运用政党组织的力量来解决所有的政治社会问题，不但不会增强党的执政能力，反而会大大削弱执政党的合法性、有效性与整合性。在这种情况下，就必须使治理的主体回归国家制度，执政党必须依赖国家制度结构才能实现有效的执政与治理。

其次，加强党的执政能力又可以转化为增进国家的制度建设。要加强党的执政能力，就必须完善党的各项制度，而党的制度的完

---

① 林尚立：《制度整合发展：中国共产党建设的使命与战略》，《毛泽东邓小平理论研究》，2007 年第 4 期。

善又可以为国家制度建设提供必要的资源。由于我国政治权力结构中政党与国家的界限并不明确，因此政党的制度必然会对国家的制度建设产生决定性的影响。如党内监督制度的发展，会为国家行政监督的完善提供借鉴，党内民主的发展，从长期来看也会为国家民主提供推动力量。从这个方面讲，加强党的执政能力为中国的宪政民主建设提供了一种可能性途径，即通过党内制度建设来带动国家制度建设，可以预计，这种制度成长模式将会成为后发现代国家制度建设的又一种模式，为其他发展中国家的国家建设提供有益的借鉴。

第十八章　从“合一型”到“嵌入式”党政关系

在中国的政权结构中，中国共产党处于当然的领导地位，并作为宪法规定的唯一执政党对包括政府在内的所有政治权力进行安排和配置。换言之，中国共产党是国家政权的创立者，先有政党而后有国家制度是理解中国模式独特性的基本前提。基于这一前提，在今天的中国，党政关系的实质是党如何有效领导政府的问题，这其间蕴涵着三个层面的内涵：其一，党以何种方式领导政府？从而既保证党的执政旨意能够通过政府行为得到落实，又能使政府的运行效率不断提高；其二，在现实的运作过程中，党与政府之间的互动关系如何处理？其三，党政关系在整个执政体系中如何加以合理定位？对这些问题作出合理的解释和分析，是本章研究的主要目的。

一、中国共产党在党政关系中的领导地位

中国共产党与政府之间关系的状态对国家的建设和发展起着根本性的制约作用。在一元化领导时期，党对国家的直接治理方式决定了整个中国呈现出高度的政治化色彩，党的政治性本质决定国家建设从根本上是服从于政治需要，经济建设本身不能成为党的核心目标，这从当时普及最为广泛的“备战备荒”这句政治口号中可以

看出，除了备荒这一最基本的生存需要外，备战（亦即曾经被认为迟早会发生并且最终一定会发生的对外战争）是主要的目标导向，而基于这一核心需要，经济建设需要建立高度的计划体制以利于集中调度使用就是合乎逻辑的选择，至于当今含义上的社会建设更是一个没有意义的话题，社会必须通过大规模政治动员的方式组织成为单一的结构形态，高度服从于执政党的革命目标。改革开放以后，经济发展的紧迫要求促使执政党确立起新的经济建设为中心的国家方针，这一战略目标的转换不仅促使执政党放弃了战争思维，作出了和平与发展是世界的主题的新判断，也渐进性地导致了计划经济体制的解体和市场经济体制的形成，而在这一过程中，党逐步意识到以政治性存在为核心价值的政党不再能够适应经济建设面临的新的复杂问题，这一任务必须赋予政府这一专门负责经济发展的机构来推动实现，这是党政关系变革的内在必然性。

当然，党不再直接取代政府机构行使行政权力并不意味着党在党政关系中的领导地位成为虚化和空泛的外在表象，在授权政府管理经济社会事务的同时，党设计和安排了诸多制度性规范维护在国家政治、经济和社会生活中实际存在的执政地位。也就是说，党政关系的变革从根本上说只不过是党不以概念化的直接方式领导国家建设，而是通过适当的方式和路径把党的意志和决策内化于政府过程之中，确保政府行为不致偏离党确立的基本方向和预期目标。

改革开放以来，中国共产党在党政关系中的领导地位逐步由包揽一切政府事务的方式转变为对政府的政治领导、思想领导和组织领导。其中，政治领导主要是指党负责制订国家建设的基本方针和重大决策，规定政府行为的宗旨和原则，对国家发展的方向作出长期的战略性规划；思想领导指党对政府开展思想政治工作和宣传教育工作，确定政府的核心价值和工作理念，提高政府官员的思想觉悟和道德水平；组织领导则是党为政府选拔和任用重要干部，通过控制干部实现对政府行为的控制。中共十七大以来，党的领导地位进一步明确表述为“总揽全局、协调各方”。“总揽全局”指的是党在政治体系中处于核心，统一部署人大、政府、政协、军队在执政体系中承担的职责和功能，切实保证执政党对国家的有效治理；“协调各方”则指党对各种复杂政治关系的协调作用，尽管理论上各政治主体都是以同一个目标为核心理念的，但在实际运作中仍然可能出现相互之间的矛盾乃至冲突现象，这就需要一个最高权力来进行协调和规范，这一力量就是中国共产党。然而，仅仅确定了这一原则性的决定性地位还是不够的，党和政府不完全相同的功能定位决定了政府只不过是党治理国家的一种方式和路径，在政府的运行过程中，党的决定性地位如何体现以及以怎样的方式来体现仍然是需要进一步加以具体分析的。

经过改革开放30多年的渐进式变革，中国已基本理清了党政关系的内在脉络和互动逻辑，“党政不分、以党代政”的现象基本上得到了较为妥善的解决。在当前的现实运作中，党在党政关系中的决定性地位体现为：

核心价值的界定。中国共产党是以马克思主义为信仰的政党，这一信仰在革命党时期是凝聚内部力量、建构政治目标的精神支柱，到了执政党时期，则经过去除原教旨主义、着力推进马克思主义中国化后逐步转化为党的核心价值，成为党从根本上规范政府的执政理念，保证政府在科学、民主、依法的轨道上行使自己的行政权力，按照公平、公正、公开的原则为民众提供公共服务，在管理经济社会事务中切实体现党提出的“以人为本”的执政宗旨。

以制度化的方式将政府纳入执政体系，行政权力的行使和运行成为执政的有机组成部分。政府是中国共产党行使执政权力的重要机构，但党的执政不是仅仅通过领导政府来体现的，在主体层面上，党通过各种不同的机构来行使不同的权力，并将它们整合为一个有机的执政体系，政府在这个体系中仅仅是一个重要的组成部分，一切的政府行为都必须服从执政党的执政要求，政府权力的大小、边界、构成要素和行使方式也由执政党根据执政的需求加以配置，并且与其他权力的运行相互关联和适应。党与政府之间的这种权力授予与权力行使关系，有助于确保执政党的执政意志得到切实的贯彻，进而不断完善执政体系，提升执政能力。

界定政府职责范畴，限制政府行政权力边界。改革开放以来，随着政府在国家建设和国家发展中作用的不断增强，政府的职责范畴日益扩大，为经济发展和社会稳定发挥了强有力的规划、保障和推动作用。但随之，政府因行政立法、行政审批、行政执法等需要而必然呈现出权力膨胀的趋势，尤其是在地方政府层面，以 GDP 为核心的政绩考核制度促使政府为地方经济发展而不断拓展权力，而且这些权力扩张还因地方党委同样存在的政绩冲动而受到支持。为切实防止政府权力的失控，中共中央不断采取各种措施加以防范，对政府的职责范畴的界定日益清晰，从而使政府行为始终能够受到比较有效的限制。

在党管干部的原则下选拔任用干部。在党政有所分工的体制下，党对政府的领导在运作过程中主要体现在两个方面，一是对于干部的控制，二是重大决策须经政府内部的党组织决定通过。对干部的控制从更广的范畴而言是对人才和人力资源的控制，按照党章的规定，党管干部是基本的政治原则，政府机构任何享受行政级别待遇的干部从培养、推荐、选拔、任用到退休的每一步都由相应层级的党的组织部门决定。近年来，党的组织部门进一步扩大了管理的覆盖面，中高级人才的评定权和管理权也归属于党管干部的范围，通过对干部和人才的掌控，可以确保政府行为不致因政府或机构负责人的偏好而脱离党的轨道。

决定政府运行的重大决策。重大决策的党组织集体决策制度是党领导政府的又一主要方式，尽管改革开放以来，中国逐渐实行了党委领导下的行政首长负责制，但行政首长实际上并没有被赋予实质性的决策权，任何涉及重要人事任免、重大工程项目、重要决定事项以及大额资金使用等行政事务中的重要问题都必须经过党组织的集体讨论并以民主表决的方式作出决定，而且层级越高的政府机构党委或党组的决策权越大，尤其是在中央、省（市、自治区）、市(地区)、县四个主要的政府中，重大决策的实际决策者是该层级的党的委员会，党的委员会主要负责人如省委书记、市委书记才是最高决策者，省长、市长、县长在很大程度上只不过是决策的执行者和实施者而已。

以机制化的方式制约和监督政府。如果说党在上述几个方面的领导主要是通过嵌入政府体制内部来实现的话，党对政府的领导还可以通过相对外部性的制约和监督方式来加以实现，这样的方式既包括赋予人大广泛的监督权，人大有权监督宪法的实施、听取和审查国务院工作报告、对国务院及其部委提出质询；也包括赋予政协民主监督权，赋予媒体舆论监督权、审计机构的审计监督等，最为重要的是党的纪检监察机构对政府及其主要官员的监督，各级纪检监察机构有权通过提醒、诫勉谈话、"双规"等方式查处任何政府官员的不当行为，保证政府机构按照法定权限和程序行使权力、履行职责。

无论从党政关系的变革还是现实的运作看，党的领导投射到党政关系上都始终外化着一个显著的特点，这就是自上而下的领导方式。从历史渊源看，党的组织机制是革命时期形成的，由民主革命这一目标决定，采取了以高度集中的自上而下的组织方式，新中国成立后，一度长期延续的革命党思维定势决定了这一领导方式不仅得以延续，而且内化于整个国家制度的设计理念，导致党政关系以及政府自身体制呈现典型的自上而下特征。这一特征一方面确保了国家的高度统一和快速发展，但同时也在一定程度上模糊了党政之间的权力边界，为今后的进一步调整和变革留下了制度空间。

在中国特色的党政关系下，中国的政府与其他国家政府相比最大的不同之处在于它不是独立的政治权力主体，在产生方式上受到人民代表大会的制约，更在体制机制、组织方式、运作程序等所有方面都必须接受党的领导，这使得中国政府在本质上是一个权力有限的政府，其他国家中长期难以消除和遏制的政府权力扩张难题在中国几乎不可能真正出现，如果说在某些特定领域和特定时期出现了政府权力扩张趋势的话，根本原因也主要在于党对政府授权范畴的扩大而非政府自主意志的结果。

在中国的党政关系格局下，政府功能和行政权力具有两个基本面向：一是相对党的面向，在这一面向下，政府的执行功能决定了它的权力来自于党的授予，因而政府功能的强弱从根本上说取决于党的授权范畴。当然，从合法性角度看，党对政府的授权方式主要是通过同样在党领导下的人民代表大会以立法的方式进行的，换言之，这即是党的主张通过法定程序成为国家意志；二是相对民众的面向，在这一面向下，政府拥有的行政权力仍然是十分广泛的，而且随着经济社会事务的日趋多元化和复杂化，政府权力的扩张是必然的趋势。值得一提的是，随着党逐步在经济社会事务中退居幕后，政府与民众之间直接相对的关系在过去30年的发展中形成了典型的路径依赖现象：一方面，民众和社会习惯性地将经济社会生活中存在的所有不足归因于政府行为；另一方面，一切问题的解决方案最终又被寄望于政府，在这样的路径依赖中，政府权力也在不觉之间有了进一步的增强。具体而言，在当前的中国经济社会发展现实中，政府在党的领导下主要具有如下功能：

发展经济功能。发展经济是政府最基本的功能，在大多数时候也被视为评判政府业绩的核心指标。改革开放以来的中国政府在这方面的功能更加显著，经济发展状况的好坏成为考核政府官员的最主要的指标，在发展经济的动力和压力的双重驱动下，政府往往不仅扮演市场规则的制定者和市场运行的监管者，更通过招商引资、政府投资等方式成为市场的参与主体，直接由政府控制的国有企业则承担着使政府的经济发展意志在市场中得以贯彻落实的职责。在很大程度上，过去30多年中国经济的高速增长与政府主导经济功能极度发挥有着直接的关系，这也是中国经济发展模式最成功的经验之一。当然，政府经济功能的过度膨胀也带来了一系列的负面效应，其中最为人关注的是收入分配制度的不公、贫富差距悬殊、资源配置效率不高、环境和生态破坏严重等等。但是，以此贬损中国经济发展的成就和政府的功能定位无疑也是失之偏颇的，中国经济发展中存在的诸多问题固然有政府决策失误的因素，更主要的还是在于高速发展过程中不可避免需要付出的成本，政府强调的经济功能可能会产生弊端，但没有政府经济功能的发挥中国经济的发展则是不可想象的。

保障和改善民生功能。切实保障和改善民生是中国政府推动经济发展的出发点和归宿点，按照邓小平在改革开放初期的设想，发展经济的目的之一就是让一部分人先富起来，然后带动大多数人共同富裕。应该承认，这一目标目前还没有充分实现，但必须强调的是，近年来政府已经对分配制度改革问题给予了高度重视，开始着力发挥保障民生功能，努力通过二次分配中对民生的倾斜，构建养老、医疗、住房、教育等全方位的社会福利和保障制度来改善民生状况，使大多数人能够相对公平地分享到经济发展的成果。

社会管理功能。社会管理曾经是政府最为薄弱的功能，以党代政时代的政治动员方式实际上一度导致中国没有独立的社会领域，每个人只不过是国家这一庞大的政治机器中的一分子，从属于以单位形式存在的政治生活而非以自主意志存在的社会生活之中。改革开放后，市场经济的发育逐步导致了单位体制的解体，越来越多的人进入市场的同时不可避免地因职业、收入、居住地的不同而分化为不同的群体，社会作为一个独立的领域由此在不引人注意的状态下自发地滋生出来。当政府意识到这一切的发生时，如何管理社会就随之成为政府必须不断增强的功能。鉴于中国由计划经济向市场经济转型的过程已基本结束，社会的多元化发展取向还在进一步深入，社会管理在今后一段时期将逐步超越经济发展而成为政府的主要功能，维护社会稳定、加快社会建设不仅关系着中国的发展成就能否得到巩固，也对党的执政基础构成深刻的影响。

基础建设功能。长期以来，中国是一个封闭落后的农业国家，新中国成立后虽然进行了大规模的工业化建设并初步形成了以工业为主的国民经济体系，但公路交通、航运、航空、信息通讯等主要的基础设施建设无疑相对薄弱，而基础设施建设高投入、低产出、长周期的特征又决定这一功能不可由尚不足够强大的市场力量来承担，必须发挥政府的基本主体功能，只有政府充分发挥“集中力量办大事”的制度优势，中国才有可能在较短时期内建设起相对完善的国家基础设施体系。

协调城乡发展功能。城市和农村发展的严重失衡是制约中国经济社会发展的重大难题，近年来，中共中央连续数年以中央1号文件的形式关注农村问题体现了协调城乡发展的紧迫性。在党的重视推动下，农村、农业、农民问题当然也成为政府发挥功能的重中之重。从目前看，政府在这方面的紧迫功能主要体现为：构建城乡经济社会发展一体化的新格局；健全农村市场和农业服务体系；确保国家粮食安全和农产品质量安全水平；多渠道转移农民就业等等。

自废除以政党治理为本质的党的一元化领导以来，政府权力和功能也随之呈现出一定的膨胀和扩张趋势。这一方面是由于市场经济体制确立以来，政府规范管理市场的功能极大增强，随之而来的社会结构的分化更加重了政府的职责，促使党越来越多地重视政府的治理功能，把行政权力越来越多地授予政府机构行使，同时也是由于政府对经济社会事务的干预不断深入，逐步形成了发展中的路径依赖，从而也客观上导致政府权力的膨胀。但尽管这在表象上与一般的政府功能膨胀一致，但本质上受到执政党的多重制约，换个角度说，这或许也意味着限制政府权力将成为中国共产党在今后越来越重要的任务之一。

二、中国党政关系的变迁

当代中国的基本特征之一是中国共产党拥有合法的创制性地位，在国家治理中扮演着制度设计者和实践领导者角色。这一特征决定了中国在治理理念和制度形态上与其他国家的根本区别，也使中国的党政关系必然呈现出典型的两位一体特征。在这一关系构成中，党与政府之间不是分立的权力形态，二者间处于高度重合的相互依存状态，执政党通过政府来实现自己的国家治理目标，政府则通过对国家的治理行为不断巩固执政党的地位，成为执政党理念和价值的具体执行者。当然，在半个多世纪的国家治理进程中，两位一体的党政关系态势也内在发生着适应性的变革。改革开放以前，两位一体的实质是党政合一，党及其各级组织和机构直接代替政府行使行政权力，政府只不过是革命目标下的一种工具性存在；改革开放以来，党政关系逐步变革为嵌入式的融合形态，党不再直接介入政府事务，对政府的领导也逐步转变为以总揽全局和协调关系为主要方式，在国家治理的实践过程中，政府逐步成为基本主体。两位一体党政关系的内在变革，也内在蕴涵着国家治理逻辑的相应变化，高度集中统一的国家治理方式逐步向公开化、民主化、法制化和科学化方向发展，国家建设随之显露出空前的活力和效力，30 多年中国的高速成长在很大程度上也即寓于这一党政关系变迁蕴涵的国家治理逻辑的变革之中。

（一）合一型党政关系的缘起与变迁：历史过程的经验抽象

在一般意义上，党政关系的实质是执政党与政府之间的互动相关性问题，亦即执政党在国家治理过程中行使执政权力的角色定位和组织方式问题，对于中国而言，则是中国共产党以何种方式和路径处理与政府之间的相互关系，实现对国家的有效治理的问题。广义上的党政关系包涵执政党与立法、行政和司法机构之间的相互关系，狭义上的党政关系则具体指拥有执政权力的执政党与拥有行政权力的政府之间的相互关系，无论在广义还是狭义上，党政关系涉及的都是执政党如何有效治理国家的问题，进一步说，党政关系的协调性和适应性是一个政党执政能力的直接体现，尤其是在中国的社会制度下，党政关系更具有特殊的国家治理意义，决定着国家治理的模式导向和制度框架。在政治实践的层面上，当代中国的党政关系以中国共产党确立执政地位为逻辑起点，在建国初期的 30 年中，这一关系体现出高度的重合性，党和政府几乎完全合二为一。改革开放 30 多年以来，党政关系经过长期的渐进式调整而开始呈现出新的嵌入式特征，一种以党的政治领导为前提，党的各级组织与政府各层级之间在职能上有所分工、各司其职但相互协调的关系格局走向成熟，与之相适应，中国的国家治理也随之呈现出新的价值取向和创新活力。

革命党时期，中国共产党是既存国家制度的挑战者和新型国家治理理念的倡导者，体制外政党的政治身份决定了它必须整合所有可能的军事、政治、经济和社会资源与当时强大的国民政府相抗衡，这一基本的事实投射到当时还相对有限[①]的党政关系上，党与政府之间两位一体的共生共融关系成为必然的选择。在这一关系中，政府必须高度服从革命党的政治目标，为民主革命这一最高要求提供全方位的政治支持，而且由于民主革命的最终成功，这一制度性的理念成为惯性的制度路径，在新中国的党政关系中被长期移植并不断强化，最终形成了以高度集中为典型特征的合一型党政关系。

有必要引起注意的是，在革命党时期的合一型党政关系中，党在对政府实行一元化领导的同时，在政府内部的体制构成中则进行了相对开放的结构性探索，这就是在政府内部并不刻意强调中国党员的绝对控制地位，在延安时期，一度在政府构成上采取了“三三制”的做法，亦即在政府组成中，共产党员占1/3，非党的左派进步分子占1/3，中间派占1/3。[②] 这一体制在表象上似乎与合一型党政关系相矛盾，但实质上蕴涵的是另一条国家治理逻辑，这就是最大限度地争取执政资源，将尽可能多的政治力量吸纳到中共为核心的执政体系之中。在这两条并行的国家治理逻辑中，合一型党政关系是核心逻辑，从根本上确保了中国共产党对国家治理的绝对领导，以“三三制”为典型表现的政党关系则是党政关系的合理延伸，一方面有助于争取更多的政治支持，同时又通过党对政府的一元化领导保证了政府不会有失控之虞。

---

①　这里的“相对有限的党政关系”主要指各时期中共在各根据地进行的政权建设的初步实践，这些实践一方面为建国后党政关系的形成奠定了基础，但同时受当时各方面条件的限制，根据地时期的党政关系一些探索在后来并没有继续下去。

②　毛泽东：《抗日根据地的政权问题》，《毛泽东选集》第2卷，人民出版社1991年版，第743页。

建国初期，中国一度在党政关系方面采取了延续延安时期的做法，努力通过吸纳各方面人士参与政府来尽快实现国民经济的恢复和初步增长。为此，政府成员的多元构成脉络基本得到了长期保持，在共和国的第一届中央政府构成中，国家副主席6人中党外人士占3名，56名政府委员中占27名，4名副总理中占2名，15名政务委员中占9名，34个部级单位中占14名。① 只不过，随着执政地位的巩固和政府职能的不断扩大，非执政党成员在政府构成中的比例和作用逐步有所削弱。

20世纪50年代中期以后，随着政权的稳定和国家建设的启动，以一元化为特征的合一型党政关系开始形成。1956年，中共召开八大，认为当时国内的主要矛盾“已经是人民对于建立先进的工业国的要求同落后的农业国的现实之间的矛盾”，“党和全国人民的当前的主要任务，就是要集中力量来解决这个矛盾，把我国尽快地从落后的农业国变为先进的工业国。”② 国家经济建设成为中国共产党的主要任务决定了党政关系的必然变革，要求更强的权力集中体制和更高的领导效率。以此为起点，各级党委和党的组织工作重心开始转到经济建设领域，合一型党政关系逐步形成并固化为国家治理模式。

合一型党政关系的实质，是党以治理主体的方式直接介入国家治理过程，党和政府构成合二为一的高度融合关系，党在国家治理过程中既是决策者又是执行者，政府在很大程度上只不过是党治理国家的象征性的制度符号，本身完全不具备治理功能，政府机构执行的是党的政策措施，而且这样的执行也是在机构党组织的领导下进行的。按照1958年中共中央一份通知的规定：“大政方针在政治局，具体部署在书记处。”“大政方针和具体部署，都是一元化，党政不分。具体执行和决策属政府机构及其党组。”③ 合一型党政关系

① 任涛等主编：《新编中国统一战线基本教程》，华文出版社，1995年版，第367—368页。

② 胡绳主编：《中国共产党的七十年》，中共党史出版社，1991年版，第334页。

③ 夏禹龙、顾肖荣主编：《20年来中国政治体制改革和民主法制建设》，重庆出版社，1999年版，第265页。

具有两个基本的特质：一是党政不分，党既是国家基本路线、方针和政策的制定者，又是具体的执行者、监督者和行动者，党的各级领导人既是党内事务的最高决策者，又是实质上的政府领导人；二是以党代政，即使政府内部事务的决策、乃至国有企事业单位的具体管理和经营行为也由各机构党组织包办代替，政府的功能和职责被彻底虚化，同时执政党的政治领导功能也难以有效发挥，政治理想不仅难以得到更好的实现，反而因国家治理逻辑的不够清晰而受到限制，文革期间的政治无序局面在此意义上即是因权力边界不清而导致的后果。

合一型党政关系的形成是民主革命这一特定历史条件下的产物，随着中国革命的胜利和新中国的建立，这一成功的有效经验形成了巨大的制度惯性，新中国成立后被继续采用并不断强化。用历史的眼光看，建国初期合一型党政关系的形成在当时是必须的选择，在相当长一段时期，已经成为执政党的中国共产党仍然以革命党的思维方式来治理国家，这一理念投射到国家建设方面，国家治理的重心是维护和巩固政权，防止一切可能出现的政权威胁，在对外政策上，则是强调防止外部的战争危险。只不过，在实现了高效率治理国家的同时，合一型党政关系的不适应性随着经济发展的现实需要而逐步凸显出来。从根本上说，政党是政治层面的主体，它的组织方式是以政治革命和政治发展的需要为宗旨的，这一组织方式并不完全适用于经济和社会领域，如果说以党代政与经济和社会建设之间的内在张力在应对危机的状态下还不明显的话，一旦国家治理的核心目标发生导向性的变化，国家治理过程中面临的经济社会事务的日益复杂化和专业化，以政治存在为核心价值的政党就越来越难以适应新的要求。

改革开放以来，以经济建设为中心目标的确定标志着国家治理的核心目标由继续革命向经济发展转变。与之相适应，高度合一型的政党关系也进入调整和转变时期。1980 年 8 月 18 日，邓小平在政治局扩大会议上，发表了《党和国家领导制度的改革》的讲话，对合一型党政关系提出了否定性的评价，明确提出要“着手解决党政不分、以党代政的问题”。在他看来，高度合一的党政关系造成了权力过分集中的现象，“在加强党的一元化领导的口号下，不适当地、不加分析地把一切权力集中于党委，党委的权力又往往集中于几个书记，特别是集中于第一书记，什么事都要第一书记挂帅、拍板。党的一元化领导，往往因此而变成了个人领导。”在这篇讲话中，他还敏锐地意识到了改革开放实质上蕴涵了中国共产党由革命党向执政党的转变，这一转变同时又意味着国家治理核心目标的转变，他因而提出，党已经成为“全国的执政党”，“党的中心任务已经不同于过去，社会主义建设的任务极为繁重复杂，权力过分集中，越来越不能适应社会主义事业的发展。”①

在否定合一型党政关系的基础上，邓小平提出的调整设想是：“中央一部分主要领导同志不兼任政府职务，可以集中精力管党，管路线、方针、政策。这样做，有利于加强和改善中央的统一领导，有利于建立各级政府自上而下的强有力的工作系统，管好政府职权范围的工作。”② 这一设想，与毛泽东曾经提出的“各中央局主要负责同志必须亲自抓财政金融经济工作”③ 的观点明显有着巨大的区别，实际上标志着合一型党政关系向嵌入型党政关系转变的起点。

回顾和反思合一型党政关系形成和变迁的历史轨迹，可以得出一条基本的经验性抽象，那就是对于党政关系的判断应该放在特定的历史条件下加以考量，在革命党时期和以革命党理念治理国家的建国初期，以高度一元化为特征的合一型党政关系的形成是合乎历史逻辑的，事实上，为新生政权的巩固提供了强有力的政治支持，也为国家的初步现代化奠定了必要的物质基础和制度基础。当然，合一型党政关系的弊端也是显而易见的，除不可避免地导致了权力的过度集中外，在国家治理方面也因功能界限的模糊而造成了国家治理的低效率，因而在改革开放后被逐步变革也是必然的结果。

---

① 《邓小平文选》，人民出版社，1994 年第 2 版，第 321、328—329 页。

② 同上，第 321 页。

③ 胡绳主编：《中国共产党的七十年》，中共党史出版社，1991 年版，第 279 页。

（二）从合一型到嵌入式党政关系：改革开放以来国家治理的逻辑变化

与合一型党政关系受到公开而明确的确认不同的是，嵌入式党政关系的形成是一个内在嬗变的渐进式过程，在某种程度上，这一过程发端于改革开放初期的邓小平“8·18讲话”，到今天仍然处于逐步变革和不断完善的动态变迁之中，是中国特色的国家治理的最为重要的有机构成之一。

改革开放后中国的党政关系的调整以适应经济发展需要为初始动力，核心目标是为改革开放提供强有力的政治领导和制度保障。但必须强调的是，邓小平关于合一型党政关系的改革设想并不单纯是为了实现“党政分开”，这不仅是因为十三大后中国在政治体制改革中不再谈及党政分开问题，也在于客观上“党政分开”在一度的大范围讨论中被异化，甚至被推导出执政党应退出对国家事务的管理的结论，这在中国的政治现实中当然是不能被接受的。因此，或许更加合乎事实的是，邓小平并没有将党和国家体制的根本弊端归咎于没有实行“党政分开”，他的矛头针对的是当时存在的“党政不分、以党代政”的现象。事实上，在这篇讲话中，邓小平还专门强调，“改革党和国家的领导制度，不是要削弱党的领导，涣散党的纪律，而正是为了坚持和加强党的领导，坚持和加强党的纪律。在中国这样的大国，要把几亿人口的思想和力量统一起来建设社会主义，没有一个由具有高度觉悟性、纪律性和自我牺牲精神的党员组成的能够真正代表和团结人民群众的党，没有这样一个党的统一领导，是不可能设想的，那就只会四分五裂，一事无成。”[①] 这表明，邓小平主张的是在保证党的领导前提下党务部门和政务部门在功能上的适度区分，根本目标是发挥政府在国家治理中的作用，不是党与政府之间构成竞争性的权力主体关系，更不是党不再介入国家治理。

---

① 《邓小平文选》，第2卷，第341—342页。

中国的党政关系不是对等的权力主体之间的关系问题，而是党在国家治理格局中对政府权力的安排和规范方式问题，党在这一关系中处于绝对的主导地位，因此党政关系的调整首先是党的治理理念和领导方式的调整。改革开放以后，中国共产党开始着眼于经济建设和对外开放而突出强调了政府在国家治理中的基本主体地位，党在国家治理中的角色定位随之进行了新的调整，合一型党政关系开始向嵌入式党政关系方向转变。

嵌入式党政关系是与合一型党政关系既有区别又有联系的党政关系新模式，这一关系的核心是党不再直接替代政府的行政职责，而是主要通过制度性嵌入、功能性嵌入、主体性嵌入、过程性嵌入等方式介入国家治理过程。所谓制度性嵌入，是指在国家制度层面的规范中，明确规定党拥有决定国家建设方针、主导基本社会制度、部署国家发展战略等一系列国家治理的最高权力，从改革开放决策的制订到科学发展观的提出，从经济建设中心的确立到转变经济发展方式，所有重大的经济和社会发展决策都是首先以党的文件形式决定的，政府必须无条件加以贯彻落实；功能性嵌入是指党在不直接介入政府内部事务的同时仍然承担着重要的政府性治理功能，尤其是政府内部的党组织仍然是实质上的决策者，政府公务人员中的党员、尤其是党员干部更以双重身份承担着管理经济社会事务的具体执行功能；主体性嵌入则指包括政府机构、国有企业和事业单位在内的所有公共部门都必须设立不同层级的党组织，这些党组织虽然并不直接干涉行政事务，但仍扮演着把关者和监督者等主体性角色；过程性介入是指政府运作的全过程都贯穿着党的存在，防止政府运作偏离党的预期方向。通过各种不同形式的嵌入，执政党既从制度上保障了政府在行政过程中的相对自主权力，又能有效防止政府权力在运行过程中偏离党的执政理念和国家治理目标。

嵌入式党政关系的渐进式形成，可以从改革开放30多年来党政关系改革和变迁的实践历程中得到充分验证：

首先，党不再成为经济社会事务的直接主体，转变为统筹者和协调者的角色，对政府的领导由一元化领导改为政治、思想和组织领导。党在不再直接介入政府事务的同时，仍然通过各种嵌入的方式保持对政府的政治领导：一是党组织对各级政府的领导，政府规划的发展战略，作出的重大经济决策首先必须经由各级党委的批准方能实施；二是在各级政府的组成中，主要负责人必须是中共党员（尤其是各省、地、县行政首脑均同时担任地方党委副书记职务），并且以党员的身份行使行政权力；三是外部性的政治嵌入，这主要包括干部安排和纪律监督两个重要方面，各级行政官员的考察和任命权力均归属于党的组织部门，同时对党员干部腐败行为的惩处权力也由党的纪检部门掌握。

其次，党政关系逐步走向规范化。合一型党政关系的形成在很大程度上是党以非规范化方式领导政府的必然结果，在党居于绝对领导地位的非对称性党政关系格局下，由于党的在经济社会中的功能和地位没有得到清晰的界定，导致党的各级组织和各级领导人必须无限度扩张在政府事务中的决定权，最终导致了政府的虚化。改革开放以来，党政之间在经济社会事务中的职责逐步开始规范化，这主要表现为：（1）以党章的形式明确规定党必须在宪法和法律的范围内活动，任何组织和个人不得凌驾于宪法与法律之上。党必须保证国家立法、司法、行政机关，经济、文化组织和人民团体积极主动地、独立负责地、协调一致地工作；（2）地方党委第一书记不再兼任政府主要负责人，党委的工作部门不再一一对应政府工作部门进行工作指导；（3）政府决策由各级政府自行发布而不再由中共中央或地方党委以党的文件的形式加以发布；（4）建立和完善行政首长负责制，行政首长在各级国家行政机关中处于核心地位，拥有最高决策权和领导权，国有企业实行厂长（经理）负责制，事业单位视不同情况实行行政领导人负责制或党委领导下的行政领导人负责制。

再次，政府职能得到极大提升，国家治理功能极大增强。随着党逐步退出日常行政事务，政府对于经济社会事务的管理职责得到了不断增强，建立起了自上而下的强有力的工作系统，形成了以国务院为最高行政权力中心的，分层、分级、分部门的权力运行体制，不仅拥有经济、社会管理等方面的巨大权力，在行政立法、维护公共秩序、外交等领域也被赋予了广泛的权力，成为国家治理最为直接的基本主体。

最后，执政体系更加合理，党政之间多层次、多面向互动关系更加顺畅。在嵌入型的政党关系下，党对政府的互动关系虽然从表象看不及合一型党政关系状态那样显而易见，但内在的机制更加复杂而有效率，党政之间既有中共中央的总揽全局和协调各方，平级党组织与政府机构之间、上级党组织与下级政府机构之间、上级政府与下级党组织之间、不同领域党组织与政府机构之间复杂的嵌入关系，这些关系的逐步顺畅不仅确保了党对政府的领导和政府治理经济社会事务的双重效率，也使党的执政体系和国家治理的体制更加合理，为过去30多年中国的国家建设提供了强有力的政治保障。

嵌入式党政关系是一种新型的党政关系，既是对合一型党政关系的修正和变革，也与其他国家的党政关系有着显著的不同，体现出浓厚的中国式国家治理的特色，既避免了苏联模式下政党治国的结构性弊端，以有分有合、分合有机统一的国家治理方式促进了中国经济的飞速发展，也不像西方国家那样越来越将执政党的功能局限在选举过程，对政府几乎只提供立法支持而不试图促使政府根据执政党的意志治理国家，进而导致政府往往因缺乏广泛的社会基础而难以提高执政效率。用发展的眼光看，中国式的嵌入型党政关系还正在外化为一种全新的执政方式和国家治理路径，可能成为中国为多元的世界提供的具有普遍性意义的成功经验之一。

三、党政关系变迁的内在逻辑与结构性制约

中国特色党政关系的形成是历史的产物，受历史条件的制约，其间固然有着党的执政理念变化的因素，但更多的是取决于国家发展的现实需要。在此意义上，党政关系在过去半个多世纪的历史变

迁不是一个无序变化的过程，每一次的阶段性变化态势内在蕴涵的都是国家建设和国家成长的动态要求，合乎执政党与国家关系变革的内在逻辑。当然，这样的逻辑性具有高度的内在性，常常不与外部的显性需要相对应。

（一）党政关系逻辑取决于国家发展的逻辑

在获得执政地位之前，中国共产党对未来的国家制度、尤其是对党政关系这一新型国家制度中最重要的政治关系并没有明确而清晰的设计，1949 年 3 月召开的中共七届二中全会虽然开始对未来的国家的基本性质及其在政治、经济、外交等方面应采取的政策提出了构想，但这些构想基本上是原则性和方向性的，对国家制度的基本框架和党以何种方式领导国家建设并没有提及。新中国成立初期，党的领导方式问题也没有受到重视，作为新型国家宪法性文件的《共同纲领》以及 1954 年的第一部宪法甚至没有提及党在国家中的地位和作用问题（实际上，直到 1975 年制订的宪法中，才在第二条明确规定“中国共产党是全中国人民的领导核心，工人阶级经过自己的先锋队中国共产党实现对国家的领导”），[①] 造成这一状况的原因之一，在于中国共产党的领导地位在新中国被认为是不言而喻的事实，以至于不必以合法性文件的方式加以确认。当然，这带来的必然后果，就是党直接取代政府管理国家事务的合一型党政关系的形成根源所在。

然而，高度合一的党政关系形成的根源远远不仅限于党对于自身管理国家方式问题的忽视，更为主要的逻辑原因在于建国初期中国国家建设面临的现实条件决定了党对国家事务必然采取高度合一的方式。这表现在：

经济上，当时的中国作为落后的农业国首先面临的是保障 4 亿民众的基本生存问题，这要求新政权必须集中有限的人力、物力和

---

① 董云虎、刘武萍编著：《中国人权约法总览》，四川人民出版社，1991 年版，第 826 页。

财力，以超常规方式恢复和发展经济。为此，毛泽东早在建国前夕就意识到，“从我们接管城市的第一天起，我们的眼睛就要向着这个城市的生产事业的恢复和发展”，“其他工作都是围绕着生产建设这一个中心工作并为这个中心工作服务的。”① 经济基本恢复后，根据世界各国普遍的现代化经验，中国共产党选择了大规模推行工业化的道路，以五年规划的方式确定了工业化的发展步骤，虽然在建国后的30年中，经济建设中心的思路没有得到一以贯之的落实，但仍然为中国奠定了初步的工业化基础。而且同样重要的是，超常规发展经济的紧迫要求投射到党政关系上，决定了超常规党政体制的必然形成。一方面，党必须直接发挥政府功能以最大限度地提高发展效率；另一方面，党设计了以高度集中为特征的计划经济体制和平均主义色彩浓厚的高福利低收入分配体制，使经济领域的一切事务都能在党的有效控制下进行，防止一切可能偏离党的执政理想的趋势发生。

政治上，新中国成立后中国共产党面临的不仅是经济上的积弱积穷局面，也面临着复杂的政治局面。一方面，广袤的少数民族地区迥异于内地的政治格局，一些地方政权只是勉强接受中国的政治统一但分裂势力始终难以彻底根除，为了维护国家统一的局面，党在推行民族区域自治制度的同时，必须保持对这些地区政府的控制；另一方面，党的执政地位不仅来自于长期的战争和争取民众的广泛支持，也在一定程度上是与其他民主党派共同合作，通过民主党派整合不同政治力量的结果，“统一战线”因之被视为党的“三大法宝”之一。建国后，民主党派不仅作为参政党的地位得到了合法性确认，而且继续承担着政治整合的重要功能。但即便如此，异己的政治力量在一些群体仍然若隐若现地难以根除，加之内部不断出现的政治斗争，为了维护执政地位，党在继续革命的理想主义信念下保持了革命党的功能定位，更多地注重以革命的理念和方式来治理国家政治，采取自上而下的大规模政治动员的方式实现政治目标，

① 《毛泽东著作选读》（下册），人民出版社，1986年版，第692页。

这投射到党政关系上，以党治国就成为合乎逻辑的结果。

军事上，建国后中国大陆虽然实现了和平，但蜗居于台湾的国民党政府始终对新生政权构成严重的安全威胁，同时美国对华构筑的新月型包围圈更促使中国共产党对国家安全有着强烈的危机意识。在这种危机意识下，战争不可避免成为党对国家生存状态的基本判断，以至于经济和政治建设也必须从根本上服从于维护国家生存的需要，整个国家制度因此呈现出浓厚的军事化特征，国家长期以备战的思维而高度组织化，党政关系当然也不能例外，党直接介入政府事务因此也符合了战争准备的要求。

国际关系上，新中国成立伊始，毛泽东根据当时的国际格局作出了“一边倒”的战略选择，对于苏联及社会主义阵营的价值认同及现实的战略需要决定了中国的政治制度以及党政关系必然体现出浓厚的苏联色彩。中苏关系破裂后，中国在逐步消除苏联式的制度痕迹的同时，在国际上面临更加严峻的挑战，东西方两大阵营均把中国视为可能的安全威胁，中国先后在朝鲜、越南、珍宝岛与两个超级大国发生直接冲突。在长期严重不利的国际环境下，中国没有也不可能集中一切精力进行经济建设，不得不在国内构建国防动员体制，在党政一体化基础上随时准备调动一切资源投入可能的对外战争。

20世纪70年代后期开始，中国面临的经济、政治、军事态势发生了一系列重大变化，为党政关系的重大调整提供现实而紧迫的条件。

在经济上，文化大革命结束初期，中国的国民经济陷入崩溃的边缘，为了尽快摆脱经济上的困境，执政党确立起新的经济建设为中心的国家方针，从而渐进导致了计划经济体制的解体和市场经济体制的形成，而在新的以市场为导向的新经济体制下，政党的控制性治理思路显然不再适用于以竞争、利润、管理为法则的市场发育的需要，粗放式的政党管理经济方式因此必须进行大规模的调整。

政治上，经济建设为核心方针的确立凸现了传统政治体制的严重不适应性，这包括：（1）干部终身制的问题，尽管没有明确的规定，但党的干部、尤其是中高层干部终身任职成为普遍现象，这严重制约了机构的活力和创新能力，同时也导致个人专断在党和政府的各个层面都普遍存在；（2）党政不分、以党代政，这一点后文将做专门的分析；（3）政治干部比重过大制约了经济机构的人才结构。基于工作重心的变化，党逐步意识到以政治性存在为核心价值的政党不再能够适应经济建设面临的新的复杂问题，这一任务必须赋予政府这一专门负责经济发展的机构来推动实现，这是党政关系变革的内在必然性。

国际上，经济中心主义的建设方针不仅来自于国内经济困境的紧迫压力，同样也是当时国际形势新变化的结果。邓小平在“文革”结束后，敏锐地意识到战争不可避免的判断不利于中国的发展，从而提出了“世界大战可以避免”的新判断，表示“现在世界上真正大的问题，带全球性的战略问题，一个是和平问题，一个是经济问题或者说发展问题”。[①] 这就是“和平与发展”的时代主题观，基于战争可以避免的新观念，执政党放弃了国家建设的战争思维，从而使经济建设为中心的主张成为普遍的共识，党也开始逐步放弃高度动员的国防体制，党政关系的变革成为顺理成章的选择。

近年来，中国经济社会发展进入一个新的转型时期，经济建设由超常规的粗放型发展模式向常态的可持续发展模式转型，社会建设则由单一化的社会结构向多元化的社会结构转型，经济和社会的双重转型投射到国家治理层面，要求党政关系也必须作出新的适应性调整和变革。在很大程度上，如果说一元化党政关系的形成是建国初期维护国家独立、实现国家整合的需要的话，党政关系调整对应的是改革开放后经济建设为中心的阶段性要求，而在新一轮的经济社会双重转型过程中，过去30年初步形成的党政关系也重新面临着新的不适应性，尤其是在社会建设成为国家治理新的重心的趋势下，以效率至上为出发点的传统党政关系与国家治理之间出现新的结构性张力。一方面，经济体制的转型虽然已经基本结束，但经济

① 《邓小平文选》第3卷，第105页。

发展方式转型的紧迫性日益凸显，国家治理保持适度的高效率仍然是必须的；但另一方面，社会公平和正义诉求的空前高涨要求中国在保持高效率发展的同时必须维护社会稳定和社会进步，过度强调效率容易导致社会价值和社会结构的碎片化倾向。此外，随着中国经济实力的不断增强，中国的国际影响不断提升成为必然的结果，但中国国家成长所产生的国际效应的两面性也十分明显。

这一切，都要求中国重新调整和变革党政关系，适应国家治理的新需求。经济社会发展转型是当前中国最显著的特征，也是党政关系变革面临的最直接相关的前提，充分凸现了党政关系态势在当前所处历史阶段的特殊性。转型对党政关系变革具有双重决定性的意义：一方面，转型意味着中国的党政关系变革是在特殊的历史条件下进行的，鉴于导致转型的因素具有很强的特殊性和可变性，这决定了中国式的党政关系也必然是特殊的，处于一个动态的调整和适应过程之中，不能按照既定的道路和模式来加以推进，无论在价值理念还是在制度体系上都必然体现出与西方模式明显的不同。另一方面，转型也决定了中国党政关系的变革根源不是制度性的，主要是经济社会变迁过程中由于结构失衡而产生的结构性弊端，与社会制度和意识形态没有必然的联系，几乎所有经历过高速发展的国家都面临过类似变革，许多国家也经过有效的制度调整和措施应对，成功地渡过这一阶段而建立起有效的党政关系，进入到稳定的国家成长时期。

（二）制约党政关系态势的结构性因素

应该看到，近年来党政关系的调整和变革呈现出低调宣传和内部调整的非显性化特征，几乎难以引起社会的广泛关注，一般性的外部观察也很难作出准确的价值判断，换言之，当前的党政关系调整是一个内部化的渐进式过程。但是，尽管缺少经验性的信息支持，仍可对影响和制约党政关系调整的结构性因素做出分析，从中或许有助于更好地把握中国党政关系变革的走向。

传统的党政关系理念仍然是一股强大的思维定势，党政关系注重的始终是党的主体性问题，重以党管政、而以政助党的方式路径尚不明晰，进而导致制度创新的动力不足。尽管随着改革开放30年来中国政治发展的逐步深入，党的最高领导层和党的各级机构与组织的法治意识和制度意识有了显著的提高，但与改革创新党政之间的制度规范这一长远要求相比，传统的控制式制度理念仍然占据着主流地位，短期性应对变化的考虑远远高于推进制度改革创新的要求，加之对官员的业绩考核仍然偏重于经济发展指标，许多地方党委对政府的领导重心仍然放在促进本地经济发展引资上，党政关系的调整思路往往更加侧重于服务经济发展的需要，一旦在实践中与发展经济相矛盾，制度常常会被置于虚化的地位，难以在实际运作中真正得到执行。

执政党和政府在公共行政领域中的定位仍然不够清晰，尽管改革开放以来，中国明确了党不再直接代替政府管理经济社会事务，建立各级政府自上而下的工作系统的方针，但这样的安排是以党的文件的形式逐步推行起来的，无论是党章还是宪法都没有对党和政府各自的概念定位做出具体的安排，这在客观上造成了政府职责仍然不够清晰的现象，导致本应政府承担的事务仍然由党的机构承担的现象。而政府则一方面在不应扩张权力的地方拥有过强的权力，在应该发挥政府功能的一些领域则又缺少应有权力。以近年来不断发生的公共危机为例，一方面政府是当然的责任主体，但实际负责处理、尤其是对外新闻发布的则大多是地方党委的宣传部，这成为信息公开和发布常常受到诟病的原因之一。随着社会力量对公共事务领域的介入日益深入和广泛，党政机构定位不够清晰的不足和弊端导致政府越来越受到来自舆论和社会的质疑，传统的人民政府形象因此受到严重的削弱，甚至在越来越多的舆论传播中被推到了人民的对立面，政府似乎成了损害民众利益的主要来源而不再是为民众谋取福利的可依赖主体。这一趋势的出现不仅是对政府公信力的严重挑战，实质上也构成了作为政府领导者的党的合法性挑战，只不过，由于种种因素的限制，还没有人公开将二者关联起来，或者有意无意地加以选择性忽视而已。

在体制结构方面，目前党和政府采取的都是自上而下的组织方式，这在国家体制上确保了党对政府的有效控制，党的意志能够通过自上而下的执行体系得到下级党组织以及通过中央政府的上行下达得到落实，但在中央以下的政府层级中，由于党和政府分属不同的隶属体系，在具体执行中，一旦地方党委出于维护地方利益的考虑，可以利用互不隶属的关系对上级政府职能部门的指令采取拖延推诿的态度，导致执行过程中出现障碍。而且，即使在党和政府各自的执行体系中，由于不同层级的地方党委与上级党的职能部门之间也没有隶属关系，从而也会导致执行的不畅，如各级党的纪律检查委员会被赋予巨大的惩治腐败的权力，但这些权力一般仅能体现在上级纪委对下级腐败官员的惩治方面，由于同级纪委并没有被赋予独立监督和惩治党委主要官员的职责，这使得纪委在党内实际的权力运行过程中常常被弱化为一般性的监督机关。

在党政关系的运行程序方面，尽管改革开放以来确立了党政之间分工协作、党不再直接干预政府管理事务的原则，但长期以来，这一原则的落实主要是通过党内文件的形式加以推行的，不仅党章和宪法都没有具体规定这一原则在运行过程中如何加以落实，更没有对政府过程中党以哪些方式体现领导地位、政府又在哪些方面拥有决策自主权等程序性问题进行规范，进而导致党政关系在运作过程中始终难以摆脱两个矛盾的取向。一是在党委集体决策制度下，党仍然以各种方式介入经济社会事务，政府仍然没有独立管理经济社会事务的实际功能；二是在执行过程中，政府根据自己的意志采取执行措施，党的领导停留于制度层面而被实际虚化。这两个矛盾取向导致的程序性后果是：其一，决策程序的科学化程度始终难以实质性提高。这导致政府“好心办坏事”的现象层出不穷，许多公共政策未经必要的专家咨询和社会调研就仓促出台，一旦难以实施又朝令夕改，进而导致公共决策由于程序的缺失而体现出很大的随意性和主观性；其二，执行程序的制定和完善难以引起足够的重视。在程序缺失的状况下，各政府执行机构、尤其是拥有行政执法权力的机构拥有很大的自由裁量权，而制约这些自由裁量权的程序规则通常都是这些机构内部制定的规章制度，这就使行政权力在执行过程中基本不受外部力量的制约，导致许多好的制度在执行过程中也被异化，权力运行常常偏离正常轨道；其三，重要干部任免的决定程序难以得到实质性的完善。许多党务或政府部门的重要干部往往是由上级党委或政府任命的，既缺少必要的竞争性，也不够公开和透明。尤其是在大多数行政职能部门，拥有实际上的最高权力的党委书记往往在任命前既没有经过所在单位全体党员的民主选举，也没有像行政干部任命那样采取公示制和公开选拔制等适当程序，导致程序规范更难以实质性完善。

在制约监督方面，监督制度的整合和互动不够是党政关系现行状况下难以克服的问题。由于党和政府各自的权力配置都以纵向的垂直领导为基本的权力运行方式，下级权力机构只向上级负责而不对民众负责的责任倒置状况始终没有得到有效的改变，这就容易极大地弱化同级机构的监督和制约效力，上级部门的监督和制约也因为缺乏及时客观的信息而难以发挥作用。领导干部，尤其是党的“一把手”的监督和制约问题始终没有找到有效的途径。“领导人的意志”被认为是最具影响力的权力要素。在当前，许多机构性的权力在实际运作中成为“一把手”的权力，尤其是“一把手”的决策权往往是以集体的名义做出的，这更增加了监督的难度，如一些领导干部讲成绩时归自己，讲失误时则以“集体决策”为名把责任推给组织，严重损害了党组织的形象。党内监督、行政监督、司法监督、监察监督和审计监督等“体制内”监督机制整合也因此明显不够，经常存在着相互之间信息沟通不畅、各自为政的现象。在当前，无论是政府还是人大对各级党委几乎没有任何监督的权力，党委受到监督的唯一途径是上级纪律检查委员会，党代会、普通党员几乎没有监督党委的途径和渠道，从而使一些党的中高级干部严重违纪或腐败问题难以得到及时的发现和查处；在各种重大责任事件的处理中，也很少看到各级党委承担责任或受到追究的情况。

传统的封建专制残余在很大程度上也是党政关系变革中无法摆

脱的结构性难题。邓小平在著名的“8·18讲话”中，对中国历史和文化传统中的封建主义残余影响作出过深刻的分析，这些分析虽然直接针对的是当时党和国家领导制度的改革问题，但对于今天人们深入理解制约中国廉政建设的传统因素同样是适用的。在邓小平看来，传统政治文化中的消极因素主要包括：官僚主义现象，权力过分集中现象，家长制现象，干部领导制度终身制现象和形形色色的特权现象。邓小平强调，官僚主义是中国政治中“一种长期存在的、复杂的历史现象”，“同历史上的官僚主义有共同点”，它一方面与“中央高度集权的管理体制有密切的关系”，另一方面，是由于“长期缺少严格的从上而下的行政法规和个人负责制，缺少对于每个机关乃至每个人的职责权限的严格明确的规定。以至于事无大小，往往无章可循”，造成的危害是滥用权力、不负责任、不守信用、欺上瞒下、专横跋扈、徇私行贿、贪赃枉法等等典型的腐败后果。权力过分集中则同历史上封建专制主义的影响有关，“权力过分集中在个人或少数人手里，”“不适当地、不加分析地把一切权力集中于党委，党委的权力又往往集中于几个书记，特别是集中于第一书记，什么事都要第一书记挂帅、拍板。党的一元化领导，往往因此变成了个人领导。”更为严重的是，对这个问题长期没有给予足够的重视，成为发生“文化大革命”的重要原因。家长制是“一种非常悠久的、陈旧的社会现象”，导致个人凌驾于组织之上，组织成为个人的工具。邓小平注意到，不少地方和单位，都有家长式的人物，他们的权力不受限制，别人都要惟命是从，甚至形成对他们的人身依附关系。一些同志犯严重错误，同这种家长制作风有关。干部领导职务终身制现象的形成“同封建主义的影响有一定关系”，导致“一些干部把自己看成是人民的主人，搞特权、特殊化，引起群众的强烈不满，损害党的威信，如不坚决改正，势必使我们的干部队伍发生腐化”。[1]

---

① 有关邓小平关于封建主义传统的论述参见《邓小平文选》，第2卷，人民出版社1983年版，第327—332页。

如果说邓小平的分析主要在于阐述历史文化因素的危害的话，进一步说来，历史文化因素对于当前中国党政关系的变革有着深刻的内在制约，与种种现实因素的契合导致问题更加严重和复杂。从政治传统看，中国是一个具有五千年专制主义传统的国家，等级制权力结构根深蒂固，自上而下的权力运行方式决定了权力的授予是单向度的，由于不论党还是政府机构官员的任命都来自于上级、行为对上级负责，历来只服从于来自于上级党委和政府的权力意志，进而导致权力阶层的政治行为处于封闭的内部循环状态，社会力量没有机会和途径介入对权力的监督和制约。在这样的权力结构下，一旦党政之间的权力互动态势发生变化，现存的不对称性权力平衡就会被打破。从社会传统看，家族为单元的社会结构决定了家长制是整个国家制度的根基，国家不过是家族的放大，这决定了一方面家长在社会结构中拥有不受制约的权力，家族成员必须对家长的意志无条件表示服从乃至效忠，另一方面，家长制的政府事无巨细地全面管理国家事务，民众依赖于政府而获得生存资料和福利，当政府能力不足或照料不周，官员腐败泛滥时，民众抱怨之声必然四起，但同时，又不自觉地把所有解决问题的希望寄托于政府，尤其是寄托于一个“明君”或者“父母官”的出现，以民主集中制为原则的党政关系变革难以顺利推行。

四、党政关系的变革向度

（一）当代中国党政关系态势的基本判断

尽管当前中国的党政关系仍然存在着一些结构性的调整难题，但从国家建设的宏观层面看，中国已经初步探索出了一条中国式的党政关系调整和变革道路，正在致力于构建以制度化为核心的党政关系，着力提升国家建设的有效性和规范力，在进一步的成熟和完善中，中国有能力在实现经济社会平稳转型的同时走出一条具有中国特色的政治发展道路和构建起与现代国家相适应的党政关系模式，进而充分证明了党政关系对于中国共产党的执政和国家的持续发展与进步既是有效的也是合理的。这具体体现在：

新中国成立以来，尤其是改革开放以来，中国的党政关系总体上是适应国家建设的要求的，既没有导致严重的社会动荡也没有延迟改革开放的步伐，为经济社会发展提供了较高的促进效率和稳定的政治保障。同时，中国从来没有忽视根据国家建设的阶段要求来不断调整和变革党政关系，而是始终致力于这一关系的制度化、规范化和机制化，对党政关系运行中出现的问题始终保持着高度重视，而且与其他国家不同的是，中国党政关系的调整从来就不是单一的工具性行为，更不是单纯为了防止政府权力的扩张。事实上，“党”与“政”从来就是不可分割的两位一体的协调行动，党对政府的适度放权本身不是目的，政府行为的根本目的在于为党的执政提供支持，在于提升党的执政效力，优化执政方式。换言之，中国式党政关系的变革是在发挥政府应有功能基础上推进的政治进程，是党的理念升华和制度创新基础上的模式构建。

党政关系在改革开放进程中不断伴生出不适应性是客观的事实，而且从中国共产党执政的角度看，在政治效应上具有相当的潜在的不利影响，如不加快调整和变革的步伐将对中国的政治发展进程产生严重影响，为中国共产党的长期执政埋下严重的风险和隐患。但在当前，中国的党政关系也存在着两个方面的被夸大现象：一是政府功能被少数舆论和社会群体不适当地夸大，政府运作过程中的一切弊端都有意无意地被归因于制度性因素，实际上也就是归因于党领导下的政治制度；二是党对经济社会生活的介入和干预程度被夸大，中国常常被描述为“党国”，党被等同于国家，从而在国际社会被扭曲为一党专制，中国的国际形象因此受到严重贬损。

在当前，中国的党政关系已经在制度上基本上得到了清晰规范，党政关系的基本框架已经成型并逐步走向成熟，大幅度的党政关系变革已经基本不会进行，调整也主要集中在一些具体的操作层面。

而且，随着经济和社会发展水平的逐渐提高，市场经济体制的不断完善，公民社会的逐步发育，政治行为的制度化、规范化、程序化程度的日益增强，监督机制和监督效力的日益提高，党政关系的制度性优势将进一步得到充分体现。

党政关系调整的政治敏感度进一步增强，这促使党在采取相关的制度安排和政策措施时更加谨慎。党政关系的清晰规范并不意味着党政关系已经彻底理顺，更不意味着在实际运作过程中的某些异化乃至某些党政机构借此牟取私利的冲动被有效根除，而且相对分工但高度一致的体制一旦出现问题所产生的消极效应可能远远比过去更加严重，一则普通的政府决策失误、甚至个别政府官员的不当言行产生的政治和社会效应可能由于媒体的报道和互联网的渲染被严重放大，甚至引起公众对整个党的形象的强烈质疑。

当前中国党政关系中不可避免存在的某些问题是与改革开放的进程相伴生，但从根本上说这并不是改革开放本身必然的副产品，更不说明这与制度安排本身有关，它更多的是改革开放以来的中国经济社会发展始终存在诸多变化和不可预知性的副产品，事实上，改革开放成功本身已从实践上证明了党政关系是合理和有效的，没有党的历史性选择，没有基于这一选择而在国家建设重心和方式上的重大调整，中国经济实力的急剧增强和国际影响力的迅速提升是不可想象的。

在强调党政关系在经济社会发展现阶段产生调整需要的结构性根源的同时，也要看到在当前，中国的党政关系变革是在政治生态发生重要变化的环境中进行的，必须放在诸多不确定的时间和空间条件下加以系统考虑，这包括：市场的高度开放和资本的逐利本能从根本上改变了中国党政关系所处的经济基础，经济利益分配机制的重构使公共权力与经济收益之间的博弈更加复杂，甚至公共权力自身也可能成为利益主体；在国家层面的民主政治道路仍然处于进一步探索阶段的条件下，党政关系的变革受到众多政治变数的制约，制度和形态的稳定性难以长期保持；传统的体制构成仍然没有彻底摆脱单一社会结构时代的痕迹，在新的多元社会结构中不断面临新的不适应性；政治伦理在部分官员中的弱化和社会性的道德判断标准失衡难以有效扭转，党政关系的变革缺乏有力的社会共识支持；西方式民主模式下的党政关系构成在许多群体中日益具有“垄断性优势”，中国党政关系的基础理论体系因此难以有效建构并具备充分的解释力。

新的政治生态在凸显出党政关系目前在理念、规范、方式、程序等方面的准备不足的同时，有可能在政治上造成一系列不利的政治后果，如腐败现象仍然难以得到有效遏制，党政关系变革的政治效应难以准确预判，党之于政府的控制性地位决定它既是党政关系变革的主导力量同时又是党政关系运行中存在障碍的主要来源。这一切，都要求中国从战略上加强党政关系建设的全方位部署，也决定了中国式党政关系的走向成熟是一个十分艰难而曲折的进程。

中国的党政关系变革必须超越传统的工具性理念，必须明确的是，中国特色的党政关系不是与传统政治文化的简单断裂或价值回归，而是在新的理念上加以传承和创新，党政关系的建设不是孤立的政治建设进程，而是需要同时改良整个国家的政治文化生态。这就要求党政关系建设的重心要从应对性的政策和措施层面上升到整体性、协调性和体系化的体系建构层面，从根本上改变权力运行的政治生态，同时在理念上改变党把政府仅仅作为执政工具的相对单一的观念，把着眼点更多地放在政府对党执政的反哺上，树立起政府行为即在根本上是党的行为，政府形象即是党的形象的观念，着力通过提高政府的行政能力体现党的执政能力，通过提高政府的公信力来体现党的公信力，从民众对政府的评价变化中及时把握民众对党的评价的变化。

中国特色党政关系的变革作为一种渐进式发展模式，最根本的经验之一在于始终注重根据改革开放的不同阶段和中国经济社会发展的客观现实需要加以适度的推进和完善，从总体上确保经济社会发展的有序和稳定。为此，中国必须首先坚持走中国特色政治发展道路，中国党政关系建设必须服从国家建设和民主政治建设两个整体布局的要求。其中，“中国特色”是重要的价值前提，中国特色的党政关系是在国家成立初期缺乏充足的理论准备和制度支持的条件下开始起步的，必须走一条不断探索与中国国情相适应的建设道路。同时，中国特色的党政关系建设是一个“发展中”的动态进程，是一个长期的过程，中国的党政关系的科学化、民主化和法治化水平也随经济社会发展水平而逐步提高；此外，中国共产党是中国唯一的执政党，这决定了党政关系的变革走向从根本上取决于执政党的自觉意识，根本目标是有助于中国共产党在中国的长期执政。

（二）变革中的党政关系

在对当前党政关系有着基本的价值判断的基础上，可以对党政关系在今后一段时期的发展方向有更加清晰的前瞻性认识。事实上，自中共十七大提出“政治体制改革需要继续深化”的命题以来，党政关系的进一步适应性调整始终是国家治理的一个基本的路径取向，而且这样的变革在理念、方式、路径、体制、机制等方面都在不断深化。大致说来，这主要体现在：

坚持中国共产党的领导是党政关系变革的基本宗旨和原则。在中国的政治体制改革中，一切问题和讨论的前提和核心都是必须坚持中国共产党在党政关系中的绝对领导地位，嵌入型党政关系的构建和逐步完善本质上也是基于这一基本的出发点，在当前中国与党政关系相关的一切制度、体制、机制的安排中，根本目标都在于维护和巩固中国共产党在中国的执政地位。任何试图排除中国共产党这一核心要素的理论探讨都是无意义的，当然也是不可接受的。

党政关系变革中蕴涵的人本主义理念不断强化。自执政党提出“以人为本”的治国理念以来，党政关系在变革中的人本主义色彩日益浓厚，党对政府的要求不仅是高效率地推进经济建设，同时也需要高度注重保障民生，要求政府在权力运行中必须从“以人为本”的宗旨出发，使经济发展的成果最大限度地惠及于民。当然，在今天的中国，“人”不仅是指具体的每个个人或具有特殊利益诉求的社会群体，而更多的是指构成这个国家和社会主体的“最大多数人”，只有“最大多数人”从“以人为本”的执政理念中公平地分享到了经济发展带来的好处，才可以确认中国取得了实质性的发展。

党政关系的制度化、规范化、程序化水平有所提高。改革开放以来，党政关系的规范化一直是基本的趋势，事实上，规范化程度的不断提高也是中国重要的改革经验之一。在当前，党政关系在制度化、规范化和程序化方面的水平进一步有所提高，党政部门在政府公共事务中的责、权、利的划分更加明确。当然，仍然有着巨大的提升空间，如对党的政治领导、思想领导和路线领导的内涵界定，近年来大量出现的党政交叉任职、尤其是农村基层选举中的支部书记兼任村支书现象，“三重一大”中党政权限的界定和程序规范问题等等目前都还有待进一步加以明确规范。

进一步提升政府的公共服务能力成为政府改革的新重心，政府在经济社会领域的治理权力得到进一步的提升。改革开放以来党政关系变革的重点之一，是党把越来越多的经济发展权力授予政府。随着近年来社会建设的日益发展，政府在社会领域中获得了新的授权，同时党对政府社会建设权力的行使也提出了新的要求，这就是在继续推进经济发展的同时不断提升公共服务能力，着力保障和改善民生，完善社会保障。在党政关系的寓意上，政府社会权力的提升既是党政的新共识，也是推动党政关系进一步调整的新动力。

推进党内民主、加强党内监督成为党政关系变革的新路径。如果说长期以来党政关系的变革主要是以相对显性的制度化方式加以推进的话，近年来党内民主这一新的方式成为主要的发展取向，党内民主虽然并不直接是为了推进党政关系的变革，但通过完善党代会制度，实行党的代表大会代表任期制，完善党的地方各级全委会、常委会工作机制，推行地方党委讨论决定重大问题和任用重要干部票决制等增进党内民主的制度安排，无疑有助于提升党领导政府的能力，同时也有助于促进政府内部的民主决策制度的完善。或许，更为重要的意义在于，通过真正把选举代表的权利交给全体党员，保障党员的民主权利，大量的普通党员不再仅仅是党政关系变革的执行者和服从者，而将越来越成为内在的推动力量。

以科学配置权力的方式和途径解决党政关系中涉及的集权与分权、权力与职责、权力与制约、权力与惩罚的有机统一问题，同时不断完善权力运行程序、以程序化提升党政关系的制度化水平成为新的共识。近年来，各级党政机关的程序意识有了明显的增强，日益重视权力运行的程序设计和规章制定工作，决策前协商、决策咨询、集体决策、决策批准、决策监督、决策问责等一整套决策程序机制也逐步建立起来，在这一机制中，作出决策的权力机构必须承担相应的责任和义务，同时在决策程序中批准决策和监督决策的权力机构也必须对决策失误承担相应责任。

（三）党政关系比较及其蕴涵的普遍性寓意

在西方的政治经历中，现代意义上的政党一般是在既有的国家制度框架内成长和发展起来，在资本主义革命的过程中，政党并不是主导力量。以美国为例，独立战争期间，当时的13个殖民地都没有政党的存在，各种政治力量联合起来进行的革命只不过是为了推翻英国的殖民统治这一共同的政治目标。在制宪过程中，虽然由于不同州之间不同的利益诉求而出现了联邦派和反联邦派两个政治派别，但它们也不是严格意义上的政党，而且宪法制定后，这两个派别也就随之自然消亡。今天意义上的民主党和共和党两大政党，事实上是19世纪60年代南北战争结束后才出现的。政党在国家政治生活中的这一基本事实，对于理解西方式的政党和政党与政府之间关系至少具有三方面的意义：其一，政党既然是在既有国家制度规范下出现的，它就必须服从国家制度的强制性规范和约束，在制度许可的范围内采取政治行动；其二，政党不是国家政治生活中的核心主导力量，本质上不过是操控国家制度的政治阶级的政治合法性外衣，代表的是特定政治力量的利益诉求；其三，正如美国第一任总统华盛顿不是政党政治的产物一样，政党也不一定直接控制政府，而往往采取主导立法的方式来表达所属集团的政治利益，而政府则以代表全民意志的表象来相对独立地行使权力，这也即西方式民主的本质所在。

基于西方式政党的制度原理，政党与政府之间的关系在制度层面是相对分立的，尽管在选举过程中，所有的政府都必须依托于某一政党的支持才能获得执政地位，但一旦执政后一般都会尽力淡化自己的政党归属，推行的政策也尽量避免显示出明显的政党特征。但实际上，政党与政府之间的关系无疑是十分紧密的，这主要表现在：(1) 通过议会为政府提供立法支持，在除美国以外的大多数国家，执政党一般同时都在议会中处于多数党地位，这就是它可以便捷地利用多数票为政府提交的政策建议提供立法上的支持，即使在美国常常出现多数党与总统不同属一个政党的现象，通过本党议会党团为自己争取最大限度的支持仍然是总统的重要事项；(2) 影响政府的政策制定，执政党与政府之间的支持和影响是双向度的，政府通过政党获得议会支持，政党则采取党内协商、纪律规范等各种方式和途径把自己的政治纲领贯彻到政府的政策中去；(3) 为政府提供舆论支持，制造舆论影响选民是政党争取选票的基本手段之一，同样在选举获胜后，利用自己掌握或支持自己的宣传机器进行宣传鼓动也是政党支持政府的常见举措。

显然，在西方国家政党与政府关系中，政党对政府的控制能力是相对薄弱的，政府需要政党支持但并不受控于政党，而且一旦获得执政地位后，政府往往努力抛开政党的束缚自行其是，其结果不但造成政府权力膨胀成为西方政治制度难以根除的痼疾，也不可避免地在西方国家内部出现政党政治不断衰落的后果，西方式民主因之呈现出严重的碎片化趋势，政府权力在膨胀的同时对于社会的整合和动员能力日益下降，治理效率严重低下；政党也逐步沦为少数权势集团的政治工具而丧失民众的支持和认同。

相比之下，在中国特色的党政关系下，党对政府的领导得到直接体现，党的意志能够顺利地转化为国家意志而受到政府的有效执行。一方面，党可以通过政府高效率地推动国家建设步伐，政治议程中的优先事项可以得到更加突出的重视，有效应对自然灾害、社会危机、生态保护等重大突发公共危机，进而保障国家建设在高效、科学、法治的轨道上正确运行；另一方面，党也能够坚持中国特色的社会主义发展道路，积极稳妥地推进政治体制改革，“不断推进社会主义民主政治制度化、规范化、程序化，把我国社会主义政治制度的优越性发挥出来，为党和国家兴旺发达、长治久安提供更加完善的制度保障。”①

中国党政关系的渐进式调整和变革，蕴涵着一条具有普遍性意义的国家治理逻辑，这就是在坚持中国共产党的领导地位的前提和原则下，逐步提升和拓展政府作为代表执政党治理国家主体的功能，保持公平与效率的协调并重，加快实现建设现代化国家的执政目标。具体而言，这一逻辑对于今天世界上的许多国家、尤其是处于国家建设和国家成长阶段的广大发展中国家的普遍性寓意体现在：

第一，统一安排国家治理的体制机制。中国作为单一制国家的制度优势在于可以通过集中调配资源的方式突出解决国家治理中的优先事项。在当前，尽管中国已经成为世界上第二大经济体，但相对较低的人均收入水平、社会建设中不断滋生的无组织力量、多民族国家不可避免存在的分裂势力以及频繁发生的自然灾害等等，都决定了在今后相当长一段时期内国家治理中仍然需要自上而下的体制结构和高效率的执行机制，而党政关系的内在领导和执行逻辑与国家治理的现实需求无疑是高度契合的，为自上而下推行国家治理提供了合理性支持和可能性保障。

第二，通过内部制约的方式限制政府权力的无限扩张趋势。限制政府权力扩张是世界性的难题，即使在那些强调权力分立和制衡的国家中，这一问题仍然难以从根本上得到解决，而在中国的党政关系下，国家治理的这一难题几乎是不会出现的假设性命题。在党的执政体系中，政府不过是其中一个环节，尽管在经济发展至上的时期，政府被赋予了强大的国家建设功能，但这一权力的赋予不是政府自主膨胀的结果，更不能根据自己的需要扩大自由裁量权，必

---

① 胡锦涛：《在庆祝中国共产党成立90周年大会上的讲话》，人民出版社，2001年版，第23页。

须服从于执政党整体国家治理目标的要求，可以比较有效解决大多数国家面临的政府权力膨胀难题，实现对政府权力的有效监督和制约。

第三，从注重治理效率走向效率与公平并重。改革开放以来，中国在国家治理中突出强调了效率优先原则，这在促进经济发展的高速度运行的同时也导致了分配不公、贫富差距拉大、社会群体之间的紧张关系等一系列消极后果。近年来，国家治理中的社会公平问题日益受到党和政府的高度重视，促进社会公平正义成为国家治理中的新重点，在国家治理中寻求效率与公平之间的动态平衡，甚至在一定情况下突出强调公平将成为国家治理变革的重要方向。

第四，渐进式协调推进国家治理。渐进式地协调推进国家治理是改革开放以来中国国家治理的基本方式，在中国的治国理念下，经济社会发展不是一朝一夕的事情，任何期望中国可以在一夜之间全面改善经济状况的主张都是不切实际的。因此，中国的选择是首先推进经济改革，在此基础上逐步改善其他的政治、社会、文化状况，同时在这一渐进的推进过程中，中国注重根据中国经济社会发展的步伐来不断协调国家治理的重心，不仅重视完善治理方式和路径，也注重不断改善国家的环境与生态，使国家治理奠立在更加坚实的政治、经济、文化和社会土壤之上。在此意义上，国家治理的渐进性和协调性是过去30年中国国家治理的重要经验，今后仍将是国家治理的重要方式和路径。

第五，以党政关系为主线促进国家治理体系的有序化。党政关系是中国执政体系中最核心的一对关系，但它并不代表整个体系，这一体系的其他构成还包括党与人大、党与政协、党与军队、党与其他民主党派等重要的关系，但通过党政关系，可以促进党在执政体系的关系网络中的核心地位得到更好的体现，不同政治主体之间的相互关系也将更加有序和顺畅。在此意义上，党政关系的调整过程也是国家治理走向更加有序的过程。进一步说，党政关系的调整不仅有助于推进政治主体在国家治理过程中的有序化，在更大层面上还可以逐步纳入社会主体对国家治理的有序参与，形成党、政府、社会“三位一体”协同推进国家治理的新格局。

第六，自主意志前提下的包容性是中国国家治理重要的外部性特征。中国的国家治理基于中国的国情和独特的政治实践，尤其是中国共产党在党政关系中的法定领导地位决定了中国必须根据自己的自主意志决定国家治理的方式和路径，决不能根据其他国家既有的治理模式的来主导国家治理。但同时，中国又从来不是在封闭的政治氛围中推进国家治理的，建国以来始终以包容性心态对待外部的治理经验并加以积极吸纳，只不过，这样包容和吸纳的出发点始终是审慎的、有区别、有选择的，必须在中国具有现实的可操作性。

显然，由中国特色党政关系延伸出来的普遍性国家治理寓意正以一种全新国家治理模式的形态受到国际社会广泛关注。虽然这一模式不是人为设计和建构的治理形态，在实际的衍进过程中表现出某种程度的自然成长性特征，以至于二者之间的内在逻辑在很长一段时期内显得扑朔而难以把握。迟至今日，其间蕴涵的张力仍未充分消除，价值内涵和发展导向仍然有待进一步丰富，普遍性意义也还需要得到更加广泛的认同和验证，但至少它被半个多世纪的政治实践证明了有效性，一个对国际社会具有重要借鉴意义的整体性的中国发展道路也即蕴涵于形成了中国发展合力的诸多要素的整合和协调机制之中。

第十九章　单一制国家的体制结构：中央与地方关系

国家体制结构又称为国家体制结构形式，是指国家的整体与组成部分之间、中央政权与地方政权之间的权力划分关系。国家体制结构形式一般分为复合制和单一制两种，复合制的主要形式是联邦制，是指由两个或多个成员单位，如邦、州、省、加盟共和国等组成主权国家的结构形式。单一制则是指由中央政府拥有、行使国家主权的结构形式，它通常有以下几个特点：（1）具有单一的宪法和国籍，中央权力机关是国家最高的权力机关；（2）国家主权不可分割，对外行使国家主权的只能是中央权力机关；（3）中央权力机关对内高于一切地方权力机构，各行政区域的地方权力机关接受中央权力机关的集中领导与监督，而且对外不具有独立性；（4）单一制的体制结构可分为集权型和地方自治型，同一国家也可同时容纳不同的单一制类型模式，但不论是那种类型，地方权力始终被限制在统一的国家主权范围内。单一制作为一种国家体制结构的类型，通常是与联邦制相对应的。联邦制是指“有全国性政府和区域型政府根据宪法分享包括主权权力在内的国家权力行使权，并且不得单方面改变宪定权力分享格局的一种国家体制结构形式类型”。[①]

国家体制结构从古至今都是中国国家政治中的一个重要问题。在古代，围绕“封建”和“郡县”体制的争论历久不休，而且这两

① 童之伟：《国家体制结构形式论》，武汉大学出版社，1997年版，第210页。

种体制不仅仅是国家权力的技术性分配形式，更关系到一个政权“公与私”的性质，关系到能否实现“善治”理想的核心问题。到了近代，中国中央权威衰落与缺失，军阀割据盛行，如何重建统一的国家主权，如何构建合理的国家体制结构，一直是中国革命史中的重要命题。新中国所确立的单一制国家体制结构，和以往历朝历代的制度完全不同，和当代世界上其他国家的单一制结构也不尽相同，它是在基于高度现实主义的基础上设计的具有混合特征的独特单一制模式，经过半个多世纪的发展、变革与调试，它既具有传统单一制主权统一、中央集权等特征，又包容了民族自治区、特别行政区等内容，从而使这一制度又吸收了复合制的一些因素。在新的历史时期，随着中国政治、社会实际情况的发展，独具中国特色的混合型单一制体制结构必然会继续得到不断的发展与完善。

一、单一制国家体制结构选择的逻辑

国家体制结构是国家权力在运行过程中的纵向分配形式，一个国家采用哪一种体制结构，并非纯粹来源于人们的主观选择，而是深深受到历史与现实的影响。世界上也不存在类型学划分中的纯粹国家体制结构形式，单一制、复合制等概念有助于我们理解国家权力的纵向运行原理，但没有哪个国家的体制结构的状况能用这些概念加以完全概括。而且，从历史来看，国家体制结构也会随着环境的变化而改变，如美国建国之初确立了一种可称之为弱联邦的结构形式，但经过两百年来的发展，联邦的权力相对于州权越来越大；1958 年法国宪法改革加强了以总统为中心的中央集权制单一制模式，但随着 80 年代的分权改革，地方政府获得了更多的自主权。同样，中国在建国初期采用单一制的国家体制结构，并非单纯基于某种国家体制结构的理论，而是中国的历史、现实等因素综合考虑下的选择，且随着政治、经济环境的变化，单一制的结构形式也越来越具有复杂性、包容性。

在传统的帝制国家解体后，权威重塑与国家建构成为近现代历史的核心主线。关于革命后的现代国家应当采用的体制结构形式，也经历了长期的争论与实践，其间既有国民党重建中央集权的尝试，也有民国初年联省自治的试验。共产党在早期的革命理论与实践中，也曾提出过建立联邦制的构想，但最终新中国采用了单一制的国家体制结构。单一制是基于历史与现实综合考量后符合中国国情的一种选择，具体而言，中国更适合单一制的因素主要包括以下几个方面。

第一，单一制更符合中国的传统政治文化与制度实践。国家体制结构的选择更多是基于特定的历史文化与制度实践的，而不单纯是某一时代的人为主观选择的结果。如西方国家许多国家采用联邦制，都能在古代的国家形态中去追溯它的起源。从古希腊的多城邦共存到封建制时期的贵族庄园自治，都为现代联邦制提供了丰富的理论和实践基础，而这些历史理论和实践，又受到这些国家民众客观的政治社会生活情景的影响。反观中国，两千年来的帝制国家的实践，就是如何不断加强、完善中央集权制的过程。虽然中国自古就有分封制的传统，而且一直存在着封建制与郡县制的争论，但封建制也是建立在家天下的基础上的，四海一统的模式仍然是其理想的政治模式，所谓的“普天之下，莫非王土；率土之滨，莫非王臣”正说明了这个问题。这种国家体制结构和现代基于法理的联邦制下的地方分权是截然不同的。尤其自秦朝以后，“大一统”理念发展为主流的政治观念，成为“天地之常经”，渗透到中国普通民众的政治意识之中，随着中央集权制实践的不断发展，“大一统”成为中华民族政治文化中一个具有高度时空延续性的政治信仰。制度主义的研究业已表明，制度在某种程度上可视为人类“观念的外化”，政治制度体现的正是作为核心支配力量的人们的政治意识。结构功能主义的研究也表明，虽然人们可以“选择”某种制度，但只有以一定的政治文化为支撑，政治制度才能有效运行。马克思主义也肯定了精神文化对制度实践的巨大能动作用。因此，在“大一统”精神理念的主导下，中国自古就没有联邦制生存的土壤和根基。现代国家从传统文化中继承下来了大一统的政治观念，就必须建立与之相适应的国家制度与结构，这是新中国确立单一制的国家体制结构的政治文化基础。

第二，单一制国家体制结构的选择是由20世纪中国国家建设所面临的具体现实情景决定的。自晚清以来的中国政治史，可以看作一场在内忧外患及现代化冲动的刺激下，围绕着寻求新的权力中心、构筑新的权威基础，所展开的具有内在一贯性的运动，任何政治力量，只有能够有效地建立集权式政治经济结构，才能夺得现代化的领导权。[①] 因此，近代中国政治中的一个基本问题，就是新的权威核心迟迟不能形成，以致在日益残酷的国际竞争中，处处被动落后。与西方现代国家发展的过程不同，欧洲国家在现代国家形成之前，市场与民族意识结合在一起，成为一种强大的社会整合机制。而中国传统国家的解体在很大程度上是外力冲击的结果，国内社会并没有为现代国家共同体的形成奠定这个方面的基础。中国内部的分散性突出，中国基本上还处在农业社会，统一的市场更无形成的条件，工商业基本集中在东部沿海地区的一些大中城市。自给自足的农业经济使得广大农村可以相对独立于城市。没有经济联系作为纽带，各地之间的联系就相当松散，如果没有高度的政治上、文化上的统一，就很容易发生分裂或割据。而且，中国没有欧洲15、16世纪的那种绝对主义国家的历史，因此中国的皇权对全国更多地是一种政治文化意义上的统治。“天高皇帝远”是中国近代以前的一个现实，国家权力没有能有效深入到社会之中，当时的中国人缺少一种民族的认同，主要是一种文化的认同。[②] 在这样的情形下，有必要先在政治上建立一个高度集权的权威结构，才能有效启动现代国家建设的

① 陈明明：《比较现代化·市民社会·新制度主义——关于20世纪80、90年代中国政治研究的三个理论视角》，《战略与管理》，2001年第4期；另见林尚立：《国内政府间关系》浙江人民出版社，1998年版，第283页。

② 朱苏力：《当代中国的中央与地方分权——重读毛泽东“论十大关系”第五节》，《中国社会科学》，2004年第2期。

进程。

第三，单一制的国家体制结构的选择是与中国现代化建设的战略选择相互支撑的。新中国推进现代化战略包含了几种相互支持的因素：政党领导、计划经济、赶超模式。新中国成立后，国家现代化建设的基础是十分薄弱的，人口众多而资源匮乏，在这样的基础上启动现代化进程，尤其是以重工业优先为导向的工业化进程，必然需要有一种力量能聚集、分配国家的有限资源，从而集中力量办大事。中国工业化的特殊逻辑必然创造一种特殊的制度安排：在乡村，为了最大限度动员和提取工业化所需资金，必须克服土地改革后出现的小土地私有制和个体农业的制度性后果，以合作化运动把农民组织起来，收回农民独立的财产权利；同时为了使农业为国家经济发展蓄留大规模劳动力，必须冻结农业人口流动以压低其机会成本。[①] 鉴于此，新中国所能采用的国家体制结构形式只能是高度集权的单一制，强大的中央权威才能在全国范围内汲取、配置资源，有效地推进现代化建设。

第四，从现实条件上看，新中国能够确立单一制的国家体制结构，还取决于共产党本身已经牢牢建立的权力基础。一方面，强大的意识形态及领导人的威望为建立单一制的国家体制结构提供了坚实的支撑。在集体主义意识形态中，全国各地、各族人民的利益一致，中央代表全国人民的最高利益。因而各地政府必须服从中央政府，局部利益服从中央利益。也就是常说的“全国一盘棋”，地方作为全国棋盘上的棋子，不应该有特殊的利益和意志，而必须服从于中央的全局利益。有时候，为了全国利益，地方要能够牺牲本地利益。[②] 另外，毛泽东本人的崇高威望，也成为凝聚全国人心及力量的重要保障。另一方面，党的组织性集权结构为国家体制结构提供了组织载体。新中国的社会结构，是一个经过长期战争和政治运动之

---

① 陈明明：《比较现代化·市民社会·新制度主义——关于20世纪80、90年代中国政治研究的三个理论视角》，《战略与管理》，2001年第4期。

② 中国经济体制改革研究会：《中国经济体制的新模式》，人民出版社，1984年版。

后，被平面化了的社会结构，能够使社会以共同体形式存在的力量就是政党组织。党的组织原则是“少数服从多数、下级服从上级、局部服从全体、全党服从中央”。[①] 这种组织性集权主要靠两种具体方式保证地方服从中央，其一是将中央与地方关系转化为党内的组织关系。各地党委与政府的领导人通常由同一个兼任，党组织对政府各部门进行具体的对口管理；同时，组织部门控制着地方各级政府领导人的任免和升迁大权，并通过对调与轮换机制来防止地方特殊利益的形成。

二、单一制国家体制结构的演变

建国后建立并维持一个高度集权的结构，主要取决于执政党所拥有的三个方面的资源：第一，在集体主义意识形态中，全国各地、各族人民的根本利益一致，中央代表全国人民的最高利益。因而各地政府必须服从中央政府，局部利益服从中央利益。另外，领袖本人的崇高威望，也成为凝聚全国人心及力量的重要保障。第二，新政权所依托的强大的政党组织网络。经过长期战争和政治运动之后，能够使社会以共同体形式存在的力量就是政党组织。党的组织原则是“少数服从多数、下级服从上级、局部服从全体、全党服从中央”。第三，计划经济体制。改革之前的中央与地方关系模式，在很大程度上是由计划经济体制所塑造，并为其服务的。1954 年颁布的《中华人民共和国宪法》对国家体制结构虽没有作出具体规定，但宪法第 2 条明确规定：“中华人民共和国的一切权力属于人民。人民行使权力的机关是全国人民代表大会和地方各级人民代表大会。全国人民代表大会、地方各级人民代表大会和其他国家机关，一律实行民主集中制。”这就事实上确立了中国单一制的国家体制结构。

① 《毛泽东选集》第三卷，人民出版社，1961 年版，第 44 页。

（一）集权与分权的难题

单一制作为国家体制结构中的一种类型学概念，更多地是方便人们从学理上的探讨。在现实政治中，纯粹的单一制，尤其是纯粹的高度中央集权式的单一制模式是不存在的，因为国家体制结构的制度运行必须符合特定的国情，从而使制度自身具有适应性。从新中国建国到1978年改革，中国的单一制体制结构一直保持着高度中央集权的特征。然而，高度集权的体制也不是僵化不变的，而是依据现实国情不断地加以调整。中国版图广袤，行政层级繁杂，中央集权的国家体制结构，要同时容纳30个左右的省级单位，700个左右地、市级单位，以及2700个左右的县级单位。[①] 形形色色的地方政府，直接承担着重要而复杂的任务，如发展地方经济，征收大部分国家税收等。正如现代政治理论所展示，无论何等集权的政治结构，其中的个体角色或行动者，都会具有一定程度的自主性，换言之，在高度集权的中央与地方关系之下，地方政府不可避免会保留一些相对的自主性。毛泽东在建国前就注意到，虽然党组织的决策以层层集权为主要特征，但必须给予下级或地方以充分的自主性。[②]

在建国初期，毛泽东更是提出“应当在巩固中央统一领导的前提下，扩大一点地方的权力，给地方更多独立性，让地方办更多的事情。这对我们建设强大的社会主义国家比较有利。我们的国家这样大，人口这样多，情况这样复杂，有中央和地方两个积极性，比只有一个积极性好得多。”[③] 当然，在中央与地方权力关系的调整中，单一制是“纲”，换言之，对于领导人而言，放权主要是一种手段，是单一制框架内的一种自我调适，放权不能破坏集中与统一的原则。因而，毛泽东又指出，“为了建设一个强大的社会主义国家，必须有

① 《1981中国统计年鉴》，中国统计出版社，1981年版，第1页。

② 《毛泽东选集》（第二卷），人民出版社，1961年版，第436页。

③ 毛泽东：《论十大关系》，《毛泽东著作选读（下）》，人民出版社，1988年版，第729—730页。

中央的强有力的统一领导，必须有全国的统一计划和统一纪律，破坏这种必要的统一，是不允许的。”① 因此，单一制国家体制结构的变化，正是要寻求国家权力统一性与具体治理方式的灵活性的协调，从而能够最大限度地发挥单一制体制结构的优势，同时又降低中央高度集权的负面影响。

（二）改革前中央与地方关系的调整

改革前的中央政府与地方政府的关系，经历了四次大的调整，两次是高度集中，两次是规模较大的权力下放。其中1958年和1970年前后推行了大规模的权力下放，但两次权力下放都带来了经济混乱，并以再度集权而告终。第一次财权下放是在1958年，主要是配合计划经济和财政体制的变化。此次财政权下放的结果，是大跃进带来的经济混乱，中央于1960年前后，陆续收回下放的权力，恢复高度集权的财政体制，第一次大胆的财权下放以失败而告终。第二次权力下放始于60年代中期。权力下放的目的是释放地方活力，然而结果却是“天下大乱”。企业下放后，许多企业原有的协作关系被中断，新的协作关系又不能尽快建立起来，造成重复生产、盲目建设，加剧了经济生活的混乱。由于这次企业下放过多、过急、过猛，组织工作没有跟上，使得企业生产经营的效果大大降低。1971年和1972年工业劳动生产率分别比前一年有所下降。到1974—1975年，为了稳定中央财政，又试图重新收权，改行“收入按固定比例留成、超收另定分成比例、支出按指标包干”的办法。② 到1976年，央地财政关系几乎又回到了1960年时的状态。

从形式上看，改革前的央地关系一直摇摆于集权与放权之间。然而，事实上，改革前中国的政治经济结构，又并非完全是处于不具发展性的摇摆状态。大量的资料都表明，在1978年之前，由于分

① 《毛泽东著作选读（下）》，人民出版社，1988年版，第730—731页。
② 董辅礽：《中华人民共和国经济史》，经济科学出版社，1999年版，第501—520页。

权的累积效应，以及政治经济结构中一些超出人们意料的自我演化，使得1978年的分权改革，在很大程度上成为历史的惯性，而非像人们通常想象的那样，是一种完全异于先前状态的逆转。“在此（集权与放权的）循环中，每一次的集权和分权都不可能取得真正的成功。因为在地方与地力之间因相互的分隔而形不成联合的地方力量的情况下，中央每次集权都不会遇到地方的反抗或者是讨价还价，因而很有可能在中央集中权力的同时，地方也就几乎失去了一切；而中央的每次放权都是将权力直接分给本来就处于分散状态的各自为政的部门和地方，因而每次放权所催发的不是地方有效的活力，而是‘冬眠’于集权下的‘分散主义’。”①

（三）80年代以来中央与地方关系的调整

1978年的分权与之前数次放权的不同，就在于“文化大革命”所造成的严重后果，使领导人彻底认识到了僵化的高度集权体制的弊端，并下决心将分权作为国家发展的长久动力。分权改革的独特之处，就在于当中央开始向地方分权的那一时刻，国家与社会仍然是一体的，全社会的企业与其他财富完全由国家高度控制。正由于此，中央一向地方分权，地方经济资源与财富就落入地方政府手中，使地方政府成为事实上的地方产权拥有者。具体地讲，地方产权就是指地方政府在分权改革中，拥有对地方国有企业、集体企业产权的实际控制，并对地方新兴私有企业具有决定性的主导地位。

具体而言，地方政府主要从三个方面获得地方产权：首先，地方政府成为国有企业的产权拥有者。在经济改革的过程中，由于中央不再直接管理国有企业，而是通过财政、金融的渠道和企业发生关系，因此地方就掌握了事实上的生产和投资权。地方政府依靠承包制来管理国有企业，但是承包者只有管理权而并无财产权。于是，真正的财产拥有者就是地方政府了。产权地方化是中国市场经济发

---

① 林尚立：《国内政府间关系》，浙江人民出版社，1998年版，第317页。

展的一个独特模式。它是中央政府向地方政府和企业两种放权相互结合的产物，使地方政府的经济权力大大增长了。其次，改革开始之后得到蓬勃发展的集体所有制企业，事实上也为地方政府所控制。大多数集体所有制企业的产权，同样为各级地方政府所拥有，它们要么由地方政府直接投资创建，要么在形成规模后归地方政府所有。这样，集体所有制企业的发展，也就直接地促进了产权地方化的进程和幅度。再次，地方政府还对私营企业的发展具有决定性的影响。在改革过程中，个体和私人所有制的企业不仅得到允许，而且受到政府鼓励。由于企业结构及效率的差异，私营企业往往具有更高的利润率，因而也更能为地方政府带来财富。这大大刺激了地方政府，他们鼓励私营企业，并且给它们在信贷、税收、原料等政策上的优惠。[①] 这种机制加强了地方政府与集体和私人企业的密切联系。私有企业的发展，受地方政府的影响是决定性的，它同地方社会形成了一种共同体关系，在这个关系中，地方政府具有决定性的主导权。所以，私人企业的发展就与集体企业的发展一样，促进了产权的地方化。

产权地方化之后，地方政府本身成为庞大的权力与利益主体，它的行为也逐渐具有类似产权所有者（如企业主）的特征，它也以收益最大化作为行动目的。[②] 首先表现在地方政府发展经济的热情空前高涨，成为推动经济发展的主动力。一方面，收入留成体制刺激了地方的发展积极性，使地方政府有足够的动机去拓展财政资源。另一方面，财政体制由过去全国“一灶吃饭”，改变为“分灶吃饭”，地方财政收支的平衡，由地方政府自主调节，这使得地方政府的财政预算具有了相对的“硬约束”。而且，由于中央是在自身财政危机的情况下推行财政改革，地方也就不可能普遍地从中央那里得到转移支付，因而地方政府就转而发展本地经济，以寻求财政资源。

① 朱方明：《私有经济在中国》，中国城市出版社，1998 年版。
② 崔之元，甘阳：《中国改革的政治经济学》，牛津大学出版社，1997 年版，第 99 页。

（四）90 年代以来中央与地方关系的变化

20 世纪 90 年代以来中央与地方关系中最重要的变化是在一些领域实施了选择性集权的战略，即在保证中央权威的基础上进行了纵向政府间权力的再调整。首先是在财政领域，1994 年分税制以制度化的方式确立了中央与地方各自的权力领域，虽然中央通过分税制而达到了集中财力的目的，但地方政府也获得了基于规范性制度安排的税收权力。换言之，中央与地方政府之间不再是以往那种中央决策与地方执行的旧模式，而是出现了整个政府结构的变革，中央政府不再对地方以僵化命令的方式进行领导，而是能够依据各地方的不同情况推行特殊的治理模式。在中央将权力交给地方政府的同时，中央还保留了足够的对地方政府的制约与整合能力，从而能够完成全局性调控工作，如经济的宏观调控、地区差异的平衡、战略性跨地区项目的展开、对地方保护主义进行遏制等等。其次，在诸如审计、金融、环保等领域，都不同程度地加强了中央的垂直管理。

分税制改革后，中央与地方关系中出现了新的问题，较突出的是两者财权和事权的不对称问题。在现有财政体制下，国家的财政资源层层向上集中，然而政府职能和治理责任又不断下放。如目前地方政府需要承担义务教育、公共卫生、基础设施、社会治安、环境保护、行政管理等诸多责任，许多还是承担主要责任。这种财权与事权的不对称导致了更多治理难题，如地方债务、某些地方政府与社会的紧张关系等。这些都要求通过中央与地方政府进行职能方面的改革，理顺事权与财权的关系来加以解决。

三、单一制国家体制结构的构成

单一制国家是指若干个不享有独立主权的一般行政区域单位组

成的统一主权国家。依据中央政府与地方政府权力关系的具体不同，单一制还可以细分为几种亚类型，如集权型、分权型、均权型等。在现代国家，宪法作为国家的根本大法，通常会确定中央与地方政府的权力划分，从而对国家体制结构作出权威的表述。大体上可以从两个方面来判断一个国家体制结构的性质，其一是国家最高立法权的归属，尤其是宪法的产生及修改方式和法律的位级关系；其二是宪法对地方政府产生方式及权力来源的规定。因此，我国宪法虽然没有明确使用单一制这一术语，但我国的国家体制结构应属于严格的单一制模式。首先，宪法《总纲》第五条规定，国家维护社会主义法制的统一和尊严，一切法律、行政性法规和地方性法规都不得同全国人大制定的宪法相抵触；宪法第 67 条第 8 款规定：全国人大常委会有权撤销省、自治区、直辖市国家权力机关制定的同宪法、法律和行政法规相抵触的地方性法规和决议。其次，从地方政府权力的来源看，我国全国人大和国务院通过宪法和法律规定全国区域层次划分、区域界限划分、区域的设置、撤销更名等，然后在行政区域的基础上组建地方政权机关，授予相应的管理权限。地方政权赖以生存的物质实体——地域、机关、职能都由中央权力机关和行政机关分别划分、设置、授权。也就是说地方政府的设立和撤销，都是由中央政权机关决策的产物，是中央政府单方面意志的表示。地方政府没有资格或权力决定自身的存在和变更。

同时，中国历史和地理空间的复杂性，决定了中国单一制的国家体制结构必然存在多样性，从而符合各地域独特的情况。因而，在国家体制结构的设计中混合了单一制的几个亚类型，其中包含了中央与省、直辖市的关系，这是一种普通模式，以中央集权为主要特征；其次，中央在民族区域设立了自治机关，中央与民族自治区关系的主要特征是地方自治，因而体现为一种地方自治型单一制模式；最后，中央与特别行政区的关系中则吸纳了联邦制的一些特点，特别行政区政府享有非常大的自治权，但从最高立法权的归属及国防、外交权这些最重要的因素来判断，仍然属于明显的单一制类型，因而可称为创新型单一制模式。

（一）普通模式：中央与省、直辖市的关系

普通型国家体制结构涵盖了中央与省、直辖市的关系模式，当然，中央与省、直辖市同中央与民族自治区的权力关系在很多方面是重合的，但为了论述的方便，这里只涉及前者，后者将在后文中专门论述。中央与各省、直辖市的关系，既体现为政府的上下级关系，如国务院与省、直辖市人民政府的领导关系；同时，基于中国政治体制的特点，更重要的还体现为党中央与省、直辖市党组织的关系。很大程度上，我国单一制的体制结构是在政党的组织框架中运转的，“全党服从中央”和“下级服从上级”的组织原则也是单一制国家体制结构的运行原则。因而，对国家体制结构的论述，必须和政党组织的运行结合起来，具体而言，普通模式的中央与省、直辖市的关系主要包括立法关系、财政关系、行政关系和人事关系四个最重要的内容。

第一，立法关系。我国宪法赋予省、直辖市以地方立法权，可以根据地方实际情况制定地方性法规和行政规章。但宪法、立法法还详细规定了地方立法权行使的原则。首先在法律的效力问题上，地方性法律法规必须以全国人大制定的法律为上位法，如有抵触则属无效。同时，在全国人民代表大会和全国人民代表大会常委会制定法律的事项外，其他事项国家还没有制定法律或者行政法规的，省、直辖市可根据地方的具体情况和实际需要，先行立法，制定地方性法规。但是，在国家制定法律或者行政法规后，地方性法规同法律或者行政法规相抵触的规定无效，制定机关应当及时予以修改或者废止。其次，地方立法权的行使必须遵循需要原则和程序原则。一方面，省、直辖市人大及人大常委会的依据是本行政区的具体情况和实际需要，而其人民政府的依据则是法律、行政法规和本省、自治区、直辖市的地方性法规，并且人民政府制定规章，须经该级政府常委会议或者全体会议讨论决定。同时，地方必须向上级备案。省、直辖市人大及人大常委会制定和颁布的地方性法规，要报全国

人大常委会和国务院备案，省、自治区、直辖市人民政府制定的规章，要报国务院和本级人大常委会备案。再次，地方各级人大在本行政区域内，有义务保证宪法、法律、行政法规的遵守和执行。总之，地方立法主体的权力由中央授予，在一定的范围内进行，并受到中央的监督和审查，充分显示出单一制集权型的特征。

第二，人事关系。在单一制模式中，可分为集权型和自治型模式，区分两种模式的关键，就在于中央和地方政府的干部人事关系。在集权型单一制模式中，地方政府的领导干部是由中央任命，且接受中央政府的监督与管理。省委、自治区党委的主要负责人，比如省委书记和兼任省委副书记的省长，一般均为中共中央委员会委员，相当一部分省委负责同志和省内有代表性的党员是党的全国代表大会代表，这都便利了省级党的组织参与对全党工作的决策。此外，党中央还可以以“中央工作会议”、“省（自治区、直辖市）委书记会议”等形式，指导省委正确执行中央决策，并沟通情况，加强中央与地方的联系。正是由于党管干部原则的存在，才使中央与地方保持了一体化的特征，在这一特征中，中央保持其政策制定者的地位，而地方则主要是执行中央的政策。党对干部的控制，使中央能够掌握改革的进程。中央能够克服地方的阻力，自主地推行改革方针。在保证中国改革的大方向、克服地方保护主义、保证宏观经济平衡、以及在诸如防止国家分裂等问题上，由党管干部所保证的中央威权具有实质性的作用。

第三，行政关系。中央与普通行政区的行政关系体现出了典型单一制的特征。从法理上讲，地方政府的权力来源和产生方式体现了国家政权的民主性和集权性。一方面，行政区划的建制和地方政府组织法规是由全国人民代表大会通过的；另一方面，国务院与省人民政府的关系是领导关系。根据宪法，国务院所享有的18项职权中，每一项都涉及它对各省级地方的全面、直接领导关系，相应地，省级政府要以一定的方式向国务院报告工作。同时，国务院还通过自己的工作部门对省级地方相应的部门进行对口的业务领导或业务指导，从而形成所谓的“条条”管理。此外，包括行政立法、政府计划管理、政府财政、税收和预算管理在内，国务院还可以通过监察、审计等行政监督，机构和人员的编制控制等多种手段领导省级政府的工作。

第四，财政关系。如前所述，中央与地方的财政关系是单一制国家中最为独特的，一方面，在单一制体制结构中同时存在着几种不同的财政关系；另一方面，中央与地方政府财政分权的程度，一度比联邦制国家还要突出，以至于有学者将中央与地方财政关系称之为中国特色的财政联邦制。[①] 为了改变财政过于分权的状况，从1994年开始，国家实现以分税制为特征的财政体制改革。分税制是以分权的形式完成的中央财政集权。分税制通过在中央与地方分设税种、税源和征管体系，规范中央与地方的财政关系。它使得地方在拥有一定自主权的同时，也拥有了规范化的属于自己的税收——地方税。由于地方税的比重很小，不足以应付地方事务，因此有利于中央通过转移支付间接地影响地方。

（二）自治模式：中央与民族自治区的关系

民族自治区域制度是单一制国家体制结构的一种创新形式。民族自治地方与国家之间的关系是地方与中央关系，国家在各民族自治地方行使主权，民族自治地方负有维护国家统一和领土完整的义务。中国宪法明确规定，各民族自治地方都是中华人民共和国不可分离的部分。在统一的国家内，根据中国国家机构民主集中制组织原则，中央人民政府对民族自治地方实现领导。民族区域自治制度不同于单一制中一般性的“地方自治”，更不同于联邦制。它是在国家主权统一的前提下，为了充分实现民族平等和民族的自我管理，在少数民族聚居的地方实行的一种区域自治制度。它具有双重属性，既是民族自治地方的自治机关，又是一级地方政权，既行使一般的

① 钱颖一，韦嘉斯特：《中国特色的维护市场的联邦制》，钱颖一：《现代经济学与中国经济改革》，中国人民大学出版社，2003年版，第197页。

行政管理权，又行使管理民族内部事务的自治权。这种制度更不同于“联邦制”，我国的各民族自治地方是在国家统一领导下的地方行政区域，是整个国家不可分离的部分。它和省、直辖市、市、县、区等一样，是中央统一领导下的地方政权，同时行使适应民族特点、保护民族利益、处理民族内部事务的自治权，它不是为了自治而自治，而是着眼于使这一制度有利于国家和各民族共同繁荣的长远利益。

如何处理好民族因素是国家体制结构设计中的一个重要问题，这既是一个理论问题，又是一个现实问题。从理论上讲，马克思主义理论很好地解决了单一制国家的中央集权与地方自治协调性。同时，又强调主权统一集中的国家如何实现民族平等与民族自治问题，认为在国家统一主权基础上能够实现民族地方自治，国家主权集中和民族地方自治不仅不矛盾，而且还互为补充。如恩格斯在论证集中制优于联邦制，集中制给地方的自由多于联邦制的问题时，又指出，集中制不仅不排斥地方自治，相反必须实行地方自治，因为只有这样才能消除官僚主义和自上而下的命令主义。列宁在论述无产阶级国家主权集中与民族地方自治的关系时指出：“我们坚持中央集权制只是坚持民主的中央集权制。民主的中央集权制不仅不排斥地方自治，不排斥具有特殊的经济和生活条件以及居民中的特殊的民族成分等等的区域自治，相反，它必须既要求地方自治，也要求区域自治。如果不保证每一个在经济上和生活上具有比较重大的特点以及居民中具有特殊的民族成分等等的区域享有这种自治，那就不可能设想有现代的真正民主的国家。”①

在很大程度上，在单一制国家中如何实现民族平等与民族自治，取决于一个国家具体的历史现实条件。周恩来在1957年的民族工作座谈会上讲话说：“历史的发展使我们的民族大家庭需要采取与苏联不同的另一种形式。每个国家都有它自己的历史发展情况，不能照抄别人的。采取民族区域自治的办法对于我们是完全适宜的。”我国

① 《列宁论民族问题》，民族出版社，1987年版，第251页。

各民族人口的地理分布的基本特点是大杂居、小聚居和普遍性散居状态的并存。不仅在汉族和少数民族之间，少数民族彼此之间也同样普遍地存在着犬牙交错、互相渗透的情况。所谓“小聚居”，是指各民族在全国的民族大格局中大都拥有各自不同规模的聚居区，各民族都以或大或小的聚居区与汉族地区或其他民族地区交错穿插，构成全国多民族大杂居格局的重要组成部分。这种大杂居、小聚居和普遍性散居的多民族配置格局，是中国选择单一制国家体制结构形式下的民族区域自治制的客观依据，民族区域自治与“小聚居”的特点相适应。

《中华人民共和国宪法》第 3 章第 5 节规定，民族自治地方的各级自治机关，除了行使一般地方国家机关的职权外，还享有范围广泛的自治权利。民族区域自治法第 4 条规定：民族自治地方行使宪法第 3 章第 5 节规定的地方国家机关的职权，同时依照宪法和本法以及其他法律的权限行使自治权。民族区域自治权，是指民族自治地方的人民代表大会和人民政府，依照宪法和法律规定，根据本民族、本地区的情况和特点，自主地管理本民族、本地区内部事务的权利。经济管理自治权包括经济建设自治权、财政管理自治权和资源开发利用的优先权。法律规定，自治机关在国家计划的指导下，自主地安排和管理地方性的经济建设事业，根据法律规定合理调整生产关系和经济结构，改革经济管理体制。人事管理自治权包括配备民族干部和培养民族人才的自治权。民族自治机关根据需要，可以采取各种措施从当地民族中大量培养各级干部、专业人才和技术人员。国家帮助民族自治地方从当地民族中大量培养各级干部、专业人才和技术人员。宪法和法律规定，民族自治地方的自治机关自主地管理本地区的教育、科学、文化、卫生、体育事业，保护和整理民族的文化遗产，发展和繁荣民族文化。

（三）创新模式：中央与特别行政区的关系

特别行政区制度是中国在解决国家统一过程中对国家体制结构

的重大理论和实践贡献。特别行政区制度的提出，充分说明了中国单一制国家体制结构的包容性和现实主义特征。特别行政区的自治权超过了世界上所有单一制国家中地方的自治程度，甚至也超过了一些联邦制国家中联邦的权力。一国两制模式已经成功地解决了香港和澳门的统一问题，也预示了未来台湾统一后国家体制结构的模式。

根据宪法制定的《香港特别行政区基本法》和《中华人民共和国澳门特别行政区基本法》具体规定：香港、澳门特别行政区分别是“中华人民共和国的一个享有高度自治权的地方行政区域，直辖于中央人民政府”。这些规定是特别行政区性质的法律界定。特别行政区是单一制国家体制结构形式下的地方行政区域。虽然特别行政区享有高度的自治权，但它并不能改变中国单一制的国家体制结构形式。从法理上看，特别行政区的权力来源是中央政府，特别行政区的设立、特别行政区的政权组织形式及其所享有的高度自治权均是全国人民代表大会通过法律授予的，其权力具有派生性。特别行政区的基本法是由全国人大批准的，其解释权也在全国人大及其常委会。而且，就历史上看，香港、澳门自古以来就是中国中央集权制下的地方组成部分，并不具有超越单一制模式的政治实体的地位。

特别行政区应有广泛而且程度很高的自治权，可以划分为以下几个方面：(1) 行政管理权；(2) 立法权；(3) 独立的司法权和终审权；(4) 依法自行处理有关的对外事务权；(5) 全国人大、全国人大常委会和中央人民政府授予的其他权力。从特别行政区和联邦制模式下联邦成员之权力比较角度可以看出，特别行政区所享有的自治权，不是一般的自治权，而是高度的自治权，甚至在很多方面它的高度自治权早已超过传统的联邦成员所拥有的权力。换句话说，特别行政区，作为一个政治存在物，在国际法律秩序中还没有与其完全相同的行为体，它是介于传统的联邦成员和单一制国家的地方政府之间的一种实体，在某些方面兼具两者的特征。

中央人民政府在特别行政区享有和行使的权力包括：(1) 负责

管理与特别行政区有关的外交事务。中央政府的外交部门在特别行政区设立机构处理外交事务，中央人民政府也可以授权特别行政区政府依照基本法自行处理有关的对外事务。（2）负责管理特别行政区的防务。中央政府向特别行政区派驻军队是国家主权的体现，但驻特别行政区军队不干预特别行政区的地方事务。驻军费用由中央人民政府承担。驻军人员除遵守全国性的法律外还必须遵守所在特别行政区的法律。（3）依照基本法的规定任命特别行政区行政长官和行政机关的主要官员。（4）对特别行政区立法机关制定的法律备案。特别行政区立法机关制定的法律必须报全国人民代表大会常务委员会备案，备案不影响法律生效。全国人民代表大会常务委员会如认为特别行政区立法机关制定的任何法律不符合基本法关于中央管理的事务及中央和特别行政区的关系的条款可将有关法律发回，但不作修改。这些被发回的法律立即失效。全国人大常委会对特别行政区基本法具有解释权。（5）决定特别行政区进入紧急状态。全国人民代表大会常务委员会决定宣布战争状态或因特别行政区内发生特别行政区政府不能控制的危及国家统一或安全的动乱而决定在特别行政区进入紧急状态，中央人民政府可发布命令将有关全国性法律在特别行政区实施。

四、单一制国家体制结构的特点

如前所述，中国的单一制国家体制结构的确立是基于自身独特的历史与现实情况，同时也是对马克思主义国家结构理论的中国化实践的结果。因此，它不同于西方国家的典型单一制模式，与其他社会主义国家的单一制模式相比，也有自身的典型特色。

第一，国家体制结构的类型学特色。单一制作为纵向政府间关系的一种模式，它受到宏观政治制度的影响。我国的国家政权的权力结构本身就具有自身的特色，主要体现在政党和国家并存的两元结构，国家权力不仅由权力机关，即人民代表大会来体现，而且还由执政党来体现。因此，在我国的单一制体制结构中，地方政府的权力来源具有复杂的法理属性。就权力机关方面来看，一方面，全国人大决定地方行政区划的设定和变更，因而地方政府是由中央政府所派生的，这符合中央集权型单一制的特征。但另一方面，地方政府的组织构成要通过地方政府的选举确认程序，因而又具有地方自治型单一制的特征。同时，国家权力不仅由全国人大和各级地方人大共同体现，执政党也是事实上的国家权力的体现者，地方政府领导人的决定权掌握在党的中央组织手中。因此，从地方政府权力的来源和运转模式来看，中国的单一制是超越了既有的西方式单一制的典型模式，具有自身的类型学特色。

与其他社会主义国家相比，中国的单一制模式也具有不同的特点。社会主义国家的单一制都建立在民主集中单一制的原则之上，如越南、朝鲜和古巴等国的单一制共同特征是：人民通过各级代表机关行使国家权力，人民代表机关由选举产生，中央人民代表机关、上级人民代表机关由下级人民代表机关或选民直接选举产生，同级其他国家机关由本级人民代表机关产生并对其负责，上级机关领导或监督下级机关的工作，中央人民代表机关统一行使最高国家权力，地方各级行政机关既从属于本级人民代表机关又从属于上级行政机关。中国的国家体制结构形式虽然同其他民主集中单一制具有这一共同内容，但也有自己的不同之处，其中的显著特征是地方政府的立法权，其他实行民主集中单一制的国家的各级地方行政区域无此权力。如古巴的司法体系整个都是由中央直接控制的，各地检察机关在组织上只服从国家总检察长，不受地方政权机关的干涉，而总检察长在组织上只服从全国人民政权代表大会和国务委员会并直接从国务委员会获取指示。而我国宪法则明确规定：省级人大及其常委会在不与宪法、法律、行政法规相抵触的前提下，可以制定地方性法规；民族自治地方的人大有权制定自治条例和单行条例。人民法院和人民检察院对产生它的国家权力机关负责，但它必须接受同级党委和垂直上级机关的双重领导。

第二，中国单一制的国家体制结构具有兼容性和发展性。中国单一制的体制结构的设立是建立在高度现实主义的原则之上的，而不是对某一种既有理想形式的模仿。因而，中国单一制呈现出的复杂化和多样化特征，正体现出这一模式的兼容性和发展性。在三种中央与地方关系类型中，主体地区虽为典型的中央集权型，但也存在着大量的分权化特征，有学者甚至将中央与省的关系称为“有中国特色的联邦制”。正是由于它借鉴了联邦制中的一些制度设计，如法制化的财政分权等，民族自治区享有的权力大于普通行政区，尤其是特别行政区享有权力的自由裁量度，甚至要大于联邦制中的地方单位。因此，中国单一制模式的存在具有广阔的包容性。事实上，就中央对地方的控制权而言，中国的国家体制结构与法国的中央集权制相似；就民族自治区与中央的关系而言，又同英国分权制相似，民族自治地方可以在法定的职权内管理自己的事务，自治区享有法律范围的自治权。而就特别行政区而言，又与美国联邦分权制有某些相似之处。特别行政区享有的自治权的范围和深度有的甚至高于美国的州，如中央和地方关系没有基本制度相似性条款，相反，特区可以实行不同于国家其他地区的资本主义制度，以及独立的财政和货币金融制度，并享有独立的司法权和终审权，都充分说明有其中国体制结构的兼容性和发展性。

第三，中国单一制国家体制结构的运转机制了独特性。如前所述，中国的国家体制结构模式的确立是服务于现代化战略的需要的，给予主权独立和政治统一的要求，强调中央集权的内容，同时为了地方因地制宜的发展，又强调分权的内容。这就呈现出了政治上的中央集权和经济上的财政分权同时存在的独特运转机制。通过财政分权促经济发展的路径，对国家政权内部的权力结构必然会带来影响。无论是出于马克思理论的影响，或是出于对中外历史经验的认识，执政党的政治理念中，经济自治与政治集权绝非可以相互孤立看待。如党内重要的理论家陈云就指出：“中央的政治权威，要有中央的经济权威作基础。没有中央的经济权威，中央的政治权威是不巩固的。”①

事实上，在中国国家体制结构的运行中，政治集权是经济分权的必要前提，也是消除经济分权所可能带来分离性倾向的最有效的保障。虽然在改革时期，地方获得了大量的经济与管理权力，但在政治上，央地关系仍然保留了中央对地方干部的人事控制。国家政治机构的组织原则中，一个非常实质性原则就是党管干部。从宏观上讲，正是由于党管干部原则的存在，才使中央与地方保持了威权的特征，在这一特征中，中央保持其政策制定者的地位，而地方则主要是执行中央的政策。党对干部的控制，使中央能够掌握改革的进程。中央能够克服地方的阻力，自主地推行改革方针，如沿海率先发展战略，就主要由中央政府所推动，尽管受到了内陆省份的强烈抵制。在保证中国改革的大方向，在克服地方保护主义、保证宏观经济平衡、以及在诸如防止国家分裂等问题上，由党管干部所保证的中央威权具有实质性的作用。

第四，中国单一制下政府间关系呈现出纵向博弈与横向竞争共存的独特模式。改革后中央对地方的政治约束已经不像改革前那样僵化。尽管中央拥有撤换任何地方领导的权力，但是由于中央的发展目标导向，使得中央与地方已不可能是一种单纯的命令与服从关系，而是一种基于理性选择的交换关系。事实又表明，在分权改革以来，中央与地方的关系，已不是简单体现为“中央制定政策、地方执行”，而是充满了谈判、交易与讨价还价。地方力量的兴起所形成的多元力量格局，已经改变了中央与地方政府的政治运作模式。央地间已经演变为一种基于利益的互动关系，在这种互动关系中，中央与地方都从自身的利益出发来选择自已的行为模式。

改革以来中央与地方之间的关系变动也引起了地方政府之间横向关系的变化。中央政府不再以行政命令的方式在各地区之间进行资源的调配与转移，而只能运用财政与税收的手段通过转移支付来

① 陈云：《当前经济工作的几个问题》，载《陈云文选》第三卷，人民出版社，1986年版，第365页。

配置资源。同时，各地方要发展经济，只能借助于本地的资源、政策及比较优势。在各地方政府之间存在着市场、政策与利益的竞争，各地方为了本地的经济发展，制定符合本地利益的政策，并竭力进行种种有利于经济发展的制度尝试。这种政府竞争主要源于三个方面的原因：一是分权所引起的地方政府责任的变化；二是政治集权中以政绩考核地方干部的标准；三是由于地方政治社会结构的变化所引起的干部行为方式的变化。地方政府间的竞争有力地支持了中国三十多年来的政治与经济发展。在地方政府竞争的推动下，地方政府不断进行制度创新，使地方政府演变成为中国制度变迁的试验场。在地方政府之间进行激烈的经济竞争的情况下，各地政府似乎在进行着一场制度创新比赛。地方政府的竞争增强了地方政府进行制度创新的积极性，使地方政府更加重视经济体制的市场化改革，从而导致地方政府之间的制度创新竞争和制度创新博弈。

五、坚持并完善中国的单一制国家体制结构

（一）坚持单一制的国家体制结构

如前文所述，中国采用单一制的国家体制结构模式具有充分的历史与现实合理性，它是中国近现代历史发展的自然结果，也是基于政治现实的需要，并非仅仅是政治家基于其偏好的主观选择。因而，不能纯粹运用“工具式”的思维来看待国家体制结构，它一旦产生，就会同政治制度中的其他构成部分互相依赖，这使它会具有较长久的延续性。在当今全球化的政治经济环境下，单一制国家体制结构不但关系到国家的内部统一，同时，对于一个国家能否对多变的国际环境作出迅速的决策反应具有重要影响。因此，在新的时期坚持单一制的国家体制结构模式，具有更加重要的战略意义。

首先，坚持单一制是基于这一模式本身的优势与中国国情的相

适应。理论上讲，与联邦制相比，单一制具有下列优势：（1）中央政府具有强大的权威与效能；（2）政府间关系较为灵便；（3）便于社会的统一管理；（4）国家内外政策界限明确；（5）立法统一，较少司法冲突问题；（6）有助于培养公民的国家认同和忠诚。就中国国情而言，单一制可以维系具有巨大差异性的国家结构的内在整合力量，同时有利于中央政府的政策制定与执行，为国家长期持续发展提供充分的政治上的保障。

其次，坚持单一制模式是维护国家统一和政治稳定的内在要求。没有安定团结、稳定的局面，中国特色社会主义各项事业便无从发展，更谈不上增强当代中华民族凝聚力。单一制国家体制结构形式相比于联邦制国家体制结构形式，本身具有更明显、更强的团结性、稳定性和整合性。因此，从国家稳定的角度出发坚持中国特色单一制，必然能增强当代中华民族凝聚力。实践证明也是如此。当代中国的单一制不仅体现了中央与地方行政区的关系，而且体现了中央与民族自治地区以及中央政府与特别行政区的关系。这三种关系充分体现了中国共产党在处理地方普通行政区问题、民族问题以及国家统一问题上的“特色”。这种具有中国特色的单一制不仅能维护社会与国家的稳定，而且能推动祖国统一大业的早日完成。

第三，单一制是经济、社会快速现代化的必要条件。各国现代化的经验表明，强有力的中央权威的存在是发展中国家现代化得以实现的根本条件。缺乏强有力的领导是许多国家经济长期停滞和社会混乱的重要原因。如前文所述，中国单一制的国家体制结构的选择是与现代化建设的战略选择相互支撑的。在相当长时间内，中国推进现代化战略所需要的资源调控机制都决定单一制模式是最优的选择，只有强大的中央权威才能在全国范围内汲取、配置资源，并推行有效的战略和政策。同时，单一制能够使中央政府依据需要自主地对权力配置格局进行修复与调整，防止自身权力的过度流失，缓解权力弱化的速度和范围及其带来的弊端。就社会发展而言，民众对中央政府的信任与忠诚度远远高于对地方政府的服从的文化取向也表明，只有单一制才能塑造中央政府的巨大政治权威，并自行避免因其权力“弱化”而产生的不良后果的出现。因此，在解决全球化时代的中国社会所面临的重大问题时，遵循单一制及其原则而不是走联邦制道路是我们的最佳选择。①

第四，单一制为当前复杂的改革形式提供了政治支持。中国的改革已经到了异常困难的深水区，改革的推行更需要统一规划、有力执行，能否维护强大的中央权威成为改革成败的决定性条件。我国当前最亟需解决的问题是国内发展不平衡的问题，包括地域之间、城乡之间、阶层群体之间、经济领域之间都存在着失衡现象。十八大以来党中央一再表明改革的决心，对于这些问题的解决，单一制国家体制结构形式的制度框架可以使中央政府保持充分的政治优势，从而使各项改革措施具有可操作的性质。中央政府能够依据法定权力为整个社会提供公共服务、公共设施和公共产品，保证法律法规的统一性、资源提取与分配的有效性和平等性，从而解决各种失衡问题。此外，单一制还可以使中央政府在任何情况下，都能够实现对国家利益的表达和维护，从而在基本格局的层面上解决地域之间发展的失衡问题，并将不平衡及其张力保持在有利于社会发展的范围之内。

（二）单一制国家体制结构的发展与完善

坚持单一制的国家体制结构与通过改革发展单一制是内在统一的。由于政治、经济环境的变化，单一制体制中的某些构成部分也须因时而变，以更好地适应不断出现的新情况。在新的历史时期，国家体制结构在理论上、现实操作上都应当不断地增强自身的适应性，具体而言，包括以下诸多方面：

第一，推进国家体制结构的理论创新。一方面，要对旧有的理论框架进行重新解释。国家体制结构规范的对象是中央政府与地方

---

① 沈其新：《田旭明．坚持中国特色国家结构增强当代中华民族凝聚力》，《马克思主义研究》，2011年第7期。

政府的权力划分关系，因此学界对于这一问题的讨论，长期集中在集权与分权的关系上。一般认为，联邦制意味着更大的地方权力，而单一制则代表着中央集权。然而，“在现实世界，既没有纯粹的中央集权体制，也没有纯粹的地方分权体制，只有中央集权—地方分权的混合体制。各国经济体制不同，只是中央集权和地方分权的程度不同。”① 换言之，如从概念出发，会影响我们对国家体制结构本质的理解，尤其当它与整体的政治制度、意识形态捆绑在一起时，更是如此。在这种概念化的理解中，联邦制往往会作为一个整体上异己的东西而被加以摈弃。

事实上，如前文所述，就权力的实际运行而言，某些联邦制国家的集权程度甚至大于某些单一制国家，如美国联邦政府对各地方政府的政治影响力就大于英国中央政府；反之，某些单一制国家地方政府享有的某些自主权，可能比联邦制中的地方政府还要大，如我国特别行政区所具有的司法终审权就是大多数联邦制国家地方政府所不能比拟的。应该看到，任何一种中央与地方权力的分配模式都不能解决所有的问题，正如朱苏力所说：“任何分权的制度结构都无法完全消除这个权力统一和分散之间的悖论以及可能引发的种种社会问题。这就是制度的局限性，这也是人类永恒的宿命。”② 因此，应跳出权力分配的单一纬度，而从更宽广的视角来认识这一对象，如从政治文化的视角，从后发国家现代化特点的视角，从全球化时代国家间竞争的视角来理解国家体制结构理论，才能获得对这一问题的更有实效的解释。

第二，加强国家体制结构的法治化。实践表明，我国单一制国家体制结构在运行中表现出很大的不确定性，中央与地方关系长期摇摆在集权与分权之间，呈现出权力收放与之乱循环的状态，究其原因，就在于国家体制结构本身虽有法律的规范，但在运行中并没

---

① 王绍光、胡鞍钢：《中国国家能力报告》，辽宁人民出版社，1993 年版，第 159 页。

② 朱苏力：《当代中国的中央与地方分权——重读毛泽东〈论十大关系〉第五节》，《中国社会科学》，2004 年第 2 期。

有达到法制化的程度。这种不确定性无论对于中央还是地方的权力和利益都是不利的。对于中央而言，由于地方政府不能获得明确的预期，因而会加剧它们的机会主义，从而使中央和地方关系转变为博弈关系。尤其在财政关系中，事实表明，这种博弈关系往往还呈现出一种零和博弈的性质。另一方面，对于地方政府而言，在单一制国家体制结构下，如果没有明确界定中央和地方的事权和财权，地方没有属于自己的自治领域，中央便可以随意干预地方治理，地方治权当然也就失去了存在的基础。然而，地方治权缺失所产生的严重后果并不仅限于中央干预未必符合地方需要，而是更多地体现在地方治理无法开展、地方问题层出不穷。①

因而，以法治的形式明确并加强中央与地方的权力关系，对国家体制结构的良性运转是非常必要的。加强国家体制结构的法治化，可以从以下几个方面来进行：（1）中央与地方的职责权限由法律明确规定，并进行具体划分，由法律提供有效保障。尤其是在中央与地方的事权、财权划分上应该用列举的方式加以具体规定，以防止法律的任意解释和中央、地方的相互侵权。（2）设立相对独立的专门机构裁决中央与地方之间的权限争议，而不是简单地由中央说了算。（3）进行程序立法。中央政府与地方政府的结构形式以及中央与地方职责关系模式，都应当依法定程序进行调整，必要时应修改有关法律或进行新的立法活动，制定程序法，规范中央与地方的结构形式、运作形式、职责关系等变更的法律程序，从而保持中央与地方关系的相对稳定性。②

第三，理顺中央与地方之间的各项职能关系。首先，当前最重要的是财政关系，分税制改革后，中央与地方关系中出现了新的问题，如两者财权和事权的不对称问题。在现有财政体制下，国家的财政资源层层向上集中，然而政府职能和治理责任又不断下放。如

---

① 张千帆：《中央与地方关系法治化的制度基础》，《江海学刊》2012 年第 2 期。

② 陈瑞莲：《张紧跟．试论区域经济发展中政府间关系的协调》，《中国行政管理》2002 年第 12 期。

目前地方政府需要承担义务教育、公共卫生、基础设施、社会治安、环境保护、行政管理等诸多责任，许多还是承担主要责任。这种财权与事权的不对称导致了更多治理难题，如地方债务、某些地方政府与社会的紧张关系等。这些都要求通过中央与地方政府进行职能方面的改革，理顺事权与财权的关系来加以解决。其次，中央和地方的立法关系也需要完善。用明确的法律条文的方式将中央与地方的立法权限划分清楚，不仅让中央和地方立法都有了准确的预期，也使得我国的立法体制更加完善，中央与地方关系更加法治化。随着分权化战略的发展，出现了地方保护主义立法现象，甚至出现了中央与地方立法的冲突现象。因而，应当加强中央对地方的立法监督，全国人大常委会不仅要对中央和地方立法机关制定的相关法律、法规是否违背宪法作出裁决，维护宪法根本大法的地位，而且要对产生冲突的中央和地方立法权限作出裁决，既防止中央干预地方的合法立法权限，又可以避免地方“无为”、“乱为”和地方保护主义的出现。

第四，继续完善民族区域自治制度的实施。中国共产党选择单一制下的民族区域自治的历程启示我们，在政权建设上，照搬照抄别国的经验是不行的，必须把马列主义的基本原理同本国革命的具体实践结合起来，走适合自己国情的政权建设之路。实践证明，单一制下的民族区域自治是社会主义多民族国家解决国内民族问题的成功国家体制结构形式，它既保持了中国统一多民族国家的历史传统，维护了国家安全与地区稳定，又使中国各民族在这一制度下取得了举世瞩目的成就。但是，中国目前某些民族自治地区的政治生活中出现了新的情况，个别地区甚至出现了民族分离主义的极端现象。要解决这些问题，需要对民族区域自治制度进行局部的改革。中国民族自治地方与中央的权力关系应当符合现代民族国家构建的经验，一方面，应当适当弱化自治机关在国家治理中的代理人属性，利用现代的社会保障机制、财政再分配机制建立起自治区民众与中央政府更直接的归属性联系。另一方面，在照顾民族地方特殊性的基础上，在政策上应逐渐弱化其与普通行政区的差异性，从而有利于共同体观念的确立与国家治理的统一性，从长期看这些都是有利于解决民族问题的合理方式。

第五，优化特别行政区制度的实践模式。特别行政区制度是国家结构中实践中的新事物，也是对国家结构理论发展的新贡献。自香港、澳门特别行政区建立之日起，党和国家就高度重视中央与特别行政区的关系，并为巩固、提升、深化双方关系采取了一系列行之有效的措施，一方面结合特别行政区制度的具体运行，对特别行政区基本法作出解释或修正。如2011年十一届全国人大常委会第二十二次会议，通过对香港特别行政区基本法第13条第1款和第19条的解释，解决了涉及香港特别行政区是否适用中央人民政府决定采取的国家豁免规则或政策的问题。另一方面，一个较大的改革是对特别行政区行政长官的产生方式进行调整。2010年8月，十一届全国人大常委会第十六次会议通过批准香港特别行政区基本法附件之行政长官的产生办法修正案，以更加明确的法律形式规定了行政长官的产生方式；2012年香港特别行政区第四届行政长官选举方式与以往不同，由来自各界别的1200名代表组成的选举委员会通过无记名投票产生，充分体现了民主的原则与程序。

第二十章　中国特色的政党关系

中国共产党是近代中国民主革命的产物，它的创设逻辑不是基于本土的传统思想，但从诞生之日起，中国的政党关系就呈现出典型的本土特征，进而促使以外来思想为指导的中国共产党在民主革命的进程中不断走向本土化，“把马克思主义的基本原理与中国革命的具体实践相结合”成为中国革命成功的重要经验。通过近一个世纪以来对本土化道路的不懈探索，中国共产党不仅成功地创建了人民民主的新国家，更在不断调整政党关系的基础上构建起了与中国国情相适应的政党关系新模式，中国的制度优势得到了更加充分的发挥。正如胡锦涛在庆祝中共建党90周年大会上讲话时所指出的那样，包括中国共产党领导的多党合作和政治协商制度在内的国家制度体系“是当代中国发展进步的根本制度保障，集中体现了中国特色社会主义的特点和优势”。[①] 与之相适应，中国的政党关系也呈现出新的发展态势，为健全民主制度、丰富民主形式、拓宽民主渠道的目标不断注入新的活力。

一、中国政党关系的衍进脉络

当今意义上的中国政党关系缘起于1949年新中国的成立，其结

---

① 胡锦涛：《在庆祝中国共产党成立90周年大会上的讲话》，人民出版社，2011年版，第8页。

构呈现为同心圆形态。在这一形态中，中国共产党处于领导和核心地位，是中国唯一合法的执政党，民革等其他 8 个民主党派则自愿接受中国共产党的领导，以参政党的身份加入执政体系。无论是中国共产党与各民主党派之间还是各民主党派相互之间均不构成竞争关系，而是在中国共产党设计和主导的政治制度框架中承担不同的政治功能，以政党合作的方式推动国家建设，相互之间属于“亲密的友党关系”①。显然，中国政党关系的形态和结构特征与其他国家以竞争和对立为特质的政党关系有着根本的区别，呈现出浓厚的本土特色。而且，本土特色的形成不是人为安排或强制性施与的结果，而是近代以来中国发展的历史与现实共同决定的结果。

众所周知，中国共产党在成立初期是以一个力量薄弱的体制外政党形态出现的，这决定了它的初始发展不能仅仅依靠自身的力量来实现，必须借助外部性的支持力量，而在当时中国的条件下，这样的力量主要来自于两个方面：一方面是与自己宗旨相一致的国际性政党力量，亦即共产国际；另一方面是部分主张近似同时拥有不稳固执政党地位的国民党。在政党关系的层面上，如何处理与这两大政党力量的关系是整个革命党时期中国共产党始终面临的战略性选择，最终，在多次曲折反复之后，中国共产党从一度依附于共产国际转而走上了独立发展的道路，成为当时国际共产主义运动中几乎唯一的一个具有本土特征的共产党（这一问题将在探讨政党本土化问题时做专门分析）；同时，国共关系在两次合作后最终成为对抗性的政党关系，中国共产党选择了与其他民主党派结盟抗衡国民党并最终取得了民主革命的胜利。

中国共产党成立之初，一度采取的是孤立主义的政党立场，一大通过的党纲决议规定“对现有其他政党，应采取独立的进取的政策”。“不同其他政党建立任何相互关系。”② 但很快，这一立场就因不利于自身发展而被放弃，中共二大选择了“联合全国革命新党派，

---

① 这是 2007 年 11 月国务院新闻办公开发布的《中国的政党制度》白皮书做出的界定。
② 罗湘民等主编：《中国共产党统一战线简史》，华文出版社，2000 年版，第 2 页。

组织民主联合阵线”的新方针，三大期间，更确立了与国民党合作的政策，认为“中国国民党应该是国民革命之中心势力，更应该立在国民革命之领袖地位。[①] 但由当时力量对比决定的依附性政党关系决定了以“党内合作”方式改造国民党的努力难以成功，同时试图独占统治权的国民党也难以长期容忍与其政治主张相悖的中共的合法存在，国民党对中共的镇压使第一次国共合作不可避免地走向破裂。抗日战争的爆发成为中共重新发展政党合作关系的历史契机，在民族生存的危机面前，中共与国民党再度达成共识，誓言各党派“舍小异而趋大同，詡赞统一，共同救国”。但在这一新的政党关系中，中共不再处于依附地位，而是强调“我们的方针是统一战线中的独立自主，既统一，又独立”。[②] 同时，中共也开始注重发展与其他政党的关系，支持其他政党在国统区开展民主宪政运动。抗战胜利后，中共在反内战、反独裁、反分裂的口号下与其他政党达成了广泛共识，以“和平、民主、团结”争取到了民主党派的广泛支持，最终于1949年9月召开了新政治协商会议，在8个民主党派的共同支持下宣布了新国家的合法成立。

新中国成立后，其他政党存在的必要性一度引起争论，但基于当时各政党的影响力仍然存在，为争取尽可能多的社会力量的支持，政党仍然被保留下来，而且按照周恩来的说法，“各个民主党派，不论名称叫什么，仍然是政党。政党都有一定代表性，但不能用英美的政党标准衡量它们，它们是从中国的土壤中生长出来的。”[③] 但是，尽管明确了民主党派存在的必要性，这些政党政治功能在随后30年中处于不断弱化的趋势，基本限于协助中共团结、教育改造知识分子的辅助性事务。1966年8月，各民主党派在文革冲击下宣布停止办公，政党关系在此后十年中实质上处于虚化状态。

1977年底，民主党派恢复活动后，中国的政党关系开始进入新

---

① 胡绳主编：《中国共产党的七十年》，中共党史出版社，1991年版，第40页。
② 《毛泽东选集》，第2卷，人民出版社，1991年版，第540页。
③ 罗湘民等主编：《中国共产党统一战线简史》，华文出版社，2000年版，第151页。

的重构时期。如果说革命时期的政党关系主要服务于争取国家政权并为新的国家政权提供合法性支持，新中国成立头30年则是为高度集中统一的政治目标服务的话，重构后的政党关系开始在坚持“中国共产党领导”的前提下成为发展民主政治的重要组成部分，并且逐步纳入制度化规范的轨道。1990年发布的《中共中央关于坚持和完善共产党领导的多党合作和政治协商制度的意见》正式确认中国共产党领导的多党合作和政治协商制度是中国的一项基本政治制度，民主党派享有宪法规定的权利和义务范围内的政治自由，组织独立和法律地位平等。中国共产党与民主党派的关系界定为执政党与参政党关系；“长期共存、相互监督”拓展为“长期共存、相互监督、肝胆相照、荣辱与共”。近年来，中共先后发布了《进一步加强中国共产党领导的多党合作和政治协商制度的意见》等一系列文件，对执政党与参政党之间的关系做了更为明确的规范，胡锦涛在“七一讲话”中进一步强调，“坚持和完善中国共产党领导的多党合作，深入开展政治协商、民主监督、参政议政，发展最广泛的爱国统一战线。”[①] 这表明，党政关系已经纳入了中国民主政治建设的整体进程，成为发展中国特色社会主义民主政治的重要方向和目标。

从政党关系的历史衍进轨迹可以发现，中国共产党与民主党派之间的关系经历了一个从政治伙伴、象征性存在到制度化合作的历程。在政治伙伴时期，各政党处于相似的政治地位，共同为争取国家独立和民主而结成了政治同盟，并共同为新中国的成立奠定了合法性基础；在象征性合作时期，民主党派地位随着社会结构的趋于单一而有所下降，但仍然部分扮演着通过有限的政治整合功能提供支持；进入制度化合作阶段以来，民主党派重新在日趋多元的社会结构中确立了生存和发展空间，成为中国共产党整合执政资源的具有成长性的辅助性力量。在相互关系嬗变的过程中，中国共产党逐步确立了牢固的领导党地位，执政地位得到其他政党的承认和支持，

① 胡锦涛：《在庆祝中国共产党成立90周年大会上的讲话》，人民出版社，2011年版，第23页。

其他政党则在参政党的政治定位中确立了生存和发展的空间，中国的政党关系在这一过程中也逐步走向稳态化和制度化。

二、本土化：中国政党关系衍进的内生逻辑

近代政党缘起于从封建专制走向民主政治时代的欧洲，在民主革命初期的中国，政党的出现无疑不可能摆脱西方政治理念的痕迹，中国共产党也是马克思主义理论影响下的产物。在此意义上，无论是中国共产党还是当代中国的政党关系都是符合普遍性政党理论原则的。但同时，从过去近一个世纪中国政党关系的历史衍进中，可以发现典型的本土化特征，这就是中国既没有出现西方式的不同政党之间相互竞争的关系，也没有采纳大多数社会主义国家那样的单一政党模式，而是形成了合作理念下的非竞争性和非均衡性的多党并存且有序共生的政党关系形态。当前中国实行的中国共产党领导的多党合作制度更是中国独有的政党制度，世界上没有哪个国家政党之间关系与之类似。在西方的一般理解上，政党以获得政权为唯一的存在价值，不同政党之间是天然的对立与竞争关系，政党成长于既有体制内部的特性决定了相互间的对立但并存的关系状态，但在一些发展中国家，尤其是在国家制度中具有创制地位的政党则常常采取排斥其他政党存在的做法。在此意义上，多党并存且有序共生是中国的特例，也是政党关系本土化的基本体现。

本土化是一个世纪、尤其是过去30多年来中国共产党与其他政党共同合作、领导中国从一个饱受外部势力欺凌的半殖民地国家走向独立、发展和崛起的重要经验。这一本土化的政党关系具有双重的指向性价值：一方面，中国的政党关系是在特定的政治土壤中自然生成并逐步走向稳定和成熟的，换言之，近代以来中国的政治和社会生态决定了今天意义上的政党关系形态具有内在

的合理性，不是人为强加的结果；另一方面，本土化的历史逻辑决定了中国的政党关系不能以西方式的政党关系模式作为评价标准，更不能以理想化的价值臆断来否定这种关系的合理性和合法性。

近代以来，中国始终面临着维护国家统一、推动现代国家建设、抵御外部侵害、实现政治民主、保障民众生存等诸多严峻问题的整合性挑战。要有效应对这些直接关系到国家和民族存亡的挑战，国家政治就不能纠缠于无休止的纷争和低效率的制衡之中，必须出现一个强有力的政党来整合随时可能导致国家陷入碎片化危险的各种对抗性政治力量，通过合作方式集中调度和整合资源处理好优先事务。经过持续 20 多年的战争，中国人民在战争中选择了中国共产党作为合法的执政党。经过 60 多年的国家建设实践，历史进一步验证了中国人民战争年代选择的正确性，中国共产党不仅成功地领导中国摆脱了饱受欺凌的屈辱地位，更有效带领中国成为了世界性的经济和政治强国。在这一过程中，曾经与中国共产党一起共同推动国家民主的民主党派逐步转型为协助中国共产党执政的参政党，从参政中体现了自己的生存价值。

中国共产党是马克思主义理论指导下成立并成长起来的，外部性的理论植入决定了它的纲领和主张不可避免地经历了一个曲折的本土化过程。中国的特定政治和社会土壤与指导理论之间的内在张力一度使中国共产党在两难选择中多次游移不定，中国革命的进程屡遭挫折。在不断的经验教训总结中，共产党最终在普遍性理论与本土政治需求之间找到了平衡点，并在不断的修正和调适本土化导向中引导中国走上了现代化的进程。在此意义上可以说，中国革命和建设的最重要的经验之一是本土化，在通过渐进式的本土化进程，中国共产党逐步将马克思主义内化为把握中国发展规律的指导性理念和核心价值，在不断地吸纳和扬弃中建构与革命和国家建设基本需要相适应的经验模式，这一特质，在政党关系的变移中可以得到充分的验证。

中国共产党成立初期，对政党关系一度采取的是以意识形态为标准的国际化立场，即试图借助共产国际的力量来实现自己的革命理想和政治目标。中共一大纲领确定的立场即是“联合第三国际”，1922 年 7 月的中共二大则正式决定“正式加入第三国际，完全承认第三国际所决议的加入条件二十一条，中国共产党为国际共产党之中国支部”。[①] 事实上，很大程度正是在共产国际的推动下，中国共产党才接受了国共合作的主张，形成了第一次国共合作。第一次国共合作失败后，中国共产党在走向武装革命的曲折经历中开始反思中国场域下政党关系的性质，并逐步在探索本土化的革命道路中开始致力于重新构建与国内其他政党之间的合作关系模式。抗日战争成为中国政党关系本土化的第一个转折点。在民族存亡的威胁面前，中国共产党主动抛开政治分歧与国民党重新合作，使第二次国共合作成为自主的政治选择。同时，民族存亡关头的威胁也从根本上改变了共产党与其他党派之间的疏离状态，在抗战中力量日益增强的共产党不仅与所有党派一起结成了抗日民族统一战线，更把发展与民主党派的合作视为推动国家民主政治进程的重要方式和路径。抗战结束后，中共与民主党派合作的民主色彩更加显著，“双十协定”的签署部分即是“各民主党派、无党派民主人士等的推动”结果。实际上，抗战结束初期大量民主党派的建立都直接或间接受到共产党的推动和影响，以至于“国民党诬蔑民盟、民建、民进、民联等党派及其所倡导的民主统一战线是‘中共的新的暴乱工具’”。[②] 新中国成立后，政党关系的本土特征进一步显现，中国没有像大多数社会主义阵营国家一样采取一党制，而是基于国家建设的需要保留了曾经与中国共产党保持合作的 8 个民主党派，继续发挥其在各自代表阶层中的认同和整合作用，在此基础上形成了具有典型本土特色的中国共产党领导的多党合作与政治协商制度。

中国现代国家建设的政党理论逻辑和政党关系的变迁历程充分

---

① 《中共党史参考资料》（一），人民出版社，1979 年版，第 346 页。

② 姜汝真等主编：《中国统一战线简明教程》，华文出版社，2000 年版，第 89 页。

证明，本土化是近代以来中国政治发展的自然选择，尽管不断有人试图把经典理论原教旨化为中国的政治信仰，但每一次这样的努力最终都被政治实践证明是失败的。相反，正是通过不断的探索本土化路径，中国才得以摆脱了原教旨信仰的观念束缚和外部性政党力量的控制企图，努力从中国自身的政治土壤中汲取养分，在不断的动态调整中逐步外化出一种新型的政党关系形态。具体说来，当前中国本土化政党关系的特征主要体现为：（1）价值同一性，参政党接受中国共产党的核心价值，不自行规定自身的核心价值和政治目标，在思想上与执政党保持同步；（2）行动协调性，在非竞争性政党关系的前提下，执政党与参政党采取一致的政治行动，共同维护多民族国家的政治统一和国家稳定；（3）目标一致性，各政党在推动国家现代化建设这一发展目标上达成高度一致，共同致力于中国的发展和国家实力的进一步增强；（4）制度共生性，执政党与参政党在同一制度规范下构成相互依存的共生关系，一荣俱荣、一损俱损。由此可见，中国共产党与民主党派之间的执政与参政关系是一个自然的形成过程，从更广泛的层面看，其间蕴涵着中国人民对中国共产党领导地位的合法性确认，它不是理想化的价值体现抑或基于特定理论模式而做出的人为安排，其本土化生长的内生逻辑特质决定了这一关系存在并长期稳定的现实合理性，在此意义上，它也不是外部性的质疑或干预所能轻易改变的。

有必要强调，在中国政党关系近一个世纪以来的本土化进程中，由于中国社会的多次转型，政党关系动态变迁是常态的发展取向，尤其是随着当前中国社会结构的日趋多元化，这一关系中蕴涵的某些不适应性也在逐步凸现：其一是在群体高度分化、核心政治价值日趋模糊的现实下，执政党对民主党派的地位界定处于两难选择，一方面有必要适度提升民主党派的功能，有效整合执政资源，同时又必须防止其发展失控而走向反对党；二是民主党派的传统界限日益模糊，成员泛化导致代表性的不足，对执政党的支持性功能下降；三是非政党化趋势的出现，无党派人士的队伍急剧扩大，越来越多的经济和社会领域的精英人士保持着无党派身份，现行的政党制度难以适应大量具有代表性和影响力的无党派人士的政治参与要求；四是社会组织成为潜在的新兴政治力量，如何将其纳入政协的体制范畴还没有提上紧迫的议事日程。当然，不适应性的存在并不说明本土性政党关系的弱化，相反，这是完善性的新要求，需要根据现实的发展对政党关系不断进行动态调整。

三、中国政党关系的民主寓意

当代中国政党关系最基本的事实，是先有中国共产党而后有现行的国家制度和政党关系态势，与西方先有国家制度而后在制度规范下出现政党有着根本的不同。这是理解当代中国政党关系本土性特征的逻辑起点。换言之，当代中国的政治制度是在中国共产党领导下建构起来的，这决定了中国的政党关系必然受到这一制度逻辑的规范，在这一规范下，中国共产党的执政地位是法定的，其他政党接受中国共产党的领导，处于参政党的地位，在共同的目标下协同推进中国的政治发展。也正基于此，中国始终强调，“要坚持发挥党总揽全局、协调各方的领导核心作用”，“保证党领导人民有效治理国家。”①

在西方的民主模式中，多个政党的合法存在并相互竞争被视为基本的制度规范，政党通过在选举中吸引选民的支持赢得执政地位被视为政权的合法性来源。近代以来，西方在世界体系中垄断性强势地位的确立被认为是这一民主模式成功的经验验证，尤其是冷战结束以来，“华盛顿共识”的盛行更加深了西方国家对自身制度优越性的自信，在强势的军事和经济地位的支撑下，多党制和有竞争的公开选举在西方国家的政治心态中固化为对于非西方世界的傲慢与

---

① 胡锦涛：《在庆祝中国共产党成立90周年大会上的讲话》，人民出版社，2011年版，第22页。

偏见，自认为占据着道义制高点的西方把多党制意识形态窄化为判断一个国家是否民主的唯一标准，在这样的“政治正确性原则”下，一个多元的世界日益被单一的政治制度标准所桎梏，大多数国家的人民不再有自主选择政治制度和发展道路的合法权利。而事实上，即使在西方国家内部，随着代议制民主的碎片化和伪善性日趋显露，多党制和选举之于民主的象征性意义早已远远超过政治生活中的实质性价值，政党不过是权势集团的选举工具，近年来大多数选举不超过半数的投票率也证明即使当选者获得全部票数也不能证明得到了多数国民的支持，而以“商议式民主”[①] 为典型形式的多元民主形式的出现更在西方国家国内反证了民主决不仅仅体现为政党的数量和选举范围。在此意义上，确认中国式政党关系的民主寓意不是基于现实政治的工具性需求，而是对中国特色民主政治的深层次规律的理解，对内生于中国政治和社会生态的自主式民主发展模式的理论抽象。

民主在政治实践中的本质涵义是人民在国家政治生活中的主体地位，根据这一基本原理，任何一种体现人民主体地位的制度安排都是民主的，任何一种相应的政党关系也都是合乎民主逻辑的，世界上不应只有一种民主模式，每一个国家的人民都有权选择与自己国家情况相适应的民主形式和政党关系方式。这是中国政党关系的本土性依据，也是这种关系蕴涵的民主寓意之所在。

回顾新中国成立以来、尤其是改革开放以来中国政党关系演进的历史，可以发现一条政党关系与中国式民主渐进成长之间高度重合的轨迹，在很大程度上，政党关系的发展变化成为观察中国式民主进程的风向标。当政党关系融洽，参政党的功能发挥比较显著之时，中国的民主氛围就比较浓厚，民主的制度化进程就比较顺畅，政治生活的民主化水平就不断得到提高。这一点，尤其

① 目前国内关于协商民主有着许多讨论，作者倾向于认为协商民主是中国政党制度的民主特色，与哈贝马斯等西方学者提出的“商议式民主”有显著的不同，限于本文的研究主题，在此仅加以概念上的区分，不作进一步的深入探讨。

可以从改革开放以来政党关系与民主发展的正向互动关系中得到充分的验证。

在分析中国政党关系的民主寓意时，首先有必要看到，中国式政党关系外在体现的是一种不对称的民主关系，作为执政党的中国共产党在政党关系中处于法定的主导地位，其他参政党则主要为执政党发挥支持性的作用，但是不对称不等于不平等，也不等于与民主原则不相符合，不对称结构不是执政党强加于其他政党的，是政党力量对比尤其是民众的支持和认同度决定的结果，也是基于历史和现实的要求，参政党主动选择接受执政党的领导，因而并不与民主的逻辑相背离。具体而言，本土化的中国式政党关系蕴涵的民主寓意主要体现为：

第一，以政党关系民主提升国家的民主化水平。中国共产党是以与国家高度融合的方式进行执政的，这一嵌入式的执政方式一方面保障了党对国家政治生活的掌控，同时也决定了执政党的民主自觉与国家民主之间的内在互动关系。从这一视角出发，政党关系的民主化水平直接决定着国家政治生活的民主化水平。近年来，中国对发展民主的政党关系问题给予了高度重视，把进一步增进多党合作视为“实现社会主义民主的重要形式”，通过政治协商的方式，既使大多数人的政治意愿得到了尊重，又照顾了上述人的合理要求，人民的民主权利因此可以得到更大限度的保障。

第二，协商民主成为中国式民主的独特方式。协商民主是近年来广泛讨论的中国式民主的重要组成，这里需要强调的是，协商民主与西方式的“商议民主”有着本质的不同，按照科恩的经典表述，“商议性民主的概念的根基在于这样一个民主联合体的直觉理想，在这个民主联合体中，对联合之条件和前提的论证，是通过平等的公民之间的公告辩论和讲理而进行的。”[①] 显然，这是一种社会民主的理念，而协商民主虽然也在广义上包含了社会性协商的意思表示，

① 转引自杨国荣主编：《现代化过程的人文向度》，上海古籍出版社，2006年版，第351页。

但在民主的制度层面上，协商民主首先是政治民主层面的制度安排，主要是执政党和参政党在政协平台上就国家重大事务进行的“政治协商”，通过广泛的协商形成政治共识，从而弥补了选举民主在意见表达中相对简单化的不足。

第三，以民主监督的方式保证执政党民主执政。民主的制度性功能之一是防止权力的滥用，但中国作为单一制国家的结构形式决定了不可能采纳权力分立和制衡的方式，为此，民主监督成为最佳的选择，这样的监督除了来自于执政党内部的自身监督之外，以参政党为基本主体的民主监督成为保障国家民主正常运作的重要方式，参政党通过反映民众的利益诉求，不仅可以满足更多人的有序政治参与的愿望，也使执政行为更加符合大多数人的要求，体现执政的民主性。

第四，民主与效率有机结合的有益尝试。在通常的民主理论中，国家民主难以克服的结构性弊端是决策效率的低下，政党之间无休止的利益纠葛和权力纷争导致政治共识的形成几乎是一种奢望，在中国这样一个仍然面临国家统一使命、自然灾难多发、人均收入有待提高的发展中国家，以低效率决策为特征的民主经验显然是难以被大多数人接受的，多党合作基础上的民主无疑更有利于国家的民主政治建设。

第五，有效保障公民的民主权利。这一方面表现为在非竞争性政党关系下，中国可以更加便捷地通过民主的制度化安排不断增进对公民民主权利的保障；另一方面，也可以借助于参政党的群体代表性优势更加广泛地动员社会力量主动参与国家的民主化进程，从而形成自上而下布局与自下而上协同的民主政治建设新格局，这样的民主化格局是在其他国家难以实现的。

当然，政党关系视角下的民主政治寓意在当前的中国既是一种实然的现实存在，也蕴涵着应然的发展向度，以同心圆结构呈现出来的政党关系在民主建设本质上取决于执政党的民主意志，中国共产党一再强调“人民民主是社会主义的生命。发展社会主义民主政治是我们党始终不渝的奋斗目标”①，这意味着一种新型民主模式的建构在中国是可以预期的，而中国特色的政党关系就是这一模式的有机构成，中国式民主的逻辑也即内化于政党关系的历史变迁轨迹之中。

① 胡锦涛：《在中国共产党第十七次全国代表大会的报告》，《人民日报》，2007 年 10 月 15 日。

第二十一章　政府体制

1978年以来，中国选择了渐进的政府体制改革道路。三十年间，政府体制发生了巨大的变化，甚至可以认为是革命性的变化。中国的政府体制改革之路不是对任何其他国家发展道路的模仿，相反，它为世界许多发展中国家提供了可供借鉴的“中国模式”。如何从中国政治发展的自身来认识政府体制改革？如何从中国的政治社会现实来认识改革以来的政府体制变迁与发展逻辑？要更加清楚地认识、解释政府体制改革与中国现代化转型的关系，就必须回答两个问题：其一，中国的政府体制改革道路为何是有效的；其二，为什么中国政府体制改革的进程能够保持其一贯性，而没有在中途发生改革的逆转。而要回答这两个问题，又需要认真思考中国政府体制改革所持的目标模式，以及这种目标模式所带来的政府与社会两方面的变化。

本章提出“政府柔化”的概念来描述和分析改革之后的政府体制。所谓的政府柔化，主要是区别于改革以前的高度集权的政府体制（或称为“全能体制”），它不是以高度集中的政府权力结构来决定整个国家的政治社会发展，而是以一种灵活的政府结构来不断贴近变化中的政治社会现实，依据政治社会结构自身的需要而实现政府体制与行为的调整。政府柔化与高度集权体制的区别并不仅仅体现在权力集中的程度，而是由完全不同的政府观念与行为模式所构成的全新政府体制。就政府文化而言，经过柔化的政府以有效性作为其政策制定与执行的标准；就政府结构而言，它以分散性的权力中心来释放发展的积级性，而不是以单一权力中心来决定整个国家的政治经济生活；就政府行为而言，政府对自身以及社会的管理不再以命令和绝对的领导为特征，而是贴近政治社会现实，适应变化中的政治社会结构，在政府决策中容纳了越来越多的协商性因素。

政府柔化与政府分权既有联系又存在区别，政府柔化是分权的结果，而分权本身并不意味着政府柔化。在改革开放之前，虽然中央政府也有数次分权的经历，但政府体制一直是高度集权的、刚性的。政府柔化是随着20世纪80年代的分权改革逐渐出现的，更具体地说，在长期的分权之后，政府自身以及政府与社会的关系更加分散化，不同的利益主体形成而且不断强化。在这种情况下，以有效性为宗旨的改革已不可能回到高度集权的老路上，而只能随着变动的政治社会结构做出自身的调整，因而政府柔化是由分权改革所塑造的全新的政府体制。

从中国政府体制改革的内在逻辑来看，改革是以现实有效性为目标模式，而不是改革之前那样以一种抽象性理念为模式，改革是努力使政府不断适应变化中的政治社会现实，而不是以一套抽象的观念符号来框定政治社会现实，因而，改革的方案能够依据国家的情况而灵活地调整、改变，能够始终保持其有效性。在以有效性为目标模式的引导之下，先前刚性的、铁板一块的政府结构逐渐柔化，出现了所谓的“政府柔化”现象，而依据这种政府柔化现象，可以解释中国政府体制改革道路的可持续性。政府柔化集中体现在两个层面：在政府内部这个层面，表现为政府间关系逐渐松动，中央向地方不断放权；在政府与社会这个层面，体现为政府向民众的放权。政府柔化的结果，一方面是在政府内部出现了众多的、较为独立的权力利益主体；另一方面，出现了一个和国家相对而言的具有自身利益的社会领域。由于这两个层面的权力利益领域都是改革的产物，因而，它们越发展、越强化，维持改革的力量就越强大，改革的道路就越不可能发生逆转。而且，随着这些独立的权力利益领域的发展，中国逐渐形成并加强了一整套以推进改革为目的的制度结构和行为模式，有力地推动了改革的进程。

通过政府柔化而推进现代化发展的道路，已经被证明为一条切合中国实际国情的道路。本章正是要描述并解释中国政府体制改革的这种内在逻辑，并试图拉长历史的视角，将三十年来中国政府体制改革置于更长的历史背景中，审视政府体制改革在中国现代国家建设中的重要意义。

一、政府体制：从高度集权到柔化

通过革命掌握政权，由政权的领导而启动现代化道路，这是新中国进行社会主义革命和建设的基本逻辑。这种逻辑也决定了建国后中国政府体制的基本特征，体现为以一个刚性、铁板一块的政府结构来规范整个国家的政治社会生活。就政府自身而言，中央政府高度集权，中央政府与地方政府的关系简单地体现为中央制定决策，地方遵照执行。就政府与社会的关系而言，新政权打碎了所有的旧时代的权力结构，将社会还原为一个平面，然后以政党组织为载体，将原先分散的社会整合为一个高度组织化的结构。

为了更清楚地说明改革之后的政府体制，就要从新中国建国到1978年改革，中国的政府管理体制一直保持着高度中央集权的特征，无论是基于历史，还是基于现实考虑，都可以找到这种集权体制的充分解释。从历史方面讲，自晚清以来的中国政治史，可以看作一场在内忧外患及现代化冲动的刺激下，围绕着寻求新的权力中心、构筑新的权威基础，所展开的具有内在一贯性的运动，任何政治力量，只有能够有效地建立集权式政治经济结构，才能夺得现代化的领导权；[①] 此外，它也与中国现代化实现方式的选择有关，由于

---

① 陈明明：《比较现代化·市民社会·新制度主义——关于20世纪80、90年代中国政治研究的三个理论视角》．《战略与管理》，2001年，第4期；林尚立也分别从历史传统、理论基础、制度渊源、党的体制及组织原则五个方面论述了建国初期中央集权的国家结构形成的必然性，见林尚立：《国内政府间关系》．浙江人民出版社，1998年版，第283页。

现代化以政治革命为起点，革命后的社会主义政权选择了以计划经济为整个国家的经济发展方式，而计划经济客观上需要一个高度集权的政治与经济权力结构。

应当看到，建国后建立并维持一个高度集权的结构，不但必要，而且可能。这主要取决于执政党所拥有的三个方面的资源：第一，意识形态及克理斯玛权威。在集体主义意识形态中，全国各地、各族人民的根本利益一致，中央代表全国人民的最高利益。因而各地政府必须服从中央政府，局部利益服从中央利益。另外，毛泽东本人的崇高威望，也成为凝聚全国人心及力量的重要保障。第二，新政权所依托的强大的政党组织网络。经过长期战争和政治运动之后，能够使社会以共同体形式存在的力量就是政党组织。党的组织原则是“少数服从多数、下级服从上级、局部服从全体、全党服从中央”。① 第三，计划经济体制。改革之前的央地关系模式，在很大程度上是由计划经济体制所塑造，并为其服务的。

显然，改革之前的领导人试图运用一种既定的现代化道路的理想模式来塑造政府体制。计划经济不仅是集中资源实行赶超战略的需要，它也是共产主义意识形态理论的一个重要内容。然而，中国的基本国情就在于其规模的巨大，中国版图广袤，行政层级繁杂，体制高度集权，要同时容纳30个左右的省级单位，700个左右地、市级单位，以及2700个左右的县级单位。② 这使得高度集权体制无论是在有效性方面，还是可持续性方面都存在严重的危机。高度集权的体制在运行中必然会遇到难题。

从现代政治科学的角度看，这种高度集权体制的问题首先体现在信息与监管的难度。经济学家在分析计划体制的低效率时，往往

① 《毛泽东选集》第三卷，人民出版社，1961年版，第44页。；邓小平也重述了这个原则，“党员必须服从党组织，少数必须服从多数，下级党组织必须服从上级党组织，全体党员和党组织必须服从中央”，见《邓小平文选》第2卷，人民出版社，1994年版，第256页。

② 《中国统计年鉴》. 中国统计出版社，1981年版，第1页。

会指出两个因素：信息成本与中央的有限理性，这两个因素使得计划经济的运作成本极为高昂。① 高度集权的政府体制作为计划经济体制的伴生物，也避免不了同样的问题。为了集中力量办大事，就需要将所有的微观行动者的行为统一起来，因而严密的信息与监督不可或缺。管理体制越集中，管理幅度越宽，管理链条越长，管理的难度就越大，管理者需要汇总、处理的信息就越多，需要监督管理的对象和任务也越多、越繁杂。信息的上传下达，分析决策，以及保证决策的执行，无论是在时效性上，还是在正确性上，都很可能要大打折扣，产生极为严重的信息和监督问题。当管理的幅度和链条超过了一定限度以后，管理者的能力和管理手段已经无法成功加以应付，这时管理效率就会大大下降。② 因此，高度集权的体制难以克服其有效性缺失的问题。

其次，高度集权的刚性政府体制无论在政府内部层面还是在国家与社会的关系层面，都无法形成合理的激励机制。相反，高度集中的政府管理体制，会削弱政府各个构成部分以及社会成员的合作，加强了地区与部门的分利化倾向。许多学者都认为，集权体制在建国初期的成功，很大程度上是由于它面对的是一个被政治军事力量荡平了的社会政治结构，不存在数目众多的利益集团，因而全国相对能像一个大工厂那样运转。然而，随着经济的恢复，以及数次或大或小的分权试验，各种集团又以“条条”、“块块”的形式出现。“条块”的数目众多，大“条条”中又有诸多小“块块”，大“块块”中又有许多小“条条”。在高度集权的政府管理体制下，每一个“条条”或“块块”所得，与它们的贡献不能直接联系起来。这就导致整个国家的微观主体失去了生产积极性，向着分利化的模式前进，进而出现了全国上下的“等、靠、要”现象。因而如何将这

---

① 张军：《中央计划约简下的计划权结构与财产权结构》，见陈昕：《社会主义经济的制度结构》，三联书店，1993 年版，第 118 页。

② 胡书东：《经济发展中的中央与地方关系：中国财政制度变迁研究》，上海人民出版社，2001 年版，第 42 页。

些分利性倾向转化为创造性倾向，就成为问题的关键。[①] 此时，通过分权激活微观主体是较可行的选择。

再次，高度集中的政府管理体制，还加大了决策的风险成本。为了克服政府间关系以及国家与社会关系疏离的可能性，就必须通过政党组织来不断加强政治集权，而政治集权最终又落实为党的集权，党的集权最终又体现为领袖集权。由于理性的局限，一个国家的经济运转决定于领袖个人，必然会产生巨大的风险。大跃进、“文化大革命”的教训已充分说明，将集中决策权力加以分解，使国家出现数量众多的决策中心，将是避免这种大教训的可能选择。

从某种意义上讲，“文革”的遗产之一，就是让新的政治领导人认识到过度集权的弊端。正是建国后高度集权的政府体制所造成的现代化道路的挫折，才为改革提供了合法性及动力支持。“文化大革命”中，国家与社会走向全面危机，这使人们开始反思高度集权政府体制的弊端，并试图通过改革来重新塑造政府权力结构。因此，在“文革”之后，随着改变过度集权体制的呼声越来越高，分权逐渐成为当时领导层推行改革的目标模式。领导人不断地强调分权，指出分权是国家改革的方向。邓小平在1980年8月发表的《党和国家领导制度的改革》讲话中，明确指出：“权力过分集中，越来越不能适应社会主义事业的发展。”其后，他又明确指出，“政治体制改革，包括党政分开和权力下放”。

回顾20世纪80年代的分权改革，其主要目的就是要使过去僵化的政府体制走向柔化，走出以往权力运行中的政府间关系以及政府与社会关系中“一统就死、一放就乱”的怪圈循环。政府柔化的基本策略就是放权，通过放权逐渐实现社会个体的自由与权利。但中国改革采取了渐进、有步骤的方式进行，国家并没有将权利直接返还给社会，而是首先使中央政府向地方放权，地方政府在促进经济发展的同时，唤回社会的自主意识，形成公民社会领域。

---

① 关于集团分利性理论的探讨，详见曼库尔·奥尔森：《国家兴衰探源》，商务印书馆，2001年版.

这种分两步走的分权策略基本上决定了中国改革开放的基本模式，也决定了中国政治经济发展的基本模式。这种模式就是通过政府柔化而实现高度集权体制的转型，这种转型方式不同于苏联及东欧的那种激进变革道路，它不是突然在国家与社会之间进行权力的调整，而是首先使政府自身发生权力关系的变化，即政府间关系的柔化，然后再来调整国家与社会的关系，这种改革模式的有效性已经为三十年来中国政治经济发展的实践所验证。政府柔化可以从两个方面来理解：一方面，政府柔化并非是虚弱化，柔化的基本特征是柔而不散，在中央政府向地方政府放权的同时，中央政府的政治集权能力依然十分强大，这样就可以保证地方政府在获得自主性以发展经济的同时，依然能够保证国家的统一与实现宏观调控的能力。在国家与社会的关系上，柔而不散则体现为在国家向社会释放权力，使个体获得解放从而令整个社会恢复活力的同时，又能够保证传统的组织性集权的有效性，以此来应对社会分化所造成的种种压力。另一方面，柔化的政府与高度集权体制的不同之处在于，前者能够依据变化的政治社会状况而迅速地作出调整，从而保证改革的有效性，而后者则由于权力结构的僵化而经常处于低效状态。下面将分别从政府间关系以及国家与社会关系两个方面来进一步探讨政府柔化的基本过程与特征，以及政府柔化与中国三十年来改革能够保持有效性的关系。

二、政府间关系与政府体制改革

从政府自身的发展来看，政府柔化主要体现在通过纵向政府间的分权，使原先高度一体化的政府结构逐渐分化为一个个具有自身权力与利益的主体。不过，这种分化是一种有机的分化，它并不会导致政府的分裂，反而会更加强化政府间关系的有机性。要说明这种现象，就必须考察中央政府向地方政府分权的方式及效应，并解释为什么通过政府间分权的方式可以有效地推进中国的政治经济发展。

中央向地方经济分权的主要结果，就是地方政府演变为具有独立权力与利益的主体，但中央政府从未放松过对地方政府的约束机制，尤其是通过组织化的制约机制，以政绩作为地方官员政治前途的主要标准，从而使地方政府之间展开了激烈的政绩竞争。政绩竞争的结果，一方面是使地方干部拼命发展经济，推动了地方经济的发展，这是中国三十年来经济持续高速发展的一个关键原因；另一方面，政绩竞争也促使各地方政府不断进行政府体制创新，不断完善政府体制，从而促进中国的政治发展。同时，由于政府间竞争的存在，使得任何试图逆转改革，任何有可能阻碍地方经济发展的措施都难以得到地方政府的积极回应，这在客观上使改革保持持续向前的势头，从而获得了中国三十年来政治经济发展的有效性。

（一）纵向政府间关系：政治集权下的经济自治

1978 年中国的分权改革，并不是国家直接将权力与权利赋予社会大众，而是采用了渐进的改革方式，首先在政府的纵向关系方面行分权策略，也就是中央向地方的经济分权。早在建国之前，毛泽东就注意到，虽然党组织的决策以层层集权为主要特征，但必须给予下级或地方以充分的自主性。[①] 在建国后，他更是提出，“应当在巩固中央统一领导的前提下，扩大一点地方的权力，给地方更多独立性，让地方办更多的事情。这对我们建设强大的社会主义国家比较有利。我们的国家这样大，人口这样多，情况这样复杂，有中央

① 他指出：“一般的方针集中于上级，具体的行动按照具体情况实施之，下级有独立自主之权。……越是地区广大，情况复杂，上下级距离很远，这种具体行动就越应加大其独立自主的权限，越应使之多带地方性，多切合地方情况的要求，……。”《毛泽东选集》第二卷，人民出版社，1961 年版，第 436 页。

和地方两个积极性，比只有一个积极性好得多。"[①] 但是，对于领导人而言，放权又纯粹是一种手段，放权不能破坏集中与统一的原则。因而，毛泽东又指出："为了建设一个强大的社会主义国家，必须有中央的强有力的统一领导，必须有全国的统一计划和统一纪律，破坏这种必要的统一，是不允许的。"[②] 因此，在高度集权的体制下，放权只能作为一种权宜之计，而不可能转化为制度设计的原则。而具体到某一时期，财政体制趋向集中或分散，主要取决于领袖的目标、及其对客观情势的判断。

1978 年的分权与之前数次放权的不同，就在于"文化大革命"所造成的严重后果，使领导人彻底认识到了僵化的高度集权体制的弊端，并下决心将分权作为国家发展的长久动力。分权改革的独特之处，就在于当中央开始向地方分权的那一时刻，国家与社会仍然是一体的，全社会的企业与其他财富完全由国家高度控制。正由于此，中央一向地方分权，地方经济资源与财富就落入地方政府手中，使地方政府成为事实上的地方产权拥有者。具体地讲，地方产权就是指地方政府在分权改革中，拥有对地方国有企业、集体企业产权的实际控制，并对地方新兴私有企业具有决定性的主导地位。

具体而言，地方政府主要从三个方面获得地方产权：首先，地方政府成为国有企业的产权拥有者。在经济改革的过程中，由于中央不再直接管理国有企业，而是通过财政、金融的渠道和企业发生关系，因此地方就掌握了事实上的生产和投资权。地方政府依靠承包制来管理国有企业，但是，承包者只有管理权而并无财产权。于是，真正的财产拥有者就是地方政府了。产权地方化是中国市场经济发展的一个独特模式。它是中央政府向地方政府和企业两种放权相互结合的产物，使地方政府的经济权力大大增长了。其次，改革开始之后得到蓬勃发展的集体所有制企业，事实上也为地方政府所

① 毛泽东：《论十大关系》.《毛泽东著作选读（下）》，人民出版社，1988 年版，第 729—730 页。

② 《毛泽东著作选读（下）》. 人民出版社，1988 年版，第 730—731 页。

控制。大多数集体所有制企业的产权，同样为各级地方政府所拥有，它们要么由地方政府直接投资创建，要么在形成规模后归地方政府所有。这样，集体所有制企业的发展，也就直接地促进了产权地方化的进程和幅度。在集体所有制企业中，最具代表性的是乡镇企业，在整个20世纪80年代，乡镇企业总数每年以26.6%的速度增加，职工人数每年增加11.2%，总产值年均增长率达到29.6%，是同期国有工业产值增长率的3.6倍。1993年乡镇工业产值，约为全国工业总产值的40%。[①] 这些乡镇企业事实上属于能够行使控制权的地方政府所有，乡镇企业的厂长经理，对日常的经营管理有很大的自主权。然而，当地政府在投资、财务、经理人选、税后利润用于公共支出等决策方面，仍然起着决定性作用。[②] 此外，由于财政利益的刺激，地方政府的财政收入与地方的经济利益更为密切，有些地方政府为了追求当地利益的最大化，直接投资创建企业。再次，地方政府还对私营企业的发展具有决定性的影响。在改革过程中，个体和私人所有制的企业不仅得到允许，而且受到政府鼓励。由于企业结构及效率的差异，私营企业往往具有更高的利润率，因而也更能为地方政府带来财富。这大大刺激了地方政府，他们鼓励私营企业，并且给它们在信贷、税收、原料等政策上的优惠。[③] 这种机制加强了地方政府与集体和私人企业的密切联系。私有企业的发展，受地方政府的影响是决定性的，它同地方社会形成了一种共同体关系，在这个关系中，地方政府具有决定性的主导权。所以，私人企业的发展就与集体企业的发展一样，促进了产权的地方化。

产权地方化之后，地方政府本身成为庞大的权力与利益主体，它的行为也逐渐具有类似产权所有者（如企业主）的特征，它也以收益最大化作为行动目的。首先表现在地方政府发展经济的热情空前高涨，成为推动经济发展的主动力。一方面，收入留成体制刺激

---

① 林毅夫：《中国的奇迹：发展战略与经济改革》，三联书店，1994年版，第244页。

② 罗兰：《转型与经济学》．北京大学出版社，2002年版，第258页。

③ 朱方明：《私有经济在中国》．中国城市出版社，1998年版。

了地方的发展积极性，使地方政府有足够的动机去拓展财政资源。另一方面，财政体制由过去全国“一灶吃饭”，改变为“分灶吃饭”，地方财政收支的平衡，由地方政府自主调节，这使得地方政府的财政预算具有了相对的“硬约束”。而且，由于中央是在自身财政危机的情况下推行财政改革，因而地方不可能普遍地从中央那里得到转移支付，因而地方政府就转而发展本地经济，以寻求财政资源。

1994 年分税制以制度化的方式确立了中央与地方各自的权力领域，虽然中央通过分税制而达到了集中财力的目的，但地方政府也获得了基于规范性制度安排的税收权力。换言之，中央与地方政府之间不再是以往那种中央决策与地方执行的旧模式，而是出现了整个政府结构的柔化，中央政府不再对地方以僵化命令的方式进行领导，而是能够依据各地方的不同情况推行特殊的治理模式。在新的模式中，地方政府作为权力与权利主体的角色进行活动，正是这种独立性激发了地方政府的生产积极性，为中国经济长期的快速发展创造了条件。

然而，中央将经济发展的权力以制度化的方式赋予地方政府，这只是政府柔化的一个方面。柔化并不是虚弱化，柔化是一种有机的再结合，而不是彻底的分散化。在中央将权力交给地方政府的同时，中央还保留了足够的对地方政府的制约与整合能力，从而能够完成全局性调控工作，如经济的宏观调控、地区差异的平衡、战略性跨地区项目的展开、对地方保护主义进行遏制等等。

中国改革的最大特点，就在于中央政府虽然在经济上向地方政府分权，地方获得了大量的经济与管理权力，但在政治上，央地关系仍然保留了中央集权的特征。而中央实现政治集权的方式，则主要通过对地方干部的人事控制方面。国家政治机构的组织原则中，一个非常实质性的原则就是党管干部。所谓的党管干部，就是一切干部都是党的干部，都应该根据他们所担任的职务，分别由中央、各地区及各部门的党委、党组所在单位的党委负责管理。对干部的任免、提拔、调动、审查和干部问题的处理，都必须由党委集体讨论决定，并按干部管理权限，由主管党组织批准。[①] 在理论上，党管干部原则可以实现两大政治功能：其一，保证党对国家政治生活的领导地位；其二，保证一体化的官僚队伍，从而满足现代国家的行政管理需要。党管干部原则塑造的是一种特殊的党国同构关系，通过这一原则，行政组织事实上被镶嵌在党组织之中，中央可以通过各级党委、党组控制各级各类干部，形成了一个层层控制的干部体系。

从宏观上讲，正是由于党管干部原则的存在，才使中央与地方保持了一体化的特征，在这一特征中，中央保持其政策制定者的地位，而地方则主要是执行中央的政策。党对干部的控制，使中央能够掌握改革的进程。中央能够克服地方的阻力，自主地推行改革方针，如沿海率先发展战略，就主要由中央政府所推动，尽管受到了内陆省份的强烈抵制。在保证中国改革的大方向、克服地方保护主义、保证宏观经济平衡、以及在诸如防止国家分裂等问题上，由党管干部所保证的中央威权具有实质性的作用。

当然，新时期中央对地方的政治约束已经不像改革前那样僵化。尽管中央拥有撤换任何地方领导的权力，但是，由于中央的发展目标导向，中央与地方已不可能是一种单纯的命令与服从关系，而是一种基于理性选择的交换关系。事实又表明，在分权改革以来，中央与地方的关系，已不是简单体现为“中央制定政策、地方执行”，而是充满了谈判、交易与讨价还价。地方力量的兴起所形成的多元力量格局，已经改变了中央与地方政府的政治运作模式。央地间已经演变为一种基于利益的互动关系，在这种互动关系中，中央与地方都从自身的利益出发来选择自己的行为模式。

新时期的央地互动关系主要基于中央与地方的相互依赖性。[②] 一方面，中央必须依赖地方政府，才能实现其经济发展的目标，也就是说，只有激发地方的积极性，才能实现经济发展；另一方面，地

① 谢庆奎：《当代中国政府》．辽宁人民出版社，1991年版，第384页。
② 林尚立：《国内政府间关系》．浙江人民出版社，1998年版，第351页。

方在政治上也依赖中央，尤其是地方领导人，必须得到中央的认可，才能保证其政治前途，同时地方要加快发展速度，在区域经济发展竞争中获得先机，也必须依赖中央在政策上的倾斜，包括财政转移支付、经济发展自主权限等。因此，综合这两个方面，双向依赖的存在，使中央与地方关系中产生了一种互动结构，替代了之前的命令—服从结构。

在财政权力下放的同时，中央还进行了干部管理体制的改革，能力、政绩成为干部提拔的重要标准。这两方面的改革具有内在的联系——通过人事改革，将干部的政治前途与其地方经济发展联系起来，从而使中央与地方形成一种基于利益的互动关系，地方干部发展经济，为国家发展作出贡献，而中央则依据地方干部的政绩，来决定地方干部的政治前途。这种互动关系，使得中央的政治控制与地方经济发展呈现出协调的面貌。在中央的目标模式中，这样一种互动关系可以避免两种情形：其一，可以避免地方在经济发展中聚集过大的权力，从而损害中央的政治权威；其二，避免中央为了控制而控制，从而约束地方的活力。

（二）横向政府间关系：地方竞争与经济发展

在柔化的政府间关系体制中，中央政府不再以行政命令的方式在各地区之间进行资源的调配与转移，而只能运用财政与税收的手段通过转移支付来配置资源。同时，各地方要发展经济，只能借助于本地的资源、政策及比较优势。在各地方政府之间存在着市场、政策与利益的竞争，各地方为了本地的经济发展，制定符合本地利益的政策，并竭力进行种种有利于经济发展的制度尝试。这种政府竞争主要源于三个方面的原因：一是分权所引起的地方政府责任的变化；二是政治集权中以政绩考核地方干部的标准；三是由于地方政治社会结构的变化所引起的干部行为方式的变化。

首先，政府竞争出现的第一个原因是分权所引起的地方政府角色变化。在20世纪80年代的分权改革中，除了财政、经济上的放权，地方在政治、行政、立律等权力领域也有所扩展。地方政府权力的全面拓展表现在：（1）地方权力获得了法理上的正式支持。我国的前三部宪法中并没有关于地方职能与权力的表述，但在1982年宪法修改时，明确国务院“统一领导全国地方各级国家行政机关的工作，规定中央和省、自治区、直辖市的国家行政机关的职权的具体划分”。（2）1982年《中华人民共和国地方各级人民代表大会和地方各级人民政府组织法》扩大了地方政府的某些职权，如省、自治区、直辖市以及省、自治区的人民政府所在地的市和国务院批准的较大的市的人民政府，可以根据法律和国务院的行政法规，制定规章。（3）省、自治区、直辖市国家权力机关的立法权得到扩大。1982年宪法规定：“省、直辖市的人民代表大会和它们的常务委员会，在不同宪法、法律、行政法规相抵触的前提下，可以制定地方性法规，报全国人民代表大会常务委员会备案。”从此改变了我国过去的一级立法体制，明确规定了我国的两级立法体制。（4）地方人事权扩大。中央放弃了对局级干部的直接控制，由地方政府进行管理。（5）通过赋予某些地区特别权限，推行区域发展战略。如在区域发展与行政区划方面，对广东、福建两省实行特殊政策，建立深圳、珠海、厦门、汕头、海南省五个经济特区，在沿海城市实行特殊政策，同时为了发挥中心城市的作用，中央相继批准了一批城市实行计划单列，赋予相当于省一级的经济管理权限。

改革开放前，我国高度集中的计划经济体制使国家几乎垄断了所有的资源，地方政府实际上是上级政府的执行机构，既没有发展自己辖区经济的自主权，也没有辖区经济发展的收益权，从而无法形成自己进行独立决策和追求利益的诉求，这导致地方政府没有发展经济的积极性，直接扼杀了经济活力。我国的行政性分权起初的主要目的就是希望通过给予地方政府一定的收支自主支配权来调动地方政府发展经济的积极性。而行政性分权改革一旦启动，地方政府就成为合法的独立利益主体，竞争的自主性大大增强，地方政府间围绕利益展开竞争就势在必然。

其次，是干部的政绩考核标准的驱赶效应。如前所述，在政府柔化的同时，又能保持中央对地方的约束能力，中央对地方干部的人事控制是非常重要的机制。此外，为了使地方干部能同时对地方发展和中央负责，实现这两方面责任的统一，中央采取了一种特殊的激励机制，就是将政绩作为考核干部的主要指标，经济发展得好的地方干部可以得以升迁。这种激励机制同产权地方化、地方利益共同体的形成具有正向的、相互加强的关系。它使地方政府能够兼顾它所背负的双向责任：既对中央政策负责，又对地方经济增长率负责。或者说，发展地方经济就是对中央负责。经验观察显示，在中国现行政治制度下，越来越出现一种倾向，表明地方政府官员的提升与当地的经济发展是成正比的。地方经济发展了，地方官员升迁和进京做官的机会就增大。[①] 这种政绩考核制度体现在横向政府间关系上的一个后果，就是强化了地方政府之间的竞争，以经济建设为主要导向的政绩观及自上而下的经济绩效政绩考核体系，诱导地方政府官员投入到经济增长的竞争中来。

再次，地方政治社会结构发生变化。随着地方经济的发展，地方社会也逐渐发育，地方民众、精英及整个地方官僚阶层，也会对地方领导形成压力，使得他们为地方利益而同其他地方政府展开竞争。在全国致力于经济发展和物质利益满足的制度环境中，如果地方领导不能对地方经济发展负责，不能找到发展地方经济的方法并取得一定的成就，他就会面临自上而下的合法性危机。即使由中央派到地方的领导，他也必须明确地代表地方利益，在发展地方经济方面作出成绩，才能获得认同与支持。更重要的是，这种自下而上的认可机制部分地被现有政治制度所包容，地方干部如果不能顾及地方社会的利益，他就有可能被合法地罢免。

这种由地方社会所产生的压力，在人大选举中早已体现出来。1986 年地方组织法对政府副职领导人员实行彻底的差额选举，对正职领导人也确定了差额选举为主的原则，从而使大多数省（区）出现了主席团提名候选人落选的情况。1988 年前后全国有 18 个省

---

① 赵成根：《转型期的中央和地方》.《战略与管理》，2000 年第 3 期，第 3 页。

（区）出现人大否决政府组成人员提名人选的情况，平均否决率达4%，其中最高的三个省有湖北省（19%）、山西省（13%）和河北省（12%）。1992年的省县政府换届选举，在实行差额选举的情况下，浙江和贵州两省由中央提名的省长候选人在人大选举中落选。[①]其后的事实证明，正式的政治制度吸纳并强化了这种对地方干部的监督机制，1995年5月中央组织部颁布实施的《党政领导干部选拔任用工作暂行条例》明确规定："由党委推荐，人大常委会决定任免的领导干部人选在人大常委会……连续两次未能通过的，不得再推荐为本地同一职位人选。"因此，随着地方社会的进一步发育，地方领导人对地方社会利益的责任将会进一步加强。这就意味着地方政府必须向地方民众提供经济与社会发展，才能赢得地方精英和普通公民对地方官员职位和权威的认同，地方社会的同意，已成为地方政治运行的重要基础。在这种情况下，地方政府为了获得支持本地发展所需要的资金与技术，不断与其他地方展开竞争。

政府竞争在三个方面改变了中国政府间关系的性质，而且产生了三个积极的效果：即各地政府拼命发展本地经济，有力支持了中国经济的长期高速发展；各地方政府为了吸引资源向本地的流动，而拼命进行制度创新，这有力地支持了中国近30年来的政治与经济发展；由于政绩竞争的存在，任何不利于地方经济发展的政策或制度很难被贯彻执行，这在一定程度上成为保持中国改革方向不发生逆转的重要支持性力量。

首先，地方政府竞争使得各地方拼命发展经济。改革开放以来，中国经济发展的速度在整个世界上都令人瞩目，这不是偶然的，而是与整个政府结构的柔化以及由此引起的地方政府之间的经济竞争分不开的。由于地方经济的发展意味着地方政府所控制资源的增加以及政绩的彰显，而且随着分权的发展，地方政府所获得的财政激励逐步增强，故而地方政府发展经济的积极性得以充分发挥，尤其

① 黄卫平：《中国政治体制改革纵横谈》，中央编译出版社，1998年版，第148页；另见蔡定剑：《中国人民代表大会制度》，法律出版社，1998年版，第359—360页。

是与所有制结构调整密切相关的乡镇企业、个体经济、私营经济和外商经济的发展，有力地推进了地方经济的持续增长和所有制结构的优化。

其次，在地方政府竞争的推动下，地方政府不断进行制度创新，使地方政府演变成为中国制度变迁的试验场。在地方政府之间进行激烈的经济竞争的情况下，各地政府似乎在进行着一场制度创新比赛。事实上，我国30多年的改革开放历程，本质上就是一个制度创新的过程，从小岗村改革开始，各地方政府为了本地经济的发展，千方百计地推出新的制度，从而激发本辖区内民众的创业积极性，提高生产要素的使用效率，同时也吸引外来的投资和人才。地方政府的竞争增强了地方政府进行制度创新的积极性，使地方政府更加重视经济体制的市场化改革，从而导致地方政府之间的制度创新竞争和制度创新博弈。地方政府竞争及其分权的发展还改变了政府的组织结构、利益结构和信息结构，减少集中决定的数量，增加了分散决定的内容，弱化了垂直的行政制衡，扩大了横向经济联系。

再次，在地方政府竞争的情况下，不利于本地经济发展的政策不能推行，这使得改革能够保持持续向前的态势，而不至于发生中途的逆转。如前所述，分权改革在两个方面使地方政府与经济发展联系在一起：一方面是地方政府作为地方产权的主体，只要地方经济能够发展，地方政府及地方干部就能从中得到利益；二是政绩考核标准也促使地方干部为了政治前途而拼命发展经济。因此，在改革的过程中，凡是有利于一个地方经济发展的方针、政策，总会得到地方的积极响应及推行，然而如果政策不利于地方的经济发展，政策本身便会遭到扭曲、变形甚至是置之不理。在这种情况下，凡不利于改革、不利于地方经济发展的政策最终都会被修改，向有利于改革的方向发展。在中国改革的过程中，也曾经出现过逆转的迹象，有些时候保守的声音及力量还相当强大，但那些可能阻碍改革的声音或政策最终都不可能得到执行，最重要的原因就是地方政府作为一个整体都和改革本身利益相关。尤其在地方政府之间展开竞争的情况下，任何一个地方政府都会更加拥护进行更深入的、有利于地方发展的政策。

三、社会发育与政府体制改革

如前所述，政府柔化的一个方面体现在政府间关系上，即中央政府与地方政府以及地方政府间关系的柔化。政府柔化的另一个重要方面，体现为国家与社会的关系，即政府与民众的关系。1978 年以来的分权改革，很重要的一个步骤是国家向社会的放权。在改革之前的高度集权时期，并不存在一个独立的市民社会领域，中国的市民社会是随着国家权力向社会的回归而逐渐发育成长的。因此，从这个角度讲，中国的社会成长道路与西方是截然不同的，西方国家是成熟的市民社会催生出一个现代国家，而中国则是国家通过政府的柔化而塑造出一个市民社会，这是我们认识中国改革及政治现代化进程的一个基本出发点。

在社会发育之后，中国的政治过程已经出现了与以往不同的新因素，甚至是革命性的因素。在改革之前，是国家依据自己的意愿及对现代化道路的理解而型构整个社会生活，而改革之后，由于社会日趋独立化，社会的力量也日益彰显，国家与社会已形成二元并立的结构，政府的政治过程已出现新特点。社会发育之后的政府行为，已经不是单纯的国家意愿的反映，它更是社会需求的反映。换言之，政府是依据社会的需求而进行政策制定，依据社会的呼声而进行政府体制改革。这种由政府柔化而带来的政府行为模式的变化，将成为促进中国向现代民主法制国家转型的新的力量。

具体而言，1979 年以来，中国国家与社会关系的调整，主要表现在以下几个方面：一是随着国家对社会的放权，个人从传统的组织化控制体制中解放出来，而成为相对独立的公民个体；二是国家对社会控制的幅度明显收缩，国家直接控制的社会资源的相对量和绝对量都已经大大减少。在整个国民经济体系中，全民所有制所占比重显著下降，集体、个体以及各种混合所有制成分迅速上升；三是国家的社会控制手段渐趋多样化，改变了以往几乎完全依靠行政命令与计划指令的状况，经济、法律等其他社会控制方式的作用越来越大。在以上这些因素的作用下，国家自身的权力结构也在进行相应的调整，地方、部门、企业乃至个人占有与处置社会资源的自主权不断扩大，与这些对应的是国家的社会职能范围不断收缩，各种社会经济组织的独立性与自主性不断扩大。

（一）个体意识与政府体制改革

在传统的体制下，个体自由完全被掩盖在政治国家的权力网络之中，个体的职业选择、地域流动及身份流动都受到严格控制。整个社会的人力资源配置不合理，同时，单位体制使单位对个体的控制严格，整个社会出现了低效、僵化的不发展状态。1978 年改革的主要目的就是要将社会个体的生产积极性释放出来，加快现代化建设的速度。释放生产积极性的方式，就是将社会个体逐渐从原有的社会控制体系中解放出来，给社会个体以自我选择、自我创造的机会。个体解放首先发生在农村，家庭联产承包责任制代替以前的公社制，使农户从集体生产的经济结构下脱离出来，可以自主地安排生产与生活。在城市中，通过政企的逐渐分开以及市场经济制度的确立，原先被形形色色的单位所约束的个体走出了单位制的束缚，走向市场，尤其是在 20 世纪 90 年代的国有企业改制以来，单位制对人们的影响越来越小，人们可以自由地在市场中决定自己的行为。

当个体从传统的政治国家的控制中解放之后，他们的思想观念及行为模式都发生了很大的变化。自由、独立的观念逐渐成为社会的主流观念，人们不再对个体能力及个体奋斗之外的东西抱有幻想，传统单位制中的“等、靠、要”等观念逐渐淡化。但同时，新生的个体观念也会形成新的对政治的期望，人们对民主、人权等现代观念的认同日渐增加，这逐渐成为政府推进改革，增进社会自由与进步的新动力。

（二）阶层分化与政府体制改革

新中国建立后，进行了生产资料的所有制改造，随着民族资产阶级和小资产阶级的消失，社会阶级阶层结构日趋简单化，最后，整个社会基本上呈现出平面化的特征。当时的社会只剩下工人阶级和农民阶级，还有一个被列为工人阶级的知识分子阶层。分权改革之后，随着政府的柔化，国家对社会的控制逐渐减弱，同时，所有制结构和产业结构的调整，以及社会主义市场经济的建立，社会的阶级阶层结构变得日益复杂化，出现了大量的新阶层，原有社会阶层也发生了很大变化。这些变化主要体现在：

第一，社会阶层分化不断加速，社会结构日益复杂化。改革开放以来，由于生产关系调整、社会分工日益发达和市场经济的利益驱动作用，劳动者内部及各阶级内部的分层化和利益多元化趋势，在当代中国社会进程中是客观存在和明显加剧的。一方面，是旧有的阶级不断分化，出现了大量的阶层差别，如：仅是工人阶级就分化为直接从事生产劳动的产业工人阶层，从事流通、服务活动的商业劳动者阶层，从事精神产品创造和传播的知识分子阶层，从事国家和社会管理的管理者阶层，从事企业管理职能的经理者阶层以及因产业结构调整、企业转制等形成的下岗工人阶层等；另一方面，是新兴社会阶层的兴起，如民营科技企业的创业人员和技术人员，受聘于外资企业的管理技术人员，个体户、私营企业主、中介组织的从业人员、自由职业人员等。

第二，中产阶层的范围和数量在不断扩大。改革开放以来中国社会结构变化的总体特征，是朝着两头大、中间小的梭形现代社会结构发展。首先，是社会结构的下层逐步缩小，最明显的体现是农业劳动者不断向其他社会阶层流动，农业劳动者阶层正在逐渐缩小。其次，社会中间层逐渐浮现出来，并有持续扩大趋势。随着工业化、信息化和城市化的发展，社会中间层还将继续发展，最终成为现代社会阶层结构中的最重要部分和最稳定的社会力量。再次，掌握或运作经济资源的阶层正在兴起和壮大。在这类阶层中，除了国家与社会管理者外，还有私营企业主与经理人员。在过去的30多年中，私营企业主阶层从无到有，经理人员从干部队伍和企业主中分离出来，形成一个相对独立的社会阶层。这两个阶层在社会结构中所占比例都在逐年稳步上升。

第三，社会利益分化与冲突。在社会结构日趋现代化的同时，也出现了由于阶级阶层分化所带来的利益分化与利益冲突。社会分化过程实质上是一个社会各阶级阶层利益重新分配、组合的过程，这一过程必然导致某些阶级阶层利益受损并引发阶级阶层之间的冲突。从整体上说，改革开放使绝大多数人的生活水平得到了很大的提高，即使是当前社会中的贫困阶层，其生活水平也明显高于改革开放前。从社会改革的长远目标来说，各阶层、群体的利益根本上是一致的，但具体到某一发展阶段，不同社会阶层、个人所获得的利益不尽相同，有时甚至会造成某些社会阶层和群体的利益受到暂时损害。在市场经济条件下，平均主义的利益格局必然被打破，一部分人会先富起来，而一部分人则不可避免地会进入相对贫困的状态，出现利益差距。近十年来，贫富差距日益扩大，社会阶层发展很不平衡，阶层差别更加明显，各种力量、各种利益主体之间的矛盾和冲突进一步加剧，使新时期的人民内部矛盾呈现出复杂化、扩大化、显性化和尖锐化的新特点。

社会阶级阶层的分化，必然会带来政治权力结构的新调整，同时也给政党执政与政府治理带来一系列的挑战。任何政党的长期有效执政，都必须寻求深厚的阶级基础的支撑。然而，在社会阶级阶层日益复杂化的情况下，执政党与政府必须进行客观的选择，保持自己的阶级基础。这种选择是通过一系列的政策转型而实现的，在改革开放的前期，社会普遍处于较匮乏的状态，社会主要矛盾表现为人们日益增长的物质文化需要同落后的社会生产力之间的矛盾，因此，当时的领导人选择了“先让一部分人富起来”的政策。然而，到了近几年，随着社会阶层差异的进一步扩大，社会矛盾的不断增加甚至是激化，政党的政策发生了进一步的变化，也就是改变了以往单纯强调经济发展的做法，转而大力强调社会和谐，建设和谐社会的宗旨就在于重新进行社会各阶层的调和，以一种更加符合多数阶层利益的政策来保持社会的稳定。只有这样，政党和政府才能保持或扩大自身的阶级基础，增加执政或治理的合法性资源。

（三）所有制转型与政府体制改革

改革开放以来，中国经济生活中的所有制结构发生了很大的变化，主要表现在原有的公有体制下的国有企业所占国民经济的比例不断减少，而集体企业、城乡个体企业以及其他经济类型企业的比例在不断增加。这种变化对社会政治结构的转型具有非常深远的影响，同时对政府权力运作方式的转变影响也非常大。在新的社会经济结构下，政府已经不再运用计划经济时代的命令手段，而是综合运用经济、法律等制度化的方式来约束社会经济生活。

所有制转型所引起的社会结构的变化对中国现代国家的建设意义重大。首先，所有制的转型为与国家相对的社会领域奠定了坚实的经济基础，在所有制转型的过程中，大量的集体企业、城乡个体企业、以及其他类型非国有企业的产权所属相对明晰，而这些产权的拥有者已经成为一个庞大的社会阶层，他们掌握了大量的社会资源，而且组织化程度与参政意识都较高，相当一部分还参与到各级权力机关与政治协商机关中去，这些非公有制经济的存在，使得政府在制定政策的时候，必须考虑社会的需要，而不能仅仅从领导人的偏好出发。其次，在规范新的所有制经济形式的过程中，大量的现代国家的法律与制度框架被催生出来，如物权法、破产法等等，这些法律与制度的逐渐沉积，会使国家权力与政府管理行为逐渐走向制度化。再次，随着所有制结构中非公有制经济的增长，国家财政的来源有了很大的变化，整个国家正在由所谓的“自产国家”向“税收国家”转移，就现代国家的建设而言，这个转变至关重要，因为在西方现代国家建设的经验中，税收往往意味着权利，当国家的政治与行政活动所依赖的物质支持大部分都来自于社会私人领域，就会出现民主、权利与宪政的积极促动因素，从而使国家加速走向现代民主与宪政制度。

（四）社会组织发展与政府体制改革

当代中国社会发育的一个重要体现是各种社会组织的兴起，大量新生的社会组织必然会对中国传统的组织系统产生冲击。因此，政党与政府在新时期要想实现有效的执政与治理，就必须正视社会组织迅速发展的事实。目前，中国的公民社会组织主要有三类：第一类是正在转型中的原先属于政府的官办组织，这些组织一般已经在民政系统注册为社会团体或者民办非企业单位，它们过去依附于政府或者就是政府自己主办的。第二类是自发民间组织。这一类组织完全是从民间自发、自主地产生，并且高度自治，它们虽然没有注册或者是非正规注册，但是却相当有活力，它们的集体行动是中国特色公民社会的主要表现形式。第三类是正在本土化的国际非政府组织。它们随着全球化的加速而涌入中国，其进入为中国的公民社会带来了新鲜的活力和组织技能。

民间组织的发展对中国政党执政与政府管理所带来的影响集中体现在两个方面：其一，对于政党而言，民间组织作为社会成员的归属单元，它会挤占传统的政党组织的活动空间，长期来看，它必然会对政党的执政基础产生影响。其二，对于政府治理而言，传统的由政府来承担的社会管理职能，现在由新兴的民间组织来履行，往往可以做得更有效率。因此，民间组织的发展，对如何在新的市场经济的框架中划分政府活动的界限，转变政府的职能，都是一个重要的问题。其三，政党与政府以何种方式对待新兴的民间组织，已成为中国政治转型是否成功、中国政治是否成熟的一个重要指标。十多年来的经验发展已经表明，政府对民间组织的发展进行鼓励、引导，而不是采用压制的方式，这使得民间组织的活动范围越来越大，做的事情越来越多，对于在现代化过程中减轻政府的压力，使政府能够集中精力做它应该做的工作，是非常重要的。

以上分析表明，因政府柔化而出现的中国公民社会的兴起，将从根本上改变中国政府体制改革的逻辑，最初的改革是由政府的放权来促进社会发展，政府在整个改革中处于主动的、领导的地位。然而，随着公民社会的逐渐壮大、成熟，公民社会已经成为推动中国政府体制改革走向深化的最重要的力量。以往政府体制改革的动力来自于政府内部，或者是核心领导人的推动，而现在则主要取决于公民社会的要求与压力，从世界各国的现代化过程来看，后者往往是政府变革的更强大的推动力量。政府体制改革的过程就是一个权力再调整、利益再分配的过程，改革的艰巨性就在于推动改革的主体力量又成为改革的对象。因此，推动政府体制改革的力量不仅来自政府内部，更重要的是来自外部自下而上的社会力量。20世纪80年代后成长起来的众多民间组织已经成为影响政府决策的重要因素和推动政府体制改革的强大动力源。公民社会为公民的利益表达、利益的集中提供了多种渠道和形式。公民社会可以将来自民间的单个资源与能量汇聚起来，成为一种团体的诉求，从而对政府形成强大的社会压力，这种压力必将推动政府体制改革的继续深化。

因此，从某种程度上讲，公民社会已经成为中国政党与政府进一步转型的推动性力量。现代民主政治是随着公民社会的发展而发展起来的，而且只有建立在成熟的公民社会的基础上才能取得成功。因此，中国政府体制改革的进一步发展有赖于公民社会的成熟和完善，政府体制改革的目标必须在一定的公民社会组织、文化的基础上才能实现。政府体制的变革是一个系统的工程，社会的自组织能力和自治的习惯也需要一个培育的过程，尽管中国的公民社会还处于初期发展阶段，还没有摆脱国家统领社会时期的行政模式，但是它在实践中探索着中国社会的自治模式，为中国政府体制改革积累了社会自治的组织基础。在这个意义上，公民社会的演进过程本身就为政府体制改革的进一步深化奠定了基础。

四、新形势下的政府体制重塑

总的来看，我国的政治生活经过三十多年的改革发展，已经取得了非常大的成就。无论是政府间关系还是国家与社会的关系领域，经过渐进的政府柔化过程，都越来越具有弹性，运转起来也更加有效。但是，改革毕竟是一个试验的过程，在这个过程中也会遇到一些问题，其中有些问题还相当突出。在新时期的政府间关系以及国家与社会的关系中，最核心的问题就是如何处理好权力、市场与社会的关系。前文已指出，中国的现代化道路与西方有着迥然不同的差异，西方市场经济及市民社会的出现都是自然演进的，政治与市场的关系经过了长期的磨合，各种制度框架的完善经历了数百年的漫长历程。而中国的市场经济以及公民社会完全是政府放权的产物，换言之，它是在政府权力的运作下而出现的，政府在经济发展与社会发育中扮演着最重要的角色。这种特殊性不仅为中国所独有，而且是几乎每一个后发现代化国家都会面临的问题。具体而言，在现阶段的权力、市场与社会的关系中，以下几个问题是值得关注的：

（一）新时期政府体制亟待解决的问题

第一，官员腐败问题。中国作为一个后发的现代化国家，政府在推动经济发展中具有主导性作用，政府职能的范围也非常广泛。当政府全面介入市场经济的运行时，政府及干部就会直接接触到大量的资源，也就很难避免权力寻租现象的发生。改革开放以来，官员腐败问题始终是摆在政府面前的一个严重问题，尽管腐败的只是少数干部，但这少数干部对整个执政党及政府的影响并不能忽视，虽然党与国家运用各种方式来加强对干部的监管，但腐败问题仍然是愈演愈烈，大案要案每每出现。因此，有必要深入思考腐败的成因及应对办法。

虽然腐败的直接原因是由于政府直接介入市场经济，给了官员腐败的机会。但从政治学的角度来讲，腐败问题可能更是一个制度方面的问题，它反映了传统的组织化控制方式对市场经济环境的不适应。在传统的组织化控制机制中，对干部的管理主要是通过对干部政治前途的控制来实现的，这里的主动权在上级党组织手里。然而，这种自上而下的科层制的干部流动方式在市场经济中已经遇到了挑战。由于科层制的结构必然呈现出一种金字塔形状，这意味着大部分干部通过正常的流通机制向上升迁的空间有限。而且，与世界其他国家相比，中国的公务员体制是一种低薪体制，干部从正式的政治结构中所获得的收益甚少。但与此同时，由于市场经济的迅速发展，市场为一些干部带来了比政治职业升迁更有吸引力的领域，因此，这些干部转而面向市场，利用政府发展经济的权力，同地方社会形成一种互惠关系。在这种情况下，对于地方官员而言，地方的现实利益，有时超过国家所能给予的恩惠，因此地方政府与地方社会的互赖结构远比地方与中央的互赖关系要强，这将国家与党的渗透力阻隔在地方的利益共生结构之外。戴慕珍指出，在垂直的官僚结构中，越远离中央的地方，越有操纵国家意志的空间，在地方利益的驱使之下，地方的国家干部与地方社会形成了一个互相依赖的利益共生网络，脱离了对中央和国家的完全依赖。地方政治社会结构的这种变化，在很大程度上为少数干部腐败提供了便利。因此，从这个角度讲，遏制腐败关键在于如何从制度上进行创新，将传统的单纯的自上而下的干部控制模式转变为一种多方向的控制模式，关键是能让民众实现对干部权力的制约。

第二，特殊利益阶层与社会不公问题。由政府柔化所带来的社会阶层的分化，虽然形成了一个初具规模的公民社会结构，总体上对中国的政治改革具有积极的促进作用，但也应看到其中所包含的问题。如上所述，由于中国的市场经济是在政府权力的作用下形成的，因而由市场经济所催生的利益群体必然深深地带有国家权力的烙印。在利益分化的过程中，有的阶层失去了以往的社会利益与地位，最突出的就是城市普通工人，他们在传统的政治权力结构中虽然并不具有什么实际的权力，但社会地位能够给予他们精神上的满足，但市场经济改革让他们越来越边缘化，他们当中的一部分人甚至沦为社会的弱者。这种由改革所带来的落差势必给政党执政与政府管理带来困难。另一方面，有的社会阶层在一些经济领域掌握着大量的资源，成为改革的受益者。客观地讲，市场经济就是一个竞争的环境，利益的分化是必然的。但如上所述，中国改革的过程中权力与市场存在着紧密的相关关系，在许多市场领域，拥有权力的人本身就是社会财富的巨大拥有者。这就是执政党所担忧的所谓特殊利益集团问题，这些集团的存在导致社会的僵化并阻碍改革的深化。而且，过大的社会利益占有的差距会加大社会矛盾与冲突，增加中国现代化转型中的不确定因素，许多发展中国家的政治不稳定都是由于社会不公引起的。因此，如何能够规范权力与市场的关系，规范政府介入市场的范围及形式，是建立有效政府、在推进政治改革中保持政治稳定的一个重要内容。

第三，政府权威弱化。由政府柔化所产生的第三个问题是如何在激发地方政府积极性的同时，又能保持中央政府权威的问题。虽然为了提高地方政府发展经济的积极性，将管理权力向地方政府倾斜是非常必要的，但是，中央政府必须保持一定的权威才能够处理一些事关全国大局的问题，如平衡地区差距以实现均衡发展的问题，进行有效的宏观调控以实现国民经济及产业结构的科学有序发展的问题等等。近年来，中央在宏观调控方面经常出现调控无力的情况，很大程度上源于地方政治社会结构的变化，地方政府权力与地方市场力量结合在一起，往往会削弱中央政府权力的上下贯通及一体化能力。

（二）进一步推进政府体制改革的思路

政府柔化对于保持中国政治经济发展的有效性有巨大的积极作用，虽然它同时也引发了一些不良的反应，但由于我国的改革所采取的渐进策略，这些问题因此也都是逐渐显现的，只要这些问题能够引起党和政府的重视，并采取一些政策措施来加以弥补，就可以克服困难，把改革推向前进。具体而言，现阶段中国的政府体制改革应当能够把握以下几个根本性问题：

第一，政府体制改革必须以现代化为方向。虽然各国实现现代化的道路与步骤可能有很大的不同，但必须要坚定人类政治发展的潮流。自由、民主、法治、公平、人权、福利这些目标是现代国家的根本精神价值，改革开放以来，党和政府围绕这些现代国家的理念价值进行了不懈的努力，目前及今后改革过程存在的种种问题，也应当在这些价值的引领下加以克服。

第二，政府体制改革应当以构建和谐社会、实现中国梦为目标。《中共中央关于完善社会主义市场经济体制若干问题的决定》明确提出树立和落实科学发展观，构建和谐社会。这是在充分肯定改革开放以来我国重大发展成就的基础上，从新的实际出发，着眼于把握发展规律，丰富发展内涵，创新发展思路，破解发展难题而提出来的，而对科学发展观的实践，就是构建社会主义和谐社会。和谐就是科学发展观的内涵，如果从经济建设和社会发展两个层面上讲，构建社会主义和谐社会过程就是落实科学发展观，落实科学发展观就是构建社会主义和谐社会。坚持全面贯彻落实科学发展观和构建社会主义和谐社会，都是要在坚持以人为本的前提下，按照科学发展观的要求，统筹兼顾，协调改革发展进程中各种利益关系，特别是要解决好当前由于分配不公带来的利益方面的矛盾和问题，才能继续推进中国特色社会主义事业的持续健康发展。

第三，政府体制改革应当继续以有效性作为衡量标准。中国三十多年来的改革正是在以有效性为目标模式的引导下，依据变化的政治社会环境而不断的调整策略，从而使政策方针贴近政治社会现实。而且，有效性标准本身也很具有弹性，它要求政府的政策是现实性的而非纯粹理想性的，在现实情况发生变化的时候，有效性的具体内容也发生变更。如在改革初期，由于社会的主要问题是经济落后，因而政府以经济发展为主要目标，然而近几年由于经济已经初步发展，而且由于单纯追求经济发展引起了很多社会政治问题，因而领导层即时调整了政策，提出以建设和谐社会为基本的执政方针。历史和现实都已证明，这种以有效性为改革标准的模式可以稳妥地将改革推向深入。

第四，将促进制度成长作为政府体制改革的基本途径。现阶段中国政治发展中的一个重要问题，就是如何加强党的执政能力，同时将党的政治能力转化为整个国家的政治能力，以有效地推动中国民族国家的创建以及现代化的建设。考察中国三十多年来的政治发展，可以清晰地发现，制度的构建与完善在提高执政党与国家的政治能力，保持政治有效性方面，处于核心的重要地位。要在工业化、市场化、城市化、全球化的条件下解决中国面临的严峻挑战，就必须从加强国家基本制度建设方面入手。不强化国家基本制度则无法保证经济的持续发展和社会的长治久安；没有国家制度建设作为基础，草率的民主化可能加剧社会失序，甚至导致社会动乱。反过来，没有广大民众参与的国家制度建设可能加剧政府的正当性和合法性危机，也不可能加强国家能力。

第五，建设公共服务型政府是现阶段政府体制改革的首要任务。在以构建和谐社会为治理方向的目标下，政府应当逐渐实现从发展型政府向公共服务型政府的转型。公共服务型政府主要是指满足社会公共需求，提供充足优质的公共产品与公共服务的现代政府。构建公共服务型政府主要应从四个方面努力：首先，政府的主要政治与行政行为应集中于公共领域，政府的职能主要是提供公共产品与公共服务。其次，政府管理的基本宗旨是实现社会公平与正义，在此基础上增强政府的能力，巩固政府治理的合法性基础。再次，政府是为市场主体和全社会服务的公共管理者和公共服务者，应当体现和代表最广大人民群众的根本利益，政府的政策应当体现最广泛的社会阶层的需求，而不受少数特殊利益集团的左右。最后，公共服务型政府本质上应当是法治政府。政府应当将自身的行为完全纳入法制的规范之下，尽可能地减少权力寻租与腐败现象，从而保证现代化建设的平衡进行。

第二十二章　司法体制

司法体制是指以司法为职能目的而形成的组织体系与制度体系，是司法机构组织体系和司法制度的统称。[①] 本章所言的司法体制将以我国主要的司法机关——人民法院和人民检察院为核心。

一、司法体制的基本原则

司法制度的基本原则是指司法机关处理诉讼案件所遵循的根本准则。我国司法制度的基本原则可以归纳为如下几项：

其一，司法权统一实施原则。根据宪法和法律，我国司法权只能由国家司法机关统一行使。我国设立最高人民法院、地方各级人民法院和专门人民法院行使审判权；最高人民法院监督各级地方人民法院的工作，上级人民法院监督下级人民法院的工作。我国设立最高人民检察院、地方各级人民检察院和专门人民检察院行使检察权；最高人民检察院领导地方各级人民检察院的工作，上级人民检察院领导下级人民检察院的工作。人民检察院是国家的法律监督机

---

① 我国宪法和法律并没有对司法体制作出明确界定，甚至连“司法权”、“司法机关”之类的概念也没有在宪法和法律中出现过，因而对于司法体制并无定论。传统的说法是公、检、法三家，但是近年来越来越多的人士倾向于将我国的司法机关界定为法、检两家，其主要理由是“公安机关只是政府的一个职能部门或行政执法部门”。党的十八大报告也采纳这种观点，将司法机关定位于审判机关和检察机关（“进一步深化司法体制改革，确保审判机关、检察机关依法独立公正行使审判权、检察权”）。

关，监督人民法院、公安机关、国家安全机关、监狱等国家机关的司法活动，任何其他机关、团体和个人都不能行使审判、检察、侦查、执行等司法权。

其二，以事实为根据，以法律为准绳。“以事实为根据”是指公安司法机关及其工作人员对案件的实体问题和程序问题作出处理决定时，只能以被查证属实的证据认定的事实和依法推定的事实作为适用法律的依据，而不能以主观想象、怀疑、猜测和看法或与案件无关的事实作为根据。“以法律为准绳”是指在司法活动中，必须严格按照法律规定办事，把实体法和程序法的规定作为处理案件实体问题和程序问题的唯一标准。以事实为根据、以法律为准绳是辩证的统一，二者相互依存，不可分割。

其三，公民在适用法律上一律平等。公民在适用法律上一律平等是我国的宪法原则，也是司法的基本原则，其基本精神是司法机关在解决和处理诉讼案件时，对一切公民，不论其民族、种族、性别、职业、社会出身、教育程度、财产状况等，都统一适用法律，不允许任何人有凌驾于法律之上的特权。它具体包括三方面的含义：一是法律平等地适用于任何公民，包括个人和组织；二是任何公民平等地享有法律赋予的权利，承担法律规定的义务，不允许有任何特权；三是对于公民的合法权益平等地加以保护，对于违法犯罪行为和有损国家、集体、他人利益的行为，平等地加以制裁。

其四，保障人权原则。新中国成立尤其是改革开放以来，我国已逐步建立起比较完备的人权保障法律体系。迄今为止，我国已经先后签署和加入了二十多个国际人权公约，并一贯坚持“条约必须信守”的原则，恪守所缔结和参加的国际条约，履行自己所承担的条约义务。我国的宪法、刑法、刑事诉讼法以及监狱法、法官法、检察官法等其他一些法律法规，都包含了大量保障人权的法律规定，使保障人权成为我国诸多实体法和程序法的重要内容，从而成为我国一项重要的司法原则。

其五，接受监督原则。公安司法机关及其工作人员在进行司法活动的过程中，应当主动接受国家权力机关、检察机关、人民群众和新闻媒体等的监督，及时纠正自己的违法行为，预防司法腐败现象的发生，促进司法公正的实现。我国宪法和法律就监督司法活动的内容、范围和形式做了明确规定。该原则有利于预防司法腐败的发生，维护司法公正，提高司法效率，保障在全社会范围内实现公平与正义。

二、司法体制的中国特色

其一，司法工作必须坚持党的领导。中国共产党是我国的执政党。进行改革开放和社会主义现代化建设必须坚持党的领导，司法工作也不例外。党对司法工作的领导主要体现为以下几点：一是通过立法程序把自己的意志上升为国家意志，把自己的路线、方针、政策变成具体的法律条文，使司法机关和司法组织有法可依。二是制定司法工作的方针、政策，保证司法工作的正确方向；推进司法改革，保证司法公正；开展社会主义法治理念教育。三是考察推荐司法干部人选，由国家权力机关讨论决定并正式任命。四是对司法机关中的党员干部进行监督，发现违法违纪行为则予以纪律处分或建议国家权力机关予以罢免。

党对司法工作的领导主要是政治领导，而不是业务领导，具体司法工作应当由司法机关依法独立进行。因此，司法机关独立依法办案与党的领导并不矛盾。此外，坚持党对司法工作的领导并不意味着党可以随意干涉司法机关的工作。在“依法治国”写入宪法以后，党对司法工作的领导要依法进行，符合宪法和法律的规定。

其二，司法机关和司法组织按照我国的实际情况设立。我国是一个多民族国家，地域辽阔，人口众多，政治、经济、文化发展不平衡；同时我国又是一个有着两千年封建历史的国家，缺乏民主传统。这个特点决定了我国的司法机关和司法组织不能照搬西方模式（如美国设置联邦和州两套法院系统，法国设置普通法院系统和行政法院系统，等等），而须依据我国的实际情况设立。

为了维护国家法制统一，我国设立统一的审判机关即最高人民法院、地方各级人民法院和军事法院等专门人民法院，设立统一的检察机关即最高人民检察院、地方各级人民检察院和军事检察院等专门人民检察院；在各级人民政府统一设立公安机关、国家安全机关和司法行政机关。根据法律规定，人民法院统一行使审判权，人民检察院统一行使检察权，公安机关和国家安全机关依法行使侦查权，司法行政机关依法管理监狱、调解、司法鉴定、律师和公证等机构或组织。审判权、检察权、侦查权除由人民法院、人民检察院和公安机关、国家安全机关行使外，其他任何机关、团体和个人都不得行使这些权力。

人民检察院是国家的法律监督机关。其设置有两个显著特点：一是各级人民检察院内部成立反贪污贿赂工作局和渎职侵权检察机构，专门负责国家工作人员贪污贿赂、渎职侵权等职务犯罪案件的立案侦查工作；二是确立“双重”领导体制，其中最高人民检察院有权领导地方各级人民检察院和专门人民检察院的工作，上级人民检察院有权领导下级人民检察院的工作。

其三，司法机构内部实行集体负责制。依照法律规定，各级人民法院设立审判委员会，实行民主集中制，其任务是总结审判经验，讨论重大或疑难案件和其他有关审判工作的问题。各级人民检察院设立检察委员会，实行民主集中制，在检察长的主持下，讨论决定重大案件和其他重大问题。由此可见，人民法院和人民检察院在内部管理乃至审判或检察工作中都实行集体负责制，这与西方资本主义国家实行法官和检察官个人负责制有着重要区别。其优点是有利于发扬民主，讨论决定案件或重大问题做到集思广益，防止个人主观臆断，其缺点是容易导致议而不决、行动迟缓、效率低下，而且一旦发生错案难以进行责任追究。

其四，司法制度实行“一国两制”。我国司法制度实行“一国两制”，即在中华人民共和国范围内，中国内地和香港、澳门特别行政区实行不同的司法制度。具体表现在：第一，特别行政区享有独立的司法权和终审权，即特别行政区的司法权独立于中央的司法权，它不受中央最高司法机关管辖，不隶属于最高人民法院；案件的终审由特别行政区终审法院解决，而非最高人民法院。第二，特别行政区设立自己的法院体系。香港的法院体系与内地完全不同，它设立终审法院、高等法院、区法院、裁判署法庭和其他专门法庭，其中高等法院设上诉法庭和原诉法庭。第三，特别行政区实行司法完全独立原则，中国内地实行“人民法院依照法律规定独立行使审判权，不受行政机关、社会团体和个人的干涉”的原则。香港特别行政区法院独立进行审判，不受任何干涉。内地法官由国家权力机关任命，香港特别行政区法院的法官，根据地方法官和法律界及其他方面知名人士组成的独立委员会的推荐，由特别行政区行政长官任命。澳门与香港的司法制度基本相同。

三、司法体制的结构体系

（一）审判机关

人民法院是我国的审判机关。根据《宪法》和《人民法院组织法》的规定，人民法院的组织体系是：地方各级人民法院、专门人民法院、最高人民法院。地方各级人民法院又分为基层人民法院、中级人民法院和高级人民法院。

1. 人民法院的组织体系和职权

（1）地方各级人民法院

基层人民法院。基层人民法院包括县、自治县、县级市人民法院和市辖区人民法院。其职权是：审判除法律规定由上级人民法院和专门人民法院管辖以外的所有刑事、民事、经济、行政等第一审案件，处理不需要开庭审理的简易纠纷；指导人民调解委员会的工作。依照法律规定，基层人民法院根据地区、人口和案件情况，可以在所辖区内设立若干人民法庭。

中级人民法院。中级人民法院包括在省、自治区内按所辖地区、市、自治州设立的中级人民法院和直辖市内设立的中级人民法院。其职权是：第一，审判案件。包括：法律规定由它管辖的第一审案件；基层人民法院移送审判的第一审案件；对基层人民法院判决和裁定的上诉和抗诉案件；人民检察院按照审判监督程序提出的抗诉案件。第二，监督辖区内基层人民法院的审判工作。

高级人民法院。高级人民法院包括省、自治区、直辖市高级人民法院，由院长一人、副院长、庭长、副庭长和审判员若干人组成，设立案庭、刑事审判庭、民事审判庭、行政审判庭、审判监督庭、执行庭或执行局，根据需要可以设立其他审判庭。

高级人民法院的主要职能是：第一，审判案件。审判范围包括：法律规定由它管辖的第一审案件；下级人民法院移送审判的第一审案件；对下级人民法院判决和裁定的上诉、抗诉案件；人民检察院按照审判监督程序提出的抗诉案件。第二，核准案件。复核中级人民法院判处死刑的、被告人不上诉的第一审刑事案件。核准中级人民法院判处死刑缓期二年执行的案件。第三，法院管理工作。监督辖区内下级人民法院的审判工作。

（2）专门人民法院

专门人民法院是在特定地区设立的审理特定案件的法院。目前我国设立的专门人民法院包括军事法院、海事法院和铁路运输法院。

军事法院是设立在中国人民解放军中的法院。其职权是：审判现役军人职责犯罪案件、军队文职干部和在编职工的刑事犯罪案件；根据最高人民法院的授权核准部分死刑案件。军事法院分三级：军事单位军事法院、大军区军事法院和中国人民解放军军事法院，分别行使相当于普通法院中的基层人民法院、中级人民法院和高级人民法院的职权。

海事法院是我国为行使海事管辖权而在沿海港口城市设立的专

门法院。目前在广州、上海、青岛、天津、大连、武汉、海口、厦门和宁波等市设有海事法院，审判第一审海事案件和海商案件。不服海事法院判决、裁定的上诉案件由其所在地的高级人民法院审理。

铁路运输法院是设立在铁路沿线的专门法院，职权是审判发生在铁路沿线、危害铁路运输的刑事犯罪案件和发生在铁路系统的经济案件。

（3）最高人民法院

最高人民法院设在首都北京，由院长一人，副院长、庭长、副庭长和审判员若干人组成，现设有立案庭、刑事审判一庭、刑事审判二庭、民事审判一庭、民事审判二庭、民事审判三庭、民事审判四庭、行政审判庭、审判监督庭、执行办公室等业务机构。

最高人民法院主要有如下职能：第一是法院系统的管理。监督地方各级人民法院和专门人民法院的工作；领导和管理全国各级人民法院的司法行政工作事宜；对地方各级人民法院和专门人民法院已经发生法律效力的判决和裁定，如果发现确有错误，有权提审或指令下级法院再审。第二是审判。审判法律规定由它管辖和它认为应当由自己审判的第一审案件；审判对高级人民法院、专门人民法院判决和裁定的上诉案件和抗诉案件；审判最高人民检察院按照审判监督程序提出的抗诉案件。第三是核准判处死刑的案件。自2007年起，我国所有判处死刑的案件，均由最高人民法院核准。第四是司法解释。对在审判过程中如何具体应用法律的问题进行解释。

2. 人民法院的审判组织

审判组织是人民法院审判案件的组织形式。根据法律规定，我国审判案件的组织有独任庭、合议庭和审判委员会。

独任庭由审判员一人审判案件。轻微的刑事案件和简单的民事案件可以由审判员一人独任审判。

合议庭由审判员数人审判案件，是人民法院审判案件的基本组织形式。法律规定，人民法院审判第一审案件，除简单的民事案件、轻微的刑事案件和法律另有规定的案件外，应当由审判员组成合议庭或者由审判员和人民陪审员组成合议庭进行。其中，人民法院审判行政案件，一律由合议庭进行；人民法院审判上诉、抗诉的案件和再审案件以及复核死刑案件，均由审判员组成合议庭组成。合议庭的组成人员应当是单数；由院长或者庭长指定审判员一人担任审判长；院长或庭长参加审判时，自己担任审判长。合议庭评议案件时实行少数服从多数的民主集中制原则。

审判委员会是人民法院内部对审判工作实行集体领导的组织形式，是人民法院的最高审判组织。按照法律规定，各级人民法院设立审判委员会。地方各级审判委员会委员，由院长提请本级人大常委会任免。最高人民法院审判委员会委员，由最高人民法院院长提请全国人大常委会任免。审判委员会的任务是：讨论和决定重大的或者疑难的案件和其他有关审判工作的问题；总结审判经验。审判委员会实行民主集中制，贯彻少数服从多数的原则。审判委员会就具体案件作出的决定，合议庭必须执行；但审判委员会不直接审判案件，判决书、裁定书仍由合议庭成员署名。

3. 基本的审判制度

审判制度是指法律规定的人民法院在审判活动中必须遵守和执行的制度。根据宪法、人民法院组织法和三大诉讼法（即《刑事诉讼法》、《民事诉讼法》和《行政诉讼法》）的规定，我国的审判制度主要有公开审理制度、人民陪审员制度、回避制度、辩护和辩论制度、两审终审制度等。

其一，公开审理制度。宪法规定：“人民法院审理案件，除法律规定的特别情况外，一律公开进行。”按照这一制度的要求，人民法院审理案件，除涉及国家机密、个人隐私、未成年犯罪案件和涉及商业秘密的案件外，应当一律公开进行。公开审理的案件要先期公告，允许公民旁听、媒体采访和报道。人民法院宣告判决，一律公开进行。审判公开是提高审判公信度的必然要求，有利于增强司法活动的透明度，防止“暗箱操作”。

其二，人民陪审员制度。人民陪审员制度是由审判员和人民陪审员组成合议庭对案件共同进行审判的一项制度，它是人民群众参与国家管理的一种重要形式和途径。《人民法院组织法》和三大诉讼法都对该制度作了相应规定。为了进一步发挥该制度的作用，全国人大常委会通过《关于完善人民陪审员制度的决定》，对人民陪审员的条件、产生和任期、参加审判案件的范围、权利和义务、奖惩、参加审判的名单确定等事项作了详细规定。人民陪审员在人民法院执行职务期间，是他所参加合议庭的组成人员，与审判员有同等的权利。

其三，回避制度。回避制度是指审判人员由于与其承办的案件或案件当事人有某种特殊关系，可能影响案件的公正处理，因而不得参与该案件审判活动的制度。人民法院审判案件，诉讼当事人及其法定代理人，对于他认为与本案有利害关系或者其他关系，可能影响公正审理案件的法庭组成人员、书记员、公诉人、鉴定人和翻译人员，有权申请回避；上述人员如果认为自己对本案有利害关系或其他关系，需要回避的，应当自行回避。

其四，辩护和辩论制度。诉讼当事人为了维护自己的合法权益可以就案件事实和法律适用与对方进行辩驳，该制度在刑事审判中称为辩护制度，在民事、行政审判中则称为辩论制度。依照法律规定，被告人除自己辩护外，有权委托律师为他辩护；也可以由人民团体、被告人所在单位推荐的或者人民法院许可的公民以及他的近亲属、监护人为他辩护；人民法院认为必要时，还可以指定辩护人为他辩护。人民法院在审判活动中应当依法保障被告人充分行使辩护权，保障律师和其他辩护人在诉讼活动中充分行使一切合法权利。

其五，两审终审制度。该制度是指一个案件经过两级人民法院审判即宣告终结的制度。对于地方各级人民法院和专门人民法院的第一审案件所作的判决和裁定，如果当事人及其法定代理人不服，可以在法定期限内向上一级人民法院提出上诉；人民检察院认为确有错误，可以在法定期限内向上一级人民法院提出抗诉。上一级人民法院对上诉、抗诉案件，按照第二审程序审理后所作的判决和裁定，除死刑复核案件和适用法律类推判决的案件需要依法报送最高人民法院核准的以外，就是终审的判决和裁定，也就是发生法律效力的判决和裁定。实行两审终审是从中国人口众多、地域辽阔的实际情况出发的，这既能保障当事人的诉讼权利，又能及时终结诉讼，避免当事人遭受不必要的讼累。

（二）检察机关

人民检察院是我国的法律监督机关，它与人民法院和各级人民政府同为国家机构中的一个独立系统，依法独立行使检察权，不受行政机关、社会团体和个人的干涉。其根本任务是保证法律在全国范围内的统一实施。

1. 人民检察院的组织体系和职权

检察机关的组织体系或机构设置涉及检察系统内检察机关的数量、级别及其相互关系。国家在确定检察机关的组织体系时一般遵循四个原则：一是依法设置；二是与审判机构对应设置；三是按行政区域或司法管辖区设置；四是适应实际需要设置。

根据宪法和法律规定，我国的检察系统实行四级设置，即最高人民检察院；省、自治区、直辖市人民检察院；省、自治区、直辖市人民检察院分院，自治州和省辖市人民检察院；县、市、自治区和市辖区人民检察院。其中，省一级人民检察院和县一级人民检察院，根据工作需要可以在工矿区、农垦区和林区等区域设置人民检察院作为派出机构，但应提请本级人大常委会批准。此外，我国还设置专门人民检察院，目前包括军事检察院和铁路运输检察院。

人民检察院的职权可以归纳为六个方面：一是依法对国家工作人员职务犯罪案件进行立案侦查的权力；二是代表国家依法提起公诉、追究犯罪的权力；三是在刑事诉讼中依法批准或决定逮捕犯罪嫌疑人的权力；四是在刑事诉讼中依法对立案、侦查、审判、执行活动进行监督的权力；五是发现人民法院已经生效的刑事、民事和行政案件的判决、裁定确有错误的，依法按照审判监督程序提出抗诉的权力；六是对劳动教养机关的活动进行监督的权力。

最高人民检察院除具有以上各项职权外，根据有关法律规定还拥有检察解释权、向全国人大及其常委会提出议案权、法律案提出权、法律解释要求权、法律审查要求权、引渡请求审查权、限制追诉的承诺权等特定的职权。

2. 人民检察院的工作机构

人民检察院的工作机构涉及其内部各部门职责权限的科学划分，既包括内部各机构的设置和名称，也包括各部门权限的设置。

我国检察机构作为专门的法律监督机关，其拥有的职权较为广泛，因此在内部机构设置上较为复杂。《人民检察院组织法》对检察机关内部机构的设置作了原则性规定，即“最高人民检察院根据需要，设立若干检察厅和其他业务机构。地方各级人民检察院可以分别设立相应的检察处、科和其他业务机构”。目前，我国最高人民检察院设有办公厅、侦查监督厅、公诉厅、反贪污贿赂总局、渎职侵权检察厅、监所检察厅、民事行政检察厅、控告检察厅、刑事申诉检察厅、铁路运输检察厅、职务犯罪预防厅、法律政策研究室、监察局、外事局、计划财务装备局等共计十余个职能部门。地方各级检察机关则一般设置九个职能部门，分别是：反贪污贿赂部门、渎职侵权检察部门、公诉部门、侦查监督部门、监所检察部门、控告检察部门、刑事申诉检察部门、民事行政检察部门、职务犯罪预防部门。

由于《人民检察院组织法》的规定不够具体，导致当前各级检察机关的内部机构设置还存在一定的缺陷和弊端，主要体现在称谓不科学、结构不合理、级别不统一等方面。

3. 人民检察院的领导体制

新中国建立以来，我国人民检察院的领导体制经历了多次重大变化，曾分别实行过垂直领导体制、双重领导体制和“一重领导、一重监督”的领导体制。1982 年宪法确立了我国目前实行的人民检察院双重领导体制。宪法规定：最高人民检察院是最高检察机关。最高人民检察院领导地方各级人民检察院和专门人民检察院的工作，上级人民检察院领导下级人民检察院的工作。同时又规定：最高人民检察院对全国人大和全国人大常委会负责。地方各级人民检察院对产生它的国家权力机关和上级人民检察院负责。

宪法规定的双重领导体制虽然从整体上适应了我国当前的政治制度，但是在实践中却引发了一系列问题，尤其是在干部管理、经费保障、案件处理等方面，现行检察领导体制使得省级以下的地方检察机关受到很大的制约。虽然，我国法律规定了上下级检察机关的领导关系，但地方检察机关的人事权实际上掌握在地方党的领导机关手中，而且其财政经费也由地方政府划拨，这使地方检察机关不可避免地受到地方保护主义或部门保护主义的影响，从而无法真正独立地行使其拥有的法律监督权。为此，越来越多的法律界人士主张我国检察机关应当重新实行垂直领导体制；法律本身的统一性和不可分割性也要求检察机关在全国范围内保持集中统一的领导，以防止检察机关因级别或地方的差异在法律监督方面发生分歧或矛盾。

检察机关的领导体制还包括同一检察院内部各机构间的相互关系。我国人民检察院内部实行检察长负责制与检察委员会集体领导相结合的领导体制。《人民检察院组织法》规定：检察长统一领导检察院的工作。各级人民检察院设立检察委员会。检察委员会实行民主集中制，在检察长的主持下，讨论决定重大案件和其他重大问题。如果检察长在重大问题上不同意多数人的决定，可以报请本级人大常委会决定。

4. 基本的检察制度

其一，自行侦查制度。人民检察院依法对由其直接受理的刑事案件进行侦查。自行侦查的案件包括四类：第一类是刑法分则第八章规定的贪污贿赂犯罪及其他章中明确规定的依照第八章相关条文定罪处罚的 12 种贪污贿赂犯罪案件；第二类是刑法分则第九章规定的 34 种渎职犯罪案件；第三类是国家机关工作人员利用职权实施的 7 种侵犯公民人身权利和民主权利的犯罪案件；第四类是国家机关工作人员利用职权实施的其他重大的犯罪案件，需要由人民检察院直接受理的时候，经省级以上人民检察院决定，也可以由人民检察院立案侦查。

对于上述 53 种自行侦查案件，人民检察院有权进行刑事诉讼法规定的各种侦查行为。侦查终结后，认为应当追究刑事责任的，应当向有管辖权的人民法院提起公诉；认为不构成犯罪的，应当撤销案件；认为虽不构成犯罪，但违反党纪政纪需要处理的，则移送党政机关处理。

其二，人民监督员制度。该制度于 2004 年 7 月起在全国各级人民检察院全面推行，是检察机关根据党的十六大关于推进司法体制改革的精神，在不涉及修改现行法律的前提下，为解决检察机关查办职务犯罪案件缺乏有效外部监督问题而进行的一种重要探索。人民监督员对人民检察院查办职务犯罪的下列情形实施监督：一是犯罪嫌疑人不服逮捕决定的；二是拟撤销案件的；三是拟不起诉的。涉及国家秘密或经特赦令免除刑罚以及犯罪嫌疑人死亡的职务犯罪案件，不实行人民监督员制度。人民检察院须认真对待人民监督员提出的意见和建议。

其三，立案监督制度。检察机关依法对公安机关的立法活动是否合法进行监督。立案监督的内容是：公安机关立案是否符合法律规定的条件；在具备法律规定的条件时公安机关是否立案；对不具备法定的立案条件而公安机关立案的，检察机关可以提出检察建议。

在司法实践中，人民检察院对公安机关立法监督活动的监督一般采取“研究—调查—决定”的方法进行，即人民检察院对报案、控告、举报的单位和个人不服不立案决定的复议申请以及知情人员等反映的意见进行认真的审查研究，了解案件情况，掌握立案与否的依据，在必要情况下展开调查工作，最后作出决定。立案监督的一般程序是：立案监督案件受理——要求公安机关说明不立案理由——通知公安机关立案侦查或报省级人民检察院决定直接立案侦查。

其四，侦查监督制度。人民检察院对于公安机关（含国家安全机关）的侦查活动是否合法实行监督，主要包括三个方面：一是审查批捕。刑事诉讼法规定，对有证据证明有犯罪事实，可能判处徒刑以上刑罚的犯罪嫌疑人、被告人，采取取保候审、监视居住等方法，尚不足以防止发生社会危险性，而有必要逮捕的，应立即依法逮捕。二是审查起诉。人民检察院对公安机关侦查终结，移送起诉的刑事案件，必须认真进行审查，作出是否起诉的决定。对于公安机关移送起诉的案件，人民检察院决定不起诉的，应当将不起诉决定书送达公安机关。公安机关认为不起诉决定有错误时，可以要求复议，如果意见不被接受，可以向上一级人民检察院提请复核。对于有被害人的案件，人民检察院决定不起诉的，应当将不起诉决定书送达被害人。被害人如果不服，可以自收到决定书后 7 日内向上一级人民检察院申诉，请求提起公诉。人民检察院应当将复查决定告知被害人。三是对侦查活动的监督。对公安机关的侦查活动是否违法进行监督，主要包括：是否刑讯逼供、变相刑讯逼供或诱供；是否放纵、包庇犯罪分子；侦查人员应否回避；犯罪嫌疑人的羁押期限是否超过等。

其五，公诉制度。根据刑法和刑事诉讼法的规定，除少数亲告罪可以自诉外，对其他刑事案件实行公诉制度。凡需要提起公诉的案件，一律由人民检察院向有管辖权的人民法院提起公诉。对公安机关移送起诉的案件，一律由人民检察院进行审查，应当在一个月内作出决定，重大、复杂的案件，可以延长半个月。经审查认为犯罪嫌疑人的犯罪事实已经查清，证据确实、充分，依法应当追究刑事责任的，应当向有管辖权的人民法院提起公诉。经审查，犯罪嫌疑人有下列情形之一的，人民检察院应当作出不起诉决定：情节显著轻微、危害不大，不认为是犯罪的；犯罪已过追诉时效期限的；经特赦令免除刑罚的；依照刑法告诉才处理的犯罪，没有告诉或者撤回告诉的；犯罪嫌疑人、被告人死亡的；其他法律规定免于追究刑事责任的。

其六，审判监督制度。人民检察院对人民法院审判活动的监督，分为刑事审判监督、民事审判监督和行政审判监督三种，又可分为程序性监督和实体性监督。刑事审判监督包括两类：一是程序性监督：以国家公诉人的身份，出庭支持公诉；以国家法律监督者的身份，出庭监督法律的审判活动。二是实体性监督，针对错误的刑事判决和裁定提出抗诉，包括二审程序的抗诉（地方各级人民检察院认为本级人民法院的第一审刑事判决和裁定确有错误的，应当在法定期限内向上一级人民法院提出抗诉）和审判监督程序的抗诉（最高人民检察院对于各级人民法院已经发生法律效力的刑事判决和裁定，上级人民检察院对于下级人民法院已经发生法律效力的刑事判决和裁定，如果发现确有错误，有权按照审判监督程序向同级人民法院提出抗诉）。民事审判和行政审判监督，也分为程序性监督和实体性监督两类。前者是指对法庭审判活动的监督，后者是对人民法院的判决和裁定的监督。监督的方式和程序与刑事审判监督相同。

四、司法体制的改革与完善

司法体制改革不仅是中国政治体制改革的重要组成部分，而且在某种意义上成了中国政治体制改革的突破口。把司法体制改革作为政治体制改革的突破口，赋予司法体制改革在整个政治体制改革中更加重要的地位，承载起探索依法治国条件下在法治轨道上用法治方式完善中国政治体制的使命，探索依法循序渐进推进政治体制改革的路径。

（一）司法体制改革的目标

司法体制改革的终极目标是要树立司法机关的真正权威，确保司法公正，兼顾司法效率，进而实现社会的长治久安。其具体目标可以归纳为如下四个方面：

第一，保障司法独立。司法独立的内涵包括司法机关的独立、司法人事的独立、司法财政的独立和司法活动的独立。司法独立是保障司法公正的重要条件。司法机关只对事实和法律负责，司法活动只服从法律，不受其他任何机关和个人的干涉。司法之所以应当独立，首先在于司法权本身应该是独立的，不从属于任何其他国家权力，是与其他国家权力平等的权力，与其他国家权力应该是一种平等制衡的关系，而不是控制或者从属的关系。如果司法机关无法独立行使职权，就无法确保司法公正。

第二，促进司法公开，防止司法腐败。司法公开包括司法程序的公开、司法活动的公开和司法结果的公开。司法公开是防止司法腐败的重要手段。当前我国司法腐败现象比较严重，主要表现在司法用人的腐败、司法行为的腐败和权钱乱法。司法改革一定要建立防腐倡廉的机制，包括内部管理机制和外部监督机制。要在保障司法独立的情况下，加强对司法机构和司法权力的监督、制约，实行司法公开。只要司法程序公开，司法活动公开，司法腐败就很难藏身。任何单位和公民对司法活动及其结果，都有根据宪法和法律行使监督和自由评论的权利。

第三，提高司法效率。主要表现在两个方面：一方面，在司法总资源有限的条件下，国家对司法系统和司法活动配置的资源应当取得最大和最佳的社会效益，包括节约和控制国家、社会对司法部门的人力、物力投入，降低司法活动成本，建立及时高效的司法运行机制和程序；另一方面，让参与司法活动的当事人，能以最小的时间和经济成本，讨到公正的结果。

第四，实现司法公正。这是司法活动最重要的目标。司法公正的内涵是司法活动及其结果尽可能地符合客观事实，必须符合法律规定，能够保护社会、国家和公民的合法权益。司法公正包括形式公正和内容公正。前者也称程序公正，是指司法活动的程序和运作规则必须符合法律；后者也称实体公正，是指司法机关对案件实体的处理结果，与法律的规定和社会正义的要求相吻合。

（二）审判机关的司法改革

1. 改革司法体制，提高法院的独立性

司法体制改革是指那些影响司法机关独立地位和公正性的结构性改革，该领域的改革主要体现在人民法院与其他国家机关的关系方面以及人民法院内部结构方面。

其一，与政党的关系。理论上，中国共产党与司法机关存在使命的统一性，但二者的具体运行方式有根本区别。人民法院向党委汇报具体案件或党委审批具体案件的做法一直被认为违反审判独立原则。1979 年中共中央《关于坚决保证刑法、刑事诉讼法切实实施的指示》明确废止了党委审批刑事案件的做法。但是，党的领导与审判独立始终都是一个敏感问题。有些地方的党委主要领导明确要求党委不得插手案件，但实践中这总是一对介乎政治与法治之间的微妙的矛盾。不过，目前通行的观点是：党的领导和独立审判二者间的关联不可回避，只有在具体制度设计上体现这种区别，司法机关才有存在的价值。

其二，与人民代表大会的关系。人大与法院的关系，主要有两方面：一是对法院法官的任免；二是对法院工作的监督。改革开放以来，人大对法官的任免一直没有变化。至于对法院工作的监督，我国在 2007 年通过《监督法》，确定了人大对司法机关的监督方式和程序，主要包括听取和审议年度报告和专项工作报告、检查法律法规实施情况、司法解释和司法规范性文件的备案审查、询问和质

询、特定问题调查、司法官员的任免等。在实践中，这些监督方式和程序还是难免涉及具体案件，引起人们对依法独立审判的担忧。

其三，法院与政府的关系以及司法经费保障制度的改革。司法机关与行政机关的相互独立在我国的宪法和实践中实现程度最高。《行政诉讼法》实施后，行政机关的具体行政行为需接受法院的司法审查。法院对行政机关合法性的监督从根本上改变了二者的关系，但是由于我国法院的司法行政工作由行政机关管理，特别是经费由行政机关控制，司法独立受到制约。当前我国法院的经费主要来自同级财政，由于我国的财政体制改革以及中央与地方的关系正处在过渡时期，绝大多数地方的财政预算内经费远远不能满足法院审判工作的需要，经济不足主要靠预算外资金弥补，造成某些地区法院经费困难。更重要的是，同级地方财政核拨法院经费的体制很大程度上影响到法院依法独立行使审判权，致使公平正义缺乏制度保障，司法权威受到损害。

目前，我国开始采取一些改革措施缓解法院经费保障不足问题，对维护审判独立和公正发挥了一些作用：一是制定司法机关经费保障的最低标准；二是加大中央财政对地方的转移支付力度，用于补贴法院经费不足。另外，中央财政通过信息化建设、法庭建设专项经费等名目给予地方法院补贴，加强了经费保障。

其四，上下级法院之间的关系改革。在法院系统内部，上下级法院之间的关系也是影响层级独立的重要因素。由于地方各级人民法院由同级人大产生，而且法院系统没有形成统一的行政管理体制，所以上下级法院之间的关系相对比较松散。尽管如此，长期以来的行政化的工作模式也形成了一些影响层级独立的做法，如案件请示制度。这种做法违反了诉讼活动的直接审理原则，也侵犯了当事人的诉讼权利。

2. 改革法院机构，为司法权行使奠定组织基础

其一，法院组织体系改革。我国法院内部通常分设比较细的专门审判机构。改革开放后，人民法院内部最先设立两个审判机构，即刑事审判庭和民事审判庭。随着法院审理案件范围的扩大，后来陆续增设了经济审判庭、行政审判庭，并在中级以上人民法院设立国家赔偿委员会。随着人民法院受理案件的类型和数量的急剧增加，审判庭的数量也在增加。

2000 年，最高人民法院出台“机构改革方案”，调整了审判工作格局，撤销了技术局、财务局、机关事务管理局，设立了司法行政装备局，统一负责司法行政管理工作。此外，还进行制度创新，设立了立案庭和审判监督庭，建立了以“大立案”流程管理为核心的审判管理机制。立案庭负责立案登记和按顺序派案，同时负责对各类案件进行审理期限流程管理，分离了立案程序和庭审程序，既避免和减少法官与当事人的庭外接触，又加强了对案件审理期限的管理；审判监督庭专门负责审理再审案件，从而分离了案件一审、二审程序和再审程序，实现了立审、审执、审监的“三个分离”。这次机构改革对原来的民庭、经济庭、知识产权庭、交通庭等审判机构的设置和职能进行了调整，统一纳入大民事审判的范畴，从而完善了我国刑事、民事、行政三大审判体系，建立了大民事审判格局。

其二，审判组织改革。审判组织改革要解决的核心问题有两个：一是体现“审者判、判者审”的基本司法要求；二是发挥审判组织以及其中各个成员的最大积极性。由于行政化工作方式对司法机关的影响，合议庭虽然作为审理全案的组织，但并不享有全面的案件决定权。部分决定权很大程度上由庭长、院长、审判委员会行使。这种组织运行模式不仅失去了当事人和公众的信任，也影响了合议庭及组成人员的积极性。20 世纪 90 年代以来，各地法庭开始进行审判方式改革，逐渐把一般案件的决定权交给合议庭行使，重大复杂案件由审判委员会审理决定；并逐步改革院长、庭长审判案件的做法，要求院长、庭长直接参加合议庭审理那些重要的、按原体制需要审批的案件。通过这些改革，合议庭基本上成为真正的案件裁判者。

审判组织改革的另一核心问题是审判委员会改革。审判委员会是人民法院内部的一个审判组织，专司讨论决定重大、疑难、复杂案件，总结审判经验。但在现实中，审判委员会成为置于合议庭之上具有一定行政监督作用的只判不审的组织。按照原有的运行模式，审判委员会在重大复杂案件把关方面发挥了重要作用，但它的运行模式越来越受到司法理论和实践的挑战。《人民法院第二个五年改革纲要（2005）》拿出了比较彻底的改革方案：最高人民法院审判委员会设刑事专业委员会和民事行政专业委员会；高级人民法院、中级人民法院可以根据需要，在审判委员会中设刑事专业委员会和民事行政专业委员会；改革审判委员会的成员结构，确保高水平的资深法官能够进入审判委员会；改革审判委员会审理案件的程序和方式，将审判委员会的活动由会议制改为审理制；改革审判委员会的表决机制；健全审判委员会的办事机构；审判委员会委员可以自行组成或者与其他法官组成合议庭，审理重大、疑难、复杂或者具有普遍法律适用意义的案件。这个改革冲破了几十年传统的审判委员会运行模式。

其三，改革司法人事制度，实现法官队伍职业化。1995 年《法官法》的实施为我国建立现代法官制度奠定了法律基础。建立现代法官制度的雏形后，法官的职业化建设便是司法改革的核心内容。这方面的改革包括如下几点：一是法官队伍职业化建设。《法官法》对法官的学历、能力、条件等作了全面的规定，对法官学历的要求从“大专”提高到“本科”；2001 年我国把原来法官、检察官、律师分别进行的考试统一为国家司法考试制度。该制度承认了全国范围内从事法律职业的人员标准的统一性，为法律职业共同体的建立奠定了法律基础；目前最高人民法院正在试行“预备法官”制度，凡拟任法官职务者，应先在法官培训机构接受一定时间的职业培训，学习司法理念、司法技能、职业道德，毕业后补充到缺额的法院担任法官。二是法官管理制度的改革。主要有以下措施：改革法官遴选程序，建立符合法官职业特点的选任机制；加强不同地区法院之间和上下级法官的交流任职工作；建立法官职业特殊的任职制度；实行法官员额制；加强法官保障等。三是法院内部的人员分类管理改革。《人民法院第二个五年改革纲要》规定：推进人民法院工作人员的分类管理，制定法官、法官助理、书记员、执行员、司法警察、司法行政人员、司法技术人员等分类管理办法，加强法官队伍职业化建设和其他各类人员的专业化建设。建立符合审判工作规律和法官职业特点的法官职务序列。在总结试点经验的基础上，逐步建立法官助理制度。目前，人员分类管理制度改革正在推行，初步形成了司法人员的合理结构。四是改革案件质量考评制度。2008 年最高人民法院发布《关于开展案件质量评估工作的指导意见》，要求各级法院开展案件质量评估工作。

3. 改革诉讼程序，实现司法公正

其一，完善诉讼程序体系。我国正在不断对三大诉讼法进行修改和完善。目前的诉讼程序体系还存在一个重大欠缺，即关于宪法实施和监督的诉讼程序。虽然我国按照立法机关议事规则的模式塑造了全国人大常委会监督宪法实施的程序，但是仍无法达到程序正义的最低要求，如公开、平等、民主等。

其二，审判方式改革。其中最有影响的措施包括：借鉴和融合了职权主义与当事人主义的审判模式，逐渐形成了中国特色的偏重职权主义的混合型诉讼模式；改革审判组织之间的关系，一定程度上体现了诉讼活动的去行政化；改革司法活动方式，要求一切证据举在庭上，一切道理讲在庭上，形成了以庭审为中心的审判模式。

其三，强化审判公开。公开审判是在审判领域实现司法公正的突破口，这方面的措施有：规定对依法应当公开审理的案件，一律实行公开审判；通过多途径逐步将人民法院的裁判文书向社会全文公布；规范裁判文书的制作，要求加强对质证中有争议的证据进行分析、认证，增强判决的说理性，将做出裁判的理由公之于众，做到裁判的事实根据和法律根据公开。

其四，死刑复核程序改革。我国于 2007 年起，将所有死刑案件的复核权收归最高人民法院行使，实现了死刑制度的重大改革。通过这项改革，不仅规范了办理死刑案件的程序制度，而且使慎用死刑和严格控制死刑的刑事政策进一步得到落实。

其五，法律统一适用制度改革。包括如下几点：一是完善司法解释制度。发布和修订《关于司法解释工作的若干规定》，要求司法解释的立项、起草、协调、制定必须严格按照程序进行。二是建立案例指导制度。我国实行指导性而非强制性的典型案例指导制度，由最高人民法院制定关于案例指导制度的规范性文件，规定指导性案例的编选标准、编选程序、发布方式、指导规则等。三是协调和统一法律见解的其他内部机制，例如，“审判长联席会议制度”、“法官会议”制度等。

（三）检察制度的改革

1. 检察机构的改革

2000 年，最高人民检察院进行机构改革，将审查批捕厅、审查起诉厅、法纪检察厅分别变更为侦查监督厅、公诉厅和渎职侵权检察厅；撤销机关事务管理局，将其职能划入办公厅和机关服务中心；设立职务犯罪预防厅，主要负责分析研究职务犯罪的原因、规律和特点，做好犯罪预防。职务犯罪预防厅与反贪污贿赂总局、渎职侵权检察厅共同形成了惩治职务犯罪标本兼治的新格局。随后，为改变案件积压、久拖不决的状况，最高人民检察院把控告申诉检察厅分设为控告检察厅和刑事申诉检察厅，分别承担接受群众举报和复查申诉案件的职责。目前，各省级人民检察院基本完成了机构改革，基层检察院的机构改革正在探索和进行中。

2. 检察官制度的改革

1999 年，最高人民检察院制定了《检察队伍建设三年规划》，出台了人事管理制度方面的一系列改革措施，重点推行了内设机构领导职位竞争上岗和一般干部双向选择制度。2000 年，最高人民检察院继续加大人事制度的改革力度，对该院25个厅级和112个处级领导岗位实行竞争上岗，一般检察人员实行双向选择，机关工作效率和作风发生了积极变化。地方检察院也加快了人事制度改革步伐，全国2/3以上的检察院落实了中层领导、主诉检察官竞争上岗和一般干部双向选择的改革措施。

近年来，以设立主诉检察官制度为突破口、实现我国检察官的“司法官化”，成为检察制度改革的一项重要举措。主诉检察官制度对沿袭多年的个人承办、集体讨论、检察长或者检察委员会决定这一办案制度作了重大改革。1999年，最高人民检察院决定首先在审查起诉部门进行主诉检察官办案责任制试点，探索建立在检察长领导下，由主诉检察官独立承办案件，对事实、证据的认定和所作决定负责的办案工作新机制，力求彻底改变长期以来办案环节多、权责不明晰、错案追究难以落实的状况。

3. 实行检务公开制度

1998年，最高人民检察院作出了《关于在全国检察机关实行“检务公开”的决定》，要求在全国各级人民检察院推行“检务十公开”，即向人民群众和社会各界公开人民检察院的职权和职能部门的主要职责，人民检察院直接立案侦查案件的范围，贪污贿赂、渎职犯罪案件立案标准，侦查、审查起诉阶段办案期限，检察人员办案纪律，在侦查、审查起诉阶段犯罪嫌疑人和被害人各自的权利和义务，举报须知，申诉须知共十项内容。接着，各级人民检察院在落实“检务十公开”的基础上，普遍建立了检察工作情况通报制度，定期向社会通报检察工作的重大情况、查办的重大案件；规范了权利义务告知制度，在讯问犯罪嫌疑人，询问证人、被害人，接受举报人当面举报时，一律先告知他们法定的权利和义务。此后，全国检察机关继续深化检务公开，全面推行不起诉案件、刑事申诉案件和民事行政抗诉案件公开审查制度，以公开促公正。

第二十三章 廉政体制

在以中国方式推进中国式廉政建设的长期进程中，一种具有中国特色的廉政制度的基本框架逐步初现雏形，这一框架以逐步走向完善的制度规范为核心，在运行过程中机制化水平不断提高，基本保证了反腐败和廉政建设的有效性。

一、中国式廉政体制的产生和历史沿革

廉政体制的建构几乎与中国共产党的革命进程同步推进，并且随着力量的不断强大而相应增强。在革命党时期，对廉政的重视一方面是为了保障政党内部的纯洁性，对外则通过批评国民政府腐败争取民众的支持。

1927 年的中共“五大”是廉政体制建构的第一次努力，此次会议制订的《中国共产党第三次修正章程》决定在中共中央和省一级中共党组织中成立监察委员会，并且比较明确地界定了党的委员会与监察委员会之间的相互关系，规定党的委员会不得取消监察委员会的决议，但监察委员会的决议须经党的委员会同意方能生效。这一关系至今仍基本在中国共产党的规定中得到坚持。苏区时期，中国共产党开始尝试在政权体制内建立廉政体制并为此作了大量的努力，如 1931 年，苏区临时中央政府在宣布成立的同时就设立了一个“工农检查处”，其职责就是对苏区的政府工作人员加以监督，任何

人都可以举报干部的不廉洁行为。延安时期，对廉政体制建设更加重视，尤其是1945年的中共七大在通过的新党章中首次对“党的监督机关”进行了比较详尽的规范，规定“党的中央委员会认为必要时，得成立党的中央监察委员会及各地方党的监察委员会”。“中央监督委员会，由中央全体会议选举之。各地方党的监察委员会，由各该地方党委全体会议选举，并由上级组织批准之”。“中央及地方监察委员会的任务和职权是决定或取消对党员的处分，受理党员的控诉”，同时，“党的各级监察委员会，在各该级党的委员会指导下进行工作”。

新中国成立后，中国共产党开始根据七大制定的党章要求构建廉政体制。但与过去不同的是，首先成立的廉政机构是党的“纪律检查委员会”，这一委员会与监察委员会的区别在于它是一个专门处理党组织和党员违反党章党纪的工作机构，其基本职责是：（1）检查中央直属各部及各级党的组织、党的干部及党员违犯党的纪律的行为；（2）受理、审查并决定中央直属各部及各级党的组织及党员违犯纪律的处分，或撤销其处分；（3）在党内加强纪律教育，使党员干部严格地遵守党纪，实行党的决议与政府法令，以实现全党的集中统一。在中国共产党的体制构成中，中央纪律检查委员会在中央政治局领导之下工作，各级地方纪律检查委员会在各该党委会指导之下进行工作，上级党的纪律检查委员会有权改变或取消下级党的纪律检查委员会的决定。此外，各级党的纪律检查委员会是各级党委的一个工作部门，上级纪委对下级纪委具有指导关系，当其指示与下级党委的意见不同时，应提请同级党委决定。

各级纪律检查委员会成立后，在运作中由于职权不足，尤其是对同级党委难以起到实质性的监督和检查作用，因此1955年3月，恢复成立了党的监察委员会。在新的监察委员会体制下，中央监察委员会及各级党的监察委员会职权都得到了一定的提升。根据《中国共产党全国代表会议关于成立党的中央和地方监察委员会的决定》的规定，中央监察委员会的主要职责是：（1）经常检查和处理中央各党政部门中党的组织和所属党员违反党章、党纪和国家法律、法令的案件；（2）经常检查和处理各地方党的组织并在必要时直接检查处理各地方党的组织所属党员有关违反党章、党纪和国家法律、法令的案件；（3）领导地方党的监察委员会的工作；（4）受理党员、群众对党组织和党员的检举、控告及党员对处分不服的申诉。由此可见，纪委与监委在体制上的最大不同，是前者规定中纪委与地方纪委之间是“工作指导”关系，而后者规定中监委与地方监委之间是“领导与被领导”的关系，从而有助于加强对地方党委的监督力度。

与执政党的廉政机构建设同步推进的，是政府体制内廉政机构——人民监察委员会的构建。早在1949年9月通过的《中国人民政治协商会议共同纲领》第十八和第十九条就分别规定：“中华人民共和国的一切国家机关，必须厉行廉洁的、朴素的、为人民服务的革命工作作风，严惩贪污，禁止浪费，反对脱离人民群众的官僚主义作风。”“在县市以上的各级人民政府内，设人民监察机关，以监督各级国家机关和各种公务人员是否履行其职责，并究举其中之违法失职的机关和人员。人民和人民团体有权向人民监察机关或人民司法机关控告任何国家机关和任何公务人员的违法失职行为。”1954年宪法颁布后，原来属于政务院的人民监察委员会改称为国家监察部。

1956年9月，中共召开八大，作为执政后第一次召开的全国代表大会，八大制订的新党章在试图对执政体制进行战略部署的同时，也对廉政体制进行了新的调整。规定中央和地方监察委员会的任务是经常检查和处理党员违反党的章程、党的纪律、共产主义道德和国家法律、法令的案件；决定和取消对于党员的处分；受理党员的控诉和申诉。但再次取消了中央监察委员会与地方监察委员会之间的领导与被领导关系，规定各级监察委员会在各级党的委员会领导下进行工作，只不过，上级监察委员会有权检查下级监察委员会的工作，并且有权批准和改变下级监察委员会对于案件所作的决定。下级监察委员会应当向上级监察委员会报告工作，并且忠实地报告党员违反纪律的情况。此外，中央监察委员会由党的中央委员会全体会议选举，地方监察委员会由本级党的委员会全体会议选举，并且经过上一级党的委员会的批准。

中共八大以后，党的监察委员会体制继续有所完善，如八大后召开的中央监委第一次全会通过了《中央监察委员会工作细则》和《中央监察委员会关于处分党员的批准权限的具体规定》。1962 年，中共八届十中全会又通过了《关于加强党的监察机关的决定》等。但总体而言，由于当时廉政状况处于一个比较好的时期，同时频繁的政治运动也使处理党员干部腐败行为的制度化规范很难得到有效执行，监察委员会体制的功能并没有充分发挥的政治空间。而且，在政府体制方面，由于强调地方监察机构首先向地方党政领导部门负责，接受其领导，设置于政府内部的监察机构实际上起不到应有的监督地方政府的作用，而且其存在本身还被认为对地方党委和政府工作起了妨碍作用，1959 年 4 月召开的二届人大作出了撤消监察部的决议，政府机构人员的监督工作由政府机构自身负责。1969 年 1 月，“文化大革命”期间，中共九大通过的新党章中取消了中央监察委员会的有关条文，后经毛泽东批示，中央监察委员会正式被撤消。

1977 年，中共十一大通过的党章恢复了纪检机构的设置，规定“党的中央委员会，地方县和县以上、军队团和团以上各级党的委员会，都设立纪律检查委员会。各级纪律检查委员会由同级党的委员会选举产生，并在同级党委的领导下，加强对党员的纪律教育，负责检查党员和党员干部执行纪律的情况，同各种违反党的纪律的行为作斗争”。1978 年 12 月 18 日，在改变了中国发展历史进程的中共十一届三中全会上，中共纪律检查委员会正式成立，其主要任务简明地概括为“维护党规国法，切实搞好党风”。

1979 年 1 月起，中央纪律检查委员会正式启动运作。1 月 4 日至 22 日召开的中纪委第一次全会把“维护党规国法”“搞好党风”作为中纪委的首要任务，讨论并制定了《关于党内政治生活的若干准则》（草稿），同时对中纪委的工作任务、职权范围、机构设置等具体问题作出了明确规定。会议结束后，中纪委发布通告，要求各级纪委集中抓好四方面的工作：（1）协助各级党委，对党员加强党的纪律和党的优良传统作风教育；（2）抓紧处理积压的案件；（3）认真做好来信来访工作；（4）尽快建立和健全党的各级纪律检查委员会。在随后的1月26日，中纪委下发《中央纪律检查委员会关于工作任务、职权范围、机构设置的规定》，规定党的纪律检查委员会的基本任务是：维护党规国法，保护党员权利，发扬党员的革命热情和工作积极性，同一切违反党纪、破坏党的优良传统的不良倾向作斗争，协助各级党委切实搞好党风。

在中纪委成立并迅速启动工作的同时，地方纪检组织的恢复和成立也很快提上议事日程。同年3月4日，中纪委和中组部联合发出《关于设立纪律检查委员会有关问题的通知》，要求省和县各级党的委员会都要设立纪律检查委员会。各级纪律检查委员会由同级党的委员会选举产生，报上级党委批准。地委成立纪律检查组，由地委提名，报省委批准。没有成立纪律检查委员会的省和县委，都应抓紧筹备，在条件成熟时，由各级党的委员会选举产生，报上级党委批准。3月17日，中纪委和中组部又就中央和国务院各部、委、办、局成立纪律检查机构问题下发通知，分三种情况就中央和国务院各部、委、办、局成立纪律检查机构问题作了具体规定：人数较多，有直属企业、事业单位的，可以在党组、党委领导下，成立纪律检查委员会；人数较少，没有直属企业、事业单位的，可以在机关党委内设专人负责纪律检查工作；大多数的部、委、局可以在党组、党委的领导下成立纪检组。通知还宣布，党中央各部、委、局暂不设立纪律检查机构；相当于县团级以上的大专院校、大中型企业、事业单位等，如何成立纪律检查机构，由各省、市、自治区党委确定，或商同有关部门确定。

4月25日，中纪委和中组部联合下发《关于迅速建立健全各级纪律检查机构的意见》，要求省、市、自治区、地、州、县委纪委、纪检组（或筹备组），要在1979年5月底前普遍正式成立起来。各省、市、自治区党委纪委一般要设立纪律检查、案件审理、来信来访以及办公室（包括纪律教育）等办事机构；地、州、县纪委（纪检组）也要设立相应的组织或专人负责。鉴于各级纪委任务繁重，远远超过了“文化大革命”之前的情况，因此，意见规定各级纪委（纪检组）的编制起码不低于过去监委的编制数，并要求各级党委纪委（纪检组）的干部要在 1979 年 6 月 15 日以前按编制数基本配齐配好。

11 月 17 日，中纪委和中组部联合发出《关于地委一级改设纪律检查委员会的通知》，指出鉴于地委领导单位多，任务繁重，纪律检查机构还是以设纪律检查委员会为好。因此，通知要求将之前通知的地委设纪检组改为设纪委。至此，中纪委在不到一年的时间中，迅速建立起了自上而下的廉政体制，迄今为止，这一体制仍然构成中国式廉政体制的核心内涵，为改革开放以来中国式廉政建设提供了基本的体制保障。

在党的纪检组织恢复的基础上，政府内部行政监察机构的设立也随着政府经济职能的日益增强而提上了议事日程。1986 年，国务院提出关于《提请设立中华人民共和国监察部》的议案，经全国人大常委会批准，1987 年，国家监察部正式宣布成立。同年，国务院发出《关于在县以上地方各级人民政府设立行政监察机关的通知》，1988 年底，全国各地县级以上政府基本都设立行政监察机关，在国务院直属的 46 个部、委、办中则设立了监察局或监察专员办公室，15 家国有大型企事业中也设立了内部监察机构。

在各级纪检监察组织高效率的恢复和成立的基础上，中国式廉政体制迅速开始启动运作，中共在抓紧构建以中纪委为核心的廉政体制的同时，也不断推出一系列措施加快新时期廉政建设的步伐。仅以 1979 年为例，廉政体制初步形成的一年中，中纪委就围绕维护党规党法和搞好党风这两大当时廉政建设的核心主题推出了一系列的重要举措，包括于 5 月中旬以《人民日报》评论员的名义连续发表《坚决反对搞特权》和《一个有关党风的重要问题》两篇重要文章，针对当时一些高级领导干部利用职权搞特殊化，为个人扩建或新建高级住宅、铺张浪费、溺爱骄纵子女违法乱纪等问题发出明确的警告，表示要“敢于触动那些身居高位而作奸犯科、蔑视党纪国法的人”。“今后对纵容子女违法犯罪活动者，一定要查清事实，严肃处理”。[①] 随后一段时间，中纪委又先后发布了《关于在外事、外贸活动中随便接受和私自处理礼品的通报》、《关于不准干扰大学毕业生分配工作的通报》、《关于“两熊”流氓犯罪集团问题的通报》、《关于严防干部侵占农村社员劳动所得用来大吃大喝、请客送礼的不正之风的通告》、《关于严禁以“试用”为名侵占国家产品的通报》、《关于西安、兰州两市卫生检查团大吃大喝、铺张浪费问题的通报》等一系列通报，严厉制止刚刚显现出来的干部特权和铺张浪费等问题，以此为起点，新时期中国的廉政建设开始走上正轨。

回顾新中国成立初期30年的廉政体制建设进程，可以发现一个明显的反差，这就是一方面中国取得了廉政建设最引人注目的成效，腐败在权力高压和道德荡涤的双重作用下被控制到了最低的程度；另一方面，中国又始终没有建立起一整套相对完善的廉政体制，廉政机构的功能在党的一元化领导下被严重削弱甚至干脆被放弃，这一反差的出现当然与当时反腐败的紧迫性不强有关，同时也是整个中国制度化水平不高的必然结果，这也在一定程度上决定了这一时期良好的廉政状况难以得到长时期的保持。

二、当代中国廉政体制的制度基础

任何一种具体制度的设立，都包含相互作用的两个部分：一是操作性层面的体制结构，这是制度的实践基础，主要涉及到制度本身的实践与演变过程；二是体制结构背后的观念基础，即支撑体制结构形成和有效运转的精神性因素。社会学家马克斯·韦伯称这两个方面为制度的工具理性和制度的价值理性。在探究一项制度时，一方面要着眼于制度的结构框架、运行过程与结果，同时还要透过

① 《人民日报》，1979年5月17日。

制度的表象，去分析制度背后的观念基础，正是这些观念，赋予制度以意义和正当性，同时这些观念形态在很大程度上也影响着制度的运行过程和结果。中国的廉政体制具有非常鲜明的中国特色，它既不同于西方的分权制衡体制，也不同于其他社会主义国家的体制，其根本原因是由于中国廉政体制形成的实践过程的独特性，更重要的是也在于形成这一制度背后的廉政文化的特殊性。因此，要理解中国当代的廉政体制，就必须从两个方面对我国廉政体制的精神基础作一番探析。具体来说，这一形成基础主要来源于两个方面：其一是社会主义国家意识形态和传统政治伦理为廉政体制提供了深厚的政治文化基础；其二是革命时期的廉政经验为廉政体制提供了丰富的实践基础。

（一）马克思主义意识形态中的廉政观念

马克思主义理论对国家政治生活中的腐败问题进行了系统的剖析，消除腐败是马克思主义国家理论的重要组成部分。马克思著作中对腐败问题的警示源于其对国家本质的认识，在传统的阶级国家，政府本质上就是一个压迫机器。这种对国家的论断甚至对新生的社会主义国家也同样有警示意义：“国家再好也不过是在争取阶级统治的斗争中获胜的无产阶级所继承下来的一个祸害；胜利的无产阶级也将同公社一样，不得不立即尽量除去这个祸害的最坏方面，直到在新的自由的社会条件下成长起来的一代有能力把这全部国家废物抛掉。”[①] 这里值得注意的是，腐败问题在马克思主义这里不仅仅是国家政治生活中的一种现象，也不是国家治理活动中出现的具体问题，而是涉及国家政权理论本身的核心问题。

在马克思主义看来，国家政治中腐败现象首先源于人们的特权意识，这是管理国家的公职人员在颠倒了国家与社会关系之后的必然现象。“高高凌驾于社会之上的国家政权，实际上正是这个社会的

---

① 《马克思恩格斯选集》，第3卷．人民出版社，1972年版，第13页。

莫大耻辱，是一切龌龊事物的温床”。[①] 这样，国家权力都不可避免地要陷入贪污腐败的泥沼。这样的国家不可能不成为特权官僚“统治和掠夺”大多数人的、进行贪污腐败的工具。马克思认为，正是将国家权力置于社会之上的观念，促使社会主义国家权力的异化，使少数公职人员运用公共权力为自己谋利，从而将公仆变为特权者。社会起初用简单分工的办法为自己建立了一些特殊的机关来保护自己共同的利益。但是这些机关，其中主要的是国家政权，为了追求自己特殊的利益，从社会的公仆变成了社会的主人。由此可见，马克思认为腐败源于国家与社会关系的异化。而消解腐败现象，首先要颠倒国家与社会的关系，把社会置于国家之上，把国家置于社会控制之下。而这一切的实现就必须借助于新的建立在无产阶级及其先锋组织之上的新型政治文化。

因此，在社会主义的意识形态中，无产阶级政党无论就其组织还是具体成员而言，都不应让私利介入到国家政权的行使之中。无产阶级政党的大公无私本质主要由其阶级的本性决定，马克思、恩格斯在《共产党宣言》中说：“过去的一切运动都是少数人的或者为少数人谋利益的运动。”只有“无产阶级的运动是绝大多数人的、为绝大多数人谋利益的独立的运动”。[②] 共产党是工人阶级的先锋队，“他们没有任何同整个无产阶级的利益不同的利益。”“他们不提出任何特殊的原则，用以塑造无产阶级的运动”。[③] 所以，在社会主义国家的意识形态中，对廉政的要求是深深根植于其国家政权的阶级性之中的，无产阶级政党由于其来源于无产阶级，并以无产阶级为执政的力量基础，这决定了它必然与历史上其他类型的执政力量截然不同，它本身应作为摧毁腐败的力量而存在，谋取私利、腐败堕落与无产阶级政党的本质是格格不入的。

当然，社会主义意识形态在观念上主张无产阶级政党应大公无

---

① 《马克思恩格斯选集》，第2卷．人民出版社，1972年版，第374页。
② 《马克思恩格斯选集》，第1卷．人民出版社，1972年版，第262页。
③ 《马克思恩格斯选集》，第1卷．人民出版社，1972年版，第264页。

私，这并不等于说它在执政过程中就不会出现腐败现象。马克思、恩格斯也认为，在革命及革命后的建设中，共产党不可避免也会受到资产阶级的思想侵蚀和物质拉拢，个别意志不坚定的党员甚至党的领导人会在这种环境里腐败变质，因此社会主义国家必须在它刚建立时，就形成一套防止政权及干部腐败的具体方法。马克思对于腐败及其治理的论述，集中体现在有关巴黎公社实践的论断上。马克思认为，在无产阶级政党夺取政权创设人类新的国家政权形式之后，第一件事就是要借助政党组织和无产阶级国家体制的力量，形成制度化、体制化的反腐败机制，并将以往在特权禁锢之下的社会解放出来，逐步实现社会对国家的监督和控制，最终消解国家政权的腐败。

马克思所推崇的无产阶级国家反腐败举措主要有两个方面：一是社会对国家权力进行监督，防止公共权力被滥用。国家权力归还社会和人民，由社会和人民决定国家。具体表现在公职人员由人民通过选举产生，并能在必要的时候罢免他们。正如马克思所言，人民有权“宣布它自己所有的代表和官吏毫不例外地可以撤换，来保证自己有可能防范他们”。[①] 二是确立议行合一的国家政权体制，从而使行政机关处于人民及其代表机关的严格监督之下。马克思在评价《黑森宪法》时说道：“没有哪一部宪法对执行机关的权限做过这样严格的限制，在更大程度上使政府从属于立法机关，并且给司法机关以如此广泛的监督权。”[②] 由此可见，无产阶级政党代表整个同有产者阶级对立的人民的整体利益，作为源于社会、超然于国家的无产阶级政党，能够监督国家及其国家机关工作人员的腐败行为。

（二）传统政治文化中的廉政观念

在国家制度的演进过程中，传统与现代是无法截然隔断的两个

① 《马克思恩格斯选集》，第22卷．人民出版社，1972年版，第227页。
② 《马克思恩格斯全集》，第13卷．人民出版社，1972年版，第596—600页。

关联层面，几千年来形成的政治观念，沉淀在民众的头脑中，会成为一种下意识的政治自觉。中国政治文化中，对政府官员贪污腐化持非常鲜明的否定态度，而且在制度上也形成了种类繁杂的传统监督机制。中国古代廉政思想凝聚了中国传统文化的精髓，作为传统文化可以与现代社会需求相衔接的部分，它具有很高的文化价值和现代价值。这些观念自然影响到当代民众的政治文化，从而影响廉政制度的实践与发展。面对腐败现象，古代廉政思想的许多内容与当代民众的反腐心理和思维定势具有较高的契合度，这也说明古代廉政思想具有研究的现实意义。

传统的廉政意识根植于儒家的政治思想之中。在儒家的义利之辨的观念中，强调以公为义，主张以义导利、义利统一。这种对义利关系的认识奠定了中国传统社会中道德的核心地位，为古代治国思想提供了价值导向，由此形成的以民为本、仁民爱物、注重处理民众利欲问题等政治思想和治国策略具有很重要的意义。传统廉政文化强调把提高个人修养和追求崇高道德理想贯穿人生始终，这能帮助人们不断完善个人品格和追求人生理想，并正确处理个人与社会的关系。“廉政”就是把“临大利而不易其义”的义利观贯彻到行使公共权力中去，即廉洁从政。在中国几千年的历史进程中，形成了一套社会普遍认可的培养提升个人道德修养、规范约束官员思想行为的廉政思想体系，传统的廉政标准要求官员们为政清明、廉明，既有鞠躬尽瘁、死而后已的勤政要求，更有一身正气、两袖清风的廉政要求，在这一官德标准的作用下，出现了许多深受百姓推崇敬仰的清官廉吏，他们怀抱“修身、齐家、治国、平天下”的理想，遵循清正廉明的为官之道，他们为政清廉、执法严明、惩恶扬善、家风严谨，为后人留下了宝贵的精神财富。

历朝历代的统治者都重视廉政观念的倡导，尤其是把对清官的褒奖和对贪官的惩罚作为教育臣民的一个重要手段。一方面他们都制定了对为政清廉、勤政为民、政绩突出的廉吏的重奖政策，对贪官污吏则制定日趋严酷的刑罚制度。历代统治者还利用各种象征方式，如创作出各种反腐倡廉的文艺形式，从而努力营造出让清官流芳百世，让贪官遗臭万年的政治文化。当然，这主要是为了统治者自身的统治地位和权力秩序，这些措施虽然无法从源头上遏制腐败，但却为廉政建设的开展提供了保障机制和群众基础。但同时，他们也会在民众的政治意识中不断强化廉政在政治道义上的至高优先性，形成了独具中国传统的伦理型廉政文化。而且，这些思想和观点深深影响和制约着统治者的政治行为，促使他们认识到只有把民众和国家利益放在首位，不贪图甚至能够牺牲一己私利、“公而忘私”、“先天下之忧而忧，后天下之乐而乐”，才能维护政权的牢固，才能实现理想和高尚的从政准则。

（三）革命过程中廉政建设的实践基础

中国共产党建党伊始，就非常重视组织成员的廉洁问题，不断强调廉政的重要性，积极通过各种措施推行廉政建设，为建国后的廉政体制提供了丰富的实践资源。早在1929年7月的闽西党的第一次代表大会上，毛泽东就提出“要在工人及贫民中创造出党的无产阶级基础；消灭机会主义、盲动主义的残余”。1933年9月，中共中央发布通告指出：“为防止党内有违反党章破坏党纪不遵守党的决议及官僚腐化等情况发生，在党的中央监察委员会未正式成立以前，特设立中央党务委员会，各省县于最近召集的省县党代表大会时选举省县级的监察委员会，成立省县监察委员会。”[①] 在革命根据地的斗争中，为了在异常复杂的革命环境中保持党组织的战斗力，中央革命政府采取了一系列措施，保证党组织的拒腐抗变能力。这段时期，廉政实践最突出的成就是建立了一系列的监察制度。主要包括：

1. 注重制度建设

在苏维埃政权建立之初，就创设了严格的行政监督机制。当时

---

① 中共中央组织部：《中国共产党组织史资料（第八卷）》，中共党史出版社，2005年版，第464页。

负责行政监督的机构是中央工农检察人民委员部，它是苏维埃共和国临时中央政府的组成部分，受工农检察人民委员会的领导。中央工农检察人民委员部主要负责对中央政府机关及其工作人员进行监督，同时指导地方各工农检察部门的反腐败斗争和廉政建设工作。地方各级政府工农检察部检举本级政府机关及本级所属地方武装组织，并向上级工农检察部报告，提交上级政府机关及军事机关核准执行。临时中央政府于1932年制定的《工农检察组织条例》规定，工农检察部或科之下，设立控告局。各级控告局直属于各级工农检察部或科，并受其指导和节制。控告局的主要任务是接受群众的控告书，调查所控告的事实，并将调查材料报告工农检察部，以便决定处理办法。各级检举委员会，是各级工农监察机关为开展检举、监察工作而设置的一种临时性机构。

2. 重视党内监督机制的建设

由于在复杂的革命环境下，党的纪律对党的生死存亡极其重要，因而通过党的组织自身来规范监督党员的行为就非常关键。腐败行为破坏了党的优良传统，更损害了党和苏维埃政府的形象，在群众中造成很坏的影响，以致发生群众不信任苏维埃政府的事情。因而，1933年9月，中央的《关于成立中央常务委员会及中央苏区省县检查委员会的决议》指出："为了防止党内有违反党章，破坏党纪，不遵守党的决议及官僚腐化等情况的发生，在党的监察委员未正式成立前，特设立中央常务委员会，各省县于最后召集的省县级党代表大会时选举省级的监察委员，成立省县监察委员会。"同时，《决议》还要求中央党务委员会和省县级的监察委员会维持无产阶级政党的铁的纪律，正确地执行铁的纪律，检查违反党的总路线的各种不正确的倾向与官僚主义及腐化现象等，并与之作无情的斗争。[①]

---

① 《中共中央文件选集》（第7册），中共中央党校出版社，1991年版，第240页。

3. 以民主机制推动廉政

借鉴巴黎公社经验，通过选举来约束干部中的不廉洁现象。在选举中，根据地人民通过自己对干部的了解，实现了自己参与政权建设的民主权利，同时也对自己认为不满意的干部提出反对意见。一方面，通过工农群众的民主选举，把那些真正为老百姓办事、真正代表人民群众利益的人选进苏维埃政权，从而保证苏维埃政权能为人民群众谋利益。另一方面，还必须将那些在苏维埃政权机关工作的贪污腐败、损害群众和国家利益的蠹虫，坚决地从苏维埃政权中清除出去。这是苏维埃政权借助民主机制来遏制腐败现象的伟大尝试。

（四）以群众路线促进廉政

在苏维埃政权诞生后，党意识到要确保苏维埃政权不变质，就必须要让群众来监督政府，从而将苏维埃的廉政建设与大众参与结合在一起。《中华苏维埃共和国宪法大纲》中规定，工农群众对政府机关及其工作人员有批评、监督、检查和要求撤换、罢免之权，中央苏区还建立了各级群众性的监察组织。在开展廉政建设的过程中，党十分重视依靠群众的力量来克服政府的不廉洁行为。《苏维埃临时组织法》也指出："苏维埃是一种最德谟克拉西的政权机关，她不仅最接近劳苦群众，而与群众关系最密切，而且最容易受群众的监督，决不至离开群众的实际生活而独立存在，或因与群众隔离而形成官僚化的机关。"①

三、中国廉政体制的制度结构

在探讨中国廉政制度时，应当注意的是廉政制度本身不是一个

① 《中央革命根据地史料选编（上册）》. 江西人民出版社，1981 年版，第 4 页。

可以剥离的对象，而是受到了更广泛的政治环境的制约。同时中国的廉政制度是一个分散在政治体系各个组成部分之中的既分离又有机结合的一个整体，它是一个多维度的立体的反腐倡廉系统，在这个系统中，完善的制度建设既是廉政体制建设的目标，也是廉政体制发展的结果。总的来说，廉政体制建设的目标是制度化和法治化，2005 年胡锦涛同志在中央纪委第五次全会上强调指出："依靠制度惩治和预防腐败，是我们坚持依法执政、依法治国的必然要求，也是做好反腐倡廉工作的重要保证。"具体而言，中国廉政体制主要由以下几个部分构成：

（一）廉政规章体系

规范性文本主要由党章和其他多样化的规章制度组成，这是党内监督体制的最重要的规则系统。建立健全必要的规章制度，是执政党反腐倡廉的根本保证，在建国初期的廉政建设中，中国共产党不仅完善了民主集中制这一根本的制度，而且不断进行制度创新。党和政府通过发布文件、制定规章制度、加强监督力度和思想政治工作教育，力求把廉政建设制度化。《中国共产党党章》对党组织及党员的廉洁性作出了全面的表述，对监察机关的产生程序、所担负的任务和职责、党的领导体制和党纪处分办法等进行了详细的规定。以党章为核心，中共中央陆续出台了一系列的规章制度，主要涉及两个方面：

1. 纪律规定方面

十五届六中全会通过的《关于加强和改进党的作风建设的决定》中指出，"必须加强党内监督"，"建立健全党内民主监督的程序和制度"，"改革和完善党的纪律检查体制"，"抓紧制定中国共产党党内监督条例"。1997 年发布的《中国共产党员领导干部廉洁从政若干准则（试行）》，则是一部比较全面的有关共产党员领导干部廉洁从政行为准则的党内条规。2010年2月23日印发的《中国共产党党员领导干部廉洁从政若干准则》，是规范党员领导干部从政行为的重要基础性党内法规，对于保证党员领导干部廉洁从政，形成用制度规范从政行为、按制度办事、靠制度管人的有效机制具有重要的促进作用；对于加强领导干部廉洁自律工作和干部队伍建设，进一步提高管党治党水平和深入推进反腐倡廉建设具有十分重要的意义。

2. 程序建设方面

监督机关在履行监督职责时必须遵循一定的程序，这样既能够有效地监督不廉洁现象，又能保证党员的个人权利。《中国共产党纪律处分条例》详细明确了违纪行为的具体情况，并对查出违纪时涉及到的程序问题，不同量纪标准的适用情形进行了规定，如警告、严重警告、撤职、留党察看和开除党籍等。2003年12月，中共中央颁布的《中国共产党党内监督条例》是党执政以来的第一部党内监督的法规，也是新时期党内监督和制约制度体系得以确立的重要标志。

（二）廉政组织体系

经过长期的改革创新，执政党将党章的原则与具体的纪律建设工作相结合，建立了完整而严密的廉政组织体系。廉政组织体系主要由三个相互关联的部分构成，即党的纪律检查组织机构、领导体制和纪律监督的工作机制。《在庆祝中国共产党成立90周年大会上的讲话》中，胡锦涛明确提出：在新的历史条件下提高党的建设科学化水平，必须坚持用制度管权管事管人，健全民主集中制，不断推进党的建设制度化、规范化、程序化。这也是对党的纪律检查制度建设提出的新要求。

1. 组织机构

中纪委和党的各级纪律检查部门是廉政组织机构最重要的部门，早在1949年11月，中共中央就通过了《关于成立中央及各级党的纪律检查委员会的决定》，并成立了中央纪律检查委员会，各地县以上党委也相应成立了纪检机关。此后，以纪律检查委员会为核心的检查体制经历数次变动，到了十一大又恢复了中央和地方纪律检查委员会，并不断完善了纪律检查机关的产生办法、工作职责等内容。十二大修改的党章则规定由党的全国代表大会选举产生，这使中央纪律检查委员会具有更大的权威性。中央纪委的每届任期同中央委员会相同，即五年。中央纪律检查委员会全会选举它的常委会和书记、副书记，并报中央委员会批准。中央纪律检查委员会的主要任务是维护党的章程和其他重要的规章制度，协助党的委员会整顿作风，检查党的路线、方针、政策和决议的执行情况。中央纪委和地方各级纪委要经常对党员进行遵守纪律的教育，作出关于维护党纪的决定；检查和处理党的组织和党员违反党章党纪和国家法律法规的比较重要或复杂的案件，决定或取消对这些案件中的党员的处分，受理党员的控告和申诉。中央纪委要把处理特别重要或复杂的案件中的问题和处理的结果，向中央委员会报告。

2. 领导体制

领导体制规范着纪律检查部门同其他组织、部门的关系，从而影响着廉政工作的程序、方法和效率。1996年1月，中央纪委召开的六次全会提出了“党委统一领导，党政齐抓共管，主要领导亲自抓，纪委组织协调，部门各负其责，依靠群众的支持和参与”的反腐败领导体制和工作机制，并写入党的十五大报告中。领导体制从不同的角度反映着纪律检查机关在党的纪律建设中的地位，具体到实际工作中，纪律检查机关主要实施一种双重领导体制。党的十二大通过的党章对此进行了明确的说明，即“党的中央纪律检查委员会在党的中央委员会领导下进行工作。党的地方各级纪律检查委员会在同级党的委员会和上级纪律检查委员会的双重领导下进行工作”。双重领导体制肯定了党委同纪律检查机关之间领导与被领导的工作关系，而且也明确和强调了上级纪律检查机关对下级纪律检查机关的领导责任和作用。这一方面使纪检部门获得了相对于同级党委工作部门的一定独立性，从而能够更为客观地履行监督和执行纪律的职能；另一方面，它将纪律检查工作同党委全面工作有机地融合起来，从体制上为避免纪律检查工作游离于党的中心工作的现象提供了保证。

3. 工作制度

2005 年，中央纪委制定出台了《关于纪委协助党委组织协调反腐败工作的规定（试行）》，对各级纪律监督部门的工作方式和程序提供了更明确的依据，提高了纪委组织协调反腐败工作的制度化水平，进一步完善了反腐败工作领导体制和工作机制。具体的工作制度主要包括案件报告制度、违纪立案制度、工作监督制度、处理申诉制度和复查复议制度等。这些制度构成了一个完善的工作程序链，在发现、处理违纪案件时，纪律检查委员会将违纪案件中的具体情况向同级党委报告，同时向上级纪委报告；如果案件需要立案审查，则在报告同级党委会之后再上报上一级纪委批准；各级纪律检查委员会如果对同级党委处理某具体案件过程存在不同意见，可以请求上一级纪委进行复查，同时对于同级党委在纪检工作中的怠慢、失责甚或违纪情况，则可向上级纪委提出申诉来解决。

（三）权力机关监督体制

我国宪法规定中国各级国家行政机关都是同级国家权力机关的执行机关，因而必须由它产生，向它负责并报告工作，接受它的监督。人大监督制度是各级人民代表大会及其常务委员会对本级国家行政机关及其工作人员的监督，即人大及其常委会为了维护宪法、法律的尊严和人民的根本利益，代表人民和国家的意志，按照法律规定的形式和程序，对国家行政、审判、检察机关的工作和宪法、法律实施状况，所采取的了解、调查、审议、处置的强制行为。国家权力机关对国家行政活动进行监督的主要途径有二：其一是立法监督；其二是工作监督。

1. 立法监督

立法监督是指全国人民代表大会通过制定宪法、法律与地方性法规，从而明确规定行政机构的设置、行政权力界限、行政活动原则与程序等，使国家行政活动只能在宪法与法律允许的范围内进行。1978 年宪法和刑法、1982 年修订后的宪法均对国家公职人员廉洁从政行为提出了要求。此后，全国人大又出台和颁布了《关于严惩严重破坏经济的罪犯的决定》、《关于惩治贪污、受贿罪的补充规定（草案）》等法律法规，使廉政工作在国家的制度层面做到有法可依，而不像以前那样主要依靠党内规范。1995 年，全国人大常委会通过了《关于惩治违反公司法的犯罪的决定》，从而使在社会主义市场经济体制下出现的腐败新情况得到法律的约束。此外，《中华人民共和国各级人民代表大会常务委员会监督法》、《中华人民共和国行政监察法》、《中华人民共和国审计法》以及《中华人民共和国行政诉讼法》等一系列法律的制定和颁布，都是我国廉政建设法治化的重要成就。

2. 工作监督

工作监督是指人大对政府工作中出现的问题或政府工作人员的行政行为进行监督。首先，各级人民代表大会通过审批政府工作中的重大事项，尤其是政府的财政预算与决算等，从而对政府行为进行切实的监督。在各级人大及其常委会举行例会时，政府必须向人大报告工作，接受审议。各级人大及其常委会组成人员通过质询、提批评意见和视察工作，对国家行政活动进行监督。必要时各级人大及其常委会还可以组织调查委员会对特定问题进行专门调查。各级国家权力机关都有权依法撤销本级国家行政机关制定的同宪法、法律相抵触的行政法规、行政规章、决议和决定，以纠正行政机关可能出现的过失。各级国家权力机关都有权依法对不称职的行政机关领导人员提出罢免。通过以上各种途径所进行的监督，都具有法律效力。

（四）行政监督体制

1. 管辖监督

所谓管辖监督指的是具有上下级关系的行政机关之间的监督行为。这是一种最经常、最普遍的监督形式。这一监督体制既包含了行政机关对内部工作人员的日常行政行为的监督，也包括行政机关的上下级之间的监督。国务院统一领导所属各部委和地方各级国家行政机关的工作，其中包括改变或者撤销各部委和省级国家行政机关的不适当的命令、指示和规章，有权考核与奖惩行政工作人员。县级以上地方国家行政机关领导所属工作部门和下级国家行政机关的工作，也同样有权改变或者撤销其不适当的命令、指示和决议、决定，奖惩有关行政工作人员。各级人民政府的职能部门对其所主管的工作、对下级人民政府的相应的职能部门，也有权进行监督。如财政部就国家收支问题进行监督，中国人民银行就拨款、信贷等方面的问题对各地银行的业务进行监督等等。①

2. 审计监督

审计监督是行政机关内部对政府及其工作人员进行监督的一种重要形式。一方面，国家审计机关通过对财政、财务和经济活动进

① 浦兴祖：《当代中国政治制度》，复旦大学出版社，2008 年版，第 255—258 页。

行全面监督和评价，从而考察行政行为的合理性，因为财政支出和政府活动是密切对应的，许多腐败现象都是通过考察钱的来源和去向而发现的。审计机关在审计过程中，通过采取适当的技术方法，便可查出贪污盗窃、行贿、偷税漏税、套汇、走私、造假账、化预算内为预算外以及损失浪费等经济犯罪行为。另一方面，审计监督还可以对政府预算的分配与使用过程是否合法、合理，从而预防和纠正国家财政经济活动的弊端和违法现象。我国1982年宪法规定，由国家设立的审计机关来行使审计监督权力。1983年9月，国务院审计署正式挂牌，此后，县级以上地方各级人民政府也陆续设立了审计部门。国家审计署在国务院总理领导下，依照法律规定，对国务院各部门和地方各级政府的财政收支，以及国家财政金融机构和企事业单位的财政收支和经济活动独立行使审计监督权，不受其他行政机关、社会团体和个人的干涉。地方审计部门实行双重领导体制，一方面接受上级审计机关的领导；另一方面，也受到同级人民政府的领导。这种双重领导体制在一定程度上会影响到审计部门独立依法行使审计监督权。因此，近年来，审计系统越来越朝垂直领导的方向发展，从而将审计监督的优势发挥出来。

3. 监察监督

监察监督是指专门的行政监察机关对各级政府及其工作人员的工作所进行的监督。中国的行政监察机关就是中华人民共和国监察部及其领导下的各级监察机关。国家监察机关的基本任务是：监察国家行政机关及其工作人员贯彻实施国家法律、法规和政策的情况，督促处理违反国家法律、法规、政策和违反行政纪律的行为，受理对国家行政机关及其工作人员的检举、控告，受理不服行政纪律处分的行政工作人员的申诉，按照行政序列分别审议人民政府任命的工作人员的纪律处分事项等。

1990年12月公布实施了《中华人民共和国行政监察条例》，对于确立行政监察制度，保障行政监察机关履行其监督职能，促进行政机关及其工作人员廉洁奉公、遵纪守法发挥了重要作用。1995 年 12 月 4 日，国务院常务会议讨论通过了《中华人民共和国行政监察法（草案)》，并于 1996 年 12 月提交八届人大常委会讨论并修改。1996 年 3 月 17 日，我国颁布了《中华人民共和国行政处罚法》，并于 1996 年 10 月 1 日起生效实施。1997 年 5 月 9 日，八届人大常委会通过了《中华人民共和国行政监察法》，国务院监察部于 1997 年正式成立。1999 年 4 月 29 日，九届人大常委会第 9 次会议审议通过了《中华人民共和国行政复议法》，一些配套的行政监督的法律和措施陆续出台，我国的行政监督体制正日趋规范化。

（五）司法监督体制

司法监督体制指的是人民检察院和人民法院为主体的廉政监督体制。人民检察院设立法纪检察部门，通过检察国家行政机关及其工作人员的违法案件而实施行政监督。1988 年 7 月，最高人民检察院法纪检察厅宣告成立。在此之前，全国省以下检察院已设法纪检察机构 2300 多个。法纪检察部门主要任务是：检察严重破坏国家政策、法律、政令统一实施的重大犯罪案件；检察刑讯逼供、诬告陷害、非法拘禁、报复打击等侵犯公民合法权益的案件；检察行政机关工作人员泄露国家机密、贪赃枉法、以权谋私、私放罪犯等案件。通过检察，依法提起公诉，追究有关人员的法律责任。同时，人民检察院的经济检察部门，也通过检察行政机关工作人员的贪污案、行贿受贿案、偷税抗税案等，对行政活动进行有效的监督。

法院设立行政审判庭，通过审理选举案件、税收案件、不服行政处罚的申诉案件等行政案件，审查国家行政机关的行为是否合法，审查国家行政工作人员是否有违法、失职和侵犯公民权利的行为。1982 年《宪法》第四十一条确立了公民通过司法权来监督行政权的基本权利。同年的《中华人民共和国民事诉讼法（试行)》第三条第二款规定：“法律规定由人民法院审理的行政案件，适用本法规定。”这为人民法院通过司法权监督行政权提供了直接的法律依据。

1983年起我国的人民法院通过经济审判庭开庭受理经济行政案件，最高人民法院在1985年11月6日还专门发布了《关于人民法院审理经济行政案件不应进行调解的通知》，为人民法院进行经济行政审判提供了规范性的司法解释。司法机关对行政的监督制约较之于其他监督主体对行政的监督制约，更具有独特的优越性。主要体现在：第一，司法监督具有公正性。第二，司法监督具有权威性。第三，司法监督具有补救性。

（六）社会监督体制

执政历来重视群众路线，由人民群众来监督政府行为，促进廉政建设，是中国廉政体制中的重要组成部分，也是中国式民主的实现形式。人民群众可以通过对政府的建议、批评、检举、控告和申诉来监督政府机关及其公职人员的行为。总的来说，社会监督主要包括以下几种形式。

1. 社会组织的监督

通过各类合法的社会组织来对政府进行监督是非常有效的监督形式，社会组织是人民群众的组织化形式，包括各级工会、共青团、妇联、青联等社会团体，以及各种协会、联谊会等群众组织，可以综合人民的利益诉求，向政府反映群众意见，对政府工作提出批评和建议。

2. 社会舆论的监督

舆论监督已经成为当前廉政建设的有力武器，许多大案要案都是通过新闻媒介来实现的。人民群众还可以运用电视、广播、报刊等新闻媒体对国家机关及其工作人员实行监督。新闻媒体的监督作用是通过揭露行政机关的种种不正之风来体现的，以此来监督行政机关克服官僚主义，确保国家行政管理的社会主义方向和提高行政效率。同时，人民群众还可充分运用宪法和法律赋予的言论、出版、结社、游行、示威等权利，监督国家行政机关及其工作人员的行政行为。

3. 群众自治性组织的监督

我国在基层普遍设立居民委员会和村民委员会，它们是基层群众自治组织，它们除了协商政府办理一些公益事业、调解群众纠纷、维护社会治安之外，还要向人民政府反映群众的意见、要求，自己提出意见和建议。

4. 人民群众的直接监督

宪法规定，对于任何国家机关和国家机关工作人员提出批评和建议，对于任何国家机关和国家机关工作人员的违法失职行为向有关国家机关提出申诉、控告或检举是中华人民共和国公民的基本权利。公民还可以就自己所了解的行政机关工作人员的违法乱纪行为，向有关部门提出控告或检举，要求对其依法进行处理；按照《行政诉讼法》规定，公民、法人或者其他组织认为行政机关和行政机关工作人员的具体行政行为侵犯其合法权益的，有权依法向人民法院提出诉讼。

5. 通过信访、检举以及行政诉讼等对国家行政活动进行监督

法律规定，公民可以通过信访，即给政府机关写信或要求面谈，表达自己的愿望，对政府工作或政府工作人员提出批评建议；公民也可以提出申诉，对损害了自己权益的行政措施提出复议、复查或重新处理的要求；公民还可以就自己所了解的行政机关工作人员的违法乱纪行为，向有关部门提出控告或检举，要求对其依法进行处理。按《照行政诉讼法》规定，公民、法人或者其他组织认为行政机关和行政机关工作人员的具体行政行为侵犯其合法权益，有权依

法向人民法院提出诉讼。[①]

四、中国廉政体制的运行机制

所谓机制，所注重的是各种制度之间的互动，是使制度发挥作用的各种要素的有机组合，是制度运转的动态形式。不依托相应的制度，机制就成了无源之水，没有相应机制的调节和推动，制度则成为静态的摆设。廉政运行机制的内涵可界定为："国家为发挥廉政制度的运行效力而对廉政结构、资源配置、运行规则及监督程序做出的系统安排。"[②] 具体而言，廉政运行机制主要涉及到构成廉政制度的各个部分作为一个相互配合的整体的运行过程。我们可以从三个方面来理解这个过程：其一是结合廉政工作本身的特点而形成的系统化廉政机制的运行过程，包括预防机制、监控机制、纠正机制三者的有机统一；其二是不同廉政主体相互配合而形成的制度运行过程；其三是涉及到廉政体制运行中所必需的各种资源要素的支撑体系。

（一）政党领导：廉政体制运行的动力机制

如前所述，建设一个廉洁高效的政权组织，是党自建立初始就确立的内在使命。建国后，党不仅是掌握政权的执政力量，同时也是社会主义事业的领导核心。因此，廉政体制建设必然是镶嵌在政党组织自身的运行过程之中的。党对国家政治生活的领导，主要通过两种组织方式：其一，是在中央和地方国家机关中建立党组，使党员直接掌握国家权力。其二是组建党的各级委员会，形式上独立

① 浦兴祖：《当代中国政治制度》，复旦大学出版社，2008 年版，第 255 页。
② 刘杰：《中国式廉政》．学林出版社，2012 年版，第 181 页。

于政府之外，对相应的各级政府官员拥有组织人事任免权，或任免建议权等，以此来实现党的领导。这两种政权运作的方式决定了廉政体制建设也必须以政党为力量核心，由政党直接领导。与执政和领导的双重角色相配套，廉政体制也要求党在建立拒腐防变机制过程中必须运用两套权力监控体系：一是在领导国家和社会中所形成的一套以党的组织体系为载体的党内权力监控体系；二是掌握和运用国家机器以实现执政目的所形成的一套以国家政权体系为载体的权力监控体系。按照这个要求，健全和完善政党的权力运行监控机制，必须重点在权力制约结构上做文章，在党内形成以党的代表大会为核心、纪检机关为监督主体、部门各负其责的党内权力监督制约机制，进一步坚持和完善反腐败领导体制和工作机制，形成执政党拒腐防变的整体合力。

因此，在多种途径的廉政体制建设中，政党领导是最重要的动力机制。在政党的领导和推动下，调动国家政权中的各种廉政机构，来实现廉政系统的运行。如充分发挥人民代表大会作为国家最高权力机关的作用，强化人大在立法和监督执法中的权力，建立宪法委员会和廉政监督委员会，对执政党及各级组织的执政行为进行监督，逐步实现向科学执政、民主执政和依法执政的转轨；进一步改革和完善共产党领导的多党合作制度，以法律的形式明确民主党派的监督内容、方法和程序，丰富政党监督内涵，拓宽政党监督渠道，健全政党监督机制，充分发挥民主党派的参政和监督作用。总之，只有依靠党的领导，才能建立起有效遏制腐败的权力运行机制。

（二）文化为本：廉政体制运行的价值机制

现代政治学的研究业已表明，政治体制结构的确立及功能的发挥，离不开能够与之相配套的政治文化的支撑，离开了政治文化，政治体系便是僵化且不能持续的机械物，因此整治文化为政治体制结构的运行提供了深层支撑。同样，在廉政体制的运行中，廉政文化也具有重要的基础性作用。廉政文化是社会主义先进文化的一个重要组成部分，它是以贯彻党的宗旨和社会主义先进文化为内容，以党政系统的廉洁、公正、高效为目标，融“教育、制度、监督”为一体的组织建设、政治建设和作风建设体系。廉政文化的主体和对象都是党和政府及其干部队伍，其实质性的基础和核心标志则在于党政体制自身的合理性、先进性。

执政党历来重视廉政文化建设。在坚决惩治腐败的同时，更加注重治本，更加注重预防，更加注重制度建设，拓展从源头上防治腐败的工作领域。同时，注重加强以领导干部为重点面向全党、全社会的廉政思想教育，筑起反腐败的思想道德防线，“把反腐倡廉教育贯穿于领导干部的培养、选拔、管理、使用等各个方面，坚持教育与管理、自律与他律相结合，督促领导干部加强党性修养，廉洁自律，反对和防止腐化堕落，常修为政以德、常思贪欲之害、常怀律己之心，牢记‘两个务必’，做到‘八个坚持、八个反对’，自觉经受住发展社会主义市场经济和改革开放条件下长期执政的考验。”此外，应不断强调廉政文化建设在预防和监督腐败中的保障作用，廉政文化本身所具有的特质，就在于通过改变人的思想认识，从思想上做到反腐，从而既能做到从腐败的源头上遏制腐败，又能起到预防腐败的保障作用。

十六大以来，党中央在科学总结反腐倡廉的经验基础上，提出标本兼治、综合治理、惩防并举、注重预防的方针，并及时颁布实施了《建立健全教育、制度、监督并重的惩治和预防腐败体系实施纲要》，具体部署了建立惩治和预防腐败体系的指导原则和工作内容，把廉政文化建设作为建设社会主义先进文化的重要内容，并进一步完善了反腐倡廉教育的工作机制，形成了反腐倡廉教育的整体合力。十七大报告指出：在坚决惩治腐败的同时，要更加注重治本，更加注重预防，更加注重制度建设，拓展从源头上防治腐败的工作领域。加强廉政文化建设是推进预防腐败的重要环节，努力形成拒腐防变的长效机制，坚持警示在先，警钟长鸣，切实提高反腐倡廉建设的成效；廉政文化建设是惩防体系的重要组成部分，努力形成惩治于已然、防患于未然的新格局，不断形成有利于反腐倡廉建设的思想观念和文化氛围，增强全社会的反腐倡廉意识，形成以廉为荣、以贪为耻的良好社会风尚。十八大报告进一步强调要坚定不移地反对腐败，永葆共产党人清正廉洁的政治本色，认为反腐倡廉必须常抓不懈，拒腐防变必须警钟长鸣。要坚持中国特色反腐倡廉道路，坚持标本兼治、综合治理、惩防并举、注重预防方针，全面推进惩治和预防腐败体系建设，做到干部清正、政府清廉、政治清明。各级领导干部特别是高级干部必须自觉遵守廉政准则，严格执行领导干部重大事项报告制度，既严于律己，又加强对亲属和身边工作人员的教育和约束，绝不允许搞特权。严格规范权力行使，加强对领导干部特别是主要领导干部行使权力的监督。深化重点领域和关键环节改革，健全反腐败法律制度，防控廉政风险，防止利益冲突，更加科学有效地防治腐败。加强反腐败国际合作。严格执行党风廉政建设责任制。健全纪检监察体制，完善派驻机构统一管理，更好发挥巡视制度监督作用。始终保持惩治腐败高压态势，坚决查处大案要案，着力解决发生在群众身边的腐败问题。不管涉及什么人，不论权力大小、职位高低，只要触犯党纪国法，都要严惩不贷。

（三）分工配合：廉政体制运行的协作机制

我国廉政体制的组织构成非常复杂，这就要求不同的廉政部门之间既要能够相互分工，又要相互协作。首先要处理好的是党的纪检工作和行政监察工作的关系，这是国家监察制度的两个方面，它们之间存在密切、不可分割的内在联系，但另一方面，二者在性质、范围、任务、对象等方面又有许多不同，不可相互替代。党的纪律检查机关同国家行政监察机关合署办公是促进二者配合的重要举措，是党的纪律检查工作正确处理同行政监察工作之间关系的一个有效的尝试。这种方式既保留了二者各自的特点和独立性，同时又能够信息共享，提高效率，增强联动办案的能力。合署办公后，党的纪律检查机关和国家行政监察机关及职能依然存在，并不会出现以党代政的结果。同时，二者合署办公更有利于党和政府对党政监督检查工作的统一领导，有利于形成合力，精简机构和人员，以避免工作上的交叉和重复，使党的纪律检查工作同行政监察工作之间关系更为协调，更好地发挥合署办公这种新的监督体制的特殊优势。

其次，要处理好人大监督权、司法监督权和行政监督权的关系。从法理上看，人大监督在所有监督监管中具有最优先的地位，因为在议行合一的政权组织形式下，其他各类国家机关都由人大派生，受人大监督，对人大负责。因而，人大监督就法律地位而言，是高居司法审查权和行政权之上的。当司法权和行政权之间发生不正常的现象时，人大应当启动监督权并倾力消除这种不正常的现象。只是在目前的实际运行中，由于人大监督权本身的构成和规定不甚明确、清晰，也由于行政权的强势，从而造成人大监督不力或不当。因此，可以考虑人大的监督与政府中的监督如审计监督等相互协作，人大负责普遍性的监督或运用调查、质询等权力发现问题，行政监督部门应当配合人大的廉政要求而展开工作。

再次，还要处理好司法监督权与行政权的关系。司法监督权通过诉讼程序监控行政权力的运行，除了依据宪法、刑法等法律监督行政机关人员的失职犯罪行为之外，还可以通过行政法来实现对政府行为的监督。我国目前行政诉讼中，存在着行政权在诉讼程序外抗拒司法审查权，导致诉讼程序无法约束行政权。产生这种结果的原因是我国的行政程序法制不健全。在许多行政领域中，行政权的运用没有法律程序的约束，司法监督权就无法发挥其应有的作用。这就要求司法监督与行政监督相互配合，才能提高廉政体制运转的效率。

（四）法治为本：廉政体制运行的程序机制

构建完善的反腐法律制度框架，以对政治、经济乃至文化等领域的权力进行限制和规范，这是反腐的第一步，而且是必需和不可缺少的部分。反腐法律体系是法治反腐的外在表现，是一种法定化的制度，并通过具体法定形式表现出来，这些具体法律形式相互联系、相互作用共同构成了一个反腐法律体系。该体系是一个以宪法为核心的法律体系框架，它由两个方面法律组成：一是由人大制定的宪法和专门法律，如《中华人民共和国宪法》、《中华人民共和国审计法》、《中华人民共和国监察法》、《中华人民共和国刑法》、《行政许可法》、《公务员法》等均对国家公职人员廉洁从政作出了要求。二是由党中央制定的党纪规章，如1980年的《关于党内政治生活的若干规定》，中纪委1990年制定的《中共中央纪律检查委员会关于共产党员在经济方面的违法、违纪、党纪处分的若干规定》，中纪委1997年印发的《中国共产党纪律处分条例（试行）》，中共中央2005年颁布的《建立健全教育、制度、监督并重的惩治和预防腐败体系实施纲要》，中共中央2010年印发的《中国共产党党员领导干部廉洁从政若干准则》等等。这些法律或纪律规定对预防职务上的贪污、受贿进行了详细规定，涉及到公职人员一般受贿、盗用公款、滥用职权受贿等方面的行为规范与制裁措施，制裁主要有：申戒、警告、记过、降职等。上面多领域法律规定使得反腐目标、基本原则与具体措施上升到法律层面，具备了法律上的效力。这样，政府机构及其行政人员就可以在法律原则之下，指导自己的行为符合法律规定，从而使得行政管理秩序处于法律规范之下。

（五）防于未腐：廉政体制运行中的教育机制

廉政体制的运行可分为预防、监控和惩罚机制三方面。其中，预防机制具有极其重要的意义。所谓预防机制，就是通过各种预防性措施来避免腐败现象的发生，教育活动是最基本的预防机制。教育活动通常以两种基本的形式展开：其一是正面的廉政价值观的宣传与学习，注重加强以领导干部为重点，面向全党、全社会的廉政思想教育，筑起反腐败的思想道德防线。其二是通过警示教育的形式来教育干部廉洁奉公。警示教育的具体措施通常有：其一，召开警示教育大会，集中通报发生在各地以及身边的典型案件。如上海市为了切实做到“反腐倡廉常抓不懈，拒腐防变警钟长鸣”，由上海市纪委根据市委领导的指示要求，以近年来本市查处的16起局级干部和部分处、科级干部典型案件为主要素材，组织摄制了警示教育片《警醒》。该片从人际交往、案发领域、作案手段等方面，分析腐败案件特点、剖析案发原因，并针对案件暴露出来的突出问题，提出了防范措施。[①] 警示教育的另一种方式是组织党员干部及其配偶参观监狱、看守所等警示教育基地。参观服刑人员的居住场所和劳动改造场景，目睹他们在高墙内的生活，现场听取在押犯人的现身说法，以此来警示党员干部自律自重，避免因腐败而走向人生的毁灭。这种形式非常具有感染力，因为大部分都是发生在身边的案件，所以特别能使广大党员干部从中吸取教训，牢固树立拒腐防变的思想道德防线。此外，还可以通过举办主题鲜明、特点突出的警示教育展览，以展示案犯资料、犯罪事实、刑罚或党政纪处理情祝的形式预防职务犯罪，通过各种形象生动的文艺形式来进行廉政警示教育。

五、中国廉政体制的创新与发展

中国廉政体制是基于高度现实主义原则建立起来的，它是基于中国国情发展出来的独特模式。廉政体制从开始建立到完善，到最终使它全面发挥作用，必然是一个长期的过程。十八大后，习近平总书记不断强调廉政体制建设的重要性，指出要继续全面加强惩治和预防腐败体系建设，加强反腐倡廉教育和廉政文化建设，健全权力运行制约和监督体系，加强反腐败国家立法，加强反腐倡廉党内法规制度建设，深化腐败问题多发领域和环节的改革，确保国家机关按照法定权限和程序行使权力。要加强对权力运行的制约和监督，把权力关进制度的笼子里，形成不敢腐的惩戒机制、不能腐的防范

① 徐炳文：《上海加强警示教育促廉洁从政》，《中国纪检监察报》，2013年04月27日，第1版。

机制、不易腐的保障机制。各级领导干部都要牢记，任何人都没有法律之外的绝对权力，任何人行使权力都必须为人民服务、对人民负责并自觉接受人民监督。要加强对一把手的监督，认真执行民主集中制，健全施政行为公开制度，保证领导干部做到位高不擅权、权重不谋私。我国在建设国家廉政体系的过程中，要充分认识建设这一体系的系统性和长期性。建设国家廉政体系是一个系统工程，体现了反腐倡廉工作长远目标与近期目标的统一。

廉政体制建设应遵循两个基本的原则：一是要基于中国现阶段自身的情况，着眼中国政治制度的特点来设计出中国特色的廉政体制；其次，要认识到国家廉政体系建设是一个长期过程，具有持久性和动态性。国家廉政体系的设立是为了反腐败，而腐败的产生和发展是随着时代的变化、社会的发展而变化发展的。世界上不同国家、不同地区由于历史、文化、环境、基础的不同，建设的要求、速度和目标也不尽相同，所以在国家廉政体系建设过程中的标准、重点、内容、模式也有所不同，不可能千篇一律。只有立足于当前我国社会主义的基本国情，才能探索出建立有中国特色的国家廉政体质。在探索和完善廉政体制的过程中，必须注意合理设计，不做表面文章，不搞形式主义，不违背群众意愿和客观条件，循序渐进，讲求实效。

（一）廉政体制效能发挥的制约因素

在现代化建设过程中，中国独特的廉政体制模式对于维持政权的廉洁起到了至关重要的作用。对于发展中国家，尤其是大规模的国家而言，在依靠政府主导经济发展的模式中，保持相对良好的廉洁程度是非常不容易的。因此，中国廉政体制模式在总体上来说是比较成功的，但由于种种原因，廉政体制在现实运行中还会遇到种种不利因素，从而影响到廉政体制效能的发挥。具体而言，廉政体制的运行主要受到以下因素的制约：

首先，廉政体制本身的构成复杂，廉政监督效能受到政治体制的制约。党的纪律检查委员会实际上是最重要的廉政建设机构，这对促进干部的廉洁具有直接的意义，但它也影响到作为法理上更重要的监督机构的效能发挥，如人大监督、司法部门的监督就显得相对弱化。从长远的制度化的角度考虑，廉政监督应当转移到国家政权系统中，从而使廉政建设转变为常态而有效的政府功能。另一个问题是，各级党组织中都设立了党的纪律检查机构，各层次的政府中也都有行政监察部门，但由于我国集权型的权力组织模式，廉政监督在上级对下级的监督中是有效的，而对于同级别政府的监督职能就弱化了。此外，地方纪委承担主要的廉政职责，中央纪委拥有主要的廉政权力，地方纪委在业务关系上要接受中央纪委的指导，而地方纪委在权力归属上还要服从于地方党委的领导，中央纪委由于难以事无巨细过问地方事务，因而在这种权力脱节处往往会出现廉政的盲区。①

其次，现阶段政府治理的方式制约了廉政体制效能的发挥。我国作为后发现代化国家，主要依靠政府来推动经济发展，在这个过程中，政府掌握着巨大的资源分配权力，这对廉政建设构成了巨大的挑战。一方面，政府对资源的配置能力使得行政机关相对于其他监督部门如人大、司法部门具有地位上的优势，这导致了监督部门的工作力不从心；另一方面，由于政府经济管理职能缺乏法治所保证的程序化和透明化，使得“权力寻租”成为常见的现象。同时，由于政府部门依然垄断着市场信息和资源分配权力，政府部门的利益化趋向越来越明显，并逐渐形成了一整套有利于公共利益部门化的制度安排，从而导致“跑步钱进”、“诸侯经济”等“法人腐败”现象。此外，我国的行政管理体制尚不健全，导致决策性、执行性和监督性腐败案件不断发生，从而制约着反腐败廉政体系的构建。构建反腐败廉政体系，从源头上预防腐败，必须形成一个决策、执行和监督相互制衡的行政管理体制。然而，在我国行政体制的运行过程中，政府往往既是决策者，又是执行者，同时还是监督者，形

① 刘杰：《中国式廉政》，学林出版社，2012 年版，第 66 页。

成决策、执行、监督一体化，引发了一系列相关的腐败案件。[1] 因此，在现有的政府治理模式下，廉政体制的效果会受到很大的制约，在很大程度上，腐败现象的增多并非廉政体制本身的效能低下，而是由于政府治理方式引起的。

再次，社会文化的惯性也是制约廉政体制发挥效能的一个因素。中国社会文化中的人情世故、人际关系等因素的存在，使得民众理性的廉政意识淡漠。例如：人们会从心理上痛恨腐败，往往对直接影响自身利益的腐败现象感到愤怒，但许多人在日常与政府打交道的过程中，往往会主动通过贿赂的方式来达到自己的目的。这样使得社会交往方式中腐败因素成为常态，甚至出现了社会性腐败现象，即人人都希望通过非正常的途径来实现自己的利益诉求。假如公众对腐败问题无动于衷，对腐败行为缺乏警觉，或者如果社会价值普遍缺乏，这也会从客观上影响廉政体制的运转。执行廉政监督的干部也是社会的成员，他们的行为不可避免受到社会风气的影响，从而使监督行为异化。

此外，腐败现象本身的变化也给廉政体制建设提出了新的挑战。一是随着我国社会主义市场经济的不断深化，腐败活动也随之呈现出弥散化的特征，几乎在所有的权力领域、社会领域扩散，如征地拆迁、建设工程、企业重组改制、金融等领域，腐败案件依然易发多发，甚至教育、社保、医疗、环保等领域也成为屡见不鲜的腐败区域。二是腐败的方法和手段越来越隐蔽，反腐败的难度越来越大。腐败分子的手法在不断创新，在反腐败的高压态势之下，一些腐败现象总会变幻出不同招式，可谓“日新月异”，越来越具有隐蔽性和迷惑性。[2] 违纪违法行为日趋复杂化、隐蔽化、智能化，新兴经济领域案件和运用高新技术手段作案呈上升趋势，窝案、串案、案中案增多；三是涉及腐败行为的干部的级别越来越高，监督起来也更加困难。十八大以来，随着中央“苍蝇和老虎一起打”的反腐新举措

---

① 胡杨：《行政管理体制创新与反腐败廉政体系的构建》.《中州学刊》，2007 年第 4 期。
② 姜玮：《反腐倡廉要在新起点上实现新跨越》，《学习时报》，2013 年 01 月 07 日第 8 版.

的实施，已经有许多省部级官员因腐败问题被处理。这一方面显示了党反腐的决心，另一方面也显示出反腐任务的艰巨性，对廉政体制提出了新的要求。

（二）廉政体制创新发展的路径

1. 加强廉政文化建设，完善廉政体制的精神基础

廉政体制的功能不仅仅局限于对腐败行为的监控与惩罚，更重要的是如何预防、减少腐败行为的出现。廉政文化建设通过在社会上树立廉政观念，使人们从心理上认识到腐败不但为法律所不容，而且也是为社会道德和权力伦理所彻底否定的，那么就会在公权力的行使过程中增加了一道屏障。根除腐败不能简单依靠一些规范性文件来弥补“制度缺失”，更需要营造廉政制度生长的社会环境、文化基础，培育廉政制度文化，以获得社会对于制度的认同。廉政文化建设要有领导、有系统地推进。要建立和完善“党委统一领导，党政齐抓共管，纪委组织协调，部门各负其责”的领导体制，努力形成廉政文化建设的推进体系，建立和完善各级党委政府是主体、纪委组织协调、全社会共同参与的廉政文化建设的工作机制。同时，要建立和完善完整的目标管理机制，把廉政文化建设推向深入，把目标落到实处，这就要求将廉政文化建设与经济工作统筹考虑，形成一套完整的目标管理体系。此外，还要加大对廉政文化建设的投入，同时注重发挥市场机制的作用，积极探索市场化运作等途径，努力形成廉政文化建设的良性运行机制。

2. 改善权力运行方式，创新廉政建设的制度保障

廉政体制建设的效果不但体现在通过严厉的惩罚机制从而让人不敢腐败，也要通过权力运行方式的改革，加强权力制约，从而让人不能腐败。反腐倡廉的核心是防止权力的滥用，是以监督部门的权力制约国家公共权力。当前可以从三个方面来改善权力的运行方

式：第一，随着市场经济的深入化，政府应当逐渐退出一些行政审批领域，这些领域是传统上腐败的重点领域。十八大以来，国务院陆续取消了一百多项行政审批权力，这对促进廉政体制建设将会起到非常有益的作用。第二，应当确立政府权力的边界，尤其是“一把手”权力的边界。权力失去监督与制约必然导致腐败。由于我国各级政府在运行过程中呈现出集权化的特征，领导干部的权力很容易陷入失控的境地，因此建立有效的对领导干部的监督机制是廉政建设的核心。第三，廉政监督的领域应集中在最容易发生腐败的权力领域。从中国的腐败案例中不难得出结论，滥用职权发生最为普遍的地方是在行政管理权、经济管辖权、人事任用权、财物审批权等方面。近年来，房地产活动中的土地转让、审批过程也成为腐败的高发区域。在这些领域的权力运行中，要建立一整套相互衔接、相互作用的制度体系，保障权力结构之间的相互制衡，防止权力运行过程中的权力滥用，消除滋生腐败的土壤。

3．加强廉政立法，完善廉政体制的法律保障

为了治理腐败，建立完备的法律监督机制，需要将现有的监督机构用法律的形式确立下来，加强廉政立法。在这个方面可以借鉴香港和新加坡的经验。香港廉政建设世界闻名，新加坡是世界公认的把腐败现象控制在最低的国家之一。这两个地方廉政建设的重要经验是通过法治反腐，而不仅仅是通过政治权力来反腐。当然，在法律条文的制定过程中，既要充分考虑中国国情，也要与世界各国尽量“接轨”，积极加入世界反贪组织，加大对腐败分子和腐败行为的查处和打击力度，给腐败分子和腐败行为以最大的威慑力和震慑力，使这些违法分子在世界范围内无处藏身。目前，我国廉政立法中主要有两个问题需要解决：一个是已经确立的法律不能很好地执行，如宪法确立的人大对政府的监督、司法机关对政府的监督等，其效能还未能发挥出来。另一个问题是一些重要的法律迟迟不能出台，如干部财产公开的相关法律等，对反腐工作非常重要。新加坡廉政制度之所以高效，就是因为它拥有一个严格的官员财产申报制度。我国应当依据国情借鉴他国经验，尽快确立实施对廉政建设有切实功效的法律。

4. 强化惩罚机制，加大腐败的成本

针对腐败分子，还必须强化惩罚机制。提高反腐败司法机关的工作效率，严密法网，提高破案率和惩罚力度，依法从重从快给腐败分子以严厉制裁，能够大大增加腐败成本，使腐败成为得不偿失的事情。一方面，破案率高，判刑率高，司法追诉及时，是加大腐败心理成本的最有力的办法，也是一定时期内防范腐败的最有效力的方式。因此，必须建立健全专业的打击和预防腐败的司法队伍，提高打击腐败的效率。另一方面，严格刑罚，增强对腐败分子的惩罚力度，是加大腐败实际成本的直接手段。因此，可以考虑修改刑法，加重对腐败犯罪的惩罚，提高罚金数额，完全剥夺腐败收益，使腐败失去获取利益的意义。

第二十四章　干部人事体制

要探讨和分析中国的干部人事体制，首先要从建立和完善干部人事体制的原因和目的入手，它直接涉及的是中国共产党政治路线与组织路线的问题。共产党领导中国革命和建设的总体目标是建立一个现代化的社会主义国家。在实现这个目的的过程中，党根据各个不同历史时期，一定历史发展阶段的社会、政治、经济情况，以及所要解决的主要矛盾，提出在不同时期的总路线、总任务或总政策。一旦正确的政治路线得以提出和实行，此后组织工作、干部管理就变得至关重要，成为实现政治路线的保证。

一、党的干部路线与方针

在高度集中统一的人事管理体制时期，理论上的“国家干部”是一个比较宽泛的概念。凡是列入干部编制，享受干部待遇，从事各种公共管理工作的公职人员都算国家干部。它主要包括以下6类：国家机关的领导和工作人员；中国共产党的工作干部，各民主党派的领导和机关工作人员；在军队中担任排级以上职务的现役军人；社会团体与群众组织的领导与工作人员；专业技术干部；国有企事业单位中从事管理工作的人员。本章主要采用日常使用和日常话语意义上的“国家干部”，它通常只是指那些在党政机关从事领导、管理工作，具有一定行政级别的国家公职人员。

正如毛泽东指出的那样："政治路线确定之后，干部就是决定的因素。因此，有计划地培养大批的新干部，就是我们的战斗任务。""中国共产党是在一个几万万人的大民族中领导伟大革命斗争的党，没有多数才德兼备的领导干部，是不能完成其历史任务的。"① 这就是说，政治路线是党的生命线，它和组织路线两者密不可分。一方面，政治路线决定组织路线，组织工作必须始终坚持服从服务于党的政治路线，紧紧围绕党的中心任务、按照党的建设总目标。另一方面，党的政治路线的实现需要组织工作的保障。做好组织工作是实现党的领导的基本条件，对正确制定和实现党的路线、方针和政策具有决定性的作用，是推进中国特色社会主义伟大事业的根本保证。

在改革开放的重要转折时期，经过"真理标准"和"两个凡是"的争论，党的思想路线和政治路线明确下来。前者主要是指重新恢复和发展毛泽东关于实事求是、理论联系实际、一切从实际出发的思想路线。后者指的是将党的工作重心转移到经济建设上来，进行社会主义现代化建设的政治路线。邓小平指出，思想路线、政治路线"要由人来具体地贯彻执行"，"由赞成党的政治路线的人，还是由不赞成的人，或者是由持中间态度的人来执行，结果不一样。这就提出一个要什么人来接班的问题。""中国的稳定、四个现代化的实现，要有正确的组织路线来保证，要有真正坚持马克思列宁主义、毛泽东思想和党性强的人来接班才能保证。"②

1992年"南方谈话"中邓小平再次强调说："正确的政治路线要靠正确的组织路线来保证。中国的事情能不能办好，社会主义和改革开放能不能坚持，经济能不能快一点发展起来，国家能不能长

① 毛泽东：《中国共产党在民族战争中的地位（一九三八年十月十四日）》，参见《毛泽东选集》第2卷，人民出版社，1991年版，第526页。

② 邓小平：《思想路线政治路线的实现要靠组织路线来保证（一九七九年七月二十九日）》，参见《邓小平文选》第2卷，人民出版社，1994年版，第191—193页。

治久安，从一定意义上说，关键在人。”① 改革开放三十年多年来，中国共产党坚持组织路线服从、服务于政治路线的正确方向，把干部工作和干部人事制度改革放在国际大背景和全党全国工作大局中去思考、去把握。它要求将党的组织工作紧紧围绕经济建设这个中心，紧紧围绕把党建设成为中国特色社会主义事业坚强领导核心这个目标，把促进改革发展稳定作为第一位的任务，把加强党的执政能力建设和先进性建设作为主线，为贯彻执行党的基本路线、全面推进伟大事业和伟大工程提供了坚强的组织保证。

党管干部是党的领导在干部工作中的重要体现，是党的组织路线为政治路线服务的一项有力保障。具体来说，党管干部主要是指各级党委坚持贯彻执行党的干部路线、方针、政策，严格按照党的原则选拔任用干部，并对各级、各类干部进行有效管理和监督。因此，党管干部的原则是党领导国家建设的必要选择，在任何时候都不能动摇。它确保了党在思想和政治上的领导地位，是巩固党的执政地位的一个重要保证。党管干部是在中国共产党的逐步发展当中形成和完善起来的，在不同的历史时期有着不同的侧重和内涵。

1938 年，毛泽东同志在党的六届六中全会上提出了党管干部的思想。1953 年，中共中央作出《关于加强干部管理工作的决定》，对党管干部原则作出明确规定。1962 年，邓小平同志强调，党要管党，一管党员，二管干部。对执政党来说，最关键的是干部问题。1989 年，中共中央《关于加强党的建设的通知》明确了党管干部原则的基本内涵。此后，党的历次全国代表大会和党的重要文件，都强调必须坚持党管干部原则，把用人权看作最重要的执政权之一。在改革中，放弃党管干部原则就等于放弃党的领导、放弃党的执政地位。面对新形势，就要在坚持党管干部原则的基础上，逐渐改进管理干部的方法，将两者结合起来。不但要大胆改革不适应新形势、新任务需要的干部人事管理制度和方法，同时还要积极探索新历史

---

① 邓小平：《在武昌、深圳、珠海、上海等地的谈话要点（一九九二年一月十八日——二月二十一日）》，参见《邓小平文选》第 3 卷，人民出版社，1993 年版，第 380 页。

条件下党管干部的有效途径，努力提高干部管理水平。

改进管理干部的方法，就是要解决好选什么样的干部、如何选择干部等问题，不断坚持和完善党的干部路线和方针。党的干部路线是党和国家干部建设的总体指导纲领，规定了干部的德才标准，决定了干部队伍建设的具体方针。它并不是后来才提出来的干部管理指导思想，而是贯穿共产党组织工作始终，对现实干部制度改革具有重要规范意义和前瞻性的一条指导原则。毛泽东曾经指出，在使用干部的问题上，“我们民族历史中从来就有两个对立的路线：一个是‘任人唯贤’的路线，一个是‘任人唯亲’的路线。前者是正派的路线，后者是不正派的路线。共产党的干部政策，应是以能否坚决地执行党的路线，服从党的纪律，和群众有密切联系，有独立的工作能力，积极肯干，不谋私利为标准，这就是‘任人唯贤’的路线。”①

公道正派是领导干部和干部人事部门职业道德的最基本思想作风。领导干部自身要具有坚强的党性原则，敢于说真话、说公道话，敢于排除各种不正之风的干扰。宁可得罪某些人，也不能损害党的事业。领导干部的选拔和使用要坚持德才兼备、以德为先，德的核心是党性。2009 年党的十七届四中全会通过的《中共中央关于加强和改进新形势下党的建设若干重大问题的决定》指出，把干部的德放在首要位置，是保持马克思主义执政党先进性和纯洁性的根本要求和重要保证。选拔任用干部既要看才、更要看德，把政治上靠得住、工作上有本事、作风上过得硬、人民群众信得过的干部选拔上来。从政治品质和道德品行等方面完善干部德的评价标准，重点看是否忠于党、忠于国家、忠于人民，是否确立正确的世界观、权力观、事业观，是否真抓实干、敢于负责、锐意进取，是否作风正派、清正廉洁、情趣健康。

德与才是干部素质不可或缺的两个方面，有德无才，难以担当

---

① 毛泽东：《中国共产党在民族战争中的地位（一九三八年十月十四日）》，参见《毛泽东选集》第 2 卷，人民出版社，1991 年版，第 527 页。

重任；有才无德，终究要败坏党的事业。与改革开放初相比，我国干部队伍的年龄结构、知识结构、专业结构发生了历史性变化。现在一些干部出问题，主要不是出在才上，而是出在德上。坚持德才兼备、突出以德为先，抓住了当前领导班子和干部队伍建设的关键。要注重从履行岗位职责、完成急难险重任务、关键时刻表现、对待个人名利等方面考察干部的德。坚持正确用人导向，使选拔出来的干部组织放心、群众满意，让能干事者有机会、干成事者有舞台，不让老实人吃亏，不让投机钻营者得利。

同时，干部选拔必须坚持“五湖四海”、“能上能下”。选拔使用干部要视野开阔、渠道宽广，从全局着眼，在较大范围遴选。干部不管来自哪个地区，哪个单位，都要一视同仁，通盘衡量。应该从不同单位、不同籍贯、不同行业的干部中广泛选拔。不用亲情代替党性，不用随意性代替原则性。不能只从自己熟悉的单位、熟悉的干部中挑选，不能搞本位主义、门户之见和亲疏厚薄，这是做到任人唯贤的重要条件。坚持干部“能上能下”，是任人唯贤中“唯”的内容。因为干部的“贤”不是一成不变的，干部任用必须依据德才的变化，通过各种途径不断进行调整。早在1962年邓小平就曾经说过，“多少年来，我们对干部就是包下来，能上不能下。现在看来，副作用很大。我们面前摆着这个难题，现在还没有很好的办法解决。唯一的出路是要能下。”①

坚持任人唯贤的干部路线，实现公道正派、“五湖四海”、“能上能下”的选人用人目标不能只靠党和国家自身来完成。它要求党的干部管理不能图省事、走捷径、听一面之词、做一次谈话就给干部定终身。在选拔任用干部时，不仅要听取同级党委领导干部的意见，还要听取下级干部以及广大群众的意见，真正走群众路线。通过将干部路线与群众路线相结合，可以拓宽知人渠道，密切干部与群众的联系。对那些只认领导不认群众的人，应该果断舍弃，不应

① 邓小平：《执政党的干部问题（一九六二年十一月二十九日）》，参见《邓小平文选》第1卷，人民出版社，1994年版，第329页。

予以重用。对那些有争议的干部，要通过深入细致的考察来统一思想认识，多听群众的意见。党的干部路线多年的实践说明，凡是大多数同志都反对的人，一般来说是有一定问题的，应该引起高度的重视。

由于改革开放之初拨乱反正和全党工作重心的转移，干部人事工作开始发生指导思想上的转换，转到以经济建设为中心上来。针对当时干部队伍年龄偏大、文化偏低等状况，邓小平提出“实现干部队伍的革命化、年轻化、知识化、专业化，是革命和建设的战略需要”[①] 的干部人事方针。1982 年 2 月 20 日，中共中央作出了《关于建立老干部退休制度的决定》，废除了实际存在的干部领导职务终身制，规定了老干部离休退休年龄的界限。具体来说，担任中央、国家机关部长、副部长，省、市、自治区党委第一书记、书记、省政府省长、副省长，以及省、市、自治区纪律检查委员会和法院、检察院主要负责干部的，正职一般不超过 65 岁，副职一般不超过 60 岁。担任司局长一级的干部，一般不超过 60 岁。

干部队伍革命化、年轻化、知识化、专业化的方针适应了中国共产党历史转折时期的新要求，强调了以正确的组织路线保证正确的思想路线和政治路线的实现的基本原则。中国共产党的“四化”干部方针最重要的目的在于逐步调整和充实各级领导班子，废除干部领导职务实际存在的终身制，实行新老干部的合作与交替。“革命化”是其中的重要前提。因为选拔和任用干部首先要政治过关，从而保证党和国家的领导权能够得到落实。衡量干部的革命化标准，主要是看政治信仰、政治立场、政治观点和对重大问题的政治态度。“知识化”是干部方针的重要基础。一个干部如果缺乏一定的科学文化知识，会严重影响他的思想觉悟、道德水平，同时也影响他的技术能力。“专业化”是干部方针的一个重要条件。各级各类干部都应该掌握本行本职范围内的专业知识，掌握有关业务领域的政策，成

① 邓小平：《精简机构是一场革命（一九八二年一月十三日）》，参见《邓小平文选》第 2 卷，人民出版社，1994 年版，第 396 页。

为运用其规律进行工作的专家。

二、干部人事管理逐渐摆脱高度集中化

新中国成立初期，我国实行干部人事统一综合管理的体制。这一体制呈现高度的集权特性，主要适应政权不稳定和机构不健全的状况。当时，除了军队干部之外，所有的地方干部都由中央及各级党委的组织部统一管理，上级可以统管下几级的干部。通过集中、统一的干部管理体制，国家与各级地方政府能够从斗争形势和日常工作需要的全局出发，统筹调动干部，加强有决定意义的地区和部门，保证党的政治任务的完成。同时能够避免政出多门、各行其是，避免或减少了在执行党的干部政策中的不统一现象。

同时，干部人事体制的各项相关工作也在逐步完善。它首先表现在党管干部原则的逐渐制度化和规范化方面。1949 年 11 月，党中央决定在中央人民政府内建立党组，以实现和加强党对政府的领导，贯彻执行党中央的路线和方针政策。1953 年 4 月，中组部发出《关于政府干部任免手续的通知》，规定今后凡属中央人民政府或政务院任免范围的干部，在中央人民政府或政务院任免之前，仍需按党内管理干部的规定审批。以后干部人事的审核、调查与提名不再由人事部门办理，改由党委组织部来承担，这些干部在任免之前需经组织部门和党委审查。此后，逐步建立起了与高度集中的计划经济相适应，具有高度统一性的干部人事管理制度，所有干部都按照党政机关干部的单一模式进行集中管理。

在此基础上，中国共产党建立了与党外人士合作的原则。重视同民主党派和无党派人士的合作是中国共产党的一项优良传统，特别是在新中国成立初期，非中共人士在国家机关中占相当的比重。1951 年 3 月，中共中央作出指示，要求各级政府委员会必须配备适当数目的党外人士。1951 年 11 月 17 日，毛泽东对《中财委关于交

通部党组对团结民主人士问题检讨报告的通报》作了肯定，并要求各部门党组研究。该通报认为，“使党外人士有职有权，这不是一句空话，共产党员应保证这句话不折不扣地实现，不论上级同级下级都应尽到自己职分内的责任，不能因为党内已有决定，而就不去同党外人士商量，该商量的必须商量，该请示的必须请示，该经过的必须经过。”①

中国共产党为了实现“任人唯贤”的干部路线，建设一支能够迅速恢复国民经济生产任务、稳定国家社会秩序的干部队伍，在干部任免上，逐渐建立起以委任制为主并适当采取考任、选举等形式的格局。党和国家的主要领导人需要经过选举，但候选人由委任的方式产生。1951 年中央人民政府批准了《任免国家机关工作人员暂行条例》，规定了中央人民政府和政务院的任免权限。1954 年第一届全国人大通过了新中国第一部宪法，规定了国家主席、副主席、国务院总理等最高领导人的产生方式。不过，除了主要领导人员的任免程序有了法律规定外，当时对大部分干部的录用、选拔、任免并没有明确的法律规定。

在干部轮训制度方面，1951 年前后，中组部会同人事部、教育部等部门，制定了提高干部文化水平和素质的三种方案：一是举办工农速成中学和工农文化补习班，以及选派干部进高等学校学习来提高现有干部的文化水平；二是大规模训练旧公务人员和知识分子，使他们在短期内树立新的为人民服务的观点；三是有步骤地改革高等学校招生制度，研究制定留学生制度。在干部纪律及其奖惩制度方面，1952 年，政务院颁布了《国家机关工作人员奖惩暂行条例》、《关于国家机关工作人员行政处分暂行规定》和《关于国家机关工作人员行政处分批准程序的规定》，第一次就国家机关工作人员的考察了解、纪律与惩戒等作了系统规定。

---

① 毛泽东：《转发中财委关于交通部党组对团结民主人士问题检讨报告的通报的批语（一九五一年十一月十七日）》，参见《建国以来毛泽东文稿（2）》，中央文献出版社，1992 年版，第 507—508 页。

随着国家政局稳定下来，大规模建设逐渐展开，干部队伍的数量开始迅速扩大。与此同时，干部结构由适应革命战争需要转向适应经济建设需要。在此情况下，尽管党管干部、同党外人士合作的原则，以及各项具体干部管理规定并没有什么问题，但高度集中的管理体制本身不再与形势发展的需要相适应，迫切需要作出改变。1953 年 9 月 16 日到 10 月 27 日，中共中央召开了第二次全国组织工作会议。会议拟定了《关于加强干部管理工作的决定》，提出将管理干部与管理业务相结合，逐步建立各级党委统一领导、各级党委组织部门统一管理的分级、分部管理体制。

分级管理是指中央和地方各级党委之间建立分工管理各级干部的制度。凡属担负全国各方面重要职务的干部均由中央管理，其他干部分别由各级党委分级管理。分部管理是指按干部的分布和类型划分为 9 类，在各级党委组织部的统一管理下，由各级党委的各部门分别进行具体管理的制度。党委组织部除了管好自己分管的干部外，还负责对上述各部管理干部情况的汇总综合工作，负责拟定统一的审查、调配计划，干部培养、训练计划，建立统一的干部档案制度和统计制度等。

由此形成干部人事制度的两大特点：一是双重管理体制。各级党委设立组织部，负责管理党群系统及政府机关和企事业单位中担任主要领导职务的干部。各级政府设立人事部门，协助党委组织部管理政府机关及企事业单位中的干部，负责办理人事调动手续和人事档案的管理以及毕业生分配、军队转业人员的安置等具体事宜。在中央和国家机关各部委，以及企事业单位中设立人事机构，负责本系统的干部工作事宜，并在党委（党组）领导下分管一部分干部。二是下管两级原则。由中共中央及各级党委分工管理各级干部。1955 年 1 月，根据“凡属担负全国各个方面重要职务的干部均应由中央加以管理”的原则，党中央颁发了《中共中央管理的干部职务名称表》，规定凡属于担负全国某个方面重要职务的干部，均由中共中央管理，其他干部则由中共中央局、分局及各级党委分工管理。管理的层次是分别管理党政机关下属两级机构中担任主要领导职务的干部。

在分级管理改革的同时，干部人事体制的各项具体规范继续得以完善。1953年下半年，毛泽东就已经在思考探索解决领导干部职务终身制和干部只能升不能降的问题。他首先提出在中央领导层设一线、二线的主张，希望年轻一些的领导人到第一线担负更多的工作，以培养中央领导梯队，使党的事业后继有人。1958年，党的八届六中全会同意了毛泽东提出的他不做下届国家主席候选人的请求，中央政治局常委分为一线和二线。1962年10至12月，中组部召开组织工作会议，会议纪要指出："必须在干部工作方面逐步地形成一套比较完整的使干部能上能下、能'官'能民的制度。"①

在干部轮训方面，1954年12月，中共中央制定了轮训全党高、中级干部和调整党校的计划，要求此后必须有计划、有步骤地把全党各方面的高、中级干部调入党校进行轮训。在培养干部途径方面，1957年5月，党中央作出关于各级领导人员参加体力劳动的指示，指出不仅县、区、乡的干部，而且县级以上的各级党委主要领导人员，包括中央委员在内，凡能够参加体力劳动的都应参加。在干部奖惩方面，1957年10月，全国人大常委会批准了《国务院关于国家行政机关工作人员的奖惩暂行规定》，以法规的形式详细规定了行政机关工作人员的纪律和奖惩事宜。在干部交流方面，1962年9月，党的八届十中全会作出关于有计划有步骤地交流各级党政主要领导干部的决定，要求在全国范围内，即在中央与地方之间、上下之间、地区之间和部门之间，对各级主要领导进行有计划地交流，并且把这作为一项根本制度建立起来。

总之，1949年10月到1956年期间，中国共产党为了完成从新民主义向社会主义的转变，制定了一系列与此相适应的干部路线、方针、政策，确立了干部人事管理的体制制度，建立了从中央到基层、各级各部门党和行政系统的干部人事机构。围绕恢复和发展国

---

① 中央组织部：《组织工作会议纪要（一九六二年十二月八日）》，参见中共中央文献研究室编：《建国以来重要文献选编》，中央文献出版社，1997年版，第105页。

民经济中心任务，开展干部人事工作，初步建成了一支适应社会主义革命和建设需要的干部队伍。这一时期的干部人事制度经历了从统一综合管理体制向分级、分部管理的转变。伴随党和国家政治、经济、社会工作的复杂化、专业化和分散化，以前一管到底、一统到边的干部管理方法必须做出相应的调整。从中央到地方各级政府的干部管理需要进行范围的界定，从军队干部到党群工作干部需要划分到不同的党政部门进行具体管理。

1966 年开始的“文化大革命”，对干部人事工作造成了极其严重的冲击和破坏。新中国成立以来人事制度建设的成绩被全盘否定，一系列成型的制度和法规被抛弃。1966 年 8 月，毛泽东认为“中央组织部不在我们手里”，之后，中央文革小组宣布中组部部长安子文为反党、反社会主义、反毛泽东思想的“三反分子”，宣布 6 个副部长和一些处长为反革命修正主义集团的成员，统统被罢官。10 月以后，全国掀起了“踢开党委闹革命”的浪潮，1967 年 1 月以后又掀起了夺权高潮，从 1968 年年底起，中央及地方的各级干部人事部门陆续被撤销。许多党政领导干部被随意诬蔑、陷害、审查、拘禁和开除。干部选任以对“文革”和阶级斗争的态度为依据，以人划线，以派划线，任人唯亲、人身依附不断强化，正常的干部人事工作陷入瘫痪。

1976 年 10 月粉碎“四人帮”以后，干部人事工作与其他战线一样，开始进入了拨乱反正、继而进入改革开放的重要历史时期。从某种意义上说，拨乱反正是改革开放的思想、舆论和组织准备，是改革开放的序幕。1978 年 12 月中共十一届三中全会之后，中央逐步恢复了各级人事工作机构，充实加强了干部人事管理队伍。具体表现在两个方面：一是平反“文革”中的冤假错案，重新落实干部制度；二是确立“革命化、年轻化、知识化、专业化”的干部方针，扩展了过去“任人唯贤”的干部路线。尤其是完善后备干部制度和健全老干部退休制度的干部“年轻化”改革，保证了领导干部新老交替机制的正常运行，为改革开放推进做了重要的铺垫工作。

三、改革开放与干部人事体制改革

十一届三中全会以后形成的改革开放总体趋势，不仅冲击了原有的单一计划经济模式，而且也对过去的干部人事体制形成了重大影响。在此过程中，高度集中统一管理的干部人事制度与社会主义市场经济发展存在越来越多的龃龉，各种弊端也不断暴露出来。叶剑英在1979年9月庆祝中华人民共和国成立30周年的讲话中曾经指出，“目前我们的干部制度存在着严重的缺陷，不仅不利于人才的发现、选拔和培养，不利于干部队伍的逐步年轻化和专业化，而且往往造成许多人才的埋没和浪费。必须经过周密计划，采取坚决有力的措施，认真进行必要的改革。”①

1987年，党的十三大报告对过去干部体制的缺陷作了总结性的分析。在改革干部人事制度一节中，报告将这些缺陷概括为四点。一是“国家干部”概念过于笼统，缺乏科学分类；二是管理权限过分集中，管人与管事脱节；三是管理方式陈旧单一，阻碍人才成长；四是管理制度不健全，用人缺乏法治。报告进一步指出，我们长期面临的两大问题：一是年轻优秀人才难以脱颖而出；二是用人问题上不正之风难以避免。

在改革开放伊始，干部人事体制改革的重点就是改变过分集中的干部人事管理体制，下放干部管理权限，建立社会主义现代化建设急需的干部人事管理制度。高度集中的干部管理体制时期，尽管规定中央和省市区党委下管二级干部，但有些地方党委实际上下管三级，甚至四级。它导致的直接后果是上级党委陷入庞大的管理干部的日常事务，从而无力从事本职的宏观政策方针制定工作。与此

---

① 叶剑英：《在庆祝中华人民共和国成立三十周年大会上的讲话（一九七九年九月二十九日)》，参见《叶剑英选集》，人民出版社，1996年版，第548页。

同时，有管理能力、熟悉具体管理事务、了解干部的下级、基层党委却缺乏管理权限，只能被动地接受上级党委对组织工作的领导、服从安排。

对此，邓小平提出“解放思想，克服重重困难，打破老框框，勇于改革不合时宜的组织制度、人事制度”[①]的问题。首先是缩小管理干部的范围，下放管理干部的权限的问题。1983年10月，中组部作出《关于改革干部管理体制若干问题的规定》，提出“管少、管活、管好”和分级分类管理的原则。此后，中央将省一级机关的正副部长、厅长和部分中央管理的企事业单位和高等院校的党政干部领导权下放给地方党委和国家机关有关的部门党组、党委管理，而不再由中央统揽。1984年7月，中组部印发了《关于修订中共中央干部管理的干部职务名称表的通知》，决定适当下放干部管理权限，实行“下管一级”的干部管理体制，采取层层管理、层层负责的办法。

其次是结合党政关系调整，党委组织部门向政府人事部门下放一部分干部管理权。最后是党政机关向企业放权。1984年，国务院颁布了《关于进一步扩大国营工业企业自主权的暂行规定》，进一步扩大了企业干部管理的自主权，明确企业厂长、经理有权任免、调动中层行政干部和一般管理干部，一定程度上克服了管人与管事相分离的弊端。通过在这三个方面下放干部管理权限，中央和地方各级党委得以逐步从繁重的日常干部管理工作中脱身出来，加强对下级党委和干部管理部门工作的宏观调控。中共中央采取了一系列措施，指导、检查、督促各级党组织和干部管理部门按照党的干部路线、方针、政策来培养和管理干部。

在党中央干部人事管理权限下放的同时，一系列的干部人事管理制度也逐渐恢复和完善起来。在干部考核方面，早在1979年11月，中组部就发出了《关于实行干部考核制度的意见的通知》，具体

---

① 邓小平：《党和国家领导制度的改革（一九八〇年八月十八日）》，参见《邓小平文选》第2卷，北京：人民出版社，1994年版，第326页。

阐述了建立和完善干部考核制度的意义。要求各地区各部门根据各自的条件，制定出明确具体的考核标准与内容。在试点的基础上，务求在两三年内把这项制度建立起来。干部考核应该坚持德才兼备的原则，实行领导与群众相结合、平时考核与定期考核相结合的办法，从德、能、勤、绩等方面进行考核。1982 年通过的新宪法，以国家大法的形式规定了对国家机关工作人员进行考核的制度。

在干部任用方面，1980 年 10 月，国务院公布了《关于老干部离职休养的暂行规定》。1981 年中共十一届六中全会决定废除干部领导职务实际上存在的终身制，实行干部任期制。1982 年 1 月，中共中央、国务院公布了《国营工厂厂长工作暂行条例》，改革国营企业管理，实行厂长任期制。同年 2 月，党中央作出《关于建立老干部退休制度的决定》。同年 9 月，党的十二大开始设立顾问委员会，由此建立了老干部离休、退休和退居二线的制度。该年年底，党中央发出《关于清理领导班子中“三种人”问题的通知》，指出追随林彪、江青反革命集团造反起家的人，帮派思想严重的人，打砸抢分子这“三种人”虽然为数不多，但活动能力很强，活动范围很广，是一种不安定因素和不可忽视的潜在危险，这些人绝不可重用，必须坚决把他们从领导班子中清理出去，调离要害部门和要害单位。

与此同时，干部任用的模式也发生了重大转变，从单一委任制模式调整为委任、选任、考任、聘任等多种形式。十一届三中全会以后，在继续实行选举制和委任制的同时，也开始对干部选拔方式进行了一些新的探索。1982 年 9 月，劳动人事部制定了《吸收录用干部问题的若干规定》，提出了“坚持考试”的录用原则。一年之后，又发布了《关于贯彻执行〈吸收录用干部问题的若干规定〉的通知》进一步强调各有关部门吸收录用干部必须遵守该《规定》。1986 年 1 月，党中央发出《关于严格按照党的原则选拔任用干部的通知》，对选拔任用各级领导干部中的民意测验、民主推荐、群众投票、集体讨论、党委决定等程序作了详细规定，充分体现了民主、公开、竞争的原则。

1980 年开始，一些地方先后采取了民主推荐、公开选拔领导干部的做法。1982年，中央提出选拔领导干部、调整领导班子“要打破神秘化和手工业方式，坚决地、大胆地放手走群众路线”。在中央这一精神的指引下，民主推荐干部的做法进一步推开。一些地方根据中央精神和形势需要，开始采取“群众推荐”、“民意测验”、“民主评议”、“差额选举”等办法选拔领导干部，实现了干部任命从“关门选拔”到“开门竞选”的转变。随着1982年机构改革过程中民主推选方式的广为运用，1984年，中共陕西省委把民主推荐领导干部的做法进一步引入省委领导机关。1985年，浙江省宁波市委组织部和市政府人事局进行干部制度改革试点，请全市人民推荐市计委主任、市物价局长、市林业局长等人选。

在干部培训方面，实现了进一步的正规化和制度化。1983年2月至3月，第二次全国党校工作会议召开，着力讨论了使党校由轮训干部为主转向培训干部为主的问题。在总结此次会议精神的基础上，该年5月党中央发出《关于实现党校教育正规化的有关决定》提出，“争取从‘七五’计划期间开始逐步做到：凡是担任省、地两级党政主要领导职务的干部，必须经过中央党校培训；担任县级党政主要领导职务的干部，必须经过省、市、自治区委党校培训；地市县级党委所管主要领导干部也必须经过地市县委党校的培训。”

在党外合作方面，1981年1月，中共中央批转中央统战部、组织部《关于在国家机关安排党外人士担任领导职务的情况和今后意见的报告》。该报告要求加强党和非党的联盟，建立和恢复与党外同志合作共事的好传统，把他们中符合条件的人选拔到各级领导岗位上来，共同管好国家，这不仅是健全社会主义民主制度的需要，也是调动一切积极因素，加快“四化”建设的需要。1982年，党的十二大提出了中国共产党同各民主党派和无党派人士“长期共存、互相监督、肝胆相照、荣辱与共”的合作方针。1983年4月召开的全国政协六届一次会议，宣布了中共中央的决定，将政协委员中中共党员的比例由五届的60%减少到40%。

在1987年召开的党的十三大会议上，党中央在总结前一段干部人事制度改革经验的基础上，提出了全面改革干部人事制度的决定。

根据经济发展的形势，在政企、政事职能逐步分离的情况下，要求建立符合机关、企业、事业单位各自特色的干部人事管理制度。十三大报告指出，进行干部人事制度改革，就是要对“国家干部”进行合理分解，改变集中统一管理的现状，建立科学的分类管理体制；改变用党政干部的单一模式管理所有人员的现状，形成各具特色的管理制度；改变缺乏民主法治的现状，实行干部人事的依法管理和公开监督。此后，干部人事制度改革的重点确定为建立国家公务员制度，即制定法律和规章，对政府中行使国家行政权力、执行国家公务的人员，依法进行科学管理。干部选任制度改革也进入扩大探索阶段。

过去，用管理党政干部的单一模式管理庞大的干部队伍，忽略了各类人员在工作性质、社会责任、人才成长规律方面的不同特点。这种管理体制和管理方式不改变，既阻碍人才成长，也难以适应经济体制改革深入发展的要求。因此，分类管理势在必行。十三大以后，干部人事制度进入分化并重新整合的分权管理时期。这种管理模式就是依据不同工作性质对干部进行分类，然后进行分类管理，保证社会治理的有效性。公务员制度、党政领导干部管理制度、法官和检察官制度、国有企业领导干部管理制度、以及事业单位人事管理制度分别成为独立的管理领域。按照党的十三大关于分类管理的原则，党政机关、司法领域、国有企业、事业单位结合自己的实际情况，广泛开展了干部人事制度改革。

《国家公务员暂行条例》经过八年多上上下下多次征求意见，反复修改，最后经党中央、国务院批准于1993年正式颁布实行，并在国务院六个部门、两个城市试点的基础上，结合机构改革和工资制度改革，公务员制度在全国全面推行。1995年，八届人大第十二次会议审议通过了《法官法》和《检察官法》，确定了法官和检察官的权利与义务，推动了我国司法队伍干部人事制度的改革。企业结合完善公司法人治理结构，深化企业内部人事制度改革，完善选人用人机制，加快职业经营管理人才队伍建设，逐步建立符合企业特点的现代企业人事制度。2000年，我国全面推行事业单位人事制度改革，以加快高素质社会化专业技术人员队伍建设，逐步建立符合社会主义市场经济要求和事业单位自身特点的人事管理体制。2003年，国家决定在事业单位推行聘任制，通过聘任合同确定事业单位与雇员的关系。

四、从分类管理到统一规范

自党的十三大提出干部人事的分类管理，明确公务员制度为干部人事体制改革重点之后，党和国家出台了一系列配套法规，进行了一系列的相应调整，逐步建立起干部管理的新体制。在这个过程中，干部人事体制的民主化得到进一步提高，民主推荐、公开选拔领导干部的探索得以逐步推进。1994年9月，十四届四中全会提出加快党政领导干部选拔任用等重要制度的改革，强调“扩大民主，完善考核，推进交流，加强监督，逐步形成优秀人才能够脱颖而出、富有生机与活力的用人机制”。1995年，党中央颁布了《党政领导干部选拔任用工作暂行条例》，明确规定了党政领导干部选拔任用工作的基本原则、基本程序和基本方法。实践证明，《暂行条例》在规范干部提拔任用工作程序，遏制用人上的不正之风和腐败现象，建设高素质党政领导干部队伍等方面发挥了重要作用。

在此基础上，中央陆续出台了一系列有关领导干部选任工作的规范性文件，包括1995年2月中央印发《党政领导干部选拔任用工作暂行条例》；1998年7月中组部等联合下发《关于党政领导机关推行竞争上岗的意见》；1999年3月中组部发出《关于进一步做好公开选拔领导干部工作的通知》。2002年7月，中共中央颁布《党政领导干部选拔任用工作条例》，突出了按照“三个代表”要求选拔任用干部的指导思想，贯彻了中央对干部选拔任用工作的新要求，吸收了干部人事制度改革的成果。该《条例》是党坚持任人唯贤路线在干部人事制度改革上作出的又一重大举措，成为党政领导干部选拔任用工作必须遵循的基本规章，也是源头上预防和治理用人不正之风的有力武器。

2004年4月，中央颁布了《公开选拔党政领导干部工作暂行规定》、《党政机关竞争上岗工作暂行规定》、《党的地方委员会全体会议对下一级党委、政府领导班子正职拟任人选和推荐人选表决办法》、《党政领导干部辞职暂行规定》和《关于党政领导干部辞职从事经营活动有关问题的意见》等干部人事制度改革文件。这5个文件，加上此前经中央同意、中央纪委和中央组织部联合下发的《关于对党政领导干部在企业兼职进行清理的通知》，通称“5+1”文件。6个文件的颁布，是中央从整体上不断推进干部人事制度改革的重要举措，能够有效引进竞争激励机制，规范党政领导的正常流动，推动扩大民主等各项改革措施的落实，促进了干部选拔任用工作的民主化进程，提高了干部人事工作的民主化程度。

总体来说，这一时期健全选拔任用机制、推进公开选拔的干部人事体制改革呈现四个特点和趋向：一是选拔方式更加多样、程序方法更加科学规范。中央和一些地方出台了一系列规范性文件和制度，丰富了公开选拔领导干部制度的内涵，具有很强的指导性、针对性和操作性。二是选拔职位的范围进一步扩大、层级进一步提高。公开选拔的职位从“村官”、企业领导、副职、部门领导提高到机关干部、党政领导、正职、主要领导干部。三是选拔取向从“会考”向“能干”和“有德”推进，尤其在中央提出“德才兼备、以德为先”的选人用人标准之后。四是选拔监督从单一层次监督向多层次民主监督推进。公开选拔工作不但接受党内与组织内部监督，还在各个环节有纪检、监察部门参加，同时在公选过程中还自觉接受新闻媒体、社会团体和人民群众的监督。

这些特点和趋向呈现出党的干部人事体制改革的基本原则，即在坚持党管干部的前提下，加强干部工作的科学化、民主化和制度化的建设方向。这是深化干部人事制度改革的重要目标。江泽民在2001年“七一”讲话中第一次明确提出了这一目标，2002年写进了党的十六大报告，并在十七大、十八大报告中得到进一步体现。科学化，就是遵循党的事业发展需要和干部成长规律，改进和完善干部人事制度，实现干部工作理论、制度、方法和工作机制的科学化。民主化，就是逐步扩大干部工作民主，把民主的要求贯穿于选人用人的全过程。制度化，就是总结实践中的成功经验，形成内容完备、结构合理、功能健全、科学管用的中国特色社会主义干部人事制度体系。

尤其是扩大干部工作民主化方面是深化干部人事制度改革的基本方向，坚持改革让群众知情、群众参与、群众监督、群众评判，彰显了改革中的群众观点、群众路线。它要求进一步落实广大干部群众对干部选拔任用的知情权、参与权、选择权、监督权，让广大民众积极参与干部的评议、选拔和任用过程。增强干部工作的透明度，让选人用人权在阳光下运行。坚持用公平竞争的办法激发干部人事制度的活力，并在竞争的基础上实现择优用人的改革目的。这几年干部人事制度改革所以能够取得较大成效、获得党员群众的肯定，根本原因是改革紧紧围绕党的要求和人民的愿望来推进，更好地体现了让全党满意、让人民满意的价值取向。民主提名、公开提名、责任提名，民主择优、公开择优、竞争择优、差额择优，匡正换届风气等，都是从人民群众不满意的地方改起，抓住了改革的要害。

坚持干部人事制度改革的民主化，坚持改革的群众路线还要求尊重基层创造、总结基层经验与注重总体规划、加强宏观指导相结合，确保改革符合实际、有序可控。实践证明，干部人事体制改革必须尊重群众的首创精神，鼓励各地各部门大胆创新。尊重群众的首创精神，是马克思主义的实践观点和党的群众路线在干部人事制度创新中的集中体现。二十多年来，干部人事制度创新的许多成功做法，如公开选拔干部、党政机关领导干部竞争上岗、领导干部任前公示制度等，都是基层创造的。要坚持继承和创新相结合，坚持自上而下和自下而上的改革相结合，鼓励和支持各地各部门在坚持和发扬党的干部人事工作优良传统的同时，积极探索，大胆实践，勇于改革一切不适应新形势新任务要求的制度和做法。

根据2012年党的十八大报告的要求，深化干部人事制度改革今后最重要的任务依然是坚持和扩大干部工作的民主程度，提高干部工作的民主质量。十八大报告指出，扩大干部工作民主，是深化干部人事制度改革的基本方向。公开选拔、竞争上岗，是用人制度的重大创新，是干部群众认为最有成效的选人用人改革措施。它具体表现为要把好干部选拔、任用的关口，全面准确贯彻民主、公开、竞争、择优的总体方针。这要求完善公开选拔、竞争上岗等竞争性选拔干部方式，提高选人用人公信度，把真正优秀的干部选拔出来。不让老实人吃亏，不让投机钻营者得利。要求扩大和落实党员、群众对干部选拔、任用的知情权、参与权、选择权和监督权，还要求加强干部选拔、任用工作全过程的开放性和公平性。

其次的任务是健全干部管理体制，从严管理监督干部。这是干部人事制度改革的重要内容，也是建设高素质干部队伍的重要保证。要完善干部考核评价机制，促进领导干部树立正确政绩观。加强党政正职、关键岗位干部培养选拔，重点培养、重点选配、重点管理、重点监督。优化领导班子配备和干部队伍结构，注重从基层一线培养选拔干部，拓宽社会优秀人才进入党政干部队伍渠道。加强和改进干部培训，加大培养选拔优秀年轻干部力度，大幅度提高干部素质。重视培养选拔女干部和少数民族干部，鼓励年轻干部到基层和艰苦地区锻炼成长。努力把优秀人才集聚到党和国家的各项事业中来，着力培养造就一批坚定不移走中国特色社会主义道路、善于治党治国的政治家。

在深化干部人事体制改革的过程中，国家公务员制度的建立意味着分类管理干部人事问题的逐步展开，同时也意味着干部人事体制逐步走向统一规范的过程。2006年1月实施的《中华人民共和国公务员法》实际上将公务员制度、党政领导干部管理制度、法官和检察官制度、国有企业领导干部管理制度，以及事业单位人事管理制度，这五项制度整合在一起，重新确定了将党政领导干部及其机关工作人员、民主党派和社会团体的工作人员纳入公务员范围，从而有利于党委（党组）、党的组织部门和政府的人事部门分工合作强化实施人才战略。[①] 也正是这部《公务员法》明确了公务员是指依法履行公职、纳入国家行政编制、由国家财政负担工资福利的机关中，除工勤人员以外的工作人员。

早在十三大确定建立公务员制度为干部人事体制改革重点之前，根据党中央的指示，中组部与原劳动人事部在1984年11月组织成立“干部制度改革研讨小组”，研讨小组的任务是拿出一个《关于干部制度改革方案的构想》。1987年10月，党的十三大正式将公务员制度确定为干部人事制度改革的重点。1988年3月，中共中央和国务院组建了推行公务员制度的专门机构——国家人事部，并于1989年开始试点。国家人事部成立之后就同中组部发出《关于国家行政机关补充工作人员实行考试办法的通知》指出，从1989年起，县及县以上国家行政机关补充非领导职务的工作人员，要贯彻公开、平等、竞争的原则，通过考试考核，择优录取，结束了“统包统配”的用人方式，开启了“凡进必考”的人事录用时代。

1992年邓小平南方讲话之后，干部人事制度改革步伐进一步加快。1992年10月中共十四大明确提出“尽快建立国家公务员制度”的要求。1993年4月国务院第三次常委会议通过《国家公务员暂行条例》，并于同年10月1日正式颁布实施。它标志着公务员制度由试点论证进入到了实际实施的新阶段，标志着国家公职人员开始走向分权管理的时期。当时还只是将公务员笼统定义为各级国家行政机关中除工勤人员以外的工作人员。《暂行条例》明确了国家公务员的权利和义务，说明了公务员的地位由法律规定。公务员不是整个国家权力的化身，而只是对部分国家权力的运用，并且运用过程中要按照一定的法律规范、承担一定责任；同时，公务员与政府之间存在一种法律上的不完全契约关系。这就是说，公务员制度的实施实际上是将政府与公务员的关系，从原来纯粹的政治关系转变为一种法律关系，转变为一种权利与义务的契约关系。

---

① 林尚立等著：《制度创新与国家成长：中国的探索》，天津人民出版社，2005年版，第325页。

到1997年底，我国公务员制度入轨工作基本完成，标志着中国特色公务员制度在全国范围内初步建立。1998年，人事部整合了公务员管理职能，组建了公务员管理司，主要负责完善公务员制度。由于1995年《法官法》、《检察官法》、《警察法》出台后，《国家公务员暂行条例》立法层次低的问题更加凸显出来，也直接影响了公务员管理法规的权威性，从而影响了执法监督力度。2000年初，中组部和人事部开始了起草公务员法的准备工作。2001年1月，中组部与人事部研究成立公务员法起草领导小组。该年3月份，九届人大第四次会议，193名代表联名提出加快制定公务员法的议案。

2005年4月，十届全国人大常委会第十五次会议审议通过了《中华人民共和国公务员法》，国家主席胡锦涛签署第35号主席令，正式颁布了公务员法，并决定从2006年1月1日起施行。《公务员法》是我国第一部关于干部人事制度的专门法律，以法律的形式总结了干部人事制度多年探索的成果，是干部人事管理的总章程。它将党政干部统一起来，取消了领导干部和非领导干部的分类，将公务员划分为综合管理类、专业技术类和行政执法类等类别。2008年3月，国务院公布了第六次机构改革方案，将人事部、劳动和社会保障部合并，组建人力资源和社会保障部。同时设立国家公务员局（副部级），为人力资源和社会保障部管理的国家局，将公务员管理职能统一整合到国家一级、设置相对独立的职能机构。

后　记

本书试图对中国式民主的核心理念、变迁历程、制度体系、体制构成、发展道路进行全方位归纳和分析。在作者看来，民主固然是绝大多数人认同的现代价值，但一旦民主进入政治实践，就不可避免地受到不同国家经济发展、文化传统和社会现实的制约，呈现出不同的制度安排方式。在今天的世界上，没有也不可能存在一种放之四海而皆准的普遍模式，只有每个国家根据自己的国情发展起来的民主才是真实和有实践意义的，这一点，即是本书研究中国式民主的初始动因和价值立场。

上海社会科学院政治学研究大致始于10余年前。2003年，院民主政治研究中心成立，与邓小平理论研究中心合并运行，政治学研究开始起步。2005年，当代中国政治研究中心成为独立的政治学研究机构，引进了一批中青年学者专门从事政治学研究。2011年，在当代中国政治研究中心的基础上，又正式成立了政治与公共管理研究所，政治学研究拥有了专门的组织平台和全新的发展起点，本书的出版可以视为研究所成立以来，汇集全所研究力量共同完成的第一部重要成果。

研究所成立以来，秉持开放和合作的办所精神，本书的写作也邀请了来自于复旦大学、华东师范大学、同济大学、苏州大学、上海市委党校、上海政法学院等单位的学者共同参与，具体的分工情况是：刘杰（绪论、第一、十八、二十章），张树平（第二、七章），王向民、吴江龙（第三、四章），袁峰（第五章），赵萍丽（第六章），胡筱秀（第八章），姚颖（第九章），郭中军（第十章），孙频捷（第十一章），石冬旭（第十二章），齐凌云（第十三章），李锦峰（第十四、二十四章），朱雯霞（第十五章），朱淑丽（第十六、二十二章），周军华（第十七、二十三章），杨红伟（第十九、二十一章）。

2012年召开的中共十八大标志着中国式民主政治建设的新起点，中国式民主在制度建设和发展走向上已经开始展现出新的端倪，按照两个“一百年”的目标预期，中国民主政治的不断完善是一个完全可以预见的结果，对此我们抱有良好的期待。

刘杰

2014年7月于上海社会科学院

图书在版编目（CIP）数据

中国式民主——一种新型民主形态的兴起和成长/刘杰等著.
—北京：时事出版社，2014.9
ISBN 978-7-80232-756-6

Ⅰ.①中…　Ⅱ.①刘…　Ⅲ.①社会主义民主—建设—研究—中国　Ⅳ.①D621

中国版本图书馆 CIP 数据核字（2014）第 173852 号

出版发行：时事出版社
地　　址：北京市海淀区巨山村 375 号
邮　　编：100093
发行热线：（010）82546061　82546062
读者服务部：（010）61157595
传　　真：（010）82546050
电子邮箱：shishichubanshe@ sina. com
网　　址：www. shishishe. com
印　　刷：北京昌平百善印刷厂

开本：787×1092　1/16　印张：35.5 字数：490 千字
2014 年 9 月第 1 版　2014 年 9 月第 1 次印刷
定价：98.00 元